"神话学文库"编委会

主　编

叶舒宪

编　委

（以姓氏笔画为序）

马昌仪	王孝廉	王明珂	王宪昭
户晓辉	邓　微	田兆元	冯晓立
吕　微	刘东风	齐　红	纪　盛
苏永前	李永平	李继凯	杨庆存
杨利慧	陈岗龙	陈建宪	顾　锋
徐新建	高有鹏	高莉芬	唐启翠
萧　兵	彭兆荣	朝戈金	谭　佳

"神话学文库"学术支持

上海交通大学文学人类学研究中心

上海交通大学神话学研究院

中国社会科学院比较文学研究中心

陕西师范大学人文社会科学高等研究院

上海市社会科学创新研究基地——中华创世神话研究

国家出版基金项目
"十四五"国家重点出版物出版规划项目

神话学文库
叶舒宪主编

[美] 马丽加·金芭塔丝 (Marija Gimbutas) ◎著
[美] 米里亚姆·R.德克斯特 (Miriam R. Dexter) ◎主编
叶舒宪 等◎译

活着的女神
THE LIVING GODDESSES

陕西师范大学出版总社　西安

图书代号　SK24N2251

© 1999 Estate of Marija Gimbutas
Published by arrangement with University of California Press

合同登记号：25-2024-140

图书在版编目（CIP）数据

活着的女神 ／ （美）马丽加·金芭塔丝（Marija Gimbutas）著；（美）米里亚姆·R. 德克斯特（Miriam R. Dexter）主编；叶舒宪等译 . -- 西安：陕西师范大学出版总社有限公司，2024.11. --（神话学文库 ／ 叶舒宪主编）. -- ISBN 978-7-5695-4398-8

Ⅰ. B932

中国国家版本馆 CIP 数据核字第 2024FX8951 号

活着的女神
HUOZHE DE NÜSHEN

[美]马丽加·金芭塔丝　著　　[美]米里亚姆·R. 德克斯特　主编
叶舒宪　等译

出 版 人	刘东风
责任编辑	王文翠
责任校对	刘存龙
出版发行	陕西师范大学出版总社
	（西安市长安南路 199 号　邮编 710062）
网　　址	http：//www.snupg.com
印　　刷	中煤地西安地图制印有限公司
开　　本	720 mm×1020 mm　1/16
印　　张	18.75
插　　页	2
字　　数	324 千
版　　次	2024 年 11 月第 1 版
印　　次	2024 年 11 月第 1 次印刷
书　　号	ISBN 978-7-5695-4398-8
定　　价	86.00 元

读者购书、书店添货或发现印刷装订问题，请与本公司营销部联系、调换。
电话：(029) 85307864　85303629　传真：(029) 85303879

"神话学文库"总序

叶舒宪

神话是文学和文化的源头,也是人类群体的梦。

神话学是研究神话的新兴边缘学科,近一个世纪以来,获得了长足发展,并与哲学、文学、美学、民俗学、文化人类学、宗教学、心理学、精神分析、文化创意产业等领域形成了密切的互动关系。当代思想家中精研神话学知识的学者,如詹姆斯·乔治·弗雷泽、爱德华·泰勒、西格蒙德·弗洛伊德、卡尔·古斯塔夫·荣格、恩斯特·卡西尔、克劳德·列维－斯特劳斯、罗兰·巴特、约瑟夫·坎贝尔等,都对20世纪以来的世界人文学术产生了巨大影响,其研究著述给现代读者带来了深刻的启迪。

进入21世纪,自然资源逐渐枯竭,环境危机日益加剧,人类生活和思想正面临前所未有的大转型。在全球知识精英寻求转变发展方式的探索中,对文化资本的认识和开发正在形成一种国际新潮流。作为文化资本的神话思维和神话题材,成为当今的学术研究和文化产业共同关注的热点。经过《指环王》《哈利·波特》《达·芬奇密码》《纳尼亚传奇》《阿凡达》等一系列新神话作品的"洗礼",越来越多的当代作家、编剧和导演意识到神话原型的巨大文化号召力和影响力。我们从学术上给这一方兴未艾的创作潮流起名叫"新神话主义",将其思想背景概括为全球"文化寻根运动"。目前,"新神话主义"和"文化寻根运动"已经成为当代生活中不可缺少的内容,影响到文学艺术、影视、动漫、网络游戏、主题公园、品牌策划、物语营销等各个方面。现代人终于重新发现:在前现代乃至原始时代所产生的神话,原来就是人类生存不可或缺的文化之根和精神本源,是人之所以为人的独特遗产。

可以预期的是，神话在未来社会中还将发挥日益明显的积极作用。大体上讲，在学术价值之外，神话有两大方面的社会作用：

一是让精神紧张、心灵困顿的现代人重新体验灵性的召唤和幻想飞扬的奇妙乐趣；二是为符号经济时代的到来提供深层的文化资本矿藏。

前一方面的作用，可由约瑟夫·坎贝尔一部书的名字精辟概括——"我们赖以生存的神话"（Myths to live by）；后一方面的作用，可以套用布迪厄的一个书名，称为"文化炼金术"。

在21世纪迎接神话复兴大潮，首先需要了解世界范围神话学的发展及优秀成果，参悟神话资源在新的知识经济浪潮中所起到的重要符号催化剂作用。在这方面，现行的教育体制和教学内容并没有提供及时的系统知识。本着建设和发展中国神话学的初衷，以及引进神话学著述，拓展中国神话研究视野和领域，传承学术精品，积累丰富的文化成果之目标，上海交通大学文学人类学研究中心、中国社会科学院比较文学研究中心、中国民间文艺家协会神话学专业委员会（简称"中国神话学会"）、中国比较文学学会，与陕西师范大学出版总社达成合作意向，共同编辑出版"神话学文库"。

本文库内容包括：译介国际著名神话学研究成果（包括修订再版者）；推出中国神话学研究的新成果。尤其注重具有跨学科视角的前沿性神话学探索，希望给过去一个世纪中大体局限在民间文学范畴的中国神话研究带来变革和拓展，鼓励将神话作为思想资源和文化的原型编码，促进研究格局的转变，即从寻找和界定"中国神话"，到重新认识和解读"神话中国"的学术范式转变。同时让文献记载之外的材料，如考古文物的图像叙事和民间活态神话传承等，发挥重要作用。

本文库的编辑出版得到编委会同人的鼎力协助，也得到上述机构的大力支持，谨在此鸣谢。

是为序。

编 者 序

在马丽加·金芭塔丝（Marija Gimbutas）教授逝世后不久，她的女儿芝维尔·金芭塔丝请求我来完成这部著作。由于我不可能再打电话向金芭塔丝博士请教问题了——包括书的内容、格式编排和写作意图，这项任务对我来说有一定困难。她本人对本书的前面几章所做的修订比对长而且复杂的最后一章所做的修订要充分些，后面这些内容当时构成了本书的第二部。我先对书稿做了编辑工作，然后着重注意了书中的细节以及全书最终的整合情况。为了使本书尽可能地体现最新的发展，我在注释中增添了一些评语（表现为"编者注"部分），作者自己的资料出处则标示在行文中。

金芭塔丝博士曾经为本书的后半部分计划了许多插图，但是在她去世时所留下的图片中却没有这一批内容。这样一来，讲述史前时期的第一部就配上了丰富的插图，而第二部却没有配图。有关欧洲历史时期的神话与民间故事的图片可以在《布尔芬赤（Bullfinch）神话学》的各种版本和关于世界神话的百科全书如《拉鲁斯百科全书》中找到。

马丽加·金芭塔丝的心目中总是有着"下一部著作"。本书是她著述丰富的一生中的搁笔之作。她在住院之前一直忙于编写本书，入院十天后，她就辞世了。本书的手稿显示了她的爱、毅力和希望，因为她不顾身体上的巨大痛苦，持续地对书稿加工，用尽全力使它成形，以便能够由一位编辑来完成它。

本书最初被设想为她早先著作的一个通俗版本。但是，到了晚年，金芭塔丝以她特有的方式决定必须推出新著。因此，她将她1991—1993年的发现加进了这部学术新著。本书就成为她在生命最后几年、最后几月和最后几周所做研究的见证。

编者导言

这本书占用了马丽加·金芭塔丝生命的最后两年时间,是她著述生涯之中的最后一部(英文)著作。她一生共写了大约 300 篇学术文章和 20 部书,已经被翻译成多种语言。与马丽加·金芭塔丝的其他著作不同,本书收录了异常多的民间传说与神话。本书的着重点有两个方面:一是对她早先著述的一个综合;二是增加新的研究内容。在本书的前面几章,作者将她对新石器时代欧洲的研究做了综述,添加上她的专著《女神文明:古欧洲世界》问世后新获得的资料。(虽然金芭塔丝使用的材料上溯至旧石器时代晚期,即约公元前 30000—公元前 10000 年,和中石器时代,即约公元前 10000—公元前 7000 年;但是她在著作中却主要探讨新石器时代,即约公元前 7000/6000—公元前 3000 年,和青铜时代,即公元前 2500—公元前 1500 年。她还探讨了铁器时代,即约公元前 1500 年至公元前第 1 千纪中期的有史文化。)

马丽加·金芭塔丝的许多著作是以她所发掘的考古遗址为基础的,包括波斯尼亚的奥布勒(Obre)、马其顿的安扎(Anza)、希腊西北部的西塔格奥(Sitagroi)、希腊塞萨利(Thessaly)南部的阿切莱恩(Achilleion)、意大利南部的曼弗雷多尼亚(Manfredonia)。这些发掘工作直接带来了三部编著:《新石器时代的马其顿》(金芭塔丝,1976),研究的是她所发掘的安扎遗址;《西塔格奥一期的发掘》(伦弗鲁、金芭塔丝、艾尔斯特,1986);还有《阿切莱恩:希腊塞萨利的一个新石器时代遗址,公元前 6400—公元前 6500 年》(金芭塔丝等,1989)。

在学术生涯的早期,马丽加·金芭塔丝识别出了库尔干(Kurgan)文化。这些原始印欧人是一个父系制的族群,女性与丈夫的族人生活在一起,过着半游牧的生活。她相信,这些人发源于俄罗斯大草原。他们是军事化的民族,生产武器,并且会骑马。他们的宗教以男性神为中心。尽管他们在与古欧洲人的接触与日俱增的情况下,驯化了更多的植物并发展了冶金术,但是他们的农业仍处于初级水平。这些人的制陶技术也相当低下。他们用坑墓埋葬死者,墓上覆以圆锥形石堆(库尔干一期和二期)或土冢,或者坟墩(库尔干三期和四期)。

金芭塔丝追踪了库尔干人从高加索山脉以北的一个地区——那是在俄罗斯大草原上——到他们的新家园的迁徙历程。这些新的家园包括了后来成为希腊、意大利、英国、爱尔兰、立陶宛、拉脱维亚、俄罗斯、德国、斯堪的纳维亚、安纳托利亚（Anatolia）、印度、伊朗，还有中国的新疆的那些地理区域。大迁徙总共有三次：第一波在约公元前4400—公元前4200年［库尔干一期到二期，科瓦林斯克（Khvalynsk）和斯来尼·斯道各（Srednij Stog）文化］；第二波在约公元前3400—公元前3200年［库尔干三期，迈科（Maikop）文化］；第三波在约公元前3000—公元前2800年［库尔干四期，雅玛（Yamna）文化或坑墓文化］。（关于迁徙三大波理论的详细探讨，可参看金芭塔丝于1977、1980、1985年分别发表的文章，这三篇文章被收入金芭塔丝1997年的著作。）

当这些原始印欧人到达他们的新家园时，他们遇到了当地的族群，后者相对要和平一些，不那么尚武好战，从事农耕生产，富于艺术创造力，在社会结构上或许是平等主义的，而且崇拜女神。本土民族拥有发达的审美意识，他们建造二层楼房和美丽的神庙——我们已为这些建筑做了陶土模型。他们还生产优美的彩绘陶器。他们或被库尔干人同化，或被消灭，因为库尔干人驯化了马，又具有军事才能，这都使他们占尽优势。原始印欧人还把他们的语言与宗教强加给本土族群，尽管在因此而形成的印欧语言与文化中，本土语言与宗教的一些残迹一直在其底层存在着。这样看来，所谓印欧，便是库尔干人与古欧洲人相融合的一个结果。

为了探寻印欧人的源头，金芭塔丝运用了比较语言学和神话学，当然还有考古学。法国神话学家乔治·杜梅齐尔（Georges Dumézil）早已在印欧宗教的众神与社会结构之间发现了一种对应性，形成了他的"三功能"理论。按照这一理论，印欧人被划分为三个社会集团或三种"功能"：祭司（第一功能），武士与贵族（第二功能），以及"看管者"——农夫、劳工和工匠（第三功能）。金芭塔丝则在印欧人的等级社会与古欧洲的平等社会之间看到了尖锐的对立。虽然她在其学术生涯的早期致力于研究库尔干人，但是在生命的最后20年，她越来越关注被库尔干人同化的古欧洲人。金芭塔丝关于古欧洲人的见解的完善过程可以追溯到她1974年出版的《古欧洲的男神与女神》一书（1982年修订、重印，题为《古欧洲的女神和男神》），中间经过1989年出版的《女神的语言》和1991年的《女神文明：古欧洲世界》，直到本书——她最后的著作，她的思想才完全成熟：我们在此可以读到她关于古欧洲人和印欧人的最后思考。

在本书第一章中，金芭塔丝考察了女神和男神的形象，包括鸟女神和蛇女神以及其他动物形女神。她在此还探讨了生命和死亡之神的各种形象。人们相信，古欧洲人崇拜的一位"大女神"所体现出的是出生、死亡和再生的完整循环。与早期历史文化不同，古欧洲人并没有把大女神划分成"好的"和"坏的"两部分，而大多数的历史文化只崇奉生命的赋予者（例如，希腊的爱神阿佛洛狄忒），同时侮辱那些带来死亡的神（例如，希腊的戈尔工、美杜莎）。对于古欧洲人来说，女神既是一，又是多；既是统一的，又是多样的。鸟、蛇合身的女神是主管生命延续的大女神，是出生、死亡与再生女神。她是创造者也是毁灭者，是少女也是老太婆；她是生命力旺盛的女神，同一位青年男神在"圣婚"仪式上结合，从而不断地产生新生命，不断地创造。

在第二章中，金芭塔丝讨论了另一个她非常喜欢的主题：古欧洲带有宗教性质的刻画符号。虽然可以译解的书面语言直到苏美尔人的楔形文字和埃及人的象形文字约在公元前第3千纪之初来到这里后才出现，但是人们也已发现了古欧洲新石器时代，乃至更早的旧石器时代晚期的符号。这些符号刻画在不同物体上，如小雕像和碗。在巴尔干半岛西北的温查（Vinča）文化中发现的小雕像上，可以看到古欧洲刻画符号的极好例子。

在第三章中，金芭塔丝借助图像研讨了生命循环观念，并将坟墓解释为孕育新生命的神圣场所。坟墓是女神的子宫，两者在古欧洲人的宗教信仰中有着不可分割的相互联系。在图像资料中可以看到这种相互关联的大量实例。比如，在一个基克拉迪（Cycladic）墓葬中发现的一件大理石孕妇小雕像（大英博物馆，编号GR1932-10.181，年代为公元前2800—公元前2300年）。坟墓的所在表明这个雕像代表着死亡女神，但这个死亡女神同时孕育了新的生命。许多坟墓，以及举行死亡与再生仪式的圣所（圣陵），都有一成不变的形态：在雷贫斯基·维尔[Lepenski Vir，多瑙河畔的铁门（Iron Gate）地区的一个遗址]，金芭塔丝发现了一些小的三角形建筑结构，里面放有与葬仪活动有关的雕像和祭坛；一些洞穴，如意大利东南部的斯卡罗瑞亚（Scaloria）洞穴，内有举行过仪式活动的证物，如饰有再生母题图案的陶器碎片、青年女性与儿童的骨骸；马耳他的岩墓是卵形的，而马耳他地穴墓（the Maltese Hypogeum），一座地下的神庙，由34个相互连通的卵形穴室组成。在那里还发现了将近7000块人骨，大部分都集中在地穴下层穴室的卵形壁龛中。同样，在撒丁岛，坟墓也都是由在岩壁上凿出的卵形或腰子形墓室构成的。可以用作仪式场所和埋葬场所的巨石建筑在整个西欧都十分流行。许多这类建筑在形状上带有神人同形同性论的意味，代表着女神的完整形象。还有许多巨石建筑，如爱尔兰的纽格兰奇（Newgrange）和诺斯（Knowth），以及马耳他地穴，都装饰着象征再生的图案，诸如螺旋纹和盘蛇。这些墓葬的形状模仿死亡与再生女神，它们就是女神的子宫。

在漫长的学术生涯中，马丽加·金芭塔丝发掘了许多神庙。一般这些神庙都位于一个社区的内部，是社区不可缺少的构成部分。在这些神庙或"房屋圣所"之中，炉灶通常处于中央，烤制食物等家务也成为神圣性的活动。在第四章中，她探讨了真正的神庙，如地中海的马耳他（Malta）岛和邻近的戈佐（Gozo）岛上的石头神庙，还讨论了陶制的神庙模型以及其他仪式用具（已发掘出的神庙模型超过了100个，它们分布在东南欧和东欧大部，从巴尔干半岛到乌克兰）。有些真实的神庙看上去是祭献一位鸟女神、一位蛇女神或一位怀孕的植物女神的。东南欧的房屋形神庙内有祭坛、神像（某些如真人大小）、小雕像（许多带有代表衣服、头饰和圆形饰物的刻画条纹）、微缩的家具、香炉，以及人形或动物形的陶瓶。它们中也有日常生活所用的器物，如半球形烤炉、石磨盘、储水罐。从已发现的陶制纺锤和锭盘一类部件可以推测里面有过纺织机（木制的纺织机已经随着时间的流逝而毁掉了）。金芭塔丝相信古欧洲人会织布、烤面包、制造陶器，他们把这些当作神圣的行为：那些古老的神庙乃是整个精神生活的中心。

并非所有的古欧洲神庙都被造成房屋形状。第五章考察了圆圈（圆形的围场）、方形围场、堤道形围场。这是一些室外的宗教区域，用木头和石头建成，通常外围还修有仪式用的排水沟。在不列颠，圆圈形建筑如著名的巨石阵（Stonehenge）、巨木阵（Woodhenge，木圆圈），以及威尔特郡的埃夫伯里（Avebury）围场，其年代都在公元前第3千纪。更早的圆圈形建筑（约公元前5000—公元前3000年）也许不那么知名，那是中部欧洲的朗耶尔（Lengyel）文化和其他文化所建造的。这些建筑的用途是宗教性的，不是军事性的，因为其中所发现的人工制品，包括人的骨骼（与仪式用品埋在一起）、动物骨头、陶瓶和小雕像，表明当时举行过飨宴和葬仪。围场建筑通常在四个基本方位上开口，所以它们很可能是用来举行季节性仪式的。它们体现了一种劳动协作，它们也是为集体的社区服务的。

在第六章中，金芭塔丝探讨了母系社会的继嗣问题，提出了她的一个观点：古欧洲的各个民族通过女性一脉将财产传给后代。在母系制的社会中，妇女在经济上是独立的，因为她们能够继承财产。这会带来更高程度的女性自治以及对女性的更多敬重。金芭塔丝把社会上对女性的敬重同宗教上对女性的崇敬——女神崇拜——联系起来。她说，古欧洲的母系制社会就这样既尊崇女人又敬奉女神。因此，在她看来，这些史前文化在社会结构上是平等主义的，对女性和男性同样尊重。

与本书第一部集中研讨史前期女神和男神以及史前宗教相对的是，第二部关注的是"活着的"女神，即早期历史时代所崇拜的神，其中有些直到现代仍被人们崇拜。在这一部分的几章里，金芭塔丝考察了几种文化中流传的神话，包括印欧文化和非印欧文化。从南欧开始，在那儿，她进行了她一生中大部分的挖掘工作。她探讨了前印欧时期的米诺斯宗教以及后来的希腊宗教。对于希腊宗教，她分析了其中的印欧成分和属于古希腊的前希腊成分。她随后又考察了伊特鲁里亚文化和巴斯克文化的女神。这两种文化虽然处在印欧文化的包围之中，却保持着它们的非印欧语言和特征。最后，她还讨论了北欧和中欧的宗教，即凯尔特人的、日耳曼人的和波罗的海东南岸地区居民的宗教。她在这部书的最后对波罗的海宗教中的男神、女神、仙女、女巫和鬼怪做了详尽的描述。马丽加·金芭塔丝在这一部分更多地利用了她的记忆，本打算以后再写下这些资料的来源。我试图尽可能地补上对出处的说明。

马丽加·金芭塔丝的著作是很有争议的，因为她是一位具有独创性的思想者并且十分坚定地坚持她的假说。结果是，她既有了坚定的支持者，也有了强大的反对者。她同时是一位博览群书的读者，在表达自己观点时，对相关的资料和他人的假说了如指掌。作为一位富有活力的学者，她从不回避批评，也不模棱两可。她意识到解释与展示发掘物的重要性，这既为我们提供了可以支持我们建立自己的理论的事实基础，也向我们提出了有待证明或证伪的假说。她还意识到，解释资料和寻找其内在联系，正是通向理解和做出深入的科学贡献的道路。

马丽加·金芭塔丝在本书中对民俗和神话研究以及激动人心的跨学科领域——神话考古学（archaeomythology）做出了另一个重要贡献。她在本书中使用了非常多的新资料，例如，向我们展示了一个公元前第6千纪的"美杜莎"头像，从而将古欧洲女神"死亡"的一面上溯至新石器时代的早期。她对神话考古学的贡献是巨大的，因为她为神话学家们提供了实物资料——雕塑、小雕像、年代学上的统计数据，还有文物的源流，这些资料足以给我们有关史前宗教的知识。同样重要的还有她本人对民间传说与神话人物的热爱、对研究对象所拥有的那份激情。正是这种激情与学识的不可分割的结合，成为马丽加·金芭塔丝留给我们的宝贵遗产。

目　　录

第一部　前父权制欧洲的宗教

第一章　女神和男神的形象 / 003

第二章　符号、标记和神圣书写 / 044

第三章　坟墓与子宫 / 057

第四章　神庙 / 075

第五章　圣石与木制的仪礼中心 / 100

第六章　宗教和神话中所反映的母系社会结构 / 112

第二部　活着的女神

第七章　克里特的宗教 / 131

第八章　希腊宗教 / 150

第九章　伊特鲁里亚人的宗教 / 166

第十章　巴斯克人的宗教 / 174

第十一章　凯尔特人的宗教 / 178

第十二章　日耳曼宗教 / 190

第十三章　波罗的海宗教 / 199

编者跋 / 217

参考书目 / 218

术语简释 / 250

专名译释表 / 253

译后记 / 282

第一部

前父权制欧洲的宗教

第一章　女神和男神的形象

公元前7000年至公元前3000年，在新石器时代的欧洲和小亚细亚（古安纳托利亚，今土耳其）地区，宗教主要集中在生命的轮转和它的循环上。这就是我所指的古欧洲（Old Europe）的地理范围及时间体系。在古欧洲，宗教的核心内容包括出生、养育、成长、死亡和再生，以及农作物耕种和动物饲养。在这个时代，人们不仅思索着未经驯化的自然力量，还思索着野生动植物的循环状况，他们以多种形式崇拜某个或多个女神。女神在不同的循环阶段显现出无数不同的形象，以此来保证在每一个阶段都能顺利地发挥其作用。女神以各种各样的化身出现，贯穿于生命的每一方面。因此，围绕着女神形成了一种非常复杂的象征系统。

首先，我将主要通过观察女神雕像，详细探究女神的形象。随后，我将阐释这些形象的含义。女神的形象可以粗略地按照她给予和维持生命、死亡以及再生这三个方面的功能来进行分类。虽然男性力量在动植物界同样起着推动再生并激发生命的作用，但弥漫于生命的存在之中的是女性力量。

小雕像

从古欧洲人的村落遗址、墓地和坟墓之中挖掘出的小雕像是理解古欧洲宗教的一个重要来源。当古欧洲人在大约公元前第7千纪发现烧陶方法的时候，陶器就成了一种表现宗教观念的新方法。各种各样的陶器——陶瓶、小雕像和祭祀器具——展现了古欧洲的精神性象征。虽然古欧洲文化继续用其他材料，如石头、骨头、琥珀和鹿角制作宗教物品，可是能够最丰富地揭示古欧洲的象征世界的还是陶器。

从考古的角度来看，较小的人工制品天生就更有利于保存。比起真人大小的陶像，一件几英寸高的陶像在几英尺深的泥土里保存7000年甚至更长时间的可能性更大。因此，出土的小型雕像通常完好无损，而大型雕像则往往破成碎片。这些小型雕像大多数都可以拿在一只手中。制造者通常在上面刻上神圣的象征符号，这些符号包括面部标志、几何图案和可能是一种早期文字的符号。

我们新石器时代的先祖们不仅制造了表现神、女祭司或其他神话人物的小雕像，而且也使用这些雕像来举行宗教仪式。出土文物中不仅有女性和男性雕像（很可能用来代表女神和男神），也包括宝座、陶瓶、供桌、家具、乐器，甚至还有微缩神庙模型。这类微缩神庙模型保存了其原型的模样，为考古资料添加了新的内容。尽管古代人也用其他材料（例如织物和木料）制造宗教工艺品，但是除一些特殊情况外，这些宗教制品都早已腐烂。因此这些小型陶制品为解开古欧洲宗教之谜提供了某些最重要的证据。

几乎在意大利、巴尔干半岛和欧洲中部的所有考古地点都能发现新石器时代几乎每个时期的小型陶制品，我们在小亚细亚、近东及西欧和北欧也有类似发现，但在西欧和北欧的发现数量要少得多。如果遗址深达数米，就说明它有人居住的历史达数世纪乃至上千年。通常在这样的地方，几乎每个地层都有小雕像。在这些重要的遗址，通常能够从最老到最新的地层觉察出一种工艺的演进，这表明这些物品对世世代代的居民是何等重要。

比起考古学上更早的时期，即中石器时代以及旧石器时代后期，新石器时代或初始农耕时代为解释小雕像提供了丰富得多的信息。这些远古时代的陶制品通常失落了其产生背景，所出土的整个旧石器时代后期的小雕像仅有约3000件。就古欧洲而言，随着宗教艺术品的大量涌现，在如此多的遗址出土了如此多的小雕像，以至于我们无法将它们一一准确地列举出来。如果算上所有破损或毁坏的小雕像（在以前的发掘中被认为不重要的），古欧洲的小雕像总数可达10万件或更多。所幸的是，遗址、墓地及坟墓提供了极好的信息背景，它们构成了新石器时代遗址的主体。无数保存在原始位置的新石器时代的小雕像透露出丰富多彩的古欧洲精神世界。

人体的象征意义

人体成为古欧洲最有力的象征之一。受现代文化程式的影响，我们通常把裸体与性诱惑联系在一起，所以现代分析者自然而然地把这种观念投射到几千年前，以为古代的人体雕塑或绘画基本上也出于同样的目的。

我们的文化程式还会导向如下假定：女体一贯被用来表示"肥沃丰产的土地"，因此所有表现裸体女性的雕像都成了"生育女神像"。古欧洲文化无疑是关注繁殖力的，不过，我们即将看到，各种各样的小雕像，特别是它们所处的新石器时代考古背景，暗示着女性力量发挥着更广泛的宗教作用。[1] 新石器时代那些突出强调女性胴体的复杂多样的艺术形式，无不揭示了一种自然而神圣的性特征，而这恰是为现代文化所忽视的。

在宗教艺术中，人体象征着性以外的多种功能，特别是生殖、哺育和强化生命力。我认为在远古时期，笼罩着男性身体或女性身体的淫秽概念并不存在。对人体的艺术处理是在展示其他功能，尤其是女性身体的哺育、繁殖能力以及男性身体激发生命的能力。女性力量，如怀孕的植物女神，贴切地体现了土地的繁殖力。不过，那些表现新石器时代女神形象的做工精妙而又复杂的艺术品，具有万花筒般变幻莫测的意义：她是生命、死亡及再生每个阶段的化身。她是所有生命的创造者，人类、植物及动物源于她，又复归于她。可见，女神的角色远远地超越了色情范畴。

事实上，这些女性雕像通常不像真实的人体或动物体，这表明把它们仅仅看成色情艺术是错误的。雕像的身体几乎总是在一定程度上被抽象或夸大。这些变形并非偶然：对新石器时代艺术品稍做研究就会发现，这个时期技术精湛的制陶匠能够随心所欲地雕塑。他们对人体刻意的改变反映了内心深处神圣力量的各种不同表现形式。在讨论小雕像所代表的各种神灵之前，集中了解一下小雕像艺术的几个特点是很有必要的：简约图式化、面具、象形符号以及对某些身体部位的夸张。所有这些都是古欧洲艺术家的惯用手法。

简约图式

在古欧洲，简约图式化的女性和男性身体结合其他符号，通常用来表示神圣力量。虽然有许多小雕像是陶艺杰作，但奇怪的是，另外一些雕像看上去像未完成的作品，有时不过像个泥土圆柱，上面有夸张的乳房或臀部造型，或是无手或无足的怀孕的腹部（图1）。工匠通常在小雕塑上刻上符号，比如两三道直线、螺旋形或弯曲形线条、山形或菱形符号。这些几何符号或许能激发或确认某些神性的功能。事实上，我认为这些图式化的描写与众不同地把注意力放在所要传达的象征信息上。

---

[1] 在马丽加·金芭塔丝的著述中，这是一个常见的主题，也被许多人误解。这些人认为她主张欧洲旧石器时代后期和新石器时代只有一位单一的神——"生殖"或"母亲"女神。对于古代女性雕像的多样化功能和表现形式，赖斯（Rice, 1981）有很好的阐发。赖斯认为，被称作"旧石器时代后期维纳斯"的那些形象其实是包括各种年龄的女性：从青年女子到孕妇，再到老妇人。

图1 这是个无腿无臂也无头的雕像，显然工匠无意复制人体，其注意力集中在大片的阴部三角区上，一道、两道或三道线就表现了雕塑的特征；背面刻着一个"V"形符号和两条线。塞斯克洛文化，约公元前6200—公元前6100年（阿切莱恩三期，塞萨利，希腊北部）

图式化的雕像包含着古欧洲艺术最有魅力和最引人入胜的方面。虽然美丽的写实雕像栩栩如生，能吸引更多的注意力，但其出土数量远远不及简约图式化的雕像。这一点并不会使人们感到惊讶，因为史前艺术是象征的艺术。古欧洲时代的手工艺人能自如地造出图式化的雕像，而且，就像基督教的十字架那样，这些雕像在宗教活动中所传达的象征性观念与更具象的艺术是一样的。这些简化的形象并没有贬低人类的躯体，如人们通常认为的那样，它们其实表达着某种神圣的信息。

夸张的人体部位

为表达不同的神圣的功能，小雕像和其他陶制艺术品经常显示出非同寻常的变形或夸张。女性雕像代表复杂的女性力量，所以这方面的强化特别突出。有些雕像显示出夸大的体重，有人将其称为"胖体像"或"肥女人"。毫无疑问，这种夸张的体态在当时备受推崇，因为它出现在几种不同文化的女性小雕像上。其他雕像则突出生殖器官、乳房和外阴，乃至臀部。这种强调手法增强了人体那些部位的力量。例如，许多小雕像和陶瓶突出表现乳房。实际上，很早就有强调乳房的传统，它始于旧石器时代后期，并一直持续到很久之后的青铜时代。乳房象征哺育和再生。在祭祀仪式上使用的陶器上刻画的乳房，清楚地表现了女性身体——引申出去表现了女神的身体——是哺育或再生的容器。虽然乳房显然代表哺育和生命的维持，但巨石墓墙面上的乳房画像也证实了古欧洲女神在死亡与再生方面担当着综合性的精神角色。

许多小雕像的乳房及上半身显得相对瘦小，并未被强调，而下半身——臀部、大腿和小腿——却被夸大得超出了自然比例（图2），雕像的重心及其所具有的宗教意义在身体的下半部分。这类雕像通常刻画了夸张的阴部和臀部。虽

图2 这尊雕像不成比例的、超自然的臀部有重要的象征意义（与双卵象征体系相关的一个再生符号）。她的外阴三角区标着两条线。斯达塞沃文化，约公元前6000—公元前5800年（旦亚·布兰叶维那，塞尔维亚的奥西叶科附近）

然我们几乎会不假思索地想到阴部和臀部是性符号，但在古欧洲艺术中，它们更可能意味着生命的给予和维持，而非色情。夸张臀部的象征意义与乳房和双卵相关，这样，这一赋予生命的象征物的力量就成倍增加了。有时，工匠在卵形陶坯或是卵石上塑造雕像的臀部，由此可知，有可能工匠已觉察到臀部与卵这两种象征物之间的内在联系。这种象征手法是从旧石器时代后期传承下来的：早在马格达林时期，在法国南部的拉劳克、拉林德与德国南部的岗那思多夫，工匠们就已在岩石上刻出臀部轮廓并标上一条、两条或是多条线。新石器时代早期的臀部为卵形的小雕像通常也有两道线，这也许是为了说明怀孕时一人变成两人的状态。

在旧石器时代后期和新石器时代的艺术品上，阴部成了象征性描绘的主角，在雕像和陶器上，它要么单独出现，要么被高度放大。阴部呈现为三角形、椭圆形、开放的圆，甚至是花蕾、树枝——这一事实突出了其赋予生命的功能，而非色情功能。在时间跨度超过3万年的考古记录中，这种符号出现的频率之高和持久性说明了它在信仰体系中的重要性。在法国南部的安格林山城（Anglessur-l'Anglin，约公元前17000—公元前14000年）（维埃纳河）发现的二幅大型女性岩刻，既没有表现其头部、乳房、手臂，也没有表现其双足，而是突出展示了她们的阴部。捷狄昂（Giedion，1962：178）在评论安格林檐壁时说："如果有必要表现整个身体的话，在这个足够大的空间里是可以轻松完成的。但是显然没有这种需要，因此只雕刻了腹部、骨盆区和阴部。完整的人形并不重要，重要的只是代表整体的局部。"我们很容易理解为什么工匠在雕像身

第一章　女神和男神的形象　| 007

上编制"密码"时，阴部在其所使用的符号和象征性信息中的地位是如此突出。在一尊约公元前5000年的雕像上，半圆形图案突出了椭圆形的阴部，而折线和螺旋线则点缀着大腿及臀部（图3）。这种符号组合传达的是动态概念：生长、流动及旋转。在其他象征体系里，女性力量是活跃的，它创造生命。女神体现了新生命的奥秘。

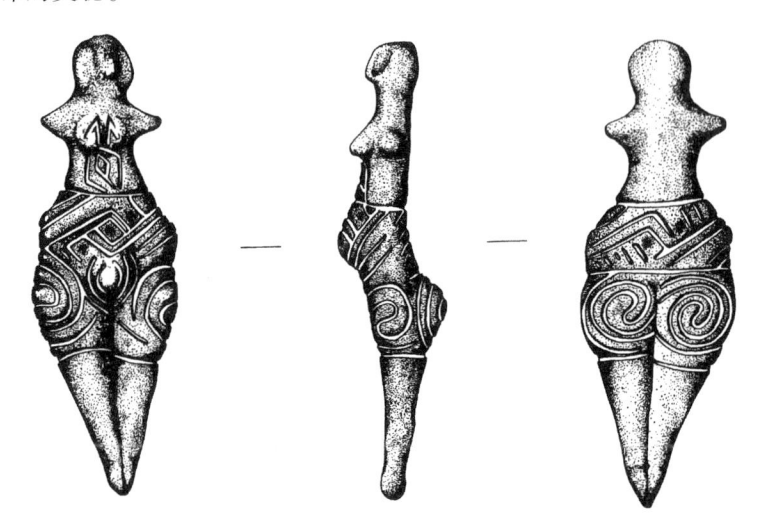

图3 这尊陶俑雕像凸现了阴部，两侧有半圆形图案，周围有螺旋线和回纹；穿过她腰部及大腿部的线条勾画出身段部位，其间充满了这些铭刻符号。工匠在乳房上刻了V形，在乳房下侧还有一个可能是文字标记。温查文化，约公元前5000年（斯拉提努，保加利亚西部）

面具

男性雕像和女性雕像的面部均有独特的形状：有的有棱角极其分明的颚骨，而另一些看上去则呈完美的椭圆形。这一特征与格式化的眼睛和其他面部特征结合起来，使这些雕像的外貌超凡脱俗（见图4、图5，也见后文图13、图14、图24、图28）。仔细观察这些独特的面部特征，会发现它们原来是面具，但是，多年来考古学家没能看出雕像上的面具，甚至那些面孔与面具边缘有明显的界线的雕像也不例外。事实上，在希腊北部的阿切莱恩遗址（公元前6400—公元前5600年），我们发现怀孕的女神雕像的杆状颈部挂有可拆卸的面具。在一些特例中，雕像手持面具，而非戴着它（图6）。在那些仍然在宗教仪式上使用面具的当代文化中，面具是某种超自然力的化身。古希腊人在戏剧和宗教仪式中使用面具也出于相同的目的：既表现女主人公和男主人公，也表现诸神。在新石器时代的欧洲，面具很可能有类似的用途。事实上，希腊人的面具毫无疑问是新石器时代流传下来的。

图4 希腊北部遗址出土的戴面具雕像的头像，公元前6000—公元前5700年，塞斯克洛文化（靠近拉瑞沙，塞萨利）

图5 频繁刻在瓶颈上的浮雕，神的面具。斯达塞沃文化，公元前第6千纪早期（格莱德耐斯，靠近普瑞斯提纳，科索沃-麦托黑杰）。保存高度为10.4厘米

新石器时代的古欧洲人在宗教仪式和典礼上使用实物大小的真正的面具。他们很可能用木头制造面具，这些面具因为腐烂而没有传下来。不过在温查文化及保加利亚的瓦那（Varna）墓地中已发现陶制和金属制的实物大小的面具。考古学家也在近东的新石器时代遗址中挖出了面具，例如以色列的朱迪亚（Judaea）沙漠中的纳赫黑玛（Nahal Hemar）岩洞[①]。古欧洲的雕像可以代表戴着面具参加宗教仪式的人，或是一位真神。有些戴着面具的雕像缺少细部特征，不过其他雕像则保留着复杂的细部特征，足以显示雕像所体现的是女神的哪一个方面。

[①] 在此岩洞中发现的人工制品断代为公元前第7千纪，参看巴尔-约瑟夫著作（Bar-Yosef, 1985: 15）。根据作者的观点，此岩洞在新石器时代一定曾经被用来储存仪式上用的祭拜物品。

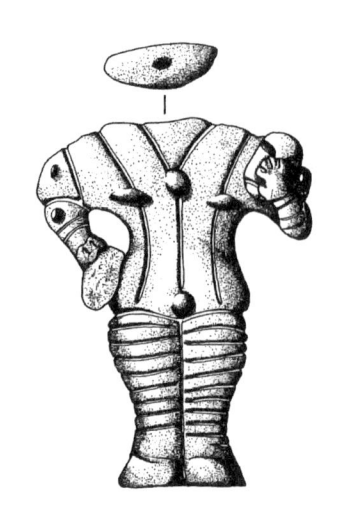

图6 罕见的雕像，手持面具，而非佩戴。雕像左手紧抱面具，右手拿着阿司寇斯（askos，鸟形花瓶）。它出土于焚毁的地上建筑中，同时出土的还有另外四个神人同形同性形象和动物形象的雕像。温查文化（C阶段），约公元前4700—公元前4500年［琉布克瓦（Liubcova），卡拉什-塞维林（Caras-Sever-in），罗马尼亚西南部］。保存高度为11.5厘米（头部插进孔中）

虽然古欧洲的艺术家们经常使用面具来暗示女神的特殊面貌，但有时雕像又直接吸纳动物的特征，有动物形头颅的雕像频繁出现，已经发现的有蛇头、鸟头、猪头及熊头雕像。所有这些表现形式，不管有无面具，都表现了新石器时代人类、自然、神灵之间的亲密关系。

通过研究雕像及面具上的标记，我们可以了解神灵是怎样通过不同动物来显灵的。这些面具代表女神的圣兽，当人戴上它们时，就表示动物的力量与人的力量的结合。雕像有鸟嘴、蛇眼、羊角、熊鼻或猪鼻，有时雕像是兽身却戴着人形面具（见后文图24）。鹿、鱼、麋鹿、蛇、熊、蛙、羊、猪、狗、野猪、刺猬和水鸟（所列举的仅是一小部分）在宗教的象征体系中全都有着重要的作用。

给予生命和维系生命的形象

给予生命的形象

1. 生育女神

表现分娩的小雕像雄辩地证实了女神作为生命给予者的最显著的功能。新石器时代的工匠们把女神雕刻为或坐或半卧的分娩姿势：屈膝，提腿，有时把一只手放在脑后。她的阴部可能是由于分娩——孩子出生前的那种生理状态——而膨胀。许多生育女神雕像上都有面具和象征性符号，这证实了它们的精神性以及工匠与女神沟通的努力。从旧石器时代后期经过新石器时代，生育女神的存在超过2万年。在有史期早期的宗教中，她以三位一体的形象出现，通常是命运三女神：日耳曼的诺恩斯（Norns）、希腊的莫伊莱（Moirai）和罗马的帕西（Parcae），都是三位一体的命运女神。

降生是神圣的，事实上，这也许是新石器时代宗教中最神圣不可侵犯的事情之一。在新石器时代早期，各个民族都建造特殊的房间以供分娩使用。我们可以把这些房间想象为降生圣坛。在土耳其（古安纳托利亚）中南部的加泰土丘［卡托·胡玉克（Çatal Hüyük）遗址］的考古发掘中，一个房间暴露出来，其居住者显然曾在此举行与降生有关的宗教仪式。他们把房间漆成红色，这使我们想起血液的颜色——红色是生命的颜色。墙上风格化的人物画像描绘了女人分娩的过程，旁边涂画的圆环形和波浪线图案可能象征着子宫、脐带和羊水。一个低矮的灰泥平台可能是用于真正的分娩。房间的色彩和象征手法的运用表明人们把降生看成是一个宗教事件，而且分娩的过程伴随着宗教仪式。在地中海中部的马耳他岛，塔尔欣（Tarxien）和姆那德拉（Mnajdra）神庙里的工艺品也显示了类似的活动；这些工艺品包括一张矮榻模型，可能是供分娩用，以及一个分娩小雕像，在她的背部有九道线条横贯。

水汽、生命与生育女神之间的联系有着深刻的宇宙论蕴含。人类的生命起源于女性子宫潮湿的环境中。于是，类似的，女神便是一切生命——包括人类、动物和植物——的源头。女神也统治着一切水源：湖泊、河流、泉水、井，还有雨云。

女神生育出新生命这个事实可以解释她的形象身上的各种水的象征，诸如网、溪流和平行线。新的生命源自神秘的水域——类似于子宫中的羊水。网的象征从新石器时代起一直贯穿有史时期[①]，似乎同这种神秘的孕育生命的液体有着特殊关联。这种网状象征始终反复出现在小雕像和陶器上，呈现为正方形、椭圆形、圆形、菱形、囊状、三角形（生殖三角区）以及带形，还常常与蛇、熊、蛙、鱼、牛头和山羊头相伴随。

即使到了有史时期，人们还是把水井、水泉、水池视为医治疾病的神圣之

---

① 参见巴伯著作（Barber，1994，图2.1, 2.5, 2.8）。

地，那里居住着女性精灵。许多早期基督教朝圣者访问了那些由女性守护者[通常是圣母玛利亚，在爱尔兰是圣布里吉特（Brigit）]看顾的水泉。[1]

给予生命的女神在古希腊神话中以阿尔忒弥斯·埃蕾西亚（Artemis Eileithyia）的形象幸存下来，在泛欧洲的民间故事中则成为命运三女神之一员。拉脱维亚人和立陶宛人直到20世纪还要以桑拿浴的方式庆祝新生命的降临。他们用包括一只母鸡或者毛巾和其他编织物的祭品来讨好一位名叫莱尔玛（Laima）的生育女神，她是人类生命的孕育者和编织者。我们将在最后一章回过头来讨论这个异常顽强的女神。

2. 母亲与婴儿

在基督教的时代如此繁荣的母与子型的雕塑传统实际上发端于数千年前，在新石器时代的艺术中就有无数的母与子型雕像之实例。如同其在有史时期的同类作品那样，该类型人像总是表现一位母亲正在给她的孩子喂奶或者怀抱着孩子，不过其表现手法却是十足的新石器时代风格。母亲与孩子虽然具有人的身体，但是两者可能都戴着动物面具，其功能在于与神交流，或者是体现神性。某些最动人的古欧洲小雕像表现了一位母亲温柔地拥抱着她的孩子或给孩子喂奶。有时候母与子都戴着熊面具。另外还有几种熊首小雕像背上有育儿袋，那或许是携带婴儿用的。

3. 熊与鹿

熊与鹿始终与生育女神同时出现，生育女神经常化身为熊或鹿，作为分娩或哺育婴儿的辅助者。古希腊人认为这两种动物是阿尔忒弥斯女神的化身。[2] 其他一些深深植根于史前时代的欧洲民间故事也将熊、鹿和生育女神联系在一起。

熊作为宇宙的养育者的历史可一直上溯至旧石器时代晚期。那时的人们一定观察到了熊一年一度的冬眠与复苏模式。[3] 于是，熊就成了死亡与再生的完美象征物：当冬眠的时候，它就在比喻意义上进入了冥界；当从洞穴中出来时，它就在比喻意义上再生了。当然，其他一些动物也冬眠，但是熊却能产生特别强烈的象征意义。它不仅活着走出洞穴，而且还带来了新的生命：在冬季里生

---

[1] 在爱尔兰，圣井至今仍然被参观和膜拜。参见布莱那曼的论述及著作（Brenneman, 1995）。
[2] 在布劳罗尼亚的阿尔忒弥斯节日中，一个身着黄色长袍的女司仪，会将阿尔忒弥斯扮演成一头熊。参见德克斯特著作（Dexter, 1980: 26）。
[3] 这不是真正的冬眠：尽管在冬天熊消耗着它在夏秋两季存储的脂肪以维持生命，但它仍保持着较高的体温，而且天气暖和时也会离开洞穴，外出散步。

育和哺养的幼兽。人们还以为它在那期间处在像死亡一样的沉睡之中。就这样，熊由于代表了生育、死亡与再生的全过程，自然而然地与生育女神产生了联系。在制作精美的灯台、陶器、小人像和祭品容器上出现了大量的熊的母题，揭示了熊女神在仪式方面的重要意义。熊形的灯台是公元前第 6 千纪的典型器物（图 7）。人们还发现了以熊作腿、圆环把手的容器，那也许是用于奉献圣水的。如前文所说，熊的外表常常能增加母与子型雕像的重要性，这证实了熊的神秘的母性职责。

图 7　熊形的灯台，身体上饰有三角形纹、山形纹和三联线纹。达尼罗文化（Danilo culture），大约公元前第 6 千纪末期［斯米尔西，邻近扎达（Zadar），亚得里亚海海岸，克罗地亚］

鹿或麋对于生育女神来说也是神圣的。鹿的象征传统同熊的一样，要上溯到遥远的旧石器时代末期。［考古学家在西班牙的朱约（El Juyo）和提托·巴斯堤洛（Tito Bustillo）洞穴遗址的仪式坑中发现了鹿的遗骨，年代约在公元前 14000 年。］鹿角的生命再生能力拥有巨大的象征力，因为它们季节性地在春天出现。考古学家在新石器时代的墓葬中经常发现鹿的角、肩胛骨和牙齿。有一些属于新石器时代的制作精美的陶瓶，形状像鹿，或饰有鹿的浮雕。在整个新石器时代，这些陶瓶毫无疑问是用于仪式场合的。史前的和历史早期的绘画、镶嵌图案、瓦片把鹿等同于井、淡水河流及生命之水。甚至在今日，北亚和欧洲的神话仍然把母鹿视为神秘的生命给予者。

维系生命的形象

1. 鸟与鸟女神

鸟儿使新石器时代艺术中反复出现的大量动物都黯然失色。世界各地的许多神话都讲述到世界如何开始于一只卵。鸟卵作为一种生命之源，肯定传达着强烈的象征意义。鸟类之卵还提供着额外的营养，无论在新石器时代，还是新石器时代之前都是如此。候鸟神秘的季节性消失与回归，还有小鸟从卵（新生命与营养之源）中谜一般出现，也许促成了鸟类崇拜。① 鸟类体现着健康、多产和好运，所有这些对于生命的维系都是重要的。

大多数的鸟女神小雕像都将人类的女性形体与某一特定种类的鸟结合起来：水鸟（鸭子、鹅、鹤、苍鹭）、春鸟（布谷鸟）或食肉猛禽（乌鸦、猫头鹰、秃鹫）。水鸟最常出现在小雕像和陶器上。这些鸟儿栖息在陆地上的江河湖泊区，也能飞到天上去，那里是降雨的源头所在。于是，它们提供了一种联系，将尘世的生命同尘世之外的世界联结起来。它们出现在仪式用的容器上，这暗指用作奠酒的液体有给予生命的能力。直到今日，在欧洲民间传说中，天鹅和鸭子一类的水鸟仍然能够带来好运或增加物质财富。

鸟女神经常被塑造为这样一种小雕像：戴着有鸟喙或鸭嘴的面具，有着女人的躯体。如果她没戴面具，她的脸上就长着一个鸟喙形的鼻子。在没有明晰的鸟面的情况下，鸟女神小雕像则摆出一种弯成拱形的姿势。她们短粗的羽翼形手臂和夸张的臀部都使人想到鸟的身躯。小雕像的肩膀上和面具上的小孔可能是用来插鸟羽毛的，这个做法通过现代的民俗而保留下来。在青铜时代及其后的表现中，艺人们把鸭子描画成船的样子，或是画它们拉着车子，车上坐着女神。不论是否戴面具，鸟女神小雕像都展现了她的象征：山形纹、三联线、曲线和水流形纹。

2. 蛇与蛇女神

蛇既能栖息于陆地，又能生活在水中。冬天，它们在土中冬眠；春天，又重回地上。除此之外，它们还能周期性地蜕皮，这就更加强化了它们作为再生象征的功能。人们因而认为蛇在春季能带来生命。它们还被视为已故祖先的显灵。

---

① 进一步来看，鸟类能够在天地间自由自在地飞翔，它们可以这样与天界沟通。也许因此，先民们就把它们等同于那些居住在大界的神灵。

蛇女神的经典形象是像修行瑜伽那样或坐或蹲的姿势，肢体呈现为蛇形（图8）。她的头或是人头，或是蛇头，或是戴面具，而且可能戴王冠。圆眼、长嘴的蛇头出现在陶瓶的边沿或柄上。在陶瓶上还有长角蛇头浮雕。如同鸟女神的情况那样，人们赋予了蛇女神特别的象征：蛇形的盘绕纹、螺旋纹、锯齿纹，或波浪纹，都旨在模仿蛇的运动。其他的象征则模仿蛇皮，类似于布满圆点或菱形的带状纹。在绘制的或雕刻的盘子、还愿碑石或巨石建造的坟墓上，一条盘成一团的蛇往往占据着中央的位置。在新石器时代、整个青铜时代及以后时代陶瓶的侧面或柄上，都有蛇缓慢地呈"之"字形向上爬的形象。

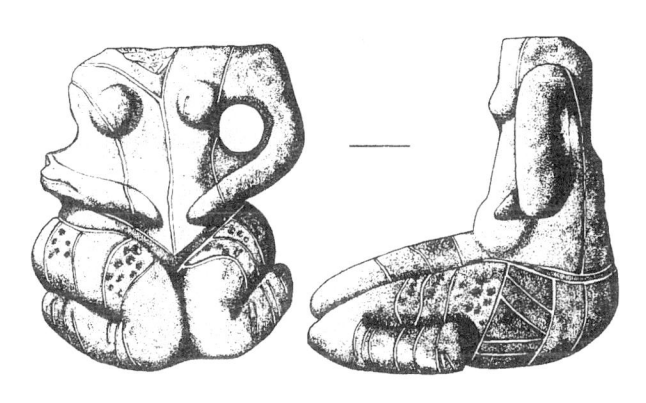

图8 这个蹲坐的形象带有蛇形的肢体，屁股和大腿上绕着布满圆点的带状饰物。温查文化，公元前4900—公元前4800年（在贝尔格莱德附近的温查）。保存高度为7.9厘米

植物女神与男神

怀孕的植物女神

对于早期的农耕者来说，播种、生长与收获的一年一度的循环，既是神秘的，又是食物供给之源。远古的农夫们一定意识到了谷物种子在土中发芽与新生命在子宫中孕育之间的相似，因为在许多古欧洲遗址都发现了对这种相似的表现。怀孕的植物女神（一般把她叫作大地女神或地母神）是在新石器时代的古欧洲表现得最多的女性形象之一。在古欧洲的居住洞穴遗址中出土了数以百计的怀孕的女神小雕像。

许多古欧洲的文化把这位女神同食物相联系，尤其是谷物和面包。考古学家常常在邻近面包烤炉的地方发现怀孕的女神小雕像。在希腊塞萨利南部的阿切莱恩，我和我的同事们在靠近炉子的地方发现了祭坛和特别的带有祭祀坑的

石制平台，它们也许同丰收的仪式活动有关。这位女神与猪的关联也更加强化了她同谷物与土地的联系。猪能很快地长肥，这就与庄稼和水果的成熟形成了明显的类比。考古学家已经挖掘到绘有猪的大大小小的雕像和陶瓶，还有制作考究的、适合真人尺寸的陶制猪形面具。古欧洲的居民们在祭拜怀孕的植物女神的仪式上可能会戴上这些面具。

史前的和历史上的农夫们有了对循环性时间的明确意识，因为他们熟悉一年一度的播种、生长和收获的循环。他们在这个循环之中合适的时候举行节庆和仪式。与这个循环密切相关的丰产植物女神，也会随着时光的流逝而经历她自身的变化。新石器时代通常把这位女神的小雕像表现为大肚子的孕妇。后来，比如在古希腊，这一形象被表现为二联形式，很像是一对母女的造型，即女神春夏季的一面以及秋冬季的一面。怀孕的形象看上去既年轻又拥有旺盛的生育力，一旁与其并列的则是老迈的、濒死的形象，被刻画为悲伤的、干瘪丑陋的老太婆。

早期的库库泰尼［Cucuteni，特里波利耶（Tripolye）］文化，其年代大约在公元前4800—公元前3500年，它为我们提供了新石器时代祭献怀孕的植物女神之仪式的最清晰的图景。在位于德涅斯特河（Dniester）上游的卢卡-鲁伯维茨卡亚（Luka-Vrublevetskaya）遗址中，破损的猪雕像上有谷物的痕迹，而大约有60个雕像的表面留下了谷物的压痕［参看比比科夫（Bibikov），1953；其中的一些图例见金芭塔丝，1974，图165］。当技术人员用X射线检查这些多孔的陶制小雕像时，他们发现了三种不同的谷物（小麦、大麦和小米）被填塞在里面。发掘者比比科夫观察到，制陶工人在这些黏土雕像中调入了粗磨面粉，做成形后趁着泥还是湿的，就马上投入火中烧制。在这里，我们有了强有力的证据，表明存在一种将谷物、面粉和烘烤行为与女神联系起来的仪式活动，其目的就在于得到大量的面包。

即使在古欧洲文化解体、印欧社会和宗教系统形成之后，欧洲的农夫们依然顽强地坚持着对这位女神的崇拜。在希腊和罗马盛行的耕地节庆延续着承自新石器时代的传统。古希腊罗马的作家们给我们留下了大量的对洋溢着古风格调的播种、成熟、收获节庆的描述。这些叙述充分说明了这位怀孕的植物女神从史前至今所具有的非凡功能。我将在第七章中对这些记述做深入探讨。

植物年神

作为植物界周期性的生长与衰败过程的一种神圣隐喻，一位男神被当作怀孕的植物女神的配偶受到崇拜。这位男性植物年神有着反映季节变化的几种不同的表现形态。就这样，男性的力量补足了女性的力量。

作为一个年轻的男性，年神体现着让世界从冬天的沉睡中复苏所需要的那种力量和生殖力。他显然是要帮助唤醒那位沉睡的大地女神。塞萨利的塞斯克洛（Sesklo）文化以及接续它的迪米尼（Dimini）文化都制作反映年神有力的和刚健的一面的形象①，把他刻画为裸体的和唤醒状的壮年。年神体现着收获，挎在肩上或挂在腰带上的镰刀或弯钩表明了这一点。到了冬天般的老迈阶段，悲伤的年神要考虑他的生命循环的终点。大约从公元前6000年起，这位神祇出现时总是坐在一张凳子或王座上，双手放在膝盖上或是撑着下巴。塞斯克洛文化创作出许多表现这位日渐老迈的年神的肖像艺术品，年代约在公元前6000—公元前5500年。如同怀孕的植物女神那样，植物年神，尤其是衰老和哀伤的年神也在民间传说及神话中保留下来。

成双成对的男女收获之神就这样被回溯到了欧洲的新石器时代。在约公元前4700年的一座切尔纳沃达（Cernavoda）墓葬之中出土的老年女性和男性的塑像［代表着罗马尼亚的哈曼吉亚（Hamangia）文化，这个文化在邻近黑海的地方］，很可能就是表现这样一对神的。其他可能是植物神夫妻的形象来自塞格瓦-突兹科乌斯（Szegvár-Tüzköves）的属于同一时期的提萨（Tisza）文化遗址（图9）。这种两性之神偶互补的关系与后世欧洲宗教中男神的主宰地位形成了鲜明的对照。

圣婚

结合神圣的男性力量和女性力量的仪式活动可能在古欧洲的时代就已经出现，但是我们目前几乎没有相关的考古学证据。虽然按照现代的标准来看有些奇怪，但是在欧洲和近东地区，古代人确实认为这对男女夫妇神对土地及其住民的富饶和丰产是必不可少的。我们在公元前3000年前后留下的最早的历史记录中，就看到流传很广的描述圣婚仪式的文本。② 这类圣婚仪式在那个时期的广泛流行表明它的起源——或许是一种共同的源头——要更早，可能发源于古欧洲的宗教体系，虽然目前几乎不存在什么证据。在土耳其的卡托·胡玉克遗

---

① 塞斯克洛文化繁荣期为公元前6500—公元前5500年，在塞萨利和马其顿南部。迪米尼文化断代为公元前5500—公元前4000年，在塞萨利。

② 这些是苏美尔的文本。

图9 这一对被崇奉的男女的裸体像可能表现了植物神的形象。男神戴着臂圈，长着乳房和阴茎。在男神的背后附着一个长方形的容器，也许是用来盛祭品的。虽然两者各自单独被发现，但它们显然是一对儿。它们很可能出自这个富有的村落之神庙。该神庙产生了许多登基立位的男女之神。提萨文化，公元前4800—公元前4700（匈牙利东南部的塞格瓦-突兹科乌斯）

址中，考古学家发现的一件雕像表现了一对男女正在性交。还有一件类似的文物，出土于近东地区的纳图费安（Natufian）遗址①，年代约在公元前10000年。还有古迈尼塔恋人（Gumelniṭa Lovers），一件在罗马尼亚南部古迈尼塔遗址出土的雕像，刻画了温柔地拥抱着的一男一女，他们也许是在参加一场圣婚礼仪（图10）。

有关性仪式的描述主要来自近东地区最早的历史记录。这些文本提到"圣婚"（sacred marriage，在希腊文中是 hieros gamos），在该仪式上有一对男女进行礼仪性的性交。实施仪式的责任只落到少数几个特别的人身上：女祭司（代表女神）和男祭司（代表年神），或是女王和国王——他们代表他们的国民来举行该项仪式。②

---

① 这个遗址位于东地中海海岸。
② 参看莱克（Leick，1994：150-151）所持的另外的观点。

018 | 活着的女神

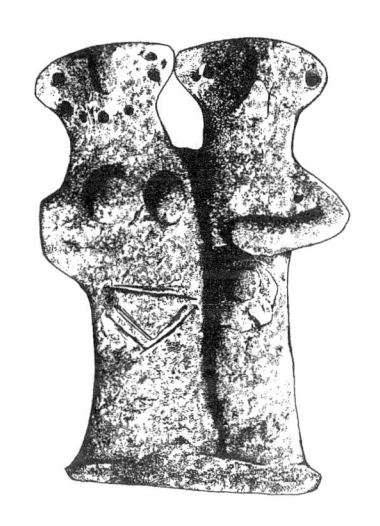

图10 古迈尼塔恋人，一对搂抱在一起的男女陶塑像，也许是表现一次圣婚仪式。巴尔干地区东部的卡拉诺沃（Karanovo）文化出土，公元前5000—公元前4750年（古迈尼塔，多瑙河下游，罗马尼亚南部）。原件高6.8厘米

死亡与再生的形象

在生命的循环中，女性的力量——女神——不光表现在生育、生殖力和生命的维系上，也体现在死亡、衰败与再生上。[①] 作为死亡的主宰者，她赫然呈现为一只可怕的猛禽，或是一条毒蛇，或是一个僵硬的裸体女人。然而，对于古欧洲文化来说，死亡并不预示着最后的终结，而仍是大自然的循环的一个环节。在古欧洲的宗教意象中，死亡总是紧密伴随着再生。但再生永恒地持续下去，有些特别的形象（尤其是水生生物的形象）尤其让女神的信徒们相信女神与他们同在。从这一作用看，我们看到这位女神穿越阴阳两界——死亡的虚幻的恐怖和生育的甜美希望——她实际上为这两个不同世界提供了一种联系。

1. 猛禽

猛禽——食肉的鸟类——在古欧洲的意象谱系中最常体现的是死亡。卡托·胡玉克出土的秃鹫圣殿（Vulture Shrine）为此提供了一个图示的例子。在圣殿的墙上绘着几只秃鹫，它们伸开翅膀向一些无头的尸体猛扑下来。在几千

[①] 根据伊利亚德（Mircea Eliade）的看法（1954；1991：52），生命周期性再生的观念存在于所有的文化之中，至少在宇宙论层面上，所有的文化都相信宇宙性活动的重复。生命和时间本身也周期性地更新。

英里之外西欧的巨石坟墓之中，另外一种凶鸟占据着主导地位。信徒们在这些让人感到敬畏的坟墓中的尸骸和石块上刻出猫头鹰的形象，特别是它的大眼睛。这个形象还出现在被称为竖石纪念碑（menhir）的耸立的独块巨石上。不论在卡托·胡玉克遗址，还是在欧洲的巨石建筑上，还有另外一些特征将这两种猛禽同女神联系起来。比如，卡托·胡玉克的一些秃鹫形象拥有人的双脚，而欧洲巨石上冷冰冰的猫头鹰眼则在一条项链和人类胸部的上方瞪视着，而且还经常与女性生殖器一同出现。

这种猫头鹰形象的超人品质和近似于人的外观——它高高在上的栖息处，像人一样地凝视，极好的视力，还有夜间的尖叫——都特别能激发神秘感与敬畏感。对这种鸟的迷恋肯定早于新石器时代。在旧石器时代末期洞穴岩壁上就有猫头鹰形象，如人们在法国南部三兄弟洞穴（Les Trois Frères cave）中识别出了三只雪白的猫头鹰的形象。历史资料和图像学材料都把猫头鹰同重要的女神相联系，比如希腊的知识与智慧女神雅典娜，苏美尔-阿卡得女神莉莉特（Lil-Lilith）——她的名字也出现在希伯来人的《旧约》中。有学者提出一种假说，认为莉莉特这个名字意指"尖叫的猫头鹰"。这种夜间猛禽自然而然地充当了死亡与阴间的统治者。

古欧洲的猫头鹰象征系统将死亡与生命融为一体。在布列塔尼和爱尔兰发现的坟墓和雕像上，猫头鹰造型的中央都有一个女阴。爱琴海北部发现的猫头鹰形瓮上也有女阴或盘蛇形象。葡萄牙出土的多尔门式（dolmen）巨石则在猫头鹰女神的容貌中添加了具有再生性的阳物造型（图11）。猫头鹰与蛇的组合母题贯穿整个新石器时代，直到青铜时代仍在延续。猫头鹰的眼睛或许被认为是最具有影响力的再生之象征，尤其是当它们被刻在作为死亡象征的秃骨头上时（图12）。

对于剥肉行为的理解有助于我们弄清新石器时代宗教中猛禽的作用，尤其是解释它们在死亡过程中的作用。在这种剥肉的埋葬活动中，人们并不马上埋葬死去的人，而是将死者放置在露天的平台上。而猛禽们会来平台上撕去尸肉，只剩下骨头。剥去尸肉被认为是完成死亡过程所必需的。当尸身只剩下骨头时，死者才被埋葬，而下一次的生命循环也才能够开始。就这样，我们在古欧洲的死亡象征系统中看到两种猛禽在两个地区占据着主导地位：秃鹫只存在于近东地区和南欧，猫头鹰则遍布欧洲大部分地区。虽然剥肉活动并不是普遍实施的习俗，但是在整个欧洲和近东地区，秃鹫和猫头鹰的象征代表着带来死亡却又主宰生命、确保生育的女神。

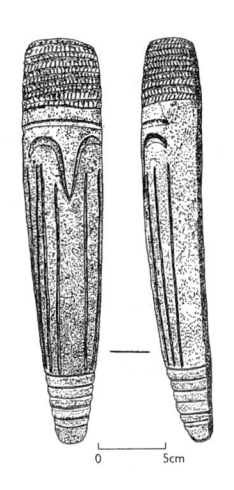

图11 死亡女神的再生象征，包括猫头鹰眼和喙，图形组合中还有女阴和男根。这个阳物造型包含着鸟喙和眉毛的母题，被雕刻在一个多尔门石碑上。新石器时代的葡萄牙，公元前3000年（卡撒波斯，里斯本以北）

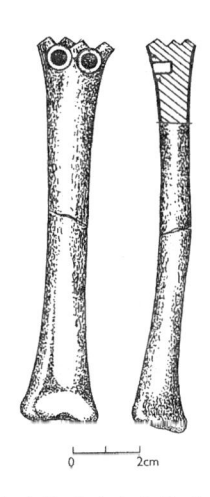

图12 猫头鹰女神的死亡与再生功能通过这些骨雕形象体现出来，该形象表现女神的凝视之眼，那圆眼也是再生之眼。这些骨雕形象被置于坟墓之中。此处是一根母牛骨头，其顶端小心翼翼地刻画出镶嵌式贝壳做的女神的凝视之圆眼。线纹陶器文化，公元前5000年（莱茵河上游的恩塞斯海姆）

2. 呆板型白色女神

在人类的墓葬之中，女神小雕像一直是陪葬品。女神僵直地躺在那里，就像象征着死亡的秃秃白骨。她的前臂交叠在躯干上，那也正是尸体被埋葬时所摆放的姿势（图13）。这些女像都是骨头的颜色，经常是用大理石、雪花石膏，

第一章 女神和男神的形象 | 021

或是其他的白色石头雕刻成的，有着明显的死亡之联想。与其他一些雕像不同，呆板型白色女神只有很小的胸部，这就淡化了她的哺育和维系生命的功能。该女神以这种体形陪伴她的臣民过渡到另外的那个世界中去。对呆板型白色女神的一种很常见的表现形式就是希腊的基克拉迪小雕像那种样子，这些雕像年代约在公元前 3200 年至公元前 2000 年，出土于爱琴海上基克拉迪群岛的墓葬之中。基克拉迪小雕像引人注目的特征之一是其几何比例，有时被视为后世希腊古典艺术的源头，但它们的原型实际上在 3000 年前就已被创造出来，出现在南部和东南部欧洲的墓葬中。

对于古欧洲文化而言，时间是循环运行的，不是一种有终点的直线运行。这种世界观适用于生与死，也同样适用于播种与收获。紧接在死亡之后的就是再生。呆板型白色女神明确地将死亡与再生相联系，靠的就是她那夸张的阴部三角区。女神像的身体比例主要偏重子宫，暗示着从女神身体的再生。所以，当一个人死去时，他或她的尸体就被放置在墓中，他或她象征性地进入女神的身体，等待着再生。

新石器时代及其后的呆板型雕像所代表的是白色女神的主要显现方式：猛禽或毒蛇。某些人像的独特之处在于戴着除了一个大鼻子之外面部别无一物的面具，这个大鼻子可能象征着鸟喙（图 13b、e、f）。安纳托利亚西部出土的一些人像除了有突出的大鼻子，还有翅膀。类似的人像也出现在美索不达米亚和地中海东岸地区。例如，头戴精致头巾的裸体带翅的苏美尔女神莉尔（Lil，希伯来语称"莉莉特"），她用长爪的脚紧紧抓着她的狮子坐骑（约公元前 2300 年）。在她的两侧有两只猫头鹰。公元前 14 世纪至公元前 13 世纪，地中海东部地区许多她的造像具有同样的特征：裸体，有巨大的阴部三角区，超大的猫头鹰喙，还有巨大的圆耳环。

其他的呆板型白色女神面具看上去完全不一样：这些面具没有突出的鼻子，取代它的是长长的嘴下面露出的牙齿（图 13c）。带有突出鼻子的面具是地中海和爱琴海地区特有的，而那些突出表现嘴巴的面具则显示着罗马尼亚和保加利亚的卡拉诺沃（Karanovo）文化的典型特征。那种长嘴的面具较宽，通常还有穿孔的耳垂，为的是佩挂铜的或金的耳环。它们还有打孔的下巴，以便佩戴铜的或金的环形垂饰（图 14）。有些面具还有一条带状头饰或头巾（图 14b）。金制的环形垂饰稍微具有人形，中央的孔上方有双眼，还有凸起的部分表示头颅。

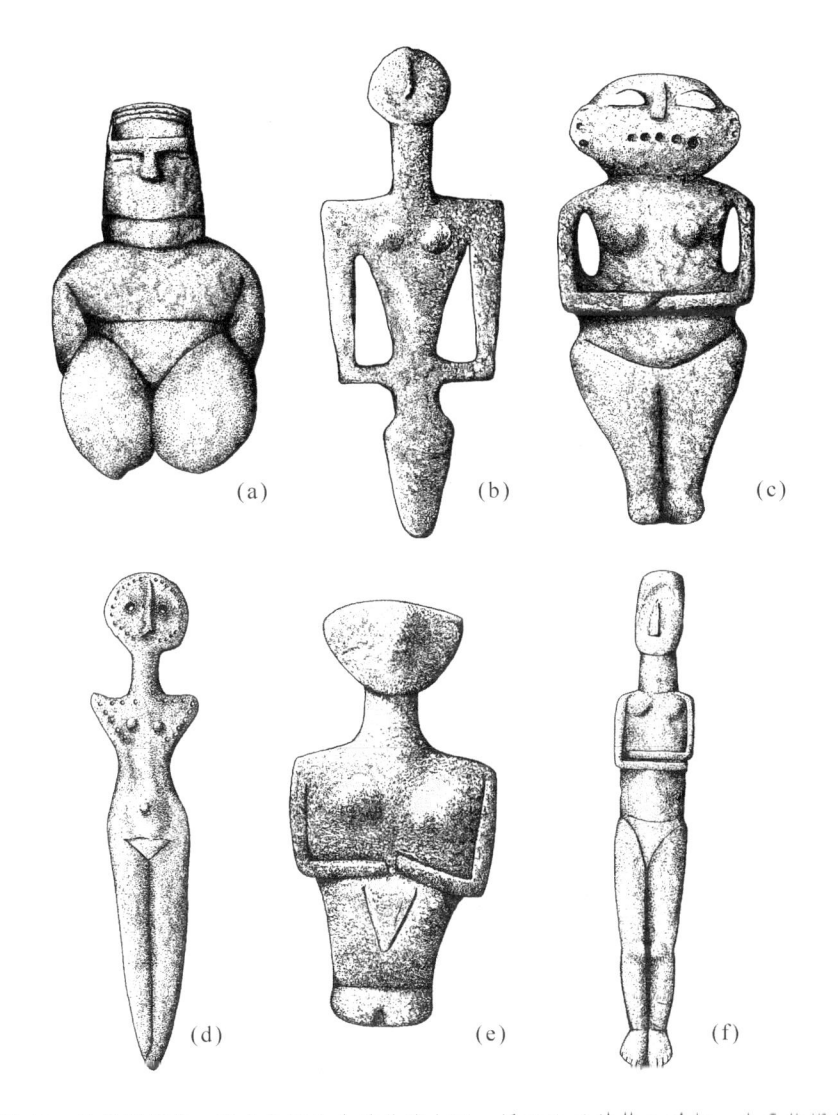

图 13　呆板型裸像。死亡与再生女神的诸方面，属于公元前第 5 千纪—公元前第 3 千纪的墓葬。(a) 一座石刻墓中出土的灰白石雕人像。坡努·伊格西努（Bonu Ighinu）文化，公元前第 5 千纪中期［库库鲁（Cuccuru），撒瑞（S'Arriu），奥瑞斯塔诺（Oristano），意大利撒丁岛］。高 17 厘米。(b) 雪花石膏雕像。奥泽瑞文化，公元前第 5 千纪末期（波托·费洛坟墓，撒丁岛）。高 44 厘米。(c) 大理石雕像。卡拉诺沃文化第六期，公元前第 5 千纪中期（拉维茨，邻近斯大拉·左格拉，保加利亚）。(d) 一座女孩的墓中出土的三个相似雕像之一。晚期库库泰尼文化，公元前 3500 年（维克瓦廷斯墓地，摩尔多瓦）。高 18.2 厘米。(e) 大理石雕像。早期基克拉迪文化，公元前第 4 千纪末期—公元前第 3 千纪初期（得洛斯，基克拉迪群岛）。高 11 厘米。(f) 大理石雕像。二期基克拉迪文化，公元前第 3 千纪中期（查兰追安尼，塞洛斯岛，基克拉迪群岛）

第一章　女神和男神的形象　｜　023

这一类型的面具——宽的，有长嘴和牙齿的——表现的是蛇的面孔，那是白色女神的第二种主要显现形式。民间故事为这一假说提供了许多证据支持。虽然在一些国家（比如爱尔兰），死亡女神以一位装扮为秃鹫的白色女士的面目出现，但是在其他国家，尤其是东欧国家，她却现身为一条毒蛇。

图 14　代表死亡和再生女神的雕像面具有长长的嘴巴，下有孔洞，可能有牙齿和獠牙。图（a）和图（b）都与瓦那墓地中发现的同原物一样大小的陶制面具有关。卡拉诺沃文化第六期，公元前第 5 千纪中期 [瓦那（Varna）博物馆，保加利亚]

3. 戈尔工（The Gorgon）

从古欧洲的出土文物复原的某些最引人注目的面具很可能表现的是蛇女神。考古学家在保加利亚东部黑海沿岸的瓦那墓地发掘出了这些面具，这个墓地因为发现了公元前第 5 千纪中期的黄金与珠宝而闻名于世。贴在真人尺寸的瓦那面具之上的是黄金饰品：一条带状头饰和环状垂饰。该面具上的圆眼、长嘴和代表牙齿的饰钉，都表现了蛇的特征。这些面具上还布满珠宝与象征物：角状物，鹿牙，陶瓷小盘，三角形的骨制垂饰，贝壳、石头和黄金珠子，一个纺锤形螺旋状物，一只双卵形头针，红色赭石和一只用来研磨赭石的盘子。虽然瓦那面具外形可怕，但与它们一起埋葬的献祭品——尤其是鹿牙、双卵、红赭石、纺锤形螺旋状物——象征着再生与生命。所有这些象征性的墓葬品表明，崇拜者们在埋葬这个女神面具时举行过再生仪式。

在瓦那发现的绘在呆板型裸体雕像（见前文图 13c、图 14）上的同类型面具也出现在升座女神像与人形的陶瓶上。出土于苏塔纳（Sultana）遗址 [邻近罗马尼亚南部的奥泰尼塔（Olteniţa）] 的一只公元前第 5 千纪中期的拟人形陶瓶，为解读女神这一方面的特性提供了更多的线索。该陶瓶表现了一个拥有可怕面容的女神，她牙齿外露，舌头下垂。她就是恐怖的戈尔工[①]的女祖先。我们在希腊神话中对戈尔工已经很熟悉了。如同瓦那的面具，这个苏塔纳陶瓶把死亡的意象与再生的象征并置在一起：陶瓶的正面描绘了一个大女阴，两边是月牙形；背面画的是螺旋线、鸟爪和双卵形（参看 Gimbutas，1989：327）。实际上，某些古欧洲文化早在公元前第 5 千纪以前就发展出了戈尔工的意象。这样，戈尔工的存在就可以延伸到至少公元前 6000 年，表现在塞斯克洛文化的一个陶制面具（图15）[②] 上。戈尔工是一种名副其实的欧洲象征，她的形象知名于自新石器时代到青铜时代的整个东南部欧洲。

图15　圆圆的眼睛，洞开的鼻孔，还有一条伸出的舌头，强化了这个红白彩绘的陶制戈尔工头颅，典型的古典时期塞斯克洛文化造型，公元前 6000—公元前 5800 年（塞萨利，希腊北部）

戈尔工在古希腊造型之中呈现出最吓人的面目的时期，是在公元前 7 世纪至公元前 5 世纪。这些造型中的某几种无疑是从新石器时代继承下来的，除了身体和一对蜜蜂翅膀——生命再生的重要象征，增加了戈尔工·美杜莎那咧着嘴笑的面具和下垂的舌头。她那具有令人无法动弹的面容的面具几乎总是紧邻着强有力的生命能量的象征：葡萄藤、蛇、螺旋线和蜥蜴（图16a　b）。公元前 7 世纪晚期的罗得岛戈尔工也有着蜜蜂翅膀，而且她手中还紧抓着鹤。[③]

希腊的文本中记录了这样的信仰，那就是从蛇发女妖美杜莎蛇状的头发里

---

① 在希腊神话中，戈尔工蛇发女妖三姐妹为得享永生的丝西娜（Stheno）、尤瑞艾莉（Euryale）和凡人身的美杜莎（Medusa），她们是海神福耳库斯（Phorcus）的女儿。——译者
② 虽然这个形象没有表现出古典时期戈尔工的所有特征，但她宽大的嘴巴和伸出的舌头却是死亡女神的标记。戈尔工就是后来从这种死亡女神演化出的形象。
③ 在其他一些表现中，美杜莎还有翅膀。她既是鸟又是蛇，因而既代表死亡，也代表再生的期望。参看德克斯特的论述［见德克斯特、普洛迈（Polomé）合编著作，1997：124 - 154）］。

(a) (b)

图16 古希腊戈尔工的造型是圆睁的双眼，长长的獠牙，垂伸的舌头，头部发散出葡萄藤、蛇和蜥蜴。(a) 浮雕 [叙拉古（Syracuse）博物馆，意大利]。(b) 雅典双耳酒罐上的图画（卢浮宫博物馆，巴黎，法国）

流出的血具有魔性，它既可以创造又能够摧毁。第一滴从美杜莎的蛇状头发里流出的有毒的血，可以导致立即死亡；第二滴从美杜莎的静脉中流出的血，可以带来重生和生命。① 美杜莎的死亡血滴可能是对女性强有力的月经之血的一种变形和歪曲的记忆。另外，美杜莎可怕的面具能反映对月经的恐惧和忌讳。甚至在许多当代的文化里，迷信也警告人们，如果一个处在经期的女人被看到，就会使一个男人变成一块石头，还会污染食物或危及打猎。直至公元前7世纪，被英雄珀修斯（Perseus）砍掉的美杜莎的头颅一直被盗用作庇护物或神圣力量的徽章，目的是保护观看者，使其远离邪恶。戈尔工经常被放置于钱币、公共建筑物、庙宇的三角墙、私人印章、公共的和私有的房顶以及勇士之盾上，其形象也用来装饰女战神雅典娜的护胸甲。

将女神的乳房与阴门同死亡的象征尤其是猛禽并列，反映出新石器时代的信仰，那就是女神既带来生命又带来死亡。在卡托·胡玉克一个神殿的墙上装饰着用黏土捏塑的乳房浮雕，其下方就是秃鹫的喙。直到不久前，研究者们还认为，这样的浮雕仅限于安纳托利亚、近东和南欧。但是，最近在中欧地区有了重要的发现，地点是阿尔卑斯山中的一个湖。工作在瑞士与德国边界上的康士坦茨湖（Lake Constance）的考古学家们调查了普芬（Pfyn）文化（公元前3900—公元前3800年）的一座建筑，这座建筑目前已没入浅水。木结构、简单

---

① 阿波罗多洛，《圣书》（*Bibliotheca*）Ⅲ，Ⅹ：3。

的由黏土覆盖的墙体是这一地区和这一时期建筑的典型特点。但是，不同寻常的浮雕和绘画装饰着建筑的内部，其中包括乳房的形象。卡托·胡玉克与康士坦茨湖之间的相似是惊人的。在两地都发现了祭献死亡与再生女神的神殿，在欧洲和近东，该女神受到广泛的崇拜。

再生的专有象征

自然界自发的更新换代是新石器时代宗教的一个主要关注点。这样的全力关注造成了古欧洲有关再生的神圣意象的大量涌现。大多数的这类形象尊崇各种各样的动物：鱼、蛙、狗、山羊、豪猪、公牛头，所有这些在某个方面可以象征子宫。有些意象反映了自然界：种子、葡萄藤、树、男性生殖器、植物的嫩芽、生命柱。经常也有抽象的象征物：螺旋线、弯钩形、三角形和同心圆环。我们可以看到所有这些都是再生的象征，象征着已准备好破母体而出的新生命。这些象征通常伴随着终极性的再生象征：女神的身体和生育器官。

1. 蛙和蛙女神

鱼和蛙对于再生象征的重要意义来源于它们的水栖环境。它们的栖息地类似于子宫羊膜液体这一使再生得以发生的含水的环境。蛙和蟾蜍在每年春天的定期出现，以及它们与人类胎儿的极度相似都进一步强化了它们与再生的联系。

新石器时代艺术以女性和蛙的形形色色的结合体为一大特色。在许多新石器时代的遗址中，工匠们用绿色或黑色石雕出小个的蛙形女神，作为陶瓶和庙宇墙上的浮雕的一部分（图17、图18）。女神的阴门着重强调了这些形象的再生力量。

新石器时代的陶器也常常强调图式化的蛙。被简化成一种象形符号的蛙和蟾蜍成了一个 M 形符号。可以追溯到大约公元前 5000 年的温查文化和提萨文化的大陶瓶就在瓶颈处有一个 M 形符号，其下方是女神的人形面孔。某些特别的把手不能被认作人的胳膊，但是却十分像青蛙的腿（图19）。蛙腿把手成为一种常见的特征，它与人形的陶器上出现的蛙女神融为一体。

图17 再生女神作为一只青蛙出现的浮雕,用来装饰新石器时代的庙宇墙壁和陶瓶。这一尊来自库库泰尼A2期文化,公元前4500—公元前4400年(特鲁塞司提,摩尔多瓦)

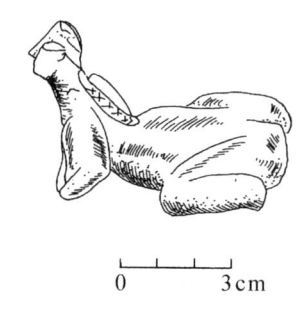

图18 这是一尊新石器时代的陶塑蛙女神像,断代为公元前第6千纪中期(房址第Ⅵ.5号,哈西拉,土耳其西部)

在一个很长的时间跨度内,蛙或蟾蜍的形象,还有露出女阴的蛙形女性,不仅出现在新石器时期的欧洲和安纳托利亚地区,而且出现在近东、中国和美洲。埃及和近东的某些紧密相关的蛙神形象有助于解释这位女神的功能。古埃及人尊崇青蛙为赫克特(Heket)女神,认为她是一切存在之始母。在前王朝的早期(约公元前3100年),她被描绘成一个长有青蛙头的女性,或者化身为青蛙或蟾蜍。"蛙"是她的象形符号。赫克特掌管着生殖力和死后的再生。赫克特还被同古希腊的鲍珀(Baubo)女神相联系,后者也许是一位乳母;还被同苏美尔的鲍(Bau)女神相联系,后者也被称为"芭芭"(Baba)。鲍是苏美尔的医药与治疗女神。出土于拉格什(Lagash)的一块公元前2500年左右的泥板描写了一座献给她的神庙,上面列出了在该神庙中参加祭祀活动的女祭司、男祭司和在场人员共700人的名字。[1] 虽然后面的这些女神没有被表现为青蛙,但是她

---

[1] 鲍或芭芭是拉格什的城市女神。她为丈夫宁吉苏生出七胞胎女儿——云朵。卢贝尔(Lubell,1994)研究了鲍珀及相关女神。金芭塔丝为该书写了前言。

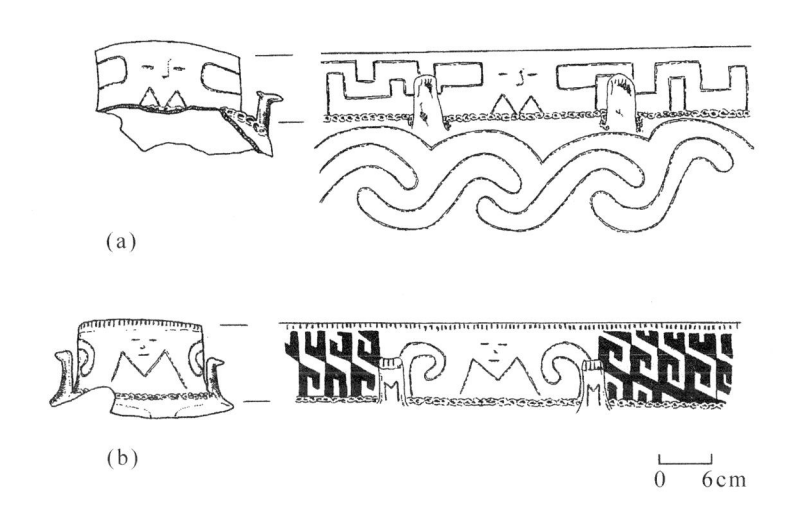

图19 一个M形符号之上的女神面孔（M符号表示蛙或蛙腿形状），画在提萨和温查文化所制造的大陶瓶上。这些线描表明盛水的容器对女神具有神圣性，因为水是生命与再生之源。回纹波形和延展的螺旋线更加强化了这种意蕴。陶器的把手可以代表蛙女神上扬的腿（右侧的图是展开后的情形，以便于观察）。（a）提萨文化，公元前第6千纪末期（赛卡哈特·科弥塔茨拉特，匈牙利东南部）。（b）提萨文化，公元前第6千纪末期（雅克索帕特，森特斯，匈牙利东南部）

们仍然同强大的养育力及治疗职能相关。

鲍珀是那位展现自己的生殖器的女神。[①] 有时候她会在仪式上撩起她的裙子，这种仪式也许是新石器时代的。人们是从古埃及了解到撩裙子仪式的；希腊历史学家希罗多德（Herodotus）在他公元前455年做的历史记录中描述了该仪式，将它称作"阿纳-苏若麦"（ana-suromai）。狄奥多卢斯（Diodorus）在公元前60年写到，他看见妇女们在神圣公牛阿庇斯（Apis）面前举行撩裙子仪式，地点就在孟菲斯的塞拉彭（Serapeum）神庙。

在20世纪早期，埃及学家马格丽特·穆瑞（Margaret Murray）提出一种假说：鲍珀女神是从埃及经由克里特岛和希腊而来到欧洲的。然而，在安纳托利亚地区，早在公元前第7千纪就出现了暴露女阴的蛙女形象，这足以证明鲍珀女神的起源要早于那些关于古埃及人的记载。显而易见的是，穆瑞女士在她生前未曾接触到新石器时代的蛙女形象，所以她只能通过从埃及或近东地区传来

[①] 关于鲍珀的图像以及伊西丝-鲍珀展现她的女阴，参看卢贝尔著作（1994）：图1.4（埃及），8.2-3（小亚细亚），9.2-3（埃及，亚历山大），9.4（意大利南部）。

的神话、工艺品和其他新奇事物来建立她的观点。这一形象的形成甚至可能上溯至旧石器时代末期,因为早在马格达林时期就出现了蛙女形象的骨雕。语言学方面的证据也支持了鲍珀女神的欧洲地方起源说。有些欧洲语言用词根 bau 或 bo 来命名蟾蜍、女巫或蘑菇。在立陶宛语中,baubas 和 bauba 指称一个可怕的女巫或妖怪。[1] 我相信这些语词反映了死亡与再生女神在被妖魔化以前所用的名字。在法国,bo［在奥萨俄纳省(Haut Saone)］、botet［在卢瓦尔河(Loire)地区］和 bot 三词都意指蟾蜍。

蛙女神富有活力的持续存在解释了一个极为神秘的历史形象,那就是所谓的"厚颜无耻"的希拉那吉(Sheela na gig,图20)。她出现在英格兰、法国、爱尔兰和威尔士的石头建筑上,呈现为裸坐状,蛙一般的双腿张开着,双手则触摸自己的女阴。在12至16世纪之间,这些形象被雕刻于城堡和教堂中。通常可以在拱门的上方或教堂的墙壁上看到它们。希拉那吉的手要么指向她的女阴,

图20 中世纪爱尔兰和英格兰的希拉那吉常常被供奉在老教堂。从她的大圆眼和巨大女阴来看,她不是别的,正是古代的蛙女神或蟾蜍女神,那是自新石器时代留传下来的生育能力的赋予者和再生者。公元12世纪(圣玛丽和圣大卫教堂,基尔派克,赫里福郡,英格兰)

---

[1] 这些可能与立陶宛语中的 boba 一词有关,指一个老妇人或妻子;还有 bobausis 一词,指一种食用菌。

要么分开她的阴唇。她的某些雕像具有恐怖的头颅或骷髅一般的头骨。希拉那吉至今仍受到高度尊崇，但不足为奇的是，她的存在被遮蔽在神秘之中。远古的蛙女神——伟大的再生者——的后裔非她莫属。有关蛙与蟾蜍的许多形象和信仰一直在青铜时代、铁器时代欧洲的民间传说和民间艺术中存在着（图21）。

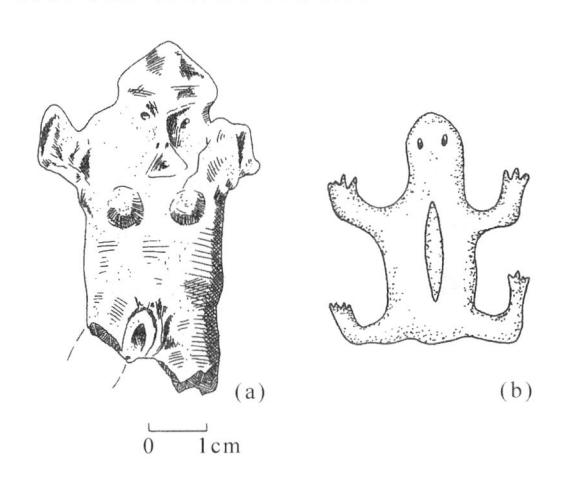

图21 带有人面形和乳房的蛙或蟾蜍女神，明确刻画出女阴。这样的意象通过青铜时代一直留传到20世纪。（a）青铜时代的墓地石雕，公元前11世纪（迈扫，奥地利）。（b）画在圣母玛利亚旁边的许愿画像，1811年（巴伐利亚）

2. 鱼与鱼女神

与子宫相类同并且与水生象征相关的另一种生物是鱼。从旧石器时代和新石器时代的古欧洲，到青铜时代的近东和爱琴海，再到古典时期的希腊，鱼的意象一直没有消失过。在旧石器时代晚期和新石器时代的雕刻与绘画中，鱼形上常标有网形图样。因为网是用来在水中捕鱼的，所以此类符号成为湿气的象征。旧石器时代后期的马格达林时期的骨器雕刻常常包括鱼与嫩枝、新芽、植物、蛇、雌兔和阳具的组合图案（参看Marshack，1972：170－179，330）。这些雕刻器具明显地表现了季节性的春天再生仪式。

我们可以很生动地看到，在那些把鱼绘在女神身体之内的瓶画中，鱼代表着女神那赐予生命的子宫。在希腊中部的波奥提亚（Boeotia）出土的一个年代约在公元前7世纪末的著名陶瓶可作为这方面的一个例子。这里的女神是阿尔忒弥斯，群兽之女主人。她周围有狮子、一个公牛头、向上游动的蛇、水鸟、万字符，所有这些都充溢着春的力量：那是一种可以重新唤醒生命的能量。

鱼的形象也出现在神庙和墓葬中。在一座马耳他的神庙布吉巴（Bugibba）

中，考古学家发现在一块祭坛石上刻有一条鱼。在马耳他地宫——一座地下坟墓——中，以浮雕形式刻着一条躺在长椅上的鱼。类似的，从米诺斯石棺和献祭器具中发现的葬仪用的陶器上也常常展示鱼的母题。在雷贫斯基·维尔的三角形神庙中，有引人注目的、独一无二的巨大的鱼女神雕像，其年代在公元前6500—公元前5500年（图22）（读者可参看本书第三章中对雷贫斯基·维尔神庙的探讨）。雷贫斯基·维尔的雕像不只是组合了几种再生性的象征——卵和鱼，或是女人、鱼和水流（图22a），而且还用鱼与死亡及再生女神合成了一个新的形象，突出表现了她的乳房、她的女阴，还有某种猛禽的爪子（图22b）。

图22　在雷贫斯基·维尔——多瑙河流域的铁门地区的一处新石器时代圣地——鱼女神是当地的主神。这样的形象雕刻在河的岸边，被发现于三角形神殿的祭坛之上，断代为公元前6500—公元前5500年。（a）这个雕像在面部以下雕刻了钻石形和山形符号，背部染上了赭石色（发现于一个石祭坛的顶部，雷贫斯基·维尔，二期）。高38厘米。（b）这个雕像包含着鱼眼鱼嘴、女性乳房和女阴，秃鹫的爪子（神庙44，雷贫斯基·维尔，二期）。高51厘米。（c）这个保存不完整的雕像，显示了人工雕出的鱼面，融合了人的特征。它还表现出红颜料的痕迹（神庙44，雷贫斯基·维尔，二期）。高52厘米

3. 刺猬与刺猬女神

考古学与民间传说都把刺猬同再生相联系。刺猬形的陶器出现在新石器时代、青铜时代和铁器时代地中海各地。在公元前4500—公元前4300年的罗马尼亚古迈尼塔文化中，有一个陶瓶盖子与刺猬相像，有脸和长满了疣子的躯体（图23a）。其他的刺猬形陶瓶出自相关的文化。在青铜时代的爱琴海地区，米诺斯文明的刺猬女神身穿裙子，上面有模拟刺猬的长钉（图23b）。刺猬女神与再生的联系非常明确地体现在早期希腊人的如下习俗中：用刺猬形状的瓮棺来埋

葬死去的婴孩。直到今天，欧洲民间故事里，还讲述着女神伪装成一只刺猬出现在牲畜栏中的情节。直到20世纪之始，在阿尔卑斯的山村里，子宫有问题的妇女还带着一些染红的刺球——称作"刺猬"——去教堂。

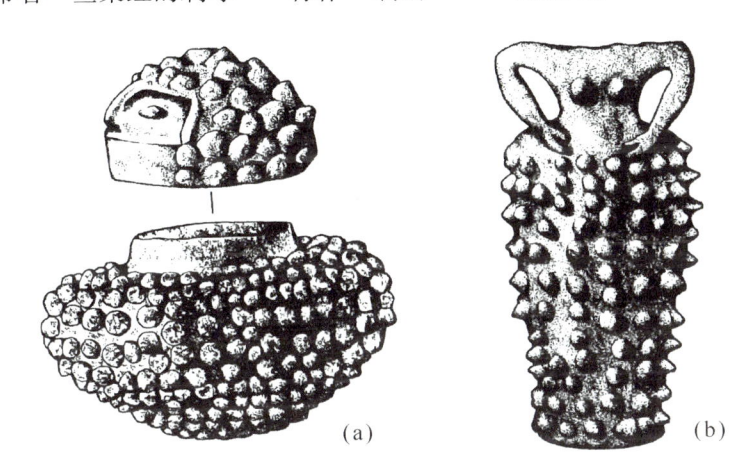

图23 （a）表现为陶瓶的刺猬女神，她的面孔雕塑在瓶盖上面。卡拉诺沃-古迈尼塔文化，公元前4500—公元前4300年［卡西奥莱雷（Căscioarele），多瑙河下游岛屿，罗马尼亚南部］。盖子高6.1厘米。（b）早期房屋中一间柱室内的陶塑形象。晚期米诺斯三期文化，公元前14世纪［海吉亚特拉达（Hagia Trada），克里特南部］

4. 狗，兼为死亡与再生女神

在欧洲神话中，狗或是伴随着，或是兼为死亡与再生女神［希腊的赫卡特（Kekate），日耳曼的霍勒（Holle）或海尔（Hel），波罗的海诸国的吉尔提尼（Giltinė），以及其他的女神］。新石器时代雕塑和绘画中的许多狗的形象可以证明它在史前期也有类似的作用。狗的雕塑用黏土、大理石、雪花石膏或无色水晶制成。狗的形象还经常用于装饰祭祀用的陶器，作为正面头像雕饰或作为把手。陶器也被做成狗的形状，而狗雕像经常戴着人形面具（图24）。许多墓地和巨石冢、巨石围场、巨石圈中都发掘出狗的骨架，这表明它们有重要的祭祀作用。在雷贫斯基·维尔神庙的祭坛里也发现了完整的狗骨架。从库库泰尼瓶画上可以最好地理解狗在再生象征体系中的地位。这些陶瓶的年代在公元前4000—公元前3500年。梨形的大陶瓶上绘制着在空中跳跃并且向月亮吠叫的狗。许多作品中，狗立在生命之树、毛虫、新月或满月的两旁——所有这些都是强有力的再生象征（图25）。吼叫和狂吠的狗显然在激发再生和帮助生长过程方面行使着一种象征性的功能。

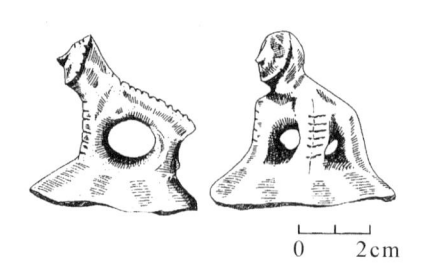

图 24　一只戴着人形面具的狗雕塑在陶瓶上，表现的是女神显现为狗的情形。卡拉诺沃文化六期，公元前第 5 千纪中期（高嘉玛塔-莫吉拉，戈尔尼-帕萨雷尔，保加利亚中部）

图 25　跳跃的狗激发植物、动物和月亮的再生，库库泰尼文化，公元前 3800—公元前 3600 年（瓦里阿-鲁普鲁伊，罗马尼亚东北部）。高 52.8 厘米

5. 山羊

在正在发芽的植物旁边腾跃的山羊图像清楚地表达着山羊在史前期和早期历史中的生命力。在一些图像中，植物实际上是从山羊的身体中生长出来的（图 26）。在一幅米诺斯文明的印章图案上，山羊们在交配。① 公山羊的性能力代表着对于更新生命必不可少的巨大激发力量。而母山羊则提供羊奶，用来制作奶酪和酸奶。② 在陶器装饰上，山羊或兴奋的男人在生命树旁摆出姿势，两者充溢着类似的性能量，在生命的激发过程中也扮演着相似的角色。山羊与生命树、植物和月亮——这些象征同样与狗相联系——的象征性关联揭示了两者在再生的隐喻之中所行使的是相关的职能。

---

① 参看雷诺德·希金斯（Reynold Higgins）《米诺斯和迈锡尼艺术》（1967：52），图 50。该场景出现在一枚制作于公元前 1700—公元前 1550 年的戒指上。由于尺寸太小，不可能戴在手指上，因此可能具有宗教的或仪式的意义。
② 参看华尔伯格（Walberg，1986：104），图 122 和图 123，图中女人-羊在哺乳幼者。

034　｜　活着的女神

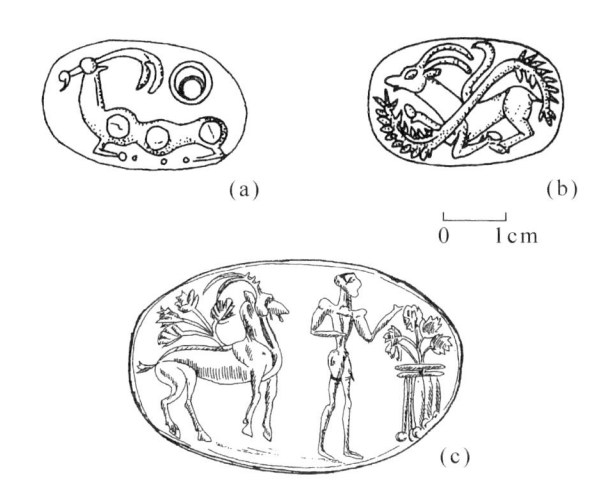

图 26　米诺斯文化印章，表现的是山羊及与其相关的月亮、发芽和萌生中的植物。（a）与（b），米诺斯一至二期文化，公元前第 2 千纪早期（斐斯托斯，克里特）。（c）迈锡尼文化，公元前 16 世纪（迈锡尼）

6. 牛头骨饰物和牛角

在新石器时代，公牛有再生的意义。然而，在父权制的宗教中，公牛象征的是体力和男子气概。印欧民族的神话特别地把公牛认作跟随雷神的一种动物。[①] 然而，理解新石器时代对牛头与牛角之艺术处理方式（考古学文献中称之为 bucranium，意为类牛头装饰物）的关键，就在于它们与女性子宫和输卵管的相似性。卡托·胡玉克的神庙中，画着一系列的女性形象，而在这些女性身体上，子宫与输卵管所在的位置画着牛头形（图 27）。当我们考虑到经常与牛角相联系的玫瑰花结与输卵管像花一样的末端是两相对应的，那么这种类比就更加意味深长了。一位名叫多罗西·卡梅隆（Dorothy Cameron）的艺术家最先提出这个发现[②]，认为人们在剥肉葬俗中观察到尸体所展现的解剖细节，因为猛禽把尸体的皮肉撕下，露出了内部的器官。不论这个象征看起来多么奇特，都不能否认它的存在。牛头骨饰物不断地出现，并同坟墓和女神的子宫相联系。

[①] 在其他古代父权制的宗教中，战神也由公牛来代表。如叙利亚北部闪族的乌加里特人（Ugaritic）就把一位神叫作"牛艾儿"（bull El）。同时还应该明白，母牛、母羊和绵羊是女神的有力显现。如埃及的哈索尔和希腊的赫拉均化身为母牛，而绵羊通常与大女神有联系，如伊朗的阿娜西塔（Anahita）。因此，我们也不能轻易地认定这种带角的牛就是公的。卡罗尔·P. 克里斯特（私下交流）认为，母牛角与公牛角相较，前者更有可能与子宫有关联。

[②] 参看卡梅隆著作（Cameron, 1981）。

图 27　格式化的女神形象，在其中的子宫与输卵管部位显示一个牛头形符号。公元前 6000 年（神庙 A. III/11，卡托·胡玉克，土耳其南部）

那些出现牛头骨饰物的特殊遗址可以确证它们与死亡及再生的联系。我们不断在诸如帕塔（Parta）、卡托·胡玉克以及许多其他古欧洲与安纳托利亚的再生神庙之中发现牛头骨饰物。这些古欧洲文化还将这个形象放置在坟墓之内，尤其是那些以猫头鹰女神为特征的巨石冢墓。在法国南部，这位女神站立在巨石冢的入口处，如同一个巨石立像，身上佩戴着一个牛头骨形的垂饰（图 28）。这个给予生命的象征必然会强化猫头鹰女神作为再生女神的力量。在布列塔尼，巨

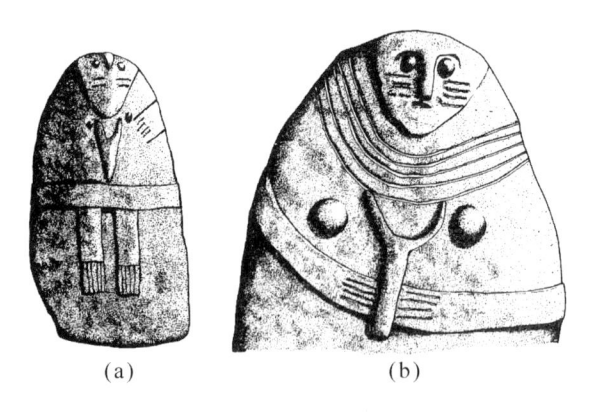

图 28　门希尔立柱像描绘了猫头鹰女神佩戴着一个牛头骨形装饰物，公元前第 3 千纪。(a) 勒帕拉纳斯（Le Planas），阿韦龙（Aveyron），法国南部。上部分高 50 厘米。(b) 马斯卡珀莱尔（Mas Capelier），阿韦龙，法国南部。高 75 厘米

石冢上刻有粗略的拟人形象，突出的部分代表人头，这也许就是简化地表现了这位墓穴再生女神。这些简单的图形也和牛头骨形、牛角和弯钩形一起出现。在马尼厄-洛克（Mane-er-H'Roeck）的石柱上，牛角和弯钩形都刻在人形的身体之中，有些就刻在子宫应该生长的那个地方。在布列塔尼和其他地方的墓穴内，墙上见到的末端弯曲的 U 形与一对对或一个个弯钩形有时被简化为牛头形或牛角。它们在石刻中的反复出现可能对于激发或确保生命力是必要的。

古欧洲文化在地下墓穴的上方或入口的两旁雕刻牛头骨形饰物和神圣牛角。撒丁岛的地下墓穴提供了数以千计的例子（图29）。牛头或牛角被刻成浮雕，有些是自然形态的，但多数是简化的几何形。在古欧洲艺术中，象征性的生命能量从母牛或公牛的头或圣角中升起，代表着再生的新生命或女神本人。她有着许许多多的表现形式：双重的三角形（滴漏形），人蜂合一形，长有戴冠的人头的蝴蝶，或者只用一株植物来代表（图30）。

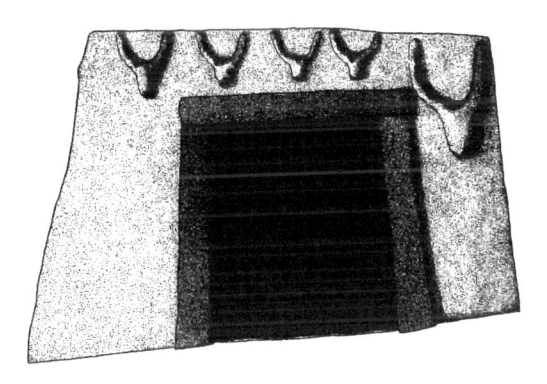

图 29 牛头形浮雕在地下墓穴入口处的上方。奥泽瑞文化，公元前第 4 千纪（阿勒盖罗，萨萨里，撒丁岛）

图 30 新生命，或女神本身，从圣牛角或圣牛头形中出现。在此，一个生命柱（阳具）在两角之间升起，雕刻在地下墓穴的墙壁上。奥泽瑞文化，公元前第 4 千纪（墓穴 19 号，蒙忒苏·尼兄波里斯，维拉佩如齐奥，撒丁岛）

7. 阳具

在再生的象征之中，阳具代表着男性力量。它的能量与蛇、生命树、生命柱，或者洞穴中的石笋相关联。阳具被刻画成像生命之树那样从圣角中冒出来。阳具可以被塑造成一个独立的雕塑，或是一个小雕像或其他祭品的一部分。有时，阳具也象征水生和其他的再生。在新石器时代早期（公元前第7千纪和公元前第6千纪早期），有时阳具变成了女性人像的脖子。阳具在这种场合被用来提升女神的再生能量（图31）。在新石器时期的不同阶段制作的独立的阳具支架（特别制作了扁平的基座）可能代表着生命能量的激发者。它们也可以用来象征一位与后来希腊神话中的赫尔墨斯相似的阳具神。阳具形象还经常作为酒杯的柄脚［见于大约公元前5000年的温查文化、布特米尔（Butmir）和达尼罗（Danilo）文化］。也许这样的酒杯是用在类似于希腊时代的酒神节那样的春季节庆上的。像酒神节这样的节庆也许发源于新石器时代这样早的时候。

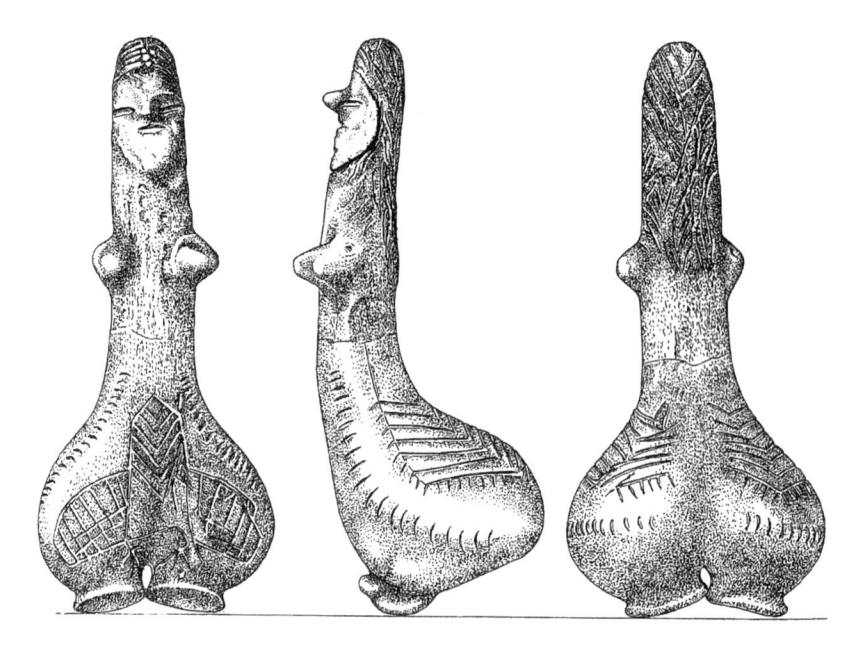

图31 阳具的能量加强了再生女神的力量——她的上身就像一个阳具，而下身就像睾丸。她还有染红的发辫，背部有白色的V形符刻画，下体的前方刻有一只猛禽（注意秃鹫的爪子）。斯达塞沃文化，公元前5600—公元前5300年（恩德罗-祖约克孜，科洛斯山谷，匈牙利东南部）

到了历史时期，阳具继续作为再生的象征而存在。在印度，庙宇的特征就有一个耸立的阳具状石柱，称作林伽（lingam）。虽然这些石柱具有明显的阳具

038 | 活着的女神

外观，但大多数人却误以为它们（还有大多数的女神形象）只是生殖或性的象征。实际上，这些象征——阳具、生命柱和林伽——使男性力量同再生女神密切地结合起来。

8. 三角形和双重三角形（滴漏形）

三角形（代表着阴部三角区）自史前时代直到当今时代一直都是一种中心性象征，代表着给予生命和再生。早至旧石器时代早期的阿舍利文化（Acheulian era，约公元前300000年），晚至现代的圣母玛利亚和基督教三位一体的三角形形象，我们都可以看到这一象征的各种形式。在新石器时代艺术中，三角形的石头意指女神本身。巨大的三角形石头耸立在巨石冢的入口处，或是立在墓穴的深处作为支撑石。有时，它们上面刻画着女神的特殊能量象征：弯钩、牛角和三角斧。在神庙中，巨大的陶制或石制三角形充当着祭坛。在匈牙利东南部的科克尼多姆（Kökénydomb）的一座约公元前5000年的神庙里，耸立着一个三角形的陶土祭坛，该祭坛下部的一个较小的三角形中，女神的面容若隐若现。祭坛的正面雕刻着回纹装饰，有一条较粗的回纹饰带将祭坛正面划分为上部和下部两个区域。祭坛侧面刻着一组组三联线（图32）。当与其他再生象征出现在同一处时，女神三角形的再生功能就变得明确起来。公元前4000年左右的库库泰尼陶瓶上刻画着三角形女神的画面流露出一种真正富有生命力的能量

图32 一个三角形祭坛上雕饰着回纹波形，分为上下两部分。在底部，女神面容出现在一个三角形女阴中。三联线符号群装点着祭坛的外侧。提萨文化，公元前第5千纪早期（科克尼多姆遗址，匈牙利东南部）

(图33)。图中描绘了一个有多重身体的女神，她臂膀（类似于鸟爪）张开，站在一个由转轮和大弧状雨水流形条纹组成的画面之中。在这一场景中，女神似乎在驱使着宇宙的力量。这样的滴漏形状的女神常见于库库泰尼文化的瓶画，年代为公元前4500—公元前3000年。在这些陶瓶上，她位于中央的一个长方形内，两边是巨大的螺旋纹、山形纹或回纹（图34）。

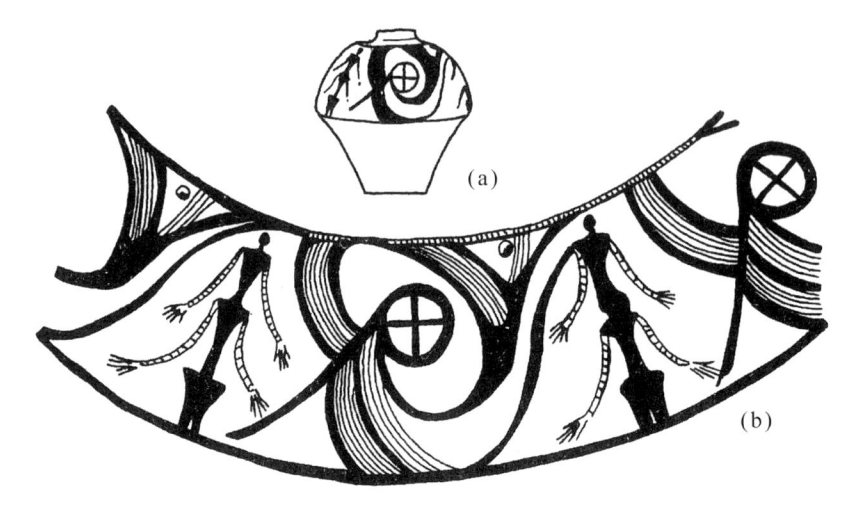

图33 多重三角形身体的女神，臂膀伸开（也许是鸟爪），位于一个环状带之中，其中还有一个有力的旋转之轮（圆形中央有"十"字形）以及"雨水流"带。(a) 陶瓶的全景图。(b) 陶瓶图案的展开图。库库泰尼 AB 文化，公元前4000年（摩尔多瓦）。瓶高40厘米

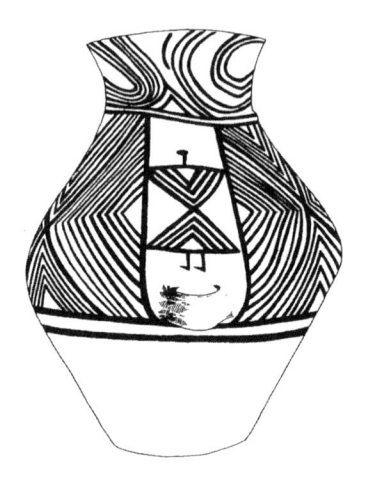

图34 由两个相反的三角形构成的女神形象，位于陶瓶的中央带。对称的瓶上图案显示出巨大的∧形纹和瓶颈上的螺旋纹。库库泰尼 AB 文化，公元前4000年［盖雷斯地-内迪亚（Ghelaeţi-Nedeia），罗马尼亚东北部］

这样的滴漏形状的人像所清楚表现的,要么是令人敬畏的再生女神本人,要么是她的侍女在跳环形舞或举行再生仪式。某些关联物和特殊的姿势暗示着冬季十分重要的再生仪式。化身为猛禽的女神,常用一条胳膊去触摸她的头,另一条胳膊则放在腰间。这样的人物形象穿着流苏裙子,这一像刷子一样的象征与太阳光芒的象征有关,是一种强有力的能量符号(参看 Gimbutas, 1989:239-243)。在撒丁岛和乌克兰之间的地区发现的公元前第4千纪的陶器上所绘制或雕刻的图案中,三角形女神形象的出现伴随着新芽、树枝和太阳。有时女神的圆形头颅像太阳那样发散光芒。在撒丁岛的奥泽瑞(Ozieri)文化中,三角形人像具有像发光的太阳一般的头,或是有巨型头发(也许是戈尔工的蛇发之原型)。这些形象也有鸟的爪子(图35)。太阳光芒、刷子、头发、鸟的形象,也许是能够互换的象征物。我们在公元前5000年左右的一个温查文化早期陶瓶上看到这些象征的组合情况:这些绘制的形象似乎在长着鸟爪的秃鹫女神与太阳之间形成了一个"十"字形,因为光线从她的头上发散出来。

图35 在一个盘子上雕刻的两只秃鹫,显示了猛禽的利爪、三角形的身体,头部如同太阳拖着巨型头发一般。奥泽瑞文化,公元前第4千纪[格洛塔·德·萨·乌卡·德·苏·亭提瑞鲁·蒂·玛瑞亚(Grotta de Sa Ucca de Su Tintirrìolu di Maria),撒丁岛]

这个奇特的象征组——新芽、树枝、太阳、头发、螺旋、猛禽、滴漏、鸟爪和三角形——全都属于同一个女神①,她的主要职能是在从冬到春的季节转换期唤醒大自然中潜藏的生命能量。当我们在特定背景中观察这些象征物的联系时,这一意义也就变得可以理解了。这种联系在史前时代和历史时期都穿越时

---

① 这个女神可能与冬日有关。参见摩那甘著作(Monaghan, 1994:232-244)中论戈尔工、美杜莎和太阳的部分。

空反复地出现，在历史时期该女神出现在具有这些象征的神话与民间故事中。例如，古代北欧诗歌中所记述的日耳曼的太阳女神就有一个圆形头颅，身体形状像代表能量的梳子或流苏裙子。

如此看来，女神既在普遍层面，也在个体层面实现了再生。正如她促成一个个体生命从死亡向再生的转变那样，她也能为所有的生命带来再生。我们已经讨论过的象征的多样性——新芽、树枝、太阳、头发、螺旋、猛禽、滴漏、鸟爪以及三角形——代表着再生女神最符合历法的方面，因为在此时，在新一轮春天即将到来的时刻，她让所有植物和动物的生命得以再生。

结论

古欧洲的象征体系是丰富多样和变化的。[①] 神灵——不论是女神还是男神——都用许多不同的意象来表现：动物、人和抽象物。

从公元前第7千纪第一次有了烧陶活动时起，在意大利、巴尔干地区、中部欧洲、小亚细亚和近东地区，古代工匠们就开始制作人和动物的小雕像，欧洲的其他地区也是如此，只不过规模更小。大部分小雕像都小到可以抓在人手里。许多小雕像上刻有象征符号，它们可能代表着一种远古的文字形式。[②] 迄今为止，已经发现的新石器时代小雕像超过了10万件。

从象征意义上看，这些通常是裸体的形象所表现的不只是生殖和性，它们代表着生育、哺养、死亡与再生。这些小雕像的身体通常被以某种方式抽象化或夸张化。图式化的身体经常表现神圣的力量，突出表现哺乳的乳房、怀孕的肚子或给予生命的女阴的神圣性。许多小雕像有像面具一般的面孔，而面具使一种超自然力人格化。它们中的许多描绘的是动物：蛇、鸟、猪、熊。许多小雕像具有一种分娩的姿势。这些雕像的年代从旧石器时代晚期到整个新石器时代不等。母与子型的小雕像数量也很多，常常与熊或鹿联系在一起加以表现。

新石器时代艺术中最常见的动物之一是鸟：水鸟、春鸟，还有猛禽。鸟的形象通常是大眼睛，像鸟喙一般的大鼻子，没有嘴，可能还有粗短的、翅膀形的手臂，夸大的臀部。蛇的形象也经常出现在古欧洲的艺术中。由于蛇有蜕皮

[①] 这段总结文字是由编者撰写的，为的是保持全篇的连贯性，因为金芭塔丝教授到去世之前只为部分章节写了结论。由于她通常是以概要的形式做结论，这一部分内容也作为概要来撰写。

[②] 这种文字能在温查文化和其他巴尔干小雕像中得到充分证实（本章已有描述，更深入的内容见第二章）。在法国的格罗泽（Glozel）遗址也能找到这种文字的相关证据，它成为某些学术争论的主题。参见比亚吉（Biaggi）等人著作（1994）。

的习性，所以它显然代表着生命的更新。

怀孕的植物女神——大地母神——经常出土于面包炉旁边。她的形象把人和动物的怀孕类比于植物一年一度的生命循环——发芽、生长和收获。到了古典时期，这个形象表现为二元的形式：女儿与母亲、美少女与丑老太婆、春夏与秋冬。怀孕的植物女神的配偶是植物年神。他也同样要经历生命的周期循环：年轻气盛，预示着收获的成熟，随后就是衰老。女神与植物年神的结合乃是"圣婚"。

生命与生育女神同时是一位死亡与再生之神。她代表着生命周期的完整循环过程。对死亡女神的描绘充满着对新生命的希望，这提示人们，生命循环是个整体。史前时期和历史早期都明确表现了这些主题。在希腊的基克拉迪岛发现了怀孕的、呆板型裸体死神像（参看大英博物馆收藏的基克拉迪大理石怀孕像，编号 GR1932-10.118，公元前 2800—公元前 2300 年）。还有在苏美尔诗歌《印南娜（Inanna）下冥府》中，阴间女神艾列什吉伽尔（Ereshkigal）在生育时要呻吟，因为她从死亡中带来新的生命。

在古欧洲和古代安纳托利亚，死亡与再生女神经常表现为猛禽、僵直的白骨颜色的裸体人像，或者是毒蛇。鸟与蛇在死亡与再生中是互补的，在生命与哺育方面也是如此。在古典晚期的希腊，类似于戈尔工的人像多有发现。

在古欧洲象征中，也许数量最大的就是表现再生的象征：蛙与鱼［蛙女神在历史时期的代表包括希腊的鲍珀或伊安珀（Iambe）女神和爱尔兰的希拉那吉，她们都以蛙的姿势清晰地展露她们的女阴］；形象酷似子宫的刺猬；狗（它与死亡的联系一直延续到古典时期）；山羊；还有公牛。阳具也是一个重要的经常被描绘的再生象征，代表着女性的阴部三角区的三角形亦然。

总而言之，这些象征代表的是出生、生命、死亡与再生这一永恒循环。

第二章　符号、标记和神圣书写

在公元前第 6 千纪，古欧洲人建立起了一个文字体系。正如古欧洲人许多其他的成就一样，文字是从宗教符号和标记发展而来的。

旧石器时代的根源

在很长的一段时间里，人类一直通过符号沟通。在非凡的旧石器时代晚期艺术（大约从公元前 35000 年到公元前 10000 年）产生的很久以前，抽象的标记就出现了，时间约为欧洲旧石器时代早期的阿舍利（Acheulian）文化和莫斯特（Mousterian）文化时期（大约从公元前 300000 年到公元前 100000 年）。人们熟悉的旧石器时代晚期图像是画或刻在洞壁上的姿态优美的动物。它们也被刻在骨制或石制工具上，还被制成雕像。但是极少有人注意到常与动物同时出现的形式多样的抽象标记，这些标记包括 V 形、Y 形、M 形、P 形、圆点、卵形、种子形、箭头（↕→）、两三条或更多条线、分支结构、划分为四个或更多部分的正方形。一些出自欧洲旧石器时代早期的阿舍利文化的抽象标记，如 V 形、M 形和平行线［刻在肋骨上，出土于派科·立扎（Pech de L'Azé），法国，约公元前 300000 年，见图 36］，历经旧石器时代中期和晚期、中石器时代和新石器时代，一直存在着。

图 36　刻在肋骨上的抽象标记，证明远古时期就在使用抽象标记，并一直沿用到农业时代。欧洲旧石器时代早期，约公元前 300000 年（派科·拉扎，法国）

数目惊人的符号和标记群持续使用了数千年。它们一定承载着各种不同的象征信息，也可能蕴含着历经岁月而不变的或相关的含义。这些远古的标记还没有被系统研究过。许多符号被认为表示杀死或杀伤动物。举例来说，野牛身上的杯形印记和外阴形印记"∧"就被解释为创伤和箭头；另一种解释是，这些标记是生命起源和生命力提升的象征。详细分析这些标记之间的关联、它们与类似的新石器时代标记之间的相似性，将会有助于得出更加准确的解释。安德烈·勒鲁瓦-古昂（André Leroi-Gourhan）的《史前艺术珍宝》（1967）在这条路线上起了个好头，书中发表了"成对的标记"。许多标记群，尤其是如果与外阴、鹿牙和怀孕的母马联系起来，就一定意味着生命的赋予或提升。旧石器时代晚期的一些例子使这一点显而易见（图37）。其中一个是在乌克兰的迈辛（Mezin）发现的，年代约为公元前18000—公元前15000年，表现了一个雕像，它有个超自然的外阴，里外都刻着标记；依据这些标记的语境及其跟其他图像或符号的联系，我们可以断言它们内含了赋予生命或提升生命的主题。

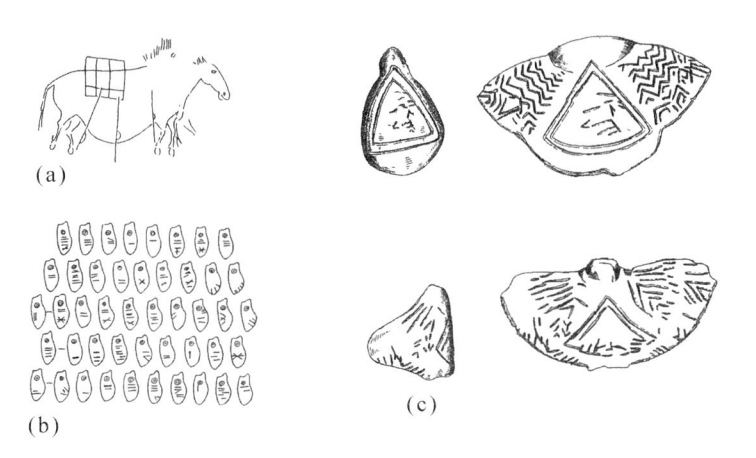

图37　与赋予生命相关的标记。（a）一匹怀孕的母马，画在拉斯科（Lascaux）洞穴的通道上，法国，约公元前15,000年。（b）刻着X形和划线的鹿牙珠子，出土于一个30岁女人的墓穴。在发现的70颗珠子中，44颗刻着标记。马格达林时期（欧洲旧石器时代的最后期——译者）[圣哲门河（Saint Germain-la Rivière），法国]。（c）两个雕像下部刻着的展开的图形，带着明显的三角形阴户，约公元前18000—公元前15000年（迈辛，乌克兰，杰斯纳河上）。比例为3∶5

在苏美尔人（Sumerian）最早的文字出现之前的数千年间，古欧洲人就使用了象征性的图形和抽象标记来装饰神庙、雕塑、陶器、小雕像和其他仪式器具。这些标记最初可能代表真实的物体，例如，三角形或箭头（↕）可能表示外阴，弯曲的平行线[通心粉（macaroni）状]可能表示流动的水。在旧石器时代，抽象标记出现在惊跑的野牛、野马和其他动物的画像旁边,这些图画横贯洞壁,高度写实。新石器时代的古欧洲或许沿用了这些标记。

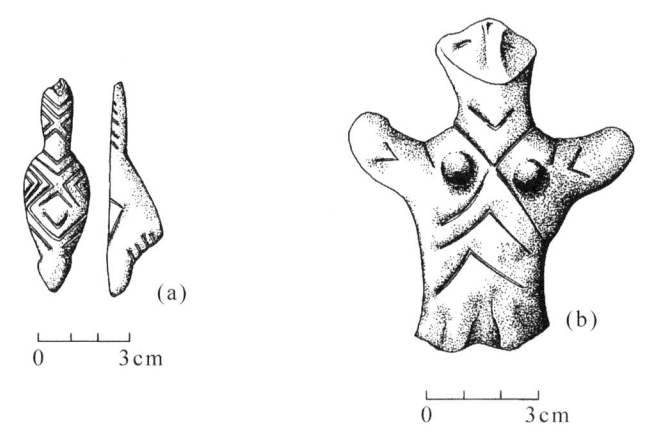

对某些只出现在特定雕像和相关仪式器具上的标记进行的考察,引领我去破译古欧洲神祇的类型和功能。该项研究的成果首先发表在《女神的语言》(1989)中。例如,在古欧洲艺术中,鸟女神雕像上有 X 形、V 形、∧ 形、水纹和平行线,这些与旧石器时代晚期的标记类似(图 38)。如此大的时间跨度是令人惊异的:这些标记沿用了大约 15000 年之久,从旧石器时代晚期直到新石器时代。献给同一个神明的陶瓶和其他仪式器具上始终刻有 V 形和 ∧ 形标记(图 39)。

图 38 特殊的符号——V 形、X 形和 ∧ 形(可能是标志或名称)——一直用来装饰雕像,持续了上万年。这些示意性的鸟女神雕像从旧石器时代晚期到新石器时代都存在。(a) 象牙制的雕像,约公元前 18000—公元前 15000 年(迈辛,杰斯纳河流域,乌克兰)。(b) 赤土陶器雕像,约公元前 5200 年[特达斯(Turdaş),罗马尼亚西部]

到新石器时代,一些大型动物灭绝了,因此与之相关的抽象标记也消失了。然而,我们还能见到某种延续:具有圆圈(也就是卵)形印记的长着新月形犄角的牛科动物形象在旧石器时代晚期出现,历经新石器时代和青铜时代(图 40)。这组符号(母牛—公牛—牛、新月形和卵形)属于再生类。如上所论,在新石器时代,母牛或公牛长着犄角的头象征着带有输卵管的子宫,而且这个形象统治神庙和坟墓长达数千年之久。新石器时代表示牛头骨和子宫的符号很可能起源于旧石器时代晚期的标记——一个倒置的 U 形。M 形标记象征主管再生的蛙女神。(M 形标记似乎抽象地表示了青蛙的腿;在新石器时代的陶器上,它

046 | 活着的女神

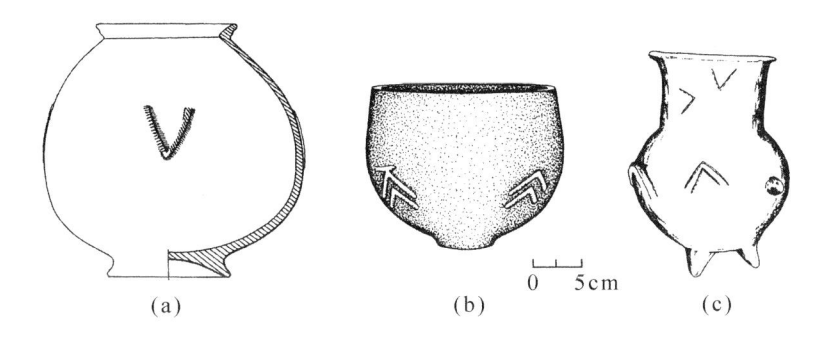

图39 ∧形和V形作为简单的图形使用了数千年,刻画在供奉给鸟女神的器物上。(a) 约公元前6500年的球形器皿(阿切莱恩,塞萨利)。(b) 约公元前5500年的球形器皿[欧伯一层(Obre 1),波斯尼亚]。(c) 公元前3000年的器皿(特洛伊一层)

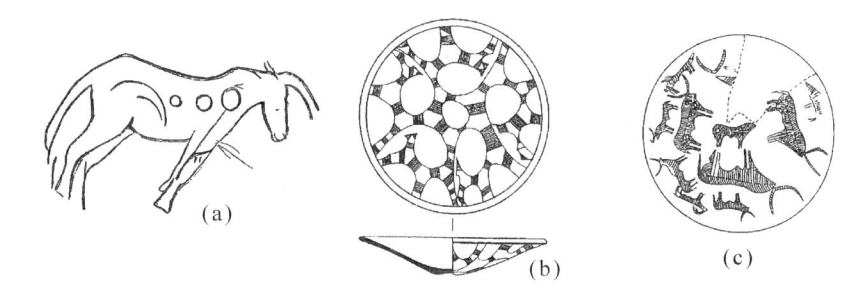

图40 (a) 画在洞穴地面上的公牛体内出现圆圈。旧石器时代晚期;马格达林时期的中期,约公元前12,000年[尼奥科斯(Niaux)、阿雷治(Ariège)、佩雷内斯(Pyrénées)],法国南部。高64.5厘米。(b) 和(c) 为公元前第4千纪末期的盘子(哈尔·萨夫列尼,马耳他)。直径27厘米

占据了显要位置。参见前义图19a—b)在旧石器时代的器物上同样常见的M形标记可能也与青蛙和人类分娩的姿势有联系,因此表示再生。一批约公元前5000年的独特的大陶瓶上,在女神面部的下方清晰地绘有M形标记。这类陶瓶上还出现了其他再生符号——网、树枝、螺旋形、回纹、蝴蝶、表示入口或大门的符号(矩形或同心矩形、斜方形)——都可以与活力、子宫、新生命和变化等意思联系起来。

第二章 符号、标记和神圣书写 | 047

画板上的"符号文字"

各个古欧洲文化都制作出了具有审美和象征双重意义的陶瓶。他们在陶瓶上涂绘、雕刻或镶嵌象征性图形。首先，工匠将陶瓶表面分成几个互相独立的区域，这些区域就会传达特定的观念。瓶颈、瓶足、瓶腹和手柄成为刻画不同的象征性图形的"天然"画板（图41a）。其次，工匠在画板上重复表现大小不同的象征性主题（图41b）。最后，工匠创造出一种"无穷图样"范式，就像一种织物图案（图41c），仿佛陶瓶是个平面。带形、镶条和柱间壁构建出单一或多重图形。边缘突出了被围住的符号的不连续性。

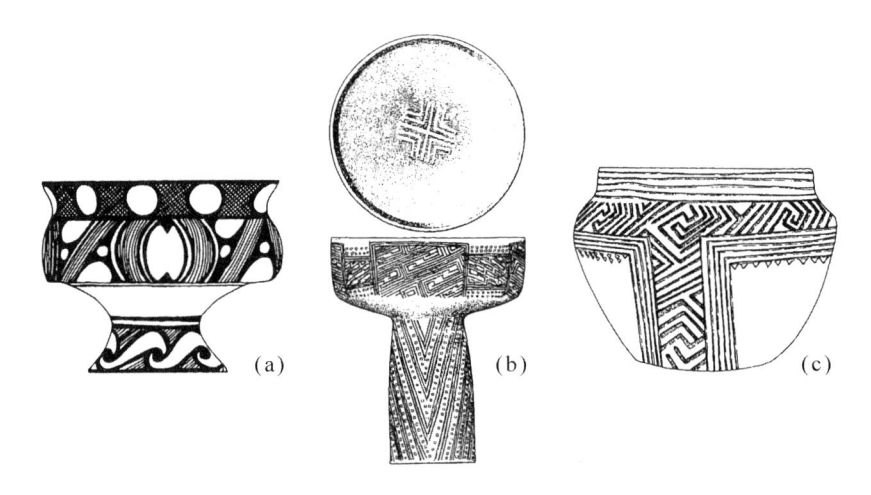

图41 陶瓶上的绘画传达了符号信息。(a) 不同的（虽然相关的）符号图形装饰着瓶颈、瓶腹和瓶底（它的主题或许与月亮周期有关）。库库泰尼 B 文化，约公元前3900—公元前3700 年［特古·欧克纳-波德（Tîrgu Ocna-Podei），摩尔达维亚，罗马尼亚东北部］。(b) 提萨文化，公元前5千纪早期［塞格瓦-突兹科乌斯，赞特斯（Szentes）附近，匈牙利东南部］。(c) 绘着 M 形和 V 形符号的矩形画板将连续无限的回纹波形图形切断。宝安（Boian）文化，公元前第5千纪早期［莱特（Leț），特兰西瓦尼亚东南部］。比例为1:2

观念性的绘画和雕刻促生了一种"符号书写"，借此，特定图形能够表现众所周知的观念。刻有符号的圆柄印章出现于公元前第7千纪，到了公元前第6千纪，印章上面的符号已成组出现（图42）。而整个公元前第6千纪和公元前第5千纪，单一符号（图43a）或符号组（图43b）也出现在镶嵌结构的陶器上。

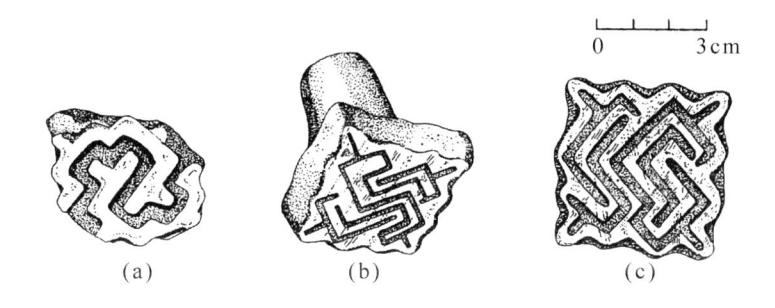

图 42　描绘在新石器时代早期圆柄印章上的迷宫图形。(a) 塞斯克洛文化早期，约公元前 6300—公元前 6100 年（新尼克美迪亚，马其顿）。(b) 和 (c) 斯达塞沃文化，约公元前 5500 年 [泰西科（Tecić），前南斯拉夫中部]

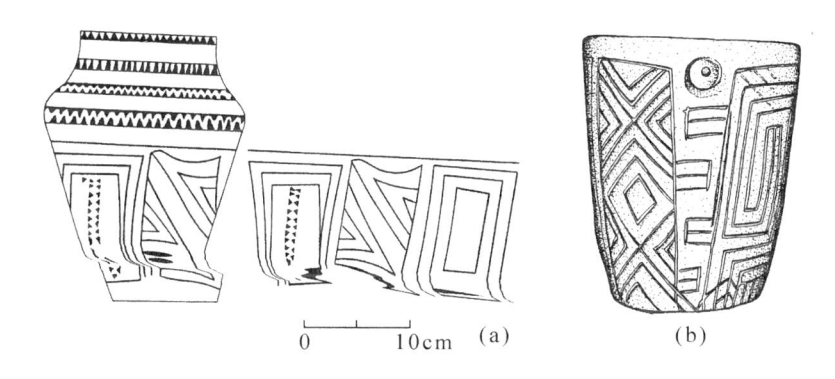

图 43　古欧洲人的制陶艺术最具特色的就是在正方形或带状区内描绘各种符号。(a) 这个陶瓶的图案分为几个部分，每个部分里面的符号都是不同的（右面是展开的图形）。库库泰尼（特里波利耶）文化，约公元前 4900—公元前 4700 年 [特莱安-第鲁·威（Traian-Dealul Viei），罗马尼亚东北部]。(b) 这个带有喷口的陶瓶上有不同的符号：∧形、三联线和回纹波形。布克（Bükk）文化，约公元前 5000 年 [保瑟德（Borsod），匈牙利东北部]

古欧洲书写体系的出现

大约公元前 5500—公元前 5000 年，引起人们强烈兴趣的组合标记出现在考古资料中，与上面讨论过的观念性符号书写同时存在。斯达塞沃-温查（Starčevo-Vinča）文化提供了最多的例证，但是其他古欧洲文化也使用了这些标记。大约 30 个抽象的标记就构成一个核心组合。注意到这些标记实际上代表了文字，这是至关重要的。书写标记并非在陶制画板上个别或随意地出现，而是成排或成簇出现，几种不同的标记相继排列（图 44、图 45、图 46）。

第二章　符号、标记和神圣书写 | 049

图 44 浅盘的两面都规则地刻着标记。(a) 外面的标记是举起手臂式的 V 形和三角形。(b) 里面的标记是四边形。温查文化，公元前第 5 千纪早期［格拉德斯尼卡（Gradešnica），乌拉卡（Vraca）附近，保加利亚西北部］

图 45 刻着标记的纺锤，下面是展开的标记。温查文化，公元前第 5 千纪早期［发福斯（Fafos），科苏乌斯卡·密特罗维卡（Kosovska Mitrovica），普里斯第纳（Priština）］。比例为 3∶2

抽象而非图形标记构成了书写体系。直线性是古欧洲文字的特色，并且规范了古欧洲文字。米诺斯文化的线形文字 A、塞浦路斯-米诺斯文化和塞浦路斯的音节书写，以及前古典世界的所有书写也具有这种特点。这些例子都使用相似的变音技巧，如修正一个基本标记时所用的画线或打点。古欧洲的书写不像山·M. M. 文（Shan M. M. Winn, 1981）所认为的那样是"前文字"（prewriting）。它代表了一个真正的文字体系，这个体系同中国、苏美尔、印度、前哥伦

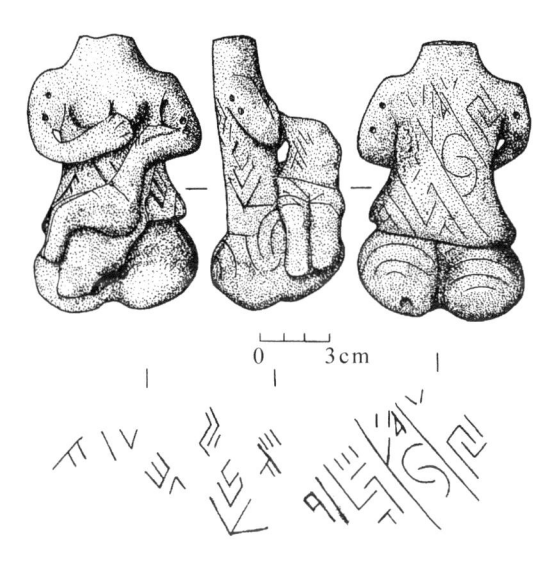

图 46　母婴像，前身、后背和侧面都刻着标记。温查文化，约公元前 5000 年［拉斯特（Rast），罗马尼亚西部］

布时期的"核心"（语标）文字体系类似。①

　　古欧洲的书写体系包含一百多个改良过的标记。现代拉丁文字母表把一套数量相对较少的单个标记（或字母）结合起来，组成几百个音节。英语的拉丁文字母表只使用了 26 个字母，但是这个字母表出现于较为晚近的时候，起源于公元前 1500 年左右的近东地区。在像埃及语或苏美尔语这样的远古语言中，一个标记通常代表一个音节或整个词。当一种书面语言要表现音节，尤其是词语的时候，它需要大量标记。古欧洲书写使用的标记超过 100 个，这一事实意味着这些标记可能已经能够代表音节和词语。

　　商业和贸易是苏美尔人发明楔形文字的主要动力，而比它早两千年的古欧洲的书写体系则可能是为了与神力沟通而发展起来的。带有标记的物品有印章、陶瓶、纺锭、小雕像、纺锤、垂饰或挂匾、神庙模型和小型的还愿陶罐或盘子。所有这些物品都出现在宗教的背景下，具有宗教意义。

　　虽然我们仍然不能解释刻在这些圣物上的标记，但是我们可以根据历史时

---

① 这个体系可能与苏美尔的书写类似。在苏美尔，最早的书写形式，句子不完全依照句法；有的句子似乎遵从规则；另一些句子则少了各种成分，似乎是一种速记。但是我们无法知道古欧洲的书写是否已经能够表现句子，完全的或不完整的。古欧洲的书写体系可能是表意的，它的符号可能象征整个的词语或连贯的概念。

第二章　符号、标记和神圣书写 ｜ 051

代的相似物品推断它们的大体意思。在古希腊和古罗马文化，伊特鲁里亚①（Etruria）、维尼提亚②（Venetic）和迈锡尼文化中，礼拜者在某个神殿或圣地将纺锭、纺锤、小雕像、陶制或铅制的牌碑等物品献给某个神。供奉的祭品被称为"还愿品"③，常常带有一条标示神的名字的信息，有时还要标出礼拜者的名字。皈依者常常为了健康长寿、多子多孙或平安分娩而供奉神明。古希腊人将刻有铭文的纺锤献给雅典娜，而生活在意大利北部和巴尔干半岛北部的温奈提人（Veneti）将纺锭和铅牌献给专司生殖的瑞蒂娅（Rehtia），她的职责与古希腊的阿尔忒弥斯类似。古欧洲人工制品上所刻的标记比这些早5000年，可能也是标明了神或向神祈愿者的名字。古希腊罗马时期的宗教继承了供奉祭品的传统，而基督教最后也采用了相同的方式。在现代东欧和西欧的朝圣地，信徒们仍然会留下题赠圣母玛利亚或其他圣徒的祭品。

发现和解释

1874年，在特兰西瓦尼亚（Transylvania，罗马尼亚西北部）的克鲁日（Cluj）附近发掘特达斯（Turdaș/Tordos）土丘时，佐费亚·陶马（Zsófia Torma）偶然发现了常被称为"温查书写"的古欧洲书写标记④。从1908年到1926年，在贝尔格莱德附近挖掘温查遗址时，米勒耶·瓦西科（Miloje Vasić）也挖出了大量刻着标记的小雕像和器具。在瓦西科看来，温查出土的陶瓶、小雕像和小型器具上的标记与字母类似，而且他发现这些标记跟莱斯博斯岛（Lesbos）出土的希腊古风时期的陶瓶上的铭刻标记相仿。乔文·托多罗威克（Jovan Todorović）挖掘了贝尔格莱德附近的另外一个温查遗址，出土了数以百计的仪式器物铭刻标记。1961年，他发表了他的研究成果。1963年，尼考里·乌拉撒（Nicolae Vlassa）写了关于几块在克鲁日附近塔塔亚（Tartaria）的一个温查文化早期墓穴中发现的刻碑的文章，他推测这些碑（误称其为"牌匾"）来自美索不达米亚。1968年，辛克莱·胡德（M. S. F. Hood）指出，塔塔亚碑是"对文明程度更高民族的书面记录的缺乏领悟力的模仿"。然而，他没有认识到古欧洲的书写，如温查仪式器具上的那些标记，比美索不达米亚的早了几千年，尽管20

---

① 意大利中西部古国。——译者
② 意大利古国。——译者
③ 术语 ex voto 是拉丁语，意为"还愿"，就是奉献某种物品来履行对神的誓言。
④ 参见罗斯卡的文章（Roska，1941），曾被金芭塔丝引用。也可参照佐费亚·陶马的著作（Zsófia Torma，1894）。

世纪 60 年代末，几种优秀的放射性碳素断代法都已确证了温查文化的存在。20 世纪 30 年代到 40 年代，莫拉（F. Móra）、亚诺斯·巴纳（János Banner）、乔塞夫·萨洛哥（József Csálog）和其他考古学家在温查遗址北部、匈牙利东南部的提萨河流域（Tisza Basin）遗址中发现了几个刻着标记的陶瓶和小雕像。再进一步向北，在捷克斯洛伐克，考古者发掘出了被认定属于直线性陶文化的铭刻器具，这种文化与温查文化早期同时。在保加利亚，最近 30 年间，许多温查文化和卡拉诺沃文化遗址［特别是在保加利亚西北部乌拉卡（Vraca）附近的格拉德斯尼卡（Gradešnica）］都出土了刻着标记的印章、器皿、小雕像和其他仪式器具。现在，研究人员已经辨认出了迪米尼（Dimini）、库库泰尼、派特莱斯第（Petreşti）、朗耶尔（Lengyel）、布特米尔（Butmir）和布克等遗址出土的陶器上从前没有引起过注意的刻画标记。我们不能再把"温查书写"作为这一现象的唯一例证了。显然，这种书写已成为先进的和艺术化的古欧洲文明的特色，因此，我主张"古欧洲书写"这一术语。

破解的困难

在古欧洲和现代世界之间的语言学传承关系已经被切断，因此我们还不能破译古欧洲的书写。由于幸运地发现了双语碑铭，学者已经译解了其他一些古代语言，如苏美尔语、阿卡得语（Akkadian）和巴比伦语等，它们都使用了楔形文字。当 18 世纪楔形文字碑刻在这个地区首次被发现的时候，对于学者而言，译解这种文字是非常困难的。之后，18 世纪末在伊朗发现的碑铭提供了一个纽带：这些碑铭也是用楔形文字和另外两种远古语言镌写的，而这两种语言，即古波斯语和新埃兰语（New Elamite），是已经被译解的语言。① 欧洲学者历经几十年，最后凭借他们更熟悉的古波斯语言破译了远古的楔形文字。同样地，埃及人的象形文字一直是一个谜，直到 18 世纪晚期拿破仑的军队发掘出著名的罗塞塔（Rosetta）石碑。碑上以古希腊文字、埃及的象形文字和埃及僧侣使用的手写草书体文字——象形文字的一种简化草书形式——镌刻着相同的信息。19 世纪早期，罗塞塔石碑困扰了学者们几十年，自全让-弗朗索瓦·商博良（Jean-Francois Champollion）使用希腊语破解了几个关键的象形文字短语。遗憾的是，我们没有一种古欧洲版的罗塞塔石碑来展现古欧洲书写和替代它的语言

---

① 古波斯语是一种远古的印欧语系的语言，在许多方面与古代印度语，即梵语相似；阿卡得语和巴比伦语属于闪族语系；苏美尔语和埃兰语在语言学上的联系无人知晓。

之间的连续性。

公元前第 5 千纪晚期到公元前第 3 千纪早期，印欧语部族侵入中欧，造成语言和文化的中断。这些入侵活动瓦解了古欧洲人延续了 3000 年的定居农耕生活方式。当印欧语部族从东部逐步蚕食古欧洲时，整个大陆遭遇剧变。这些严重地影响了巴尔干半岛，在那里，古欧洲文明正广泛地应用书写体系。古欧洲的生活方式迅速瓦解，尽管一些孤立的古欧洲文化区存在了好几千年。新的部族说着完全不同的属于印欧语系的语言。古欧洲的语言和用来书写它们的符号都衰落了，并且最终从中欧销声匿迹。①

深藏于过往的语言变化可能使译解古欧洲的书写体系变得不可能。然而，克里特岛和塞浦路斯的远古民族留下了能引起人兴趣的线索，暗示古欧洲语言和书写在印欧语部族的入侵中幸存了下来。古欧洲书写符号也于公元前第 3 千纪出现在铜器时代早期和中期的希腊以及爱琴海诸岛的陶器上。克里特岛的隔绝状态将古欧洲文化和宗教保存得比欧洲大陆的要长久。考古学家发现，在克里特岛上至少形成了三种独立的书写形式：米诺斯文化象形文字、线形文字 A 和线形文字 B。它们中最早的米诺斯文化象形文字语言大约可上溯到公元前 2000 年。② 这些语言中最晚出现的线形文字 B 约可上溯到公元前 1450 年，线形文字 B 的碑刻是在克里特岛和派勒斯（Pylos，伯罗奔尼撒半岛西南部的一个迈锡尼文明晚期城镇）发现的。这三种书写形式令学者困惑了数十年之久，直到英国人迈克尔·文特里斯（Michael Ventris）在 1952 年译解了线形文字 B，并说明它是早期希腊语的一种形式。在线形文字 B 中，每个字符都代表了希腊语的一个音节。在线形文字 B 的碑刻中，我们找到了迈锡尼女神和男神的名字，这些神比希腊古典时期宗教早约 600 年。较早的米诺斯文化书写形式——象形文字和线形文字 A——仍然是未解之谜。

在地中海东部的塞浦路斯岛上，考古者发现了几种书写体系，它们记录着该岛不同时代使用过的语言。其中最早的是公元前 1500 年的塞浦路斯-米诺斯文字，它与米诺斯文化的线形文字 A 相似。正如米诺斯文化的象形文字和线形文字 A 一样，塞浦路斯-米诺斯文字也无法破解。稍后出现了古典塞浦路斯的音节书写。使

---

① 然而，古欧洲的语言被当作新兴印欧语系语言的"基质"保留下来，在许多方面影响新的语言，包括音韵学或个别的语音及词汇。参见胡尔德著作（Huld，1990：389 - 423），他证明了古欧语的体系，汇集了在音韵和其他方面（尤其是首字母为 b、两个音顿的开音节）类似的几种语言。也可参见普洛迈著作（1990：331 - 338）关于史前北方欧洲语基本词汇的论述，如植物、动物和新石器时代文明特有的活动。

② 关于米诺斯文化不同的书写体系的讨论，可以参见帕卡德著作（Packard，1974）。

用塞浦路斯音节文字的最古老的文献可上溯到公元前第2千纪晚期，但是直到公元前6世纪，这种文字才普及开来。这一事实说明塞浦路斯社会是二元文化、双语并行的社会，毫无疑问，这是印欧民族同化或征服本土部族的结果。塞浦路斯的音节书写被用来记录两种语言：艾特塞浦路斯语（Eteocypriot，一种非印欧语系的语言）和一种希腊方言（与阿卡狄亚方言非常相似）。研究人员已经翻译了以塞浦路斯音节文字书写的希腊文献，但是艾特塞浦路斯语还不能破解。

这些语言——米诺斯文化的象形文字、线形文字A，塞浦路斯-米诺斯文字和古典塞浦路斯文字——都包含着与古欧洲的书写符号极其相似的符号。哈洛德·哈阿曼（Harold Haarmann）的著作《被文化掩埋的语言》（1990a）和《欧洲的早期文明和读写》（1996），论证了古欧洲的书写符号与线形文字A、塞浦路斯-米诺斯书写符号的类似之处。[①] 古欧洲的书写要素占据了线形文字A和塞浦路斯-米诺斯文字符号的一半。塞浦路斯岛的与世隔绝成就了它本身文化的连续性，因此它保有前希腊时期的读写方式。我们可以发现古欧洲的书写符号与塞浦路斯-米诺斯书写符号在视觉上的相似，还有在符号排列上的相同方式。古欧洲文字与线形文字A、塞浦路斯-米诺斯文字和古典塞浦路斯文字之间的类同确证了古欧洲文化在克里特岛和塞浦路斯一直存在到有史时期。

今天，欧洲几乎所有的地方和亚洲的部分地区都拥有相同的语言谱系，这被称作印欧语系。公元前4500—公元前2000年，印欧骑马部族入侵了欧洲、近东和南亚，开始传播这些已经分化和变异了几千年的语言。早期的语言，譬如米诺斯文化的语言和艾特塞浦路斯语（还有其他的欧洲语言如苏格兰的皮克特族语和意大利的伊特鲁里亚语）都属于完全不同的语系，这使得对它们的译解极端困难。在学者们尝试破解古欧洲书写体系的过程中，大部分的已知语言几乎无法提供任何帮助。

更古老的语言留下的记录更少，这进一步妨碍了对前印欧语系语言的破解。[②] 举例来说，考古学家发掘出的线形文字B（印欧语系）铭文材料是线形文字A（前印欧语系）的十倍左右。然而，对欧洲本土语言的研究还在不断地深入，为重建古欧洲世界做出了巨大贡献。

随着更多的考古发现，米诺斯文化的线形文字A和塞浦路斯-米诺斯文字在

---

① 金芭塔丝拜读了哈阿曼后一本书未出版的原稿。
② 在考古学术语中，"前印欧"指的是印欧部族辽从占领该地区前生活在这里的上著人。因此，他们是印欧部族到来之前就住在那个区域的人们。然而，在语言学术语中，"前印欧"指的是原始语言阶段之前的印欧语形态。因此，它意味着印欧语系的极早阶段。金芭塔丝使用这个术语是出于考古学意义。

将来某一天被破解、古欧洲文字本身被译出都是可能的。远古的资料对于女神在早期宗教中的作用提供了重要的线索。例如，线形文字B泥书板上就标明了一些女神的名字，她们或许起源于米诺斯文化，而且泥书板还提供了一些关于她们的崇拜仪式的信息。其他远古的语言和古欧洲书写体系的译解必将留给我们一笔关于女神宗教的无法估量的知识财富。

古欧洲的线形书写现象确证了象征性思维和抽象思维起源时间非常早。大部分传统的学者认为古典希腊语是西方逻辑和抽象思维的祖先，而另外的一些研究者则提出了更加遥远的美索不达米亚和埃及的文明。古欧洲的书写体系意味着西方文明的理性传统比我们先前公认的起源更早，可以追溯到远古的女神崇拜者那里，那些崇拜者的思维既可以是象征性的，也可以是抽象的。

结论

书写符号的史前史是年代久远的：抽象的标记出现在旧石器时代早期，大约从公元前300000年到公元前100000年。在旧石器时代晚期——大约从公元前35000年到公元前10000年——抽象的符号出现在洞穴绘画和骨制或石制工具上的动物雕刻中。[①] 这些标记的书写贯穿新石器时代始终。

一些动物与特定的标记有关。举例来说，X形、V形、∧形、回纹和平行线就与鸟的形象相伴相随。在青蛙形象上发现了M形符号。更进一步，符号和标记组合出现在古欧洲的陶器和小雕像上，可能就此形成了古欧洲的书写体系。这个书写体系不是臆想出来的，而是一个包含了100多个抽象而非图形标记的线形书写体系。

这些符号多数都置身于宗教背景中，可能是作为铭文刻在神庙模型、小雕像和铭牌上。因此，古欧洲书写体系比最早的有史期书写——苏美尔和埃及的文字——早了几千年。古欧洲书写的连续性被印欧民族的到来打断；此后，书写随着那些制作精美的多彩陶器和古欧洲文化的其他特色一起消失殆尽。由于还没有发现一块可以帮助语言学家破解古欧洲文字的"罗塞塔石碑"，古欧洲书写体系至今仍不可译解。随着时间的推移，我们也许可以找到一个双语文本，借此译解这种书写体系，并由此揭示古欧洲民族的理性传统。

---

① 这段结论文字是编者所附。

第三章　坟墓与子宫

　　古欧洲的墓葬建筑在我们探索新石器时代的死亡和转化轮回观念所需的人工制品、象征符号和语境方面提供了非常宝贵的信息。坟墓和墓穴呈现出了多种多样的形态和布局，但是即使它们分散于欧洲相距遥远的各个区域，在它们之中也有一种显著的、潜在的相似性，这种相似性表明了它们所要传达的宗教信仰。这些建筑物显示出，在古欧洲，人们对于死亡和转化轮回的过程所持的观念根本有别于此后众多文化中人们所持的死亡观。在古代的印欧宗教与基督教的信仰当中，人的灵魂保持了它独立的本体性，并且能进入死后的世界。在新石器时代的宗教信仰中，死亡和转化轮回的过程是循环往复的。就像在有机世界中新生命总是孕育于旧生命的残余当中，对于古欧洲人来说，诞生是一个循环的一部分，这个循环当中也包含了死亡。就像女神的子宫显而易见赋予了我们生命，它也把我们带回到死亡。在象征的层面上，个体回到了女神的子宫当中等待再生。在当时人的想象中，这种再生究竟采取什么样的形式，已经无法知晓；唯一明确的是，在古欧洲的宗教信仰中，生命和死亡被理解成一个更大的循环过程的两个方面。因为在这个时代，子宫构成了最有影响力的丧葬主题之一，所以我们可以有"作为子宫的坟墓"这一看法。阴户和子宫的形象——自然形态的和几何形态的——居于支配地位。它们或是在坟墓建筑中被发现，或是作为坟墓自身的象征。

　　在欧洲各地，人们可以发现既是坟墓又是神殿的建筑。这些建筑呈现出女性身体的形状。位于地中海中的马耳他岛上的姆那德拉巨石建筑群（约公元前3000年），其中的神庙群由几个独立的建筑组成。① 在这里，有两座庙宇很明显地呈现出女神的外形。比这更早的雷贫斯基·维尔神庙——年代约为公元前6500—公元前5500年——则具有女神抽象化的形态：一个神圣的三角形。很多坟墓都有一条中心通道，这可能会唤起人们对于产道的想象。在古欧洲文化中，

---

① 见第四章关于姆那德拉的讨论。

坟墓是再生女神的象征物，这位女神的子宫和产道是通往再生之路的。①

雷贫斯基·维尔的三角形神殿

塞尔维亚和罗马尼亚的铁门地区会唤起游历者超越时间的敬畏感。这里也被称为多瑙河峡谷，在该地区，多瑙河流经喀尔巴阡山脉中的一处峡谷，向东方的黑海喧嚣地奔腾而去。沿着这段河道，无数变幻莫测的涡流（在塞尔维亚-克罗地亚语中，涡流被称为 virs）搅动着多瑙河水，因此，史前的人们选择这个谜一样的地方建造他们献给终极神秘——生命从死亡中再生——的神殿也就是顺理成章的了。

在 20 世纪 60 年代中期，罗马尼亚和塞尔维亚（当时是南斯拉夫）加入了一项联合的水利电气发展工程，该工程致力于对流经铁门地区的多瑙河的水力加以利用。被提议修建的大坝将使水位上升到高于陆地约 45 米处，淹没陆地，这将毁灭多瑙河峡谷中所有潜在的考古学遗址。两国的考古学家们着手对包括旧石器时代后期、中石器时代，以及新石器时代在内的 14 处遗址进行抢救性发掘（地图 1）。这些遗址很多与这一地区其他被挖掘过的遗址截然不同。最早，也是最大的一处被考察的遗址是雷贫斯基·维尔，年代为公元前 6500—公元前 5500 年，它坐落于属于塞尔维亚的一侧，面对着喧嚣的涡流（Srejović, 1969, 1972; Srejović, Babović, 1983］。帕蒂纳（Padina）位于雷贫斯基·维尔的北部，属于同一时期，与雷贫斯基·维尔非常近似（Jovanović, 1971）。乌拉萨（Vlasac）位于雷贫斯基·维尔以南 3 公里，之前曾经有人居住［Srejović, Letica, 1978］。罗马尼亚一侧的遗址一般在时间上更早一些，是在旧石器时代后期和中石器时代。

沿着雷贫斯基·维尔的河岸，挖掘者德拉高斯拉夫·斯瑞约维克（Dragoslav Srejović）和萨高里卡·勒提卡（Zagorka Letica）发现 50 多处小棚屋的残迹，这些棚屋修建的时间可以追溯到公元前第 7 千纪中期到公元前第 6 千纪中期，时间跨度超过了 1000 年。自然，当初用来支撑这些棚屋的木柱早已消失无踪，但是由红色的石灰石和黏土的混合物建成的地板经过了多瑙河洪水数千年的冲刷，至今仍然坚如磐石。这些棚屋规模都相当小，大概 5 到 7 米长，地板平面既非正方形亦非圆形，它们看上去像是顶尖部分被削去一角的三角形（图 47）。

---

① 我们可能会想到苏美尔文化的女神艾列什吉伽尔——冥界和死亡的女王——在《印南娜下冥府》的诗歌里处于赋予生命的过程中。

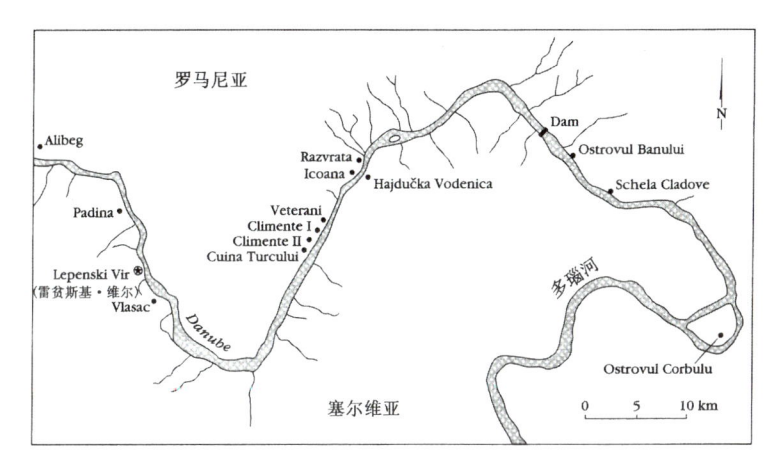

地图1　多瑙河沿岸与雷贫斯基·维尔相似的遗址，上溯旧石器时代末期至公元前第6千纪中期（罗马尼亚和塞尔维亚）

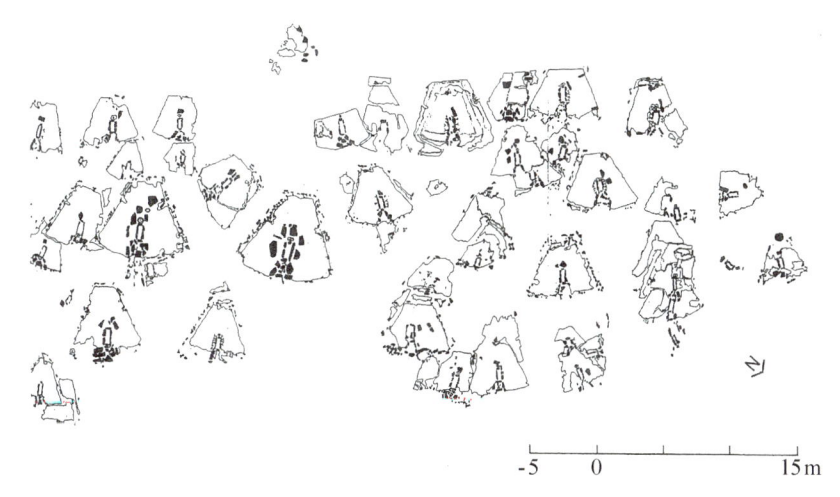

图47　发掘出的中心为石祭坛的三角形神殿平面规划遗址，位于多瑙河河岸的雷贫斯基·维尔，铁门地区。神殿大约属于公元前6500—公元前5500年

复原后可以看出，它们往往在面对着多瑙河的一端开口。这些建筑沿着多瑙河河岸散开，组成了一个长长的弓形，并且在中间的部分圈出了一片空地。

　　在这些棚屋附近或下面找到的骨骸表明，当初这些建筑曾有着宗教仪式方面的用途。一些其他的特征也显示出它们的建造并非出于居住的目的，而是用于死亡和再生的宗教仪式。若是作为居所，这些棚屋之小及其三角形的形状实属非同寻常，但是作为宗教场所来说，就很正常了。三角形象征着女神用于再生的、神圣的阴部三角区，而显眼的红色石灰石地面则是生命之血的代表。

第三章　坟墓与子宫 | 059

这些棚屋看起来象征性地再现了女性的生殖系统，每一个建筑包含了一个嵌入地面的祭坛，祭坛用立石围成。一道槽从开口的一端（面对河流），经过棚屋中央，延伸到狭窄的另一端（背对河流），它很可能象征产道，位于棚屋的再生三角形之内。这些建筑中很多包含了一座或两座石雕，这些石雕大概有50至60厘米高，位于祭坛的顶端。这些石雕显示的一些重要的特征表明了它们对死亡和再生的象征价值。首先，很多石雕明显是因为具有卵或鱼的形状而被有意地挑选出来的。除了鸟卵或者鱼卵包含了新生命之源这个明显的含义之外，卵也象征着子宫。红色的赭土暗示着鲜血和生命的精华，覆盖在很多石雕的表面。这些棚屋的三角形轮廓象征着女神的生殖三角区，祭坛描绘出产道的形状，而那些卵形（或子宫形）的石雕表现了位于产道顶端的子宫，所有这些加起来可以视作对女神生殖器官的一种清晰的表现。

部分石雕上面刻有迷宫般的图案或使人联想到流水的几何图形，我们在古欧洲的其他艺术作品中也可以看到这些象征物。一些石雕上面刻有阴户的图案（图48）。然而最重要的是，很多石雕结合了女人、鱼和猛禽的特征。它们的眼睛和嘴怪诞不已，像鱼一样。一些石雕看起来像有着人类乳房和阴户的鱼面神，但是它们却有着鸟类的脚爪，这很可能是某种猛禽的爪子（见前文图22）。这些象征的结合体——刻在卵形的石头上的女人-鱼-猛禽——独特地结合了各种再生的符号。这些符号表现出雷贫斯基·维尔神殿的女神是作为赋予死

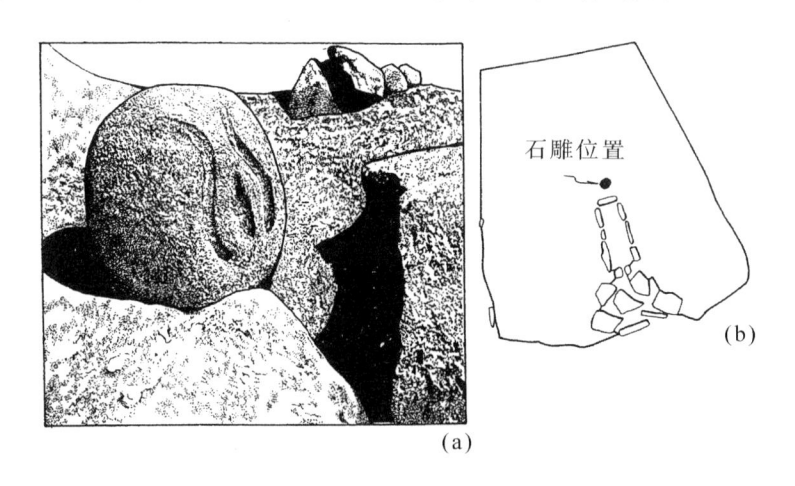

图48 在雷贫斯基·维尔神殿的祭坛顶上立着一两个石雕，通常是卵形或鱼形。(a) 立在祭坛顶上的石雕刻有阴户图案。(b) 石雕曾立在祭坛顶上。雷贫斯基·维尔第一期，公元前第7千纪末期。石雕的尺寸为18厘米×13.8厘米

亡和生命之神的形象出现的。毫不奇怪，考虑到这些建筑所在的地理位置——俯瞰着多瑙河和它变幻莫测的涡流——与水有关的意象和鱼的形象在雷贫斯基·维尔扮演着重要的角色，死亡和再生女神也具有它们那样的外形。

然而，在这些古怪的三角形神殿当中所举行的是什么仪式呢？祭坛本身存有各种动物的尸骸，无疑，这些动物曾经被作为祭品。鱼在这里再一次占据了重要位置，一些体积大一些的品种的鱼骨最为常见：鲤鱼、鲟鱼、梭子鱼，以及鲶鱼。值得注意的是，这些鱼骨被发现的时候是完整的，这意味着它们是作为祭品被完整地堆放在那里的，而不是被切开和吃掉。体积大一些的哺乳动物，如狗和野猪，看上去也很完整。马鹿的头骨和肩胛骨也构成了祭品的一部分。所有的这些动物都属于再生女神，而供奉它们无疑是为了唤求女神的帮助。

在红色的石灰石地面之下隐藏着新生婴儿的尸骨，一些只有五六天寿命。其他的尸骨则被直接埋葬在了神殿的外面。死者的头盖骨被挑出来进行特殊处理，通常是被放在一个石盒子里保护起来。大部分的尸骨关节都脱落散架了，骨骼不是按照解剖学上的位置来摆列的。如果这些尸体当初骨肉俱全地被埋葬，骨骼应在原来的位置。脱节散落的骨骼通常说明这些尸体是在被剔除了肉之后埋葬的。也就是说，死者的尸体首先被放置在野外，经过大自然的腐蚀和猛禽的剥食皮肉之后，再把剩下的骨骼埋葬。①

当地的居民往往把死者带到雷贫斯基·维尔这样的遗址或是多瑙河峡谷沿岸的其他遗址，并举行下葬和再生的仪式。这些当地居民很有可能把死者的尸体放在神殿前进行曝尸剥肉，在那里发现有属于鹰、猫头鹰、乌鸦、鹈鹕以及鹊类的遗骨。（这样的曝尸仪式在附近的乌拉萨遗址确曾发生）鸟类和自然环境将尸肉从骨骼上剥除之后，遗体将被埋葬在神殿里。

尽管乌拉萨和雷贫斯基·维尔神殿的起源要追溯到大约公元前11000年的旧石器时代后期的前农耕文化的人类，但是在数千年之后，新石器时代的农耕者在这些遗址上居住了几百年之后，开始使用这些神殿。于是，我们最终在这些遗址（从公元前第6千纪前期开始）中发现了斯达塞沃文化类型的陶器，但是这些神殿的象征符号或它们的外在功能并没有发生实质性的变化。前农耕时代的和人们农耕时代的人们显然拥有着同样的一套宗教信仰和象征系统。

---

① 卡罗尔·P. 克里斯特（私人交流）提醒我们，可能有些年份在第一次葬礼之后会有第二次葬礼，就像在当代的希腊。

子宫形和卵形坟墓

洞穴和岩墓

洞穴，以及它那隐蔽、凉爽的氛围，石笋、钟乳石、地下的暗流，共同散发着一种神秘的气息，其神秘甚至不亚于生命的再生本身：洞穴环闭的空间象征着女神的产道与子宫。

坐落在意大利东南部的福贾（Foggia）省曼弗雷多尼亚（Manfredonia）城附近的斯卡罗瑞亚（Scaloria）洞穴［我和山·文、丹尼尔·施马布库（Daniel Shimabuku）曾于1979年和1980年考察过此洞］为此提供了一个典型的例证。在公元前第6千纪，意大利的这部分地区生活着一个人口兴旺的新石器时代族群，他们形成了几百个定居点。斯卡罗瑞亚洞穴由上下两部分组成。洞穴的上半部分看上去像一个宽敞的大厅，其中有人类居住的残迹和一些墓穴。洞穴的下半部分相当狭长，并且具有一些诸如石笋和钟乳石之类的天然地貌，这些使它适合用来举行仪式。靠近洞穴的底部流淌着一条活水溪，洞穴在这里变宽了。引导着参观者和仪式参与者走向这条神圣水流的狭长通道可能被视作产道的对应物。在此处收集到的证据表明仪式活动的存在，挖掘者发现了曾经属于1500个不同的彩绘陶器的碎片。这些陶器碎片上绘制的图案——卵、蛇、植物的嫩芽、发光的太阳、沙漏形、蝴蝶（女神本人）——都象征着再生。在通往上层洞穴的狭窄入口处，137具人的尸骨被埋葬在此，但是其排列却没有特定的顺序。大部分的尸骨属于20岁至22岁的年轻女性，或者是儿童。埋葬的位置、尸骨特定的性别和年龄，以及洞穴的自然特征都表明这些尸骨的埋葬具有明确的仪式目的。

在达尔马提亚（Dalmatia）和伯罗奔尼撒半岛的亚得里亚海岸发现了与斯卡罗瑞亚类似的洞穴。那里，男性生殖器形状的石笋充满了神秘生命力的感觉。一些洞穴里有着外形类似于人类女性身体的岩石。很多这类洞穴里有新石器时代（公元前第6千纪至公元前第5千纪）的陶器碎片。

在马耳他群岛，考古学家认为格哈阿布（Ghajn Abul）及米克斯塔（Mixta）洞穴（来自戈佐岛），以及阿勒达拉姆（Ghar Dalam）洞穴（在马耳他的主岛之上），是最早的宗教仪式遗址。马耳他的居民，以及其他地中海地区，诸如意大利南部、撒丁岛，法国西部及南部等地居民，最终建造出他们自己的地下洞室：

岩墓（就是在岩石上凿出的坟墓）。最重要的地下坟墓的年代可以追溯到公元前第 5 千纪，墓室的卵形或肾形外观，以及呈胎儿姿势的尸骨，都表明了这些坟墓与女神的子宫在象征层面密切相关。在其他新石器时代的墓葬里，红色、紫色以及黄色赭土颜料的应用强调了这些墓葬所具有的子宫般的特质以及再生的过程。一个来自撒丁岛上奥瑞斯塔诺（Oristano）的库库鲁撒瑞（Cuccuru S'Arriu）的公元前第 5 千纪中期的岩墓在本书中配有插图，它包含了一个挺立型的石雕裸体人像（见前文图 13a），以及一个装满了红色赭土的敞口的贝壳盘子。

1. 马耳他的地穴墓

大约公元前 3600 年，马耳他人开始修建位于马耳他的塔尔欣神庙附近的哈尔·萨夫列尼地宫（Hal Saflieni Hypogeum），这是最著名的史前建筑之一。这座非凡的建筑由至少 34 个互通的墓室组成，这些墓室直接在石灰岩上凿出。地穴墓在地下复制出了一个神庙的模样，因为其主厅看上去与地面上的马耳他神庙的正面非常相似。坟墓的墙壁上绘制着三根竖立的石柱，它们支撑着一个挑头式的浮雕拱顶，这显示着真正的马耳他神庙在完好无缺时可能具有的面貌。哈尔·萨夫列尼地宫是一个黑暗潮湿的所在，哪怕是点燃油脂或橄榄油，也照不亮它。每一个墓室的卵形外观又一次象征了再生的景观。大部分的卵形墓室出现在地穴的上层，并且很有可能是最先挖成的。它们与马耳他早期的岩墓尤其相似。红色的赭土则又一次代表了生命的颜色，它们在用水稀释之后被涂在很多墓室的墙面上。红色的图案——螺旋形或类似于生命树的藤蔓植物——装点着地穴墓中层的大厅。

马耳他地下墓穴作为一个例证，说明了古欧洲丧葬仪式的公共性。发掘者发现了约 7000 具人骨，考虑到这个岛规模小，可能人口也少，这个数目相当可观。大部分的人骨是在底层的卵形壁洞内被发现的。这些遗迹没有显示出等级社会秩序的迹象。这些人骨得到了平等的待遇，不同人的人骨混杂在一起，没有任何人的遗骨被挑出来进行特殊处理。坟墓里的物品并不反映社会等级，而是为再生的过程提供了一种象征性的辅助。在卡托·胡玉克和雷贫斯基·维尔，尸骨的无序状态表明它们在被埋到墓里之前曾经经历了剥肉的过程。①

在地穴墓中作为祭品的动物——牛犊、小山羊、羔羊、猪、青蛙、兔子，

---

① 另一种看法是他们可能经历了一次事先的葬礼。

以及刺猬——在象征层面上推动着生命和再生的循环。在主厅一个被仔细密封起来的锥形献祭坑中保存着羊角。一些动物的遗骸显示出某些再生仪式具有季节性的特征。狍子的头骨和成熟的鹿角与死者埋在一起。鹿角所处的生长阶段表明献祭鹿的仪式一定是在春季进行的——这是鹿长角的唯一季节。[1] 这说明至少有一些丧葬仪式具有季节性的含义。

挖掘者在地穴墓主厅里挖出了马耳他最著名的新石器时代雕塑作品之一——睡夫人。她平静地侧卧着，头枕在手上，具有一种马耳他胖妇人特有的风度。[2] 这尊雕塑，以及另一尊表现她俯卧在长椅上的雕塑，让我们想起后来的古希腊罗马时期的入会和治疗仪式。在这些各式各样的古希腊罗马仪式中，入会者在一座神殿（或洞穴或其他遥远的处所）度过一夜，他将在这一夜中体验到各种幻象和梦境，而他精神或肉体上的疾病也将被治愈。我们知道，这样的仪式在埃皮多罗斯（Epidauros）的医疗之神阿斯克勒皮俄斯（Asklepios）的神殿举行过。埃皮多罗斯是位于伯罗奔尼撒西北海岸上的一座古希腊城市，在那里，治疗之前要进行沐浴和斋戒，之后要在神殿里度过一夜。这样的仪式很可能起源于新石器时代把在洞穴、神殿或地下室中睡觉比作精神重新觉醒前在女神的子宫中睡觉的习俗。对于生者而言，这样的仪式可以带来身体的康复和精神的再生；对于死者而言，被埋葬在颜色和形状与子宫相似的地下墓室里则代表着通过象征性的女神子宫获得再生的可能性。

哈尔·萨夫列尼地宫与古欧洲其他的地下墓穴有着一些共同的主题。首先，剥肉的仪式和公共的葬礼强调平等，而且陪伴死者的墓神帮助其再生；其次，当时的人们往往将再生仪式和季节性的仪式合并在一起在坟墓里举行；最后，坟墓的子宫形和卵形外观、象征性的装饰以及举行过祭祀仪式的证据共同召唤着女神的出现，以加速生命的再生。

2. 撒丁岛岩刻与地穴墓

如前所述，在公元前第 5 千纪撒丁岛的玻努·伊格西努文化时期，人们在岩石上凿出卵形或肾形的墓穴。在新石器时代晚期，被认为处于奥泽瑞文化时期的撒丁岛的人口剧增，贸易繁荣。奥泽瑞时期的人们在坚硬的岩石上凿出了数百座坟冢，并且通常是在危险的悬崖绝壁上。他们并没有把这种惊人的工程技艺局限于单个的墓室，事实上，他们在山坡上雕凿了由众多沙岩石柱支撑着

---

[1] 另一种理论是，在不献祭鹿的时候，鹿角可能会被取回。
[2] 在马耳他找到的大部分的女性雕像都有着巨大的身体，以及特别沉重的臀部和腿部。

的房间和走廊的复合建筑。这里表现出的技艺是以石头为材料，对木建筑所具特征——椽、顶梁、壁柱、带有过梁的房门——的一种迷人的翻版。

像西欧众多用巨石建成的遗址一样，撒丁岛的地下墓穴从前也曾遭遇盗墓者的入侵和劫掠。虽然陪葬品很早以前就丢失，坟墓本身却保存完好，而且可以向我们展示出新石器时代的撒丁岛人独特的死亡观念。撒丁岛的人们把新石器时代象征再生的一个重要形象——牛头或是牛的头盖骨做成的雕塑品——刻在很多地下墓室的墙壁上。牛头浮雕出现在坟墓入口上方有重要象征价值的位置，还出现在入口的两边以及墓穴内部的其他地方（见前文图29、图30）。除了几乎无处不在的牛头图案及用红色赭土粉刷的墙面以外，在地下墓穴的墓室内部以及天花板上，一些特殊的图案强调着再生的主题：眼睛、乳房、猫头鹰的头、公羊头、双螺旋形，以及可能代表月亮周期的符号。

幸运的是，几座奥泽瑞文化时期的地下墓穴经过了数千年的时间依然保存完整。在撒丁岛西南部伊格莱西奥斯（Iglesias）的圣本笃（San Benedetto），考古学家发现一座保存了35具尸骨的地下陵墓。这些保存完整的墓葬中有证据表明撒丁岛的丧葬仪式与公元前第4千纪西欧其他地方的丧葬仪式很相似。首先，公共墓葬中没有表现出任何个体享受特殊待遇的迹象。其次，尸骨的散乱和无序表明，在被转移到地下墓葬之前，尸体曾经在地上露天放置，或者之前被埋过一次（这又一次意味着尸体经历过剥肉或事先埋葬的过程）。撒丁岛有以骨头、大理石或石膏雕成的呆板型裸体或白色女神的雕塑，这些著名的雕塑就来自奥泽瑞墓葬。

尽管新石器时代的丧葬遗迹表明在欧洲、安纳托利亚及近东地区的一些地方存在着剥肉的仪式，但考古学家却发现很难确查曝尸的场所。古欧洲人很可能用木头搭建了平台用来曝尸。因为木头已经腐烂，所以这些平台在考古学上的证据仅有地上埋桩子的洞。在西欧的巨石建筑遗址里发现了可能意味着这种木头平台存在的埋桩子的洞。在撒丁岛，考古学家已经对阿勒盖罗（Alghero）附近的蒙特·达考迪（Monte d'Accoddi）的一座以泥土和石头堆筑起来的10米高的平台加以保护，这座平台也许曾用于丧葬前的剥肉。粗略来看，这个巨大的矩形平台在外形上类似于一个固定在大块石灰石块上的、有石质基座的金字塔，有一条坡道通向它的顶端。在平台附近，考古学家发现了带有典型奥泽瑞文化特征的呆板型雪花石膏裸体雕塑（见前文图13b）、绿玉斧、纺锤，还有装饰大量圆形、螺旋形、角形、锯齿形以及三角形图案的花瓶。这里发现的最引发人们兴趣的器物是一个绘有跳舞的女人的盘子，它可以告诉我们一些有关古代欧洲为死者表演的仪式的信息（图49）。正如我们在古欧洲遗址中所看到的一样，这些女人的体形像沙漏，她们有三个脚趾的脚看上去与其说像人类的脚，不如说像鸟爪。蒙特·达考迪盘子上的沙漏形人像可能描绘的是曾在这个石头平台上进行的一场仪式舞蹈。今天我们可能认为像舞蹈这样欢快的庆典对于纪念死者的仪式来说是不妥当的——尽管爱尔兰人的守丧仪式可能与之近似——但是在很多古代文化中，包括欧洲新石器时代文化，可能有着庆祝死亡的行为，因为死亡预示着接下来的再生和与先人的团聚。

图49 刻在盘内的宗教仪式的景观展现了五个沙漏形象的牵着手臂的女人。奥瑞兹文化，公元前第4千纪［蒙特·达考迪神殿——一个石头平台，上面曾进行过为死者表演的仪式，萨瑟里（Sassari），撒丁岛北部］。比例为1:3

3. 西欧的巨石墓

产生于公元前第5千纪至公元前第3千纪之间的巨石建筑的分布范围跨越了欧洲，从西部的西班牙和葡萄牙，穿过法国、爱尔兰、英国，直至丹麦、荷兰、德国北部以及斯堪的纳维亚半岛南部。欧洲东南部的许多城市被掩埋了几千年，直到20世纪才被发现，而西欧的古巨石建筑即使在罗马帝国时期也是可见的。而关于这些巨石建筑的奇幻传说也穿过岁月，流传了下来。虽然它们可能曾经作为举行仪式的场所，但是它们的主要功能还是用于丧葬。其中有很多被用作尸骨存放处，即尸骨最终的安息地。

巨石建筑存在着几种不同的类型。一种常见类型通常被称为石棚（多尔门式石碑），由三根或四根直立的大石块支撑着一块水平的石头——拱顶石。在其他的巨石建筑中，通道型墓穴，即巨大的直立石柱，形成了一条通向一个圆形或矩形墓室的通道，这个墓室顶上覆盖有其他石头。简单的长方形坟墓，或曰长廊墓穴（在法语中被称为 allées couvertes），以布列塔尼半岛的最为典型。在爱尔兰和设得兰（Shetland）群岛发现了庭院式墓穴，墓的前面有一个半圆形的庭院。这里给出了这几种类型的例子（图50）。在巨石建筑修造的鼎盛时期，也就是从公元前第5千纪中期到公元前第4千纪，每一种类型还发展出了众多的变体。北欧巨型的狭长土制古墓修建于公元前第4千纪，绵延于从英格兰到波兰的广阔地区，形状通常近似于三角形，在较宽的一端覆盖着一座巨石墓穴。就像英国威尔特郡西肯尼特（West Kennet）的情况那样，这座墓通常具有人形的轮廓。德国北部和波兰西部的狭长古墓中有一个用于埋葬的石制或木制的墓穴，通常位于墓的较宽的一端（图51）。在苏格兰北部的奥克尼（Orkney）群岛，从公元前第4千纪晚期到公元前第3千纪，当地居民在圆形或长形的土墩中修建带墓室的坟墓。巨石现象持续了两千多年，使西欧和北欧的大部分地区因对死亡和再生的一种独特的建筑学表现手法而成为一体。

多尔门（石棚）
公元前第5千纪—公元前第4千纪

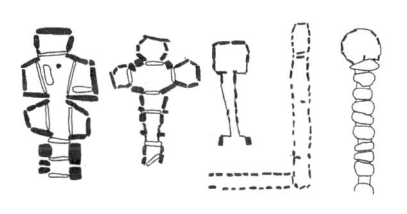

通道型墓穴
公元前第5千纪—公元前第4千纪

庭院式墓穴
公元前第4千纪—公元前第3千纪

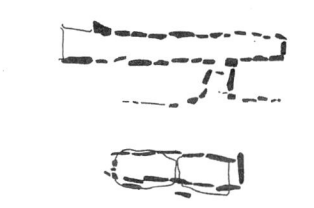

长廊墓穴
公元前第4千纪—公元前第3千纪

图50　在西欧发现的巨石墓的主要类型（布列塔尼和爱尔兰）

0　3m

图51　一个狭长的被巨石遮蔽的土墓，墓穴在较宽的一端。TBK文化，公元前第4千纪［位于利茨（Leetze）的弗斯特·沃兹（Forst Wötz），塞兹威德区（Salzwedel district），马德堡（Magdeburg），德国东部］

第三章　坟墓与子宫　｜　067

巨石墓激起了一代代人的强烈兴趣，以至于这些坟墓甚至在中世纪以前就遭到了盗墓者的劫掠。极少数保存完整的遗址包含着关于丧葬仪式的极其珍贵的信息。与马耳他以及撒丁岛的墓葬一样，西欧巨石墓中没有基于阶级和性别因素做出区分的迹象。集体性的葬礼所包含的并不是真正隆重的东西，而是死后伟大旅行的象征物。巨石遗址的建造者既举行过火葬，也举行过剥肉仪式，但是剥肉是最普遍的。就像在欧洲其他的集体葬礼上一样，人们先把尸体暴露于猛禽的利爪之下，随后再把尸骨安置在巨石坟墓之中。在巨石墓中发现的关节散落的尸骨，经常缺失了小块的手骨和足骨。通常头盖骨会受到特别的注意。[1]

巨石遗址结合了史前人工制品、建筑物，以及装饰物，这些装饰物表现出建造者对于死亡与再生的高度关注。当我们想象这些巨石遗址被巨大的土石坟墩覆盖着的原初面貌时，它们的象征意义也就变得清晰起来。通道代表着产道，通向由其上的土石坟墩所代表的子宫。通常通道较窄的一端出口形状近似阴户。在某些巨石遗址中，通道从头到尾都是笔直的。但是在另一些遗址中，它们会通向一个圆形或"十"字形的房间，这些房间可能代表着子宫。在一些葡萄牙巨石遗址中发现的红色涂绘似乎强化了这个象征。很多巨石遗址中都发现了第二章中提到过的激发生命的形象：牛羊的角、钩子、螺旋形以及阴茎。狭长古墓的巨大三角形形状似乎代表了女神的身体。即使在今天，民间传说中依然认为狭长古墓是巨人或者女巨人的坟墓。而将一个人的尸骨安置在坟墓中则意味着把他送回了女神的子宫，在那里女神使生命得以复活。

北欧猛禽的象征物——猫头鹰、乌鸦、鹰以及渡鸦——证实了在巨石坟墓中存在着死亡与再生的女神。在苏格兰北部奥克尼群岛的最南端，南罗纳德赛岛的伊斯比斯特（Isbister），我们看到了一些仪式存在的证明，这些仪式是献给以猛禽形式存在的女神的。在这些被狂风侵袭的孤岛上，挖掘者偶然间发现了一些保存完整的巨石坟墓，里面包含着数百具尸骨。对尸骨的分析表明，伊斯比斯特的坟墓中埋葬的男性和女性数量基本平衡。大部分尸骨都是关节散落的，这表明在葬礼之前曾经有过剥肉的过程，或者说埋葬的过程是二次葬。在这里，同在其他巨石坟墓中一样，猛禽很可能被视为女神的化身。在西欧的其他神殿，

---

[1] 头盖骨通常和尸骨的其他部分分开埋葬。它们被发现沿着坟墓的墙壁堆叠在一起。有时候，头盖骨、手骨或足骨会在埋葬中丢失。另一些时候，头盖骨会在墓地的其他区域被发现，远离尸骨的其他部分，与鹿、牛、山羊、猪等动物的头盖骨、额骨埋在一起。参见金芭塔丝著作（Gimbutas，1991：283）。

我们看到女神通常是以猫头鹰的形象为代表的，但是在伊斯比斯特，她的存在则是通过当地的猛禽形象——海鹰——表现的。伊斯比斯特古墓的建造者将35只海鹰的尸体与死去的亲人的尸体埋葬在一起，他们捕猎这些海鹰并将之作为献给死亡与再生的女神的祭品。由于海鹰的不同寻常的出现，伊斯比斯特古墓曾经被称为"鹰之墓"。如果将奥克尼群岛巨石时代的人们与现代具有历史传统的民族相比，一些考古学家认为鹰的重要性和意义在于它是作为部落图腾存在的。然而伊斯比斯特古墓的海鹰毋宁说更像是猫头鹰、秃鹫或其他猛禽的对应物，是古欧洲死亡与再生女神的象征形式。

伊斯比斯特墓葬还有一些其他的证据，证明当地的民众为死者举行季节性的仪式，并且在一年当中的某些特定的时间重新打开坟墓。值得注意的是，分析表明被埋葬的尸骨在风化程度上有很大差异。有一些显示出长时间在自然环境中暴露的迹象，另一些则风化得不那么严重。这些尸体很有可能是死后就暴露在自然环境下，然后在稍长时间之后季节性的仪式中才被埋葬。这导致了骨肉分离的时期不同。与埃及法老或古希腊武士的坟墓不同，巨石遗址的坟墓并未被完全密封以求不朽。巨石遗址的建造者通常会提供某种机关装置，比如一块巨大的石头，来封锁通道。这样重新打开巨石墓依然是一项艰巨的任务，巨石墓只有在进行新的埋葬或是举行季节性仪式时才会被打开，随后将被重新关闭。

很多巨石遗址暗含着天文定准线，这些定准线凸现了季节循环对当时人们的节日庆典，以及死亡与再生仪式的举行具有重要的意义。成千上万的现代电视观众目睹了在夏至——一年中白昼最长的那天——太阳升起于索尔兹伯里巨石阵壮观的环形巨石圈之上的情形。很多其他的巨石遗址和坟墓也显示出了天文定准线，特别是关于冬至，也就是一年中白昼最短的那天。农耕时代的人们对自然有着敏锐的观察，这种观察与季节循环密切相关。所以人们可以推测出冬至和夏至，春分和秋分（昼夜平衡之日），这意味着巨石墓是举行重大的仪式和庆典之处。

最富戏剧性的冬至定准线出现在爱尔兰博因河（Boyne）河谷宏伟的纽格兰奇（Newgrange）的通道坟墓。在仲冬期间，随着天气一天天变冷，白昼也一天天缩短，植物失去了活力，动物进入了冬眠期，整个世界看上去死气沉沉。博因河河谷居民通过监测地平线上太阳升起的位置密切地观察着春季来临的过程。在北半球，随着冬天的推进，太阳升起的位置每天都会偏北一点，直至冬至那天，它会到达南回归线之上的最北点，这意味着白昼将开始变长，天气将很快回暖。巨石遗址的建造者在冬至那天观察到了太阳在地平线上升起的确切位置，然后他们建造了纽格兰奇的通道坟墓，它长长的通道可以在冬至前后的日子里将光线引导到墓穴内部最远的墙壁之上。[①]

从纽格兰奇古墓的建筑学和天文学排列上，我们可以看出季节循环与再生仪式的结合。在北部的国家，冬至标志着自然世界的死亡与复生的转折点。如果我们将死者尸骨埋葬的坟墩的通道和房间与女神象征性的产道和子宫联系起来看，就会意识到在冬日的死寂中那道光线所代表的力量。当它照射在房间的内墙上时，女神子宫中的再生的动力象征便将女神表现为生与死的中介。

生命的再生是一个盛大的场面，当地的居民经常将巨石墓用作庆典与献祭的场所。通常在坟墓前面会有一个庭院，而在坟墓的入口处会有一座宏伟的建筑物。在丹麦和瑞典，人们发现了被推测作为尸体存放处的、完全分离的房间。考古学家在这些坟墓之前发现了食物和陶器的残迹。我们可以推断为了死者的下葬曾经举行过某种仪式。巨石坟墓的建造者也在一年当中某些特定的时间举行仪式和典礼，用以表示对死者的尊重。

在墓碑和坟墓内部、周围所找到的文物上面，都刻着表现宗教象征的图案。巨石文化的象征符号已经得到了广泛的分类和研究（Twohig，1981）。对于观光者和其他学者来说，这些几何图形看上去可能只是单纯的装饰，但是如果与其他新石器时代的欧洲古遗址联系起来，它们就会呈现特殊的意义。它们以图形的方式揭示了那些在其他古欧洲的墓葬石碑上已经清楚表现出来的关于死亡与再生循环的信仰。

很多这类象征符号雕刻在坟墓的墙壁或是镶边石（在泥土的坟墩外围环绕着形成围边的石头）上。这些镶边石环绕在巨大的爱尔兰式坟墩周围（尤为闻名的是在博因河河谷，Eogan，1985）。这些象征符号表现出历法的特征，确实反映了这些坟墓的天文定准线和季节性的仪式。那些新月形的、环形的、"之"字形的以及蛇形的图案表现出一种对时间循环的特别关注：太阴历中由月相变化所带来的月和日。举例来说，29个或30个似蛇的曲折线，代表着每个月的天数。一些雕刻看起来像是现代的日晷。4、6、8、12这样的数量分割非常常见（Brennan，1983）。除了这些计时上的意义，以及类似太阳、蛇这样公认的明显

[①] "太阳自其（墓室）建造之日起就照射进房间，并且如果不考虑到黄道的长远倾斜度，很可能永远照射下去"，这是这些建造者对于工程学的一种贡献。参见乔恩·帕特里克著作（Jon Patrick，1982：124）。这种现象已经持续了超过5000年。

象征符号，还存在着一些更为抽象的雕刻。其中包括杯子的标记、环形、波浪形，或者是中间有点的环形。将这些符号刻在石头上这种行为本身必然包含着神秘的意义。这是一种试图和神圣力量相沟通的行为，它对于坟墓的建造者是最重要、最本质的。

虽然一些巨石文化的艺术表现被公认为是抽象的，但是另一些符号却可以被非常清晰地指认出来。比如，有一些图案表现了女性和猫头鹰的羽毛。一双眼睛和其上拱形的眉毛构成了猫头鹰的样子。人的形象有乳房，还装饰着项链的图案。有时候乳房或项链会单独出现。猫头鹰女神的形象不仅出现在坟墓中，也出现在法国南部巨石坟墓附近巨大的、单独的立石之上，也就是被称为门希尔式（menhirs）的史前竖石纪念碑。在葡萄牙的巨石墓中，猫头鹰女神的眼睛出现在石制或骨制的人像上（见前文图 11、图 12）；而在丹麦、瑞典和其他地方的通道坟墓中，可以在出土陶器上看到类似的猫头鹰之眼。

在纽格兰奇遗址中，长着圆眼睛、多样的鸟喙以及弯弯的眉毛的猫头鹰女神从屋顶石板上俯瞰着墓穴。它们呈现出一种特殊的四角形，并与盘曲的蛇形、"之"字形、菱形结合起来。在纽格兰奇巨石墓入口处的石头上，以及第 52 号镶边石上，双蛇盘曲及鸟喙的图案取代了圆眼睛的图案。在很多巨石遗址中，眼睛和蛇形圈的图案是可以互换的。更多的符号之间的融合，包括眼睛和太阳，即用四射的光线或中间有黑点的同心圆图案代表太阳。无论女神被作为什么来崇拜——被作为猫头鹰、蛇、太阳、月亮——这些精心刻在石头上的符号均可以唤起女神神圣的能量与活力。①

布列塔尼半岛上通道坟墓的板层与门希尔石碑上雕刻的女神也被以一种拟人的方式表现出来。看上去像是小山或是半卵形，甚至是三角形或矩形，有时候在顶端有 个球状物（头或者脐，一个像球形把手一样的突出物，从希腊文"脐"这个词得来）。有时候工匠在图像周围刻上了头发，也许是对女神力量的一种隐喻（图52）。这种形象表现的是正在升起的女神，其生命的能量集中于脐部。她与钩子、牛角、蛇、船这些象征着再生的符号结合在一起。在精心装饰的嘎福林（Gavrins）的通道墓（位于布列塔尼的莫尔比昂海峡中的一个岛屿上）的直立石群也出现过这一主题。在此，同心拱层叠在立柱顶端，构成了女神的形象。同心拱石自中央呈阴户状向外辐射，与向上的"生命柱"（图 53a）侧面

---

① 对于巨石文化艺术没有普遍得到接受的解释，大部分解释已经被超越。参见奥苏里瓦（O'Sullivan，1986）一份对于各种观念（包括他自己的观念）的概述和目录。

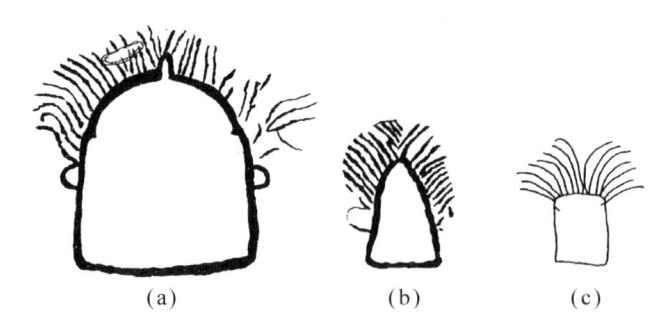

图 52 升起的女神被粗略描述为三角形、弓形或矩形，顶端有一个球状物（头部），见于布列塔尼半岛上通道坟墓的墙壁上。(a) 和 (b) 公元前第 5 千纪 [艾勒·龙古（Ile Longu），拉默-巴顿（Larmor-Baden），布列塔尼]。(c) 公元前第 5 千纪（巴尔纳内斯·普鲁艾兹，布列塔尼）

相接。另一个形象强调的是女神的矩形形状，由同心弧及其中央的阴户形组成，被一道流水包围着（图 53b）。女神自水流中获取了无穷无尽的再生力量，并通过这种形象散发出来。

在所有这些坟墓里，人们会感受到女神的存在，这种存在不仅通过坟墓的建筑特征，而且通过古代仪式用的器物传达出来。对女神的刻画表现不光要表明她掌握着那些已经失去生命的身体。在她的内部，在她具有再生能力的类似子宫的坟墓中，那些被埋葬的人经历着向新生命的转化。

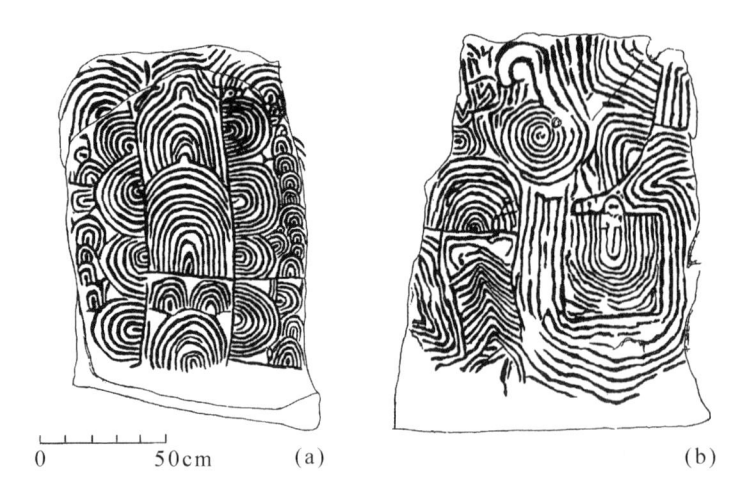

图 53 公元前第 4 千纪早期的直立石群上的雕刻。同心拱层自中央呈阴户状向外辐射。(a) 嘎福林，布列塔尼。(b) 拉默-巴顿，布列塔尼

结论

子宫构成了古欧洲最有影响力的丧葬主题之一。① 在古欧洲人关于生命统一体的循环观中，新的生命经过一个出生、生命、死亡、再生的螺旋形模式，从死亡中孕育而来。古欧洲的坟墓同时是一个子宫，新生命由此而产生。通常，就像在姆那德拉的马耳他巨石群中一样，坟墓-神殿采取了女神的外形。雷贫斯基·维尔的神殿（断代推测为旧石器时代后期到新石器时代）是三角形的，这使人联想到阴部的三角区——一种对女神的抽象表达形式。地面是红色的石灰石与泥土的混合体，这可能代表着生命的鲜血。很多古欧洲的坟墓包含了一个狭长的中央通道，这条通道可能代表着产道。

很多坟墓采取了子宫形或卵形的外观形状，这也是一种再生的符号，比如曼弗雷多尼亚的斯卡罗瑞亚洞穴，以及马耳他岛的阿勒达拉姆洞穴，这里很可能举行过再生的宗教仪式。这些洞穴里遗留的陶器与诸如卵、蛇、植物的根部等象征再生的图案结合在一起。马耳他、撒丁岛，以及法国部分地区的居民凿出了卵形或是肾形的墓穴。在这些坟墓里，尸骨被以一种胎儿的姿态安置。僵直裸体雕像有时候会用来作为集体葬礼的陪葬品。在马耳他地下墓穴中，挖掘者发现了大约7000具人类的尸骨，大部分是在墓穴底层的卵形房中找到的。不同个体的尸骨被混放在一起。这些坟墓不仅仅是尸骨的安息之地，也是宗教仪式举行的场所。有一些有着季节的意义，另一些可能是用于治疗或出于入会仪式的目的。在撒丁岛，奥泽瑞的凿岩墓穴也凿刻着清晰的再生标志：牛头装饰以浮雕的形式雕刻在很多撒丁岛地下墓室的墙壁上，这些墙壁通常是用血红色的糌土涂刷的。眼睛、乳房、猫头鹰的头、公羊角，以及其他象征物也装饰着地下墓穴的大花板和墙壁。这些坟墓埋藏着大理石裸体女神雕像，并且也作集体葬礼之用。

横观整个西欧，我们都可以发现巨石文化的遗址：史前巨石墓、通道坟墓、长廊型墓、庭院型墓。它们大多作为一般经过剥肉过程之后的尸骨的永久安息地。这些葬礼是集体的，坟墓里的物品（殉葬品）与其说是特权的表现，不如说是象征性的和神圣的。巨石通常和猛禽结合在一起。在奥克尼群岛的伊斯比斯特，35只海鹰和人类的尸骨埋葬在一起。猫头鹰也和许多巨石遗址结合在一

---

① 这部分结语是由编者所加。

起。这是对死亡与再生的鸟类女神的表现。

因为很多巨石建筑的结构都与夏至日和冬至日相关,所以很可能巨石阵遗址是举行祭祀、进行季节循环仪式的场所。这些仪式可能曾与死亡和再生的概念密切相关。通道巨石坟墓,用于葬礼,建造的用途是当太阳在至日升起时,它长长的通道可以将光线引导到墓穴内部最深处的墙壁上。在索尔兹伯里史前巨石阵这样的非丧葬遗址中,太阳在某一特定的石头上升起。在冬至日,一年中黑夜最长的时候,这束光线可能会有力地象征着光的再生,广义地说,也就是生命的再生。

古欧洲的坟墓显示了该文化的整体精神。无论对于生者还是对于死者来说,坟墓都是一个治疗的场所。坟墓也是这样一个处所:女神不仅在那里掌握着失去生命者的尸体,而且要让死者获得再生的新生命。

第四章　神庙

现代考古学表明，高度发展的宗教信仰和崇拜的中心——神庙——在古希腊罗马时代之前就在欧洲和近东出现了，迄今已逾5000年。而早在7000年前，宗教生活就开始围绕神庙展开。新石器时代，这些古欧洲神庙业已拥有一套精密繁复的宗教制度。如今，神庙的遗迹可以为我们提供史前器物和时代背景，从而帮助我们解开新石器时代宗教制度的秘密，揣想主宰古欧洲人日常生活的神圣力量。

东南欧的住宅式神庙

对于大多数人而言，"神庙"这个字眼意味着华丽的廊柱建筑，与人类居所大相径庭，例如帕特农神庙（Parthenon）。一些古欧洲神庙因此被忽视，因为考古发掘的最早的神庙与住宅建筑结构相同。而且，这些神庙不是远离聚居地，而是与之融为一体。虽然神庙在外观上与住宅类似，但它们的内在特色和包含的器物可以确证其宗教用途。古欧洲神庙的特色是祭坛，它通常是靠墙放置的一块石头、一个土台或是铺着木板的平台。发掘者看到在祭坛的显著位置上摆放着多种多样的雕像。有的雕像很大，细部刻画真实；有的很小，只是略具模样。一些雕像坐在缩微的王座或椅子上。祭坛上还陈列着各种宗教仪式器具，都是便携式的陶瓷制品，譬如火盆、碗碟、灯具、盘子、长勺、香炉，以及人或动物造型的瓷瓶，等等。较大的神庙内部有几面墙，分隔成四个或更多的房间，每个房间都有一个祭坛或放置祭品的地方。与希腊人和罗马人对待神庙的态度一样，古欧洲人也将这些神圣的建筑奉献给某个神——其雕像占据着神庙的主室。在温查文化（约公元前5000年）的帕塔神庙中，一个真人大小的双头女神像就伫立在神庙入口处。

日常活动与宗教行为的结合

古欧洲神庙将妇女的日常活动，尤其是烤面包、织布和制陶，并入宗教实践。许多神庙里都有两个很大的制作面包的石器：半球形的烤炉和用来磨面的石碾或石磨。通过一些可能用于贮粮的大口陶坛（pothoi）可以看出，有的神庙很强调这种行为的重要性。

纺织是妇女在神庙中进行的又一活动。尽管随着时间的流逝，木制的织布机已经被毁（只剩下烧焦的残片），但是由陶制的纺锭可以推断出它们的存在。这些纺锭表明织布者曾开动直立式的织布机。考古学家在神庙中也普遍发现了纺轮——用来从原棉或其他纤维中抽出丝线。

古欧洲神庙也展示了许多漂亮的陶器，显然它们被用于宗教仪式，然而陶器和神庙的关联已经超越了仪式用途。出土的文物说明陶器制造在宗教活动中具有显著地位。神庙大多有陶器工场，它与神庙的主室毗邻；如果神庙是双层建筑的话，它就在一层。双层神庙从公元前5000年开始大量出现，通常包括位于一层的工场和位于二层的圣殿。考古学家在保加利亚东北部的拉茨格兰德镇（Razgrad）发掘出一座重要的双层神庙（TotjuIvanov，1978）[①]，其可上溯至公元前第5千纪前半叶。时间最终使二层垮塌在一层上。二层的史前古器物带有典型的宗教特征：一个祭坛、神庙模型、许多雕像，以及烧焦的直立式织布机的零件。神庙的一层就是陶器工场。房子一侧有烧制陶器的大窑；另一侧支着平台，上有装饰和磨光陶器表面的各种工具，包括燧石刀片和精巧的鹿骨、鸟骨器具。除了工场的工具，其产品（几个高质量的未曾烧制和完工的陶瓶）也可证明工场的存在。同时出土的还有几块扁平的石头，用以碾碎赭土来做装饰的颜料。

神庙模型（将在本章后面详论）表明装着圆形窗子的宽敞的一层房基（stereobates）主要就是用作陶器工场（图54）。库库泰尼遗址出土文物中的工场模型有三间妇女制陶的屋子，可能就是模拟大型的神庙工场。二层大概用于举行宗教仪式。我们可以在其他双层建筑中找到证据。

在匈牙利东部的赫帕里（Herpály），考古学家发现了另一座双层建筑，其年代为公元前4800—公元前4700年。这个建筑保留了关于陶器工场和其他仪式活动的非同寻常的证据。二层里面有几个大盆，有的盆被当作祭祀火盆，这从它们的外形上可以判断出来：涂着平滑的灰泥，深度可达1米，还有一个布满灰尘的盖子。一层原先包括三间屋子，其中一间里面也有个圆盆。另外两间被大窑占据，窑呈现着独特的截棱锥形状。每个角都刻有装饰图案。这些图案也出现在建筑墙壁上。大量精致的双锥形陶瓶和各种各样带着底座的陶碗堆满了所有的屋子（图55）。

[①] 我尚未找到此文。

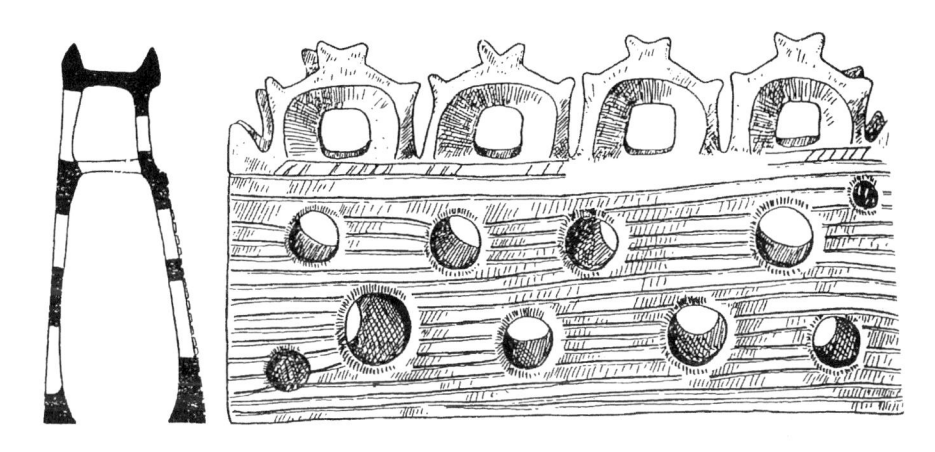

图54 这个陶土模型描述了四间神庙,建在装着圆形窗子的宽敞的下部结构(房基)之上。规则排列的木头和支架构成的下部房基,就是神庙工场。神庙着色的山墙和屋顶的角落有些示意性的装饰。供参加礼拜者行走的过道环绕着神庙。这个模型是在一个焚毁的神庙中发现的。古迈尼塔(Gumelniţa)文化(卡拉诺沃第六层,Karanovo VI),公元前第5千纪中叶[卡西奥莱雷,奥泰尼塔西部,多瑙河岛(Danube Island),罗马尼亚南部]。模型长51厘米,高24.2厘米

图55 双层建筑,内有窑、大盆以及大量精美的仪式陶器。一层三间屋内有上百个陶瓶。右侧的两间都有截棱锥形状的窑,左侧的一间有个圆盆。二层有两个大盆,右侧有若干陶瓶,也许用于洗礼仪式。提萨文化,公元前4800—公元前4700年(赫帕里,匈牙利东部)

第四章 神庙 | 077

对于 20 世纪的考古者来说，解释这些"屋子"真是个难题。它是装满瓶瓶罐罐的日常居所，是神圣的庙宇，还是将日常活动神圣化的奇怪的混合建筑？我们觉得这些建筑不可思议，因为通常我们的日常活动与精神生活是分离的。但是，如果检查一下陶器的外形和装饰，我们就会看到它们属于同一象征体系，若是单纯为了陶器的美观，那么这个体系就没有必要存在。更可能的情况是，古欧洲人把制造陶器、烤制面包和纺纱织布当作神圣的行为，工场与神庙邻近就是明证。新石器时代的祖先们将他们的尘世生活与宗教生活紧紧地结合到一起，而没有意识上的隔离。艺术、手工和宗教是一体。①

神庙功能与仪式器具

发掘出的新石器时代的神庙大多数至今仍然存在于东南欧。从一开始（公元前第 7 千纪），神庙中的各种符号就一直代表着其中供奉的女神。如果她主管再生，那么神庙中的墙壁、陶瓶、摆设和其他仪式器具上就都带有象征再生的符号：卵、兽角、阴茎状、蛇盘状、植物图形、蝴蝶、生命树、牛头骨、三角形、双三角、同心圆、竖直的柱子或蛇，还有眼睛——女神的眼睛。如果女神能够赋予并保护生命，象征性的装饰就包括 V 形、∧ 形、螺旋形、三联线、水纹状、蛇盘绕状、平行线镶边，以及其他与鸟和蛇相关的符号。如果女神能够保证丰收，神庙的装饰和器具就有了另外一套象征符号：树木、双线、螺旋状和双重图形。下面，我们将探讨这几种神庙，它们供奉不同的女神：再生女神、鸟蛇女神和植物女神。我们也将考查普通的神庙功能和仪式器具。

1. 供奉再生女神的神庙

20 世纪 80 年代，考古学家发掘了约公元前 5000 年的温查文化聚居地，这是一个重大的发现。在罗马尼亚西南部提米骚拉（Timişoara）附近的帕塔，考古学家发现了两个叠加起来的神庙，位于聚居地的中心。神庙在比较良好的条件下得以保存。它们呈矩形，面积分别为 2.5 米 ×7 米和 11.6 米 ×6 米，而且它们与聚居地的其他建筑相似，都是木柱和柴泥墙结构。但之前和之后的神庙都带有巨大的黏土雕像、独立的祭祀区域、便携式火盆、多个台式祭坛、大量的陶瓶，以及入口木柱和雕像上的牛头骨雕饰。上层的神庙被大致复原［根据 1989 年考古学家乔治·拉兹罗维西（Gheorghe Lazarovici）所做的第一份报告的

---

① 据卡罗尔·R. 克里斯特所说（私下的交流），"来自土和火的陶器，来自小麦、水和火的面包，以及来自亚麻或羊毛的布料，都毫无疑问地被看作变化的神秘事物，与女神的造化能力具有可比性"。

描述，见前文图36]，可分为东、西两个部分。其中还可以进一步划分出更小的区域，那里有祭坛、放置祭品的地方、便携式火盆、织布机、石磨和其他仪式必需品。

在上层神庙主室（东部）的入口处，宽逾1米的沙土矮墙上，立着个真人大小、一副躯干两个头颅的雕像。不幸的是，只有一个头留存至今。在底层的神庙里有另外一个碎裂的雕像。通过温查文化其他遗址中发现的大量双头女神雕像，我们可以将其复原。这些类似物表明帕塔神庙的双头雕像表现的是双面女神，可能是母女或夫妻。（最初的发掘者复原遗失的头颅时使用了牛头，这不大可能，因为在温查或古欧洲的雕像中没有这种类似物。）在帕塔，考古学家确实在双头雕像的底座发现了牛头骨，但这并不意味着它是原雕像的一部分。在其他新石器时代神庙中，牛头骨经常出现在女神雕像附近。例如在卡托·胡玉克的神庙中，女神雕像下出土了牛头骨或牛角，墙上壁画也显示出在女神子宫位置上有牛头骨的图案（见前文图27）。在帕塔，另外的一些牛头骨图案出现在入口的木柱上。与牛头骨（象征着生殖子宫）密切相关的巨型陶土双头女神雕像说明，这是个崇尚再生的神庙，正如卡托·胡玉克的大多数神庙一样，双头女神的形象通常出现在浮雕或墙壁上。

20世纪60年代，乌莱迪米尔·杜米特莱祖（Vladimir Dumitrescu）和其他考古学家在卡西奥莱雷的多瑙河岛上发掘了另一个崇尚再生的神庙。在这里，考古队发现了公元前第5千纪早期的两室神庙，面积为10米×16米，包括两根泥柱（原本是树干，用泥土覆盖）和一排沿墙的长椅。在泥柱中间有一副骨架。柱子的泥土表面上有角状的螺旋形。入口上方画着一条盘绕着的蛇。神庙墙上画着象征再生的符号：红蛋、同心圆、盘旋的蛇。这些符号清晰地揭示了神庙鼓励再生的宗旨。

在公元前第5千纪，东南欧几个地区的神庙展现的是高大、中空、方正、神人同形同性的神性。于匈牙利东南部提萨文化遗址出土的大瓶（有的1米多高）就可以归为此类。最好的例证是由亚诺思·巴纳（János Banner）在侯德迈兹瓦萨来里（Hódmezövásárhely）附近发掘的科克尼多姆遗址。女神出现在一个瓶子的瓶颈处，胳膊上各有两条平行线，象征符号布满了陶瓶：三角形、菱形、圆形、大M形、中间有斜线的菱形带子（图56）。可惜陶瓶用来盛装何物还是个谜，也许装的是洗礼的圣水。象征符号使这个陶瓶与再生女神紧密相连。

图56 陶瓶的造型是神庙尊崇的女神，带有大量直线切刻和纹饰——M形、X形、菱形、三角形和平行线。附近发现的谷物和灰烬表明人们曾向神供奉过谷物或面包。属于提萨文化，公元前第5千纪早期（匈牙利东南部科克尼多姆遗址）。高23厘米

2. 供奉鸟或蛇女神的神庙

可确认的最早供奉鸟女神的神庙可以追溯到公元前第6千纪早期，出土于阿切莱恩，位于希腊北部的塞斯克洛遗址，1973年至1974年由我连同丹尼尔·施马布库、山·文等人一起发掘。在遗址的中心，我们发现几个顶部相连的神庙。神庙包括两间——陶器工场和仪式圣殿。祭坛上供奉着鸟女神（完全或单纯地由圆柱形颈部和有喙的头部构成）。神庙的陶器上饰有大量的鸟女神的象征符号：V形、鸟喙、∧形和平行线［参见我的著作《阿切莱恩》（Gimbutas, Shimbuku, and Winn et al., 1989：216）和《女神的文明》（Gimbutas, 1991：252）］。在马其顿地区温查遗址（约公元前6000年）的波罗丁（Polodin），考古学家麦德莱哥·格毕克（Miodrag Grbić）发现了神庙的陶土模型。这些模型中有几个屋顶上是烟囱形的中空圆柱，上面绘有鸟女神的面像，墙上开有倒T形的入口。

考古学家在萨巴提尼乌卡（Sabatinivka），位于乌里扬诺夫斯克（Ulyanovsk）附近的早期特里波利耶（库库泰尼）遗址①，发现了一个保存完好的约

---

① 这个城市在乌拉河西边，在伏尔加河附近。

为公元前4800—公元前4600年的蛇女神神庙。这个建筑的面积大约70平方米。祭坛上供奉着32尊无臂蛇头陶制女神像，都坐落在角形靠背缩微椅上。其中的一个还带着一条蛇。祭坛附近立着火炉，上面有个小雕像，祭坛前面的地上有5块石磨，每块旁边都有一个小雕像。萨巴提尼乌卡神庙有个特别的、未曾在其他遗址发现的手工制品：陶制的角形靠背的大椅子，放置在祭坛旁，向内朝着圣殿。椅子上最初可能有厚木板，从椅子与祭坛的距离我们可以猜测宗教仪式的主持者就坐在那里。（其他神庙可能也有类似的椅子，但因为是木制的，已经腐烂。）令人感兴趣的是，祭坛上神像坐着的椅子与祭坛旁正常尺寸的椅子非常相似，这表明缩微器物是按实际神庙中的器物仿制的。

另一个中空的神人同形同性的女神雕像（约为公元前5000年）在陶珀泰培（Toptepe）重见天日。陶珀泰培本是传说中的一个地方，位于色雷斯（Thrace）东部的马尔马拉海附近。这个雕像是1989年在迈麦特·奥兹道甘（Mehmet Özdoğan）带领下发掘出来的（图57）。[1] 巨大的矩形身体（高85厘米）将神圣

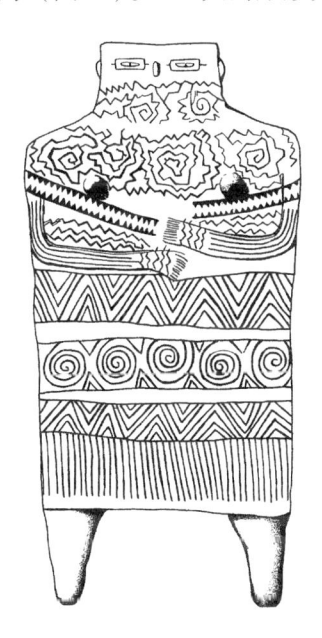

图57 矩形器具状的神，饰有红色水纹状、"Z"字形、∧形、螺旋形和垂线。色雷斯的新石器时代，约公元前5000年（传说中的陶珀泰培，马尔马拉海，色雷斯东部）。长35厘米，宽35厘米，高85厘米

---

[1] 迈麦特·奥兹道甘对琼·马勒（Joan Marler，马丽加·金芭塔丝的《女神的文明》的编者）指出，神人同形同性的器具实际上是储藏谷物的容器（马勒，私下的交流）。

性与器物性合而为一。那被焚毁的神庙，最初面积为 7.5 米×3.1 平方米。它可能包括两个房间，约建于公元前 5000 年（基于放射性碳素断代法断定）。考古者在主室中心凸起的大平台（显然它曾倾塌）附近发现了雕像。平台的西面是个有灰坑的半球形的烤炉。燃烧过的谷粒和有机物的灰烬散落在平台和烤炉之间，这说明谷物或面包是祭品。在这件器物上，女神被描绘成红色，装饰着水平镶边，有"Z"字形、∧形、垂线、蜿蜒的蛇形、螺旋形和蛇状的卷曲。成排的小三角形，也许是模仿蛇鳞，环绕着她的上半身。平行线为她的双臂，而"Z"字形的图案是手镯，装饰她的腕部。这些看似荒谬的符号组合正说明它不是鸟女神就是蛇女神。

3. 供奉怀孕的植物女神的神庙

植物女神掌管谷物种植和面包烘焙。人们在露天、在神庙中向她顶礼膜拜。考古者在塞萨利的阿切莱恩发掘的文物证实，约公元前 6000 年，那些女神的皈依者在户外的神圣之地膜拜她。在这个用篱笆围住的庭院中，我们发现了石制祭坛、面包烤炉、大火盆和土台，土台的角落由于摆放祭品形成几处凹陷。这个地方也有植物女神的雕像和宗教器皿——矮粗的双耳花瓶。其他地方供奉植物女神的神庙模型和真实的神庙证实了黑海海岸的哈曼吉亚（Hamangia）文化（公元前第 5 千纪早期）和摩尔达维亚（Moldavia）①的库库泰尼文化（约公元前 4000 年）也都尊崇她。盖雷斯地-内迪亚的库库泰尼神庙模型呈现的是，植物女神端坐在祭祀仪式的土坑前，侧面围着些年轻人（可能是侍者或舞女）。

4. 普通神庙的功能

维斯都-马格（Vésztö-Mágor）神庙，位于匈牙利东部的提萨地区，由 K. 赫格都斯（K. Hegedüs）自 1972 年到 1976 年发掘。这个神庙使我们得以一窥古欧洲的宗教生活（图 58）。神庙四壁（长 13 米，宽 5.3 米—5.5 米）是木柱和柴泥墙结构，墙壁约厚 20 厘米。显然在一些地方，高达 70 厘米的墙壁保留了下来。厚木板保护了墙壁的外部，而墙壁的内部被抹上灰泥而且饰以红色的条纹。泥门上也细致地抹了灰泥，并且涂了三四遍。1 米宽的门口向西敞开。木柱把神庙分为两个房间。较大的东部房间内有骨制工具、碾石、纺锭、石制器具和烧制或未烧制的陶器。这些证明了神庙是纺织和工具制造场所。神庙的两间屋子中都有带边沿的火盆，地面都抹了灰泥，也许是为了熏烟消毒或净化。

---

① 摩尔达维亚是苏联时期的名字，之后的名字是摩尔多瓦（Moldova）。

图 58　复原的神庙显示出祭祀器物的位置：供奉的女神复原；大桌或祭坛上立着的三足祭祀器皿；盖子或鸟巢状的神庙模型（提手的突起代表张嘴的鸟头）；贮粮的三腿大口陶坛；残余的席子；供奉兽角的基座；有两个杯子和两对圣角装饰的圆盆。提萨文化，约公元前5000年（维斯都-马格，匈牙利东部）

这些发现集中体现在主室的几组物品上。最突出的一组中包括一个破碎的雕像，它最初约有80厘米高。（这个雕像可能是被有意损毁的，因为它的双腿、面孔和一只手臂四散开来。）经过努力复原后可以看出，坐在王座或中空的器皿上的雕像与上面提到的陶珀泰培的那个雕像类似，也就是说它同样来自提萨附近地区，在匈牙利东南部的科克尼多姆。一个有边沿的高10厘米—12厘米的四腿大方桌，立在雕像附近。桌上有个矩形箱子，里面装着烧焦的鹿角。旁边是个装饰过的水壶，它的盖子看上去像只张着嘴的鸟。水壶上雕刻了几种符号：网状、菱形、棋格状、V形和三角形。切口处露出白坐，线条由红色颜料描画而成。两边的提手有三个凸起。桌子附近有几个大瓶、一个矩形的摆放祭品的三足箱和扁平基座上供奉的兽角。一张芦苇席子铺在圆盆旁边的地上。圆盆就是个环状的陶土盆，盆沿上附着两个小杯子和两对圣角。另外，考古者还发现了杯子、陶盘、石刀、石凿、烧焦的牛骨和陶土制的鸟头（跟上面说到的装饰过的水壶的盖子相仿）。总而言之，这间屋子里有大约40件祭祀器物，其中还不包括其他仪式出现的物件，如烧焦的兽骨、鹿角和鱼鳞。尽管我们无法完全复原仪式本身，但所有迹象表明这里曾经进行各种各样的宗教活动，包括供奉谷物、制造圣衣、供奉牺牲、奠酒祭神、熏烟净化。

第四章　神庙　| 083

5. 其他的仪式器物

多种多样的人工制品进一步说明古欧洲神庙丰富的宗教生活。这些人工制品包括灯具、长勺、圆形陶盆（kernoi）、香炉、酒瓶、瓶架、三腿或四腿的桌子、种类齐全的盛装供品的容器、便携式陶制火盆和供奉兽角的基座或"圣角"（见图59、图60，也见前文图7）。许多小容器上出现可能是烧痕的迹象，说明神庙中的礼拜者在仪式过程中曾燃香和点灯。

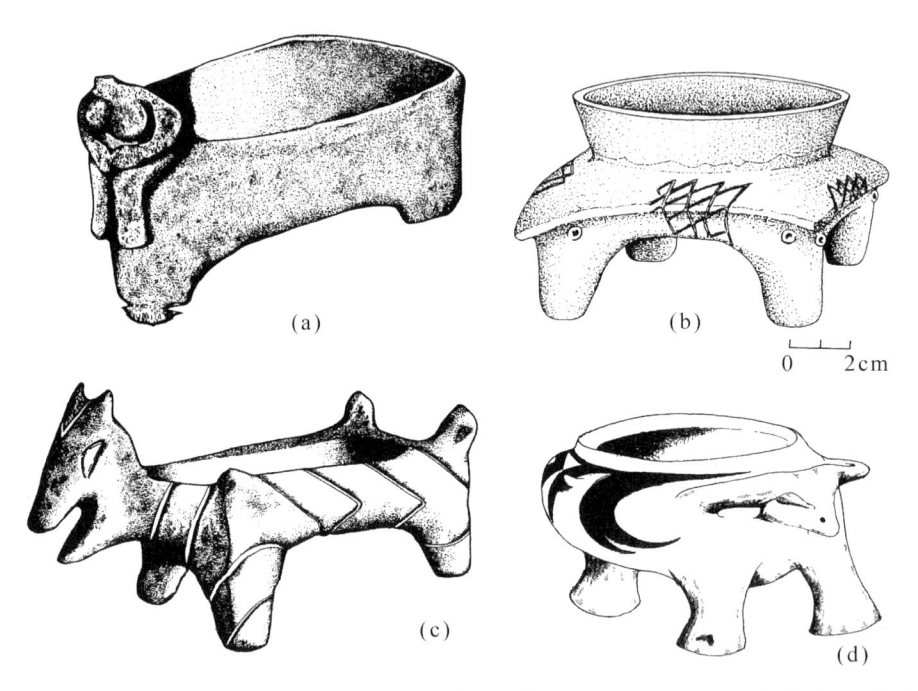

图59 公元前6000—公元前5000年的供奉器具体现了神人同形同性或动物形象的特征。(a) 一个胸部丰满的女性附在器具的前面。塞斯克洛文化，公元前第6千纪早期［普罗多默（Prodromos），塞萨利，希腊北部］。高10.5厘米。(b) 具有动物的腿和网状装饰符号的器具。斯达塞沃文化，公元前第6千纪早期［旦亚·布兰叶维那（Donja Branjevina），戴劳尼（Deronj）附近，克罗地亚］。(c) 黑色磨光的、切口处为白色的、动物形状的器具，张着的嘴使人想到吠叫着的狗。温查文化，公元前5000年（温查，贝尔格莱德附近，塞尔维亚）。(d) 雕着牛头的白底红纹器具。古迈尼塔（卡拉诺沃第六层）文化，公元前第5千纪中叶［卡罗姆菲莱斯第（Calomfireşti），多瑙河下游，罗马尼亚南部］。长20厘米，高8.8厘米

一组重要的器物——很明显是用来盛放液体的——带有喙状出水口的鸟形瓶（askoi）出现在新石器时代早期，直到米诺斯文化衰落才消失。考古学家发掘出几尊独特而迷人的裸体女性坐像，每个人都端着碗。这可能代表精神上的

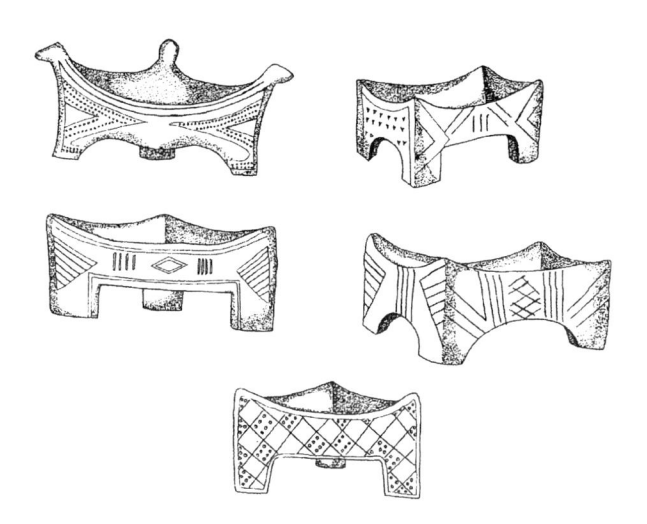

图 60　三足或四足的盛装祭品的容器，精美而富有象征性。温查文化早期，约公元前 5200 年（安扎，马其顿地区中心）

洁净，或者碗中盛放的可能是供奉给神的液体。在这些小雕像上也发现了与女神雕像上相同的符号：三联线、∧形和水纹状。大量装饰过的陶制长勺（可能用于供奉食物或酒水）确证了水、牛奶和其他液体的宗教用途。乳房或者说刻着乳房的雕像成为碗的装饰（图61）。

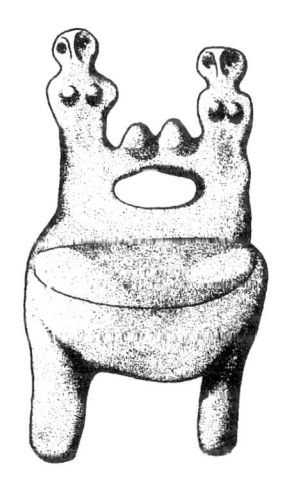

图 61　碗附着两个刻着乳房的雕像（中间顶部横着一对巨乳，将两者连在一起）。库库泰尼（特里波利耶）文化，公元前第 5 千纪中叶 [里珀肯（Lipkan），乌克兰西部]

陶制神庙模型

东南欧独特的陶制神庙缩微模型提供了古代神庙建筑和仪式的"考古学的

第四章　神庙 | 085

快照"。这些史前古器物中，小的仅用一只手就能握住，但是通常它们长20厘米—50厘米。从希腊到乌克兰这一区域已经出土了100多个模型。这些神庙模型不只是神庙文物存在的确凿证据，而且为破解神庙的内涵提供了新的线索。

考古者已经在神庙中、墓穴里、房子或神庙的地基下发掘出一些模型。它们最简单的样式类似矩形的住宅，有地板、四壁、宽敞的入口和斜度很大的屋顶。虽然模型看似住宅，但它们的象征性装饰表明了它们的宗教性质。公元前6000—公元前5800年的塞斯克洛模型上所出现的白底红纹的几何图形（棋盘状和三角形）（图62a），在陶瓶和小雕像上也可以发现。公元前第5千纪的模型上普遍画着水纹状、螺旋形（图62b）、同心圆（图62c）和其他象征符号。有趣的是，这些文化符号经常用来装饰实际的神庙而不是住宅。

图62 装饰着象征符号的陶制神庙模型。（a）这个模型四壁开大孔，饰有白底红纹的棋格状或三角形图案。模型供奉的神可能放置在屋顶内洞。塞斯克洛文化，公元前6000—公元前5800年［都拉基（Douraki）或科雷德斯（Khaleiades），科莱嫩（Crannon），塞萨利，希腊北部］。比例为1∶2。（b）这个模型的特色是环形雕刻的窗户，红色螺旋形。卡拉诺沃文化，公元前第5千纪中叶［科扎德曼（Kodzadermen），苏门（Šumeń）附近，保加利亚中部］。长34厘米。（c）同心圆（象征再生的符号）装饰着这个神庙模型，辅以白色、红色和深褐色。库库泰尼（特里波利耶）文化，约公元前4200年［符拉迪密里卡（Vladimirivka），巴格（Bug）盆地南部，乌克兰西部］。比例为3∶8

一些模型刻着鸟类的羽毛，也就是鸟女神的象征。这些模型可能不是神庙精确的复制品，而是建筑结构和宗教表现的融合，也许，它们代表了另一种形式的女神。屋顶的中央有滚筒印章。戴着模型化的面具，这些面具很像鸟女神的造像。其用途是激发或代表鸟女神的出场。

巴尔干半岛上，来自马其顿的例证，能够充分说明神庙模型的宗教性质。如上所述，麦德莱哥·格毕克在波罗丁发掘出几个模型，那里靠近彼特拉

（Bitola），就在希腊的北部边境。这些模型看似普通住宅，有四壁、地板和斜度很大的屋顶。但是屋顶的中心有烟囱形的圆柱，上面附有面像，跟鸟女神雕像类似；这些面像的作用就是祈求或象征鸟女神。烟囱形的圆柱是女神的脖颈，而神庙本身就是女神的身体。而且，女神还戴着一条项链：模型的屋顶上饰以浮雕的珠子，环绕着神的"脖颈"。

在保加利亚西部的斯拉提诺（Slatino）出土的约为公元前5000年的神庙模型上，一只青蛙横卧屋顶，它的头就在入口的上方。青蛙的身体上刻着它的卵（图63）。这个令人印象深刻的模型很可能成为神庙供奉主管生殖和再生的蛙女神的明证。

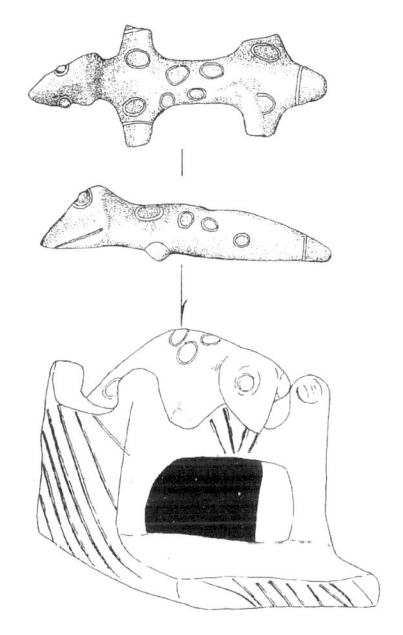

图63 青蛙横卧屋顶的陶制神庙模型。装饰性的圆圈可能表示青蛙的卵。中部巴尔干新石器时代，约公元前5000年（斯拉提诺，保加利亚西部）

一些模型没有屋顶，吸引我们注意神庙的内部，从中我们可以看到微观的神庙生活：面包烤炉附近的祭坛，篱笆围住的区域。一个在乌克兰西部的波普德亚（Popudnya）出土的库库泰尼敞开式模型，展现了古欧洲神庙仪式的非凡场景。除了小型祭坛、烤炉、储藏罐和碾石，我们还见到两个人形小雕像，二者皆为女性。一个站在面包烤炉旁，另一个跪在碾石边磨面（图64）。这个模型向我们展示了考古学家很少触及的一面：人类实际进行的宗教活动。毫无疑问，它证明日常生活与宗教生活是一体的。

图64 这个无顶的陶制神庙模型包括烤炉、大罐、"十"字形平台和准备祭品的场景。一个人在烤面包（右上方），另一个人站在烤炉旁（左上方）[这句说明与正文不符。根据图像，应该是另一个人跪在碾石旁（左上方）——译者]。此模型还有门槛、圆窗和宽敞的入口。库库泰尼（特里波利耶）文化晚期，约公元前3700—公元前3500年（波普德亚，乌克兰西部）。长42.5厘米，宽36厘米

公元前第5千纪早期的迪米尼文化的一位工匠创造了另一个包括小雕像的神庙模型。这些雕像可能体现了神职人员或其他仪式参与者之间的等级制度。[①] 在扎尔科[Zarkou，传说中的地方，在塞萨利的拉里萨（Larisa）附近][贾里斯（Gallis），1985]，模型再现了分为两个房间的矩形神庙，其中有面包烤炉和不同大小的8个雕像（图65）。最大的雕像上有几种符号：胸部之间（从颈部到腹部）的三条垂线，脸颊上的三条斜线，贯穿背部的三条垂线，臀部上方的大V形，以及裙边的四条平行线。平行线也装饰着她的双臂，字形线条铺展在她的肩背后。3个较小的、更简约的雕像没有象征符号。最小的也是最抽象的几个雕像围着面包烤炉。从数以百计的其他新石器时代的图像可以推断，最大的雕像的符号象征鸟女神。这精心装饰的雕像既代表了主持仪式的重要的神职人员，也代表了鸟女神自身。中型的雕像可能代表她的助手，而最小的那些可能是准备祭品面包的参与者或孩子。考古者在建筑物的地板下发现了这个模型，也许存放在那里是为了表示对神庙所供奉的鸟女神的敬意。遗憾的是，考古学家没有挖掘建筑物本身，只是探查了扎克内的一个小广场来确定地层和居所的排列

[①] 然而，也有学者认为古欧洲不存在等级制度。参见克里斯特著作（Christ，1997：59）。

图 65　这个有两个房间的敞开式神庙模型体现了神职人员和其他仪式参与者之间的等级次序。最大的雕像饰有三联线和 V 形（观察细节），与较小的雕像一起占据了左面的房间。7个（不完全统计）雕像在第二个房间里，围着面包烤炉。（这样算来至少有 9 个雕像，与正文不符。——译者）这个模型可能要供奉给神庙地基中的鸟女神。迪米尼文化，藏历（Tsangli）阶段；公元前第 5 千纪早期（扎尔科，拉里萨附近，塞萨利）。最大的雕像高 8.6 厘米

顺序。该建筑的用途也就成了一个未解之谜。

1987 年，在塞浦路斯的基斯那加-莫斯费列（Kissonerga-Mosphilia），E. J. 佩尔顿伯格（E. J. Peltenburg）和他的考察队发现了一个特别的模型，它再现了神庙中的分娩仪式。这个敞开的模型是在一个深坑里找到的，深坑被倒塌的墙壁掩埋。模型产生于塞浦路斯铜石并用时代（约公元前 3000 年）。模型里面有 50 件物品，包括研钵、捣杵、小鹅卵石、磨亮的石头、一个磨光器、一条燧石刀片、一枚海螺壳、一个四腿的祭坛、一个刺穿的赤土陶锥体（也许是织布机的纺锭），以及 19 尊石制和陶制的雕像（大部分是女性）。但最令人兴奋的是个赤土陶制雕像，它展现了一个正在分娩的女人：从她的两腿（在泥土中经过了无数的年代，已经断掉）之间，出现了孩子的头和双臂。分娩的雕像坐在椅子上，也许是个产凳（不幸的是已经严重损坏）。[1] 从于臂的残余部分和被圆形面具盖住的粗壮的脖子可以看出，她显得相当费力和艰难。分娩者的脖子上戴着红色的垂饰。这生动的场面里，其他雕像也有圆胖的脖子，双臂或伸或合；有的站着，有的坐着。他们可能是分娩仪式上的不同的服务人员。那些工具（研钵、捣杵、磨光器、纺锭等等）说明分娩仪式需要复杂的准备，例如准备谷物，编织布料，制作陶器。

---

[1] 在古代画像中，椅子具有重要意义，它象征女神自身。[例如，埃及的伊希斯（Isis，古代埃及司生育和繁殖的女神——译者）她的图像表明她可表现为王座。] 坐在椅子上，凡人就被女神赋予力量，就拥有了统治权。在分娩中扮演重要角色的产凳也就具有了两种神性：王座和繁殖。

第四章　神庙　| 089

这个独特的神庙模型确认分娩与神庙和女神赋予生命的功能有关，分娩也就蒙上了神圣的色彩。我们知道分娩仪式贯穿整个新石器时代：在马耳他的姆那德拉神庙（约公元前 3000 年）和塔尔欣神庙（公元前 3300—公元前 2500 年）中发现了分娩的雕像，而且在卡托·胡玉克的赤殿（the Red Shrine of Çatal Hüyük，公元前 7000 年）中也画有分娩的图像。

神庙模型也为我们提供了关于神庙的建筑学知识。在乌克兰基辅附近的罗所科胡瓦卡（Rozsokhuvatka）遗址发现的库库泰尼模型就很特别，是双层神庙（图 66）。如上文所述，考古学家已经揭示，事实上双层神庙中，二层是圣殿，一层是制陶工场。另外一个模型在罗马尼亚的卡西奥莱雷岛上出土，是 4 座基于同一地基的小神庙，这说明一些神庙可能已具有相当的规模。

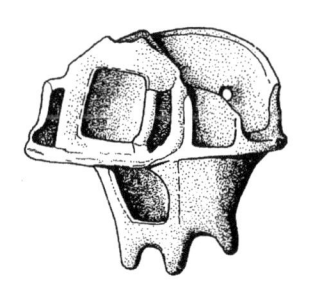

图 66　双层陶制神庙模型，一层有一个房间，二层有两个房间。两层都有宽敞的入口。二层的大入口前有平台，可供膜拜者自由走动。库库泰尼（特里波利耶）文化，约公元前 4300—公元前 4200 年（罗所科胡瓦卡，基辅南部，乌克兰）

我们只能开始深思这些古欧洲人为什么创造了缩微的神庙世界。模型对应的真实神庙的场所显示出它们的宗教性质。模型外部和内部的装饰更进一步证明了这个结论，因为真正的神庙有着相似的装饰。而且，鸟类羽毛装饰、鸟女神符号和鸟巢形状都表示模型和鸟女神（女性的保护者、滋养者和医治者）之间联系密切。其他模型也展现了再生的符号（太阳、蛇、卵、螺旋形和同心圆）。模型一定是与真正的神庙一起献给某些神。在古欧洲神庙模型上看到的一些线性手迹，可能就是在标明供奉人或神灵的名字。

缩微器具

另一个特别的史前古器物群提供了另外一种洞察神庙仪式的途径——缩微器具。毫无疑问，古欧洲神庙中有着标准尺寸的仪式器具。然而，埋葬了几千年，这些易腐烂的木材和织物大部分都被破坏了。幸亏古欧洲人制造了缩微的陶制器具，它们在一些遗址中得以保存。在上面提到的萨巴提尼乌卡神庙中，一些蛇形女神雕像就坐在缩微的椅子上，这些椅子都是仿效同一神庙中的那把标准尺寸的陶制椅子。在保加利亚的奥乌卡罗沃（Ovčarovo）遗址（公元前第5千纪中叶）出土了一个神庙模型，里面有些小型的圆鼓、王座、凳子、桌子和祭坛挡板。基于这些和其他证据，我们可以断定陶制模型仿效了标准尺寸的家具和仪式器具。举例来说，圆鼓就暗示了某些宗教仪式会用到音乐。

缩微器具可能是神庙祭坛上的造型，为了祈祷而向神提供家一般舒适的环境。它们也可能用来模拟仪式。在古欧洲神庙中，信徒进行的仪式可能分两个阶段：既有亲身的经历，也有缩微器具模拟的仪式。

仪式装束

有时候，雕像的印记可以清楚地表现衣物，保留大量的装束细节。多瑙河盆地的温查文化（公元前第6千纪末期到公元前第5千纪）留下了很多雕像，可以提供最为丰富的服饰信息。这些外层包着白色面团或红色赭土的雕像有着深深的刻痕，仿效流苏、腰带、围裙、窄裙和无袖罩衫上的条纹。温查的工匠还仿制了各种各样的鞋子、帽子、发型、手镯、项链和圆形勋章。

配以服饰的雕像有的赤裸胸部，有的全身着衣。赤裸着胸部的雕像身上反复出现若干衣物搭配。有些只是扎着腰带（图67），有些在腰带下还有围裙或装饰着流苏的裙子①（图68）。还有一些除了一件紧身裙外别无他物（图69）。腰带由线绳、织物和皮革制成，用个大扣子或圆盘系住。在大部分穿着衣服的雕像上，宽罩衫看上去像几块垂直的布条缝合而成。颈部前后的两个简单的V形是中央缝合处的缺口，衣服是无袖的（图70）。很多雕像的肩上搭着黑色布条，垂在身子前后，残缺不全。裙子，通常从腰部下面开始而且包着臀部，装饰着白色外层，上面刻着圆点、字形、网状或棋盘格子（图71）。膝盖以下的裙子变窄，可能已经在前面开衩。一些雕像（的裙子）包着腿。这种款式的裙子给人以束缚行动的印象。这些雕像代表的很有可能是女性神职人员，她们从事仪式活动，如为女神供奉祭品。只是围着腰带或戴着项链的裸体雕像可能代表着其他类型的仪式参与者，也许是舞女。

---

① 巴伯（1994）探讨了绳裙，证据包括旧石器时代晚期物品和同时代人们的服装。她认为这些裙子与生育有关。

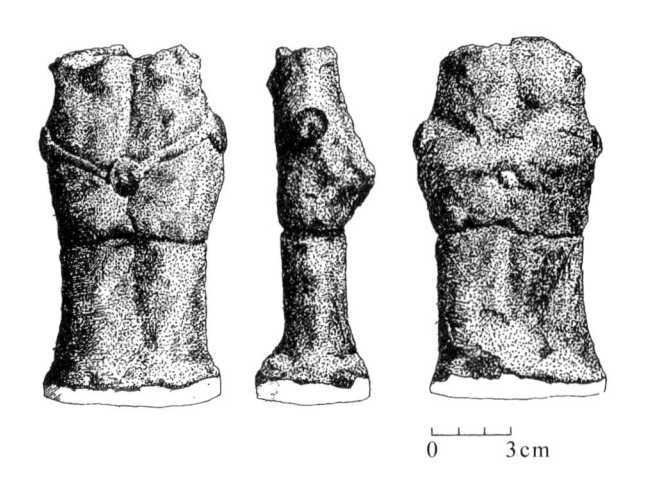

图 67　系着圆盘装饰腰带的裸体雕像。温查文化，约公元前 5000 年

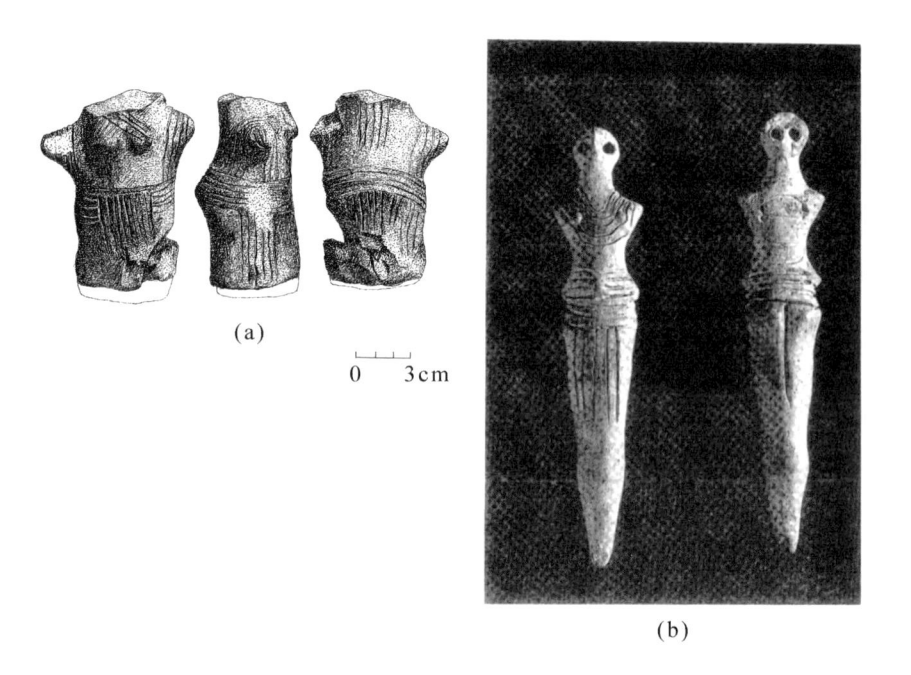

图 68　系着流苏腰带的裸体雕像。(a) 温查文化，公元前第 5 千纪早期。(b) 库库泰尼（特里波利耶）文化晚期，公元前第 4 千纪早期。塞纳维斯（Cernovicy）附近的普鲁特河上游的斯宾西（Siplintsi）。比例为 1∶1。1893 年出土。蒙维也纳自然历史博物馆允许拍摄

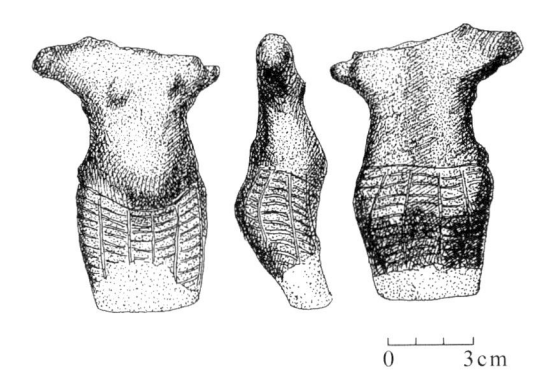

图69 穿着紧身裙的裸体雕像。公元前第5千纪早期［格莱达克（Gradac），温查文化，塞尔维亚中部］

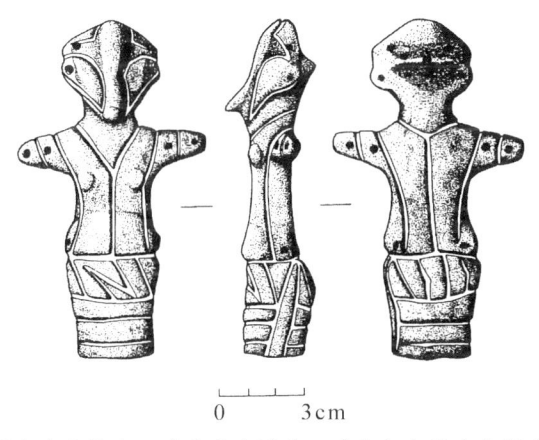

图70 上衣由垂直布条缝合而成的几个雕像。垂直和水平布条组成的旁侧有开衩的窄裙。温查文化，公元前第5千纪中叶（贝尔格莱德附近的温查文化遗址，塞尔维亚）

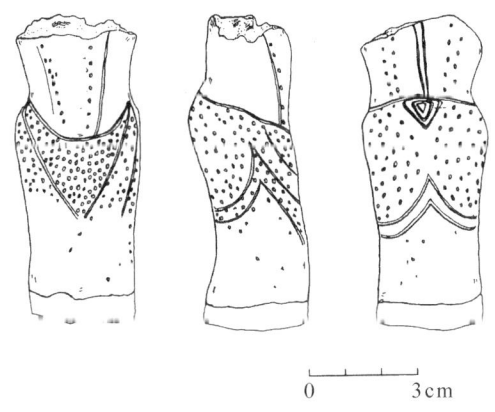

图71 穿着窄裙和围裙的雕像，裙子上装饰着圆点。温查文化，约公元前4500年或更早

第四章 神庙 | 093

一些雕像模仿了发型和头饰。发型早在公元前6000年就受到高度重视，塞斯克洛和斯达塞沃雕像显示头发被小心地分开，扎进一个假髻。鸟女神类型的雕像时常展示出精致的发型：一两个假髻缠在头像后面；长发自由地垂在背后；在脖颈处扎上皮绳或挽成圆髻。还有许多种类的头饰，包括饰有平行线刻痕的锥形帽。这几道平行线也许表现了狭窄的带状建筑（图72a），像王冠一样的和高圆筒形的帽子也以平行线装饰（图72b）。

　　圆形勋章是人类喜爱已久的装饰。已知最早的圆形勋章来自希腊塞斯克洛文化。我在阿切莱恩第四层（公元前5800—公元前5700年）发掘出一个神庙中的雕像，前后都饰有圆形勋章。圆形勋章靠近项链或V形衣领，在神庙中发现的另外一个女性雕像也如此，这可能象征她的宗教地位或职务。在重要的雕像上出现圆形勋章，这一现象持续了几千年。

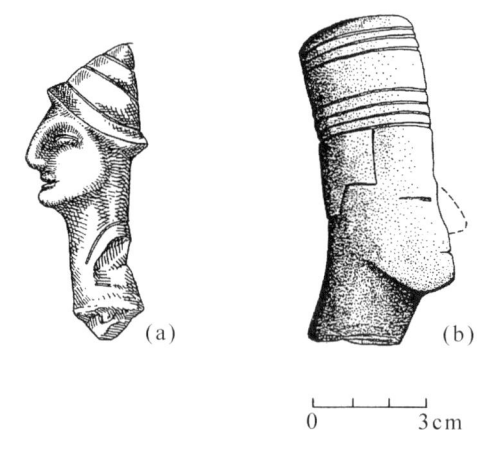

图72　戴着圆锥或圆筒形帽子的雕像。（a）贝尔格莱德附近的温查文化遗址，塞尔维亚，约公元前5000年。（b）塞斯克洛文化，公元前第6千纪中叶［阿基奥斯·彼特劳斯（Aghios Petros），彼拉格斯（Pelagos）岛，爱琴海北部］

马耳他的石制神庙

　　马耳他群岛的远古文化留下了最杰出的新石器时代的神庙和艺术品，自然环境激发了其建筑的传统风格。岛屿由珊瑚和石灰岩组成，这些材料容易采挖、雕刻，而且相当耐久。新石器时代的马耳他人使用这些材料表达自己的宗教信仰。他们在吉干提亚（Ggantija）、哈扎伊姆（Hagar Qim）、姆那德拉和塔尔欣建造了很多巨石神庙（图73、图74）。如第三章所论，他们建造了以多层多室

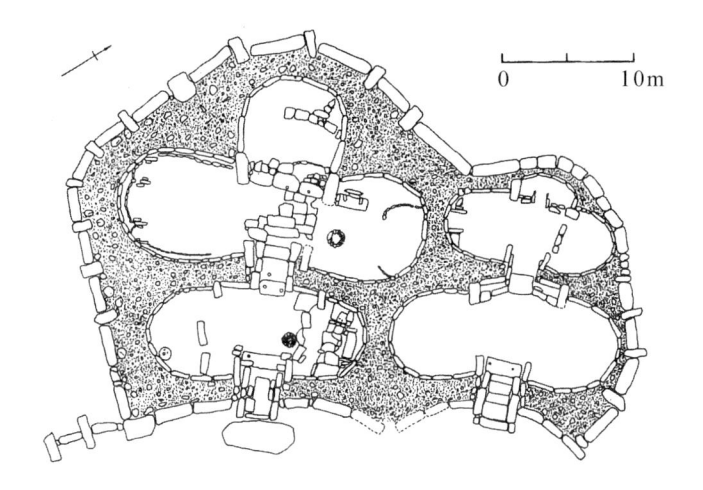

图73 两个神庙（一大一小）前方都为礼拜者提供了宽敞的区域。马耳他新石器时代，约公元前3500—公元前3000年（吉干提亚，戈佐岛，马耳他北部岛屿）

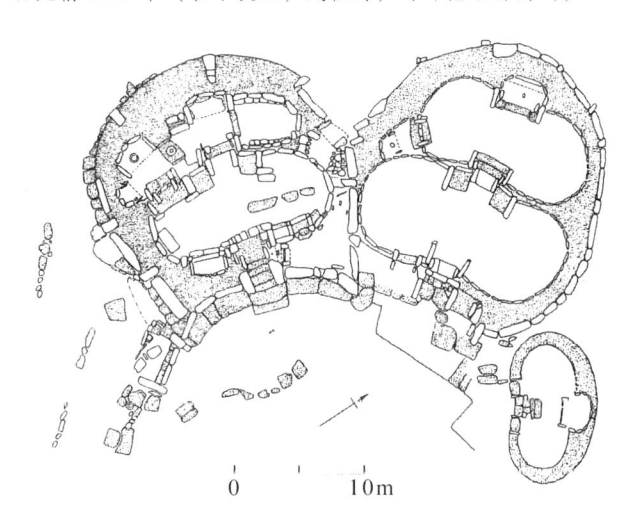

图74 姆那德拉的两个神庙，马耳他南岸，公元前第4千纪末期到公元前第3千纪早期，其中东部那个带三间半圆形后殿的小神庙属于吉干提亚时期（姆那德拉神庙，马耳他）

而闻名的哈尔·萨夫列尼地宫。他们也刻过雕像，如雕刻于公元前第4千纪到公元前第3千纪早期的跟真人同样大小的塔尔欣神庙女神（图75）。

远古的人们建造巨石神庙，如戈佐岛上的吉干提亚神庙由重达50吨的石灰岩建成。他们仔细地打磨石灰岩，使之逐渐呈现略微弯曲的形状，塑造了新石器时代艺术的马耳他风格。与外形上类似住宅的东南欧神庙不同，马耳他神庙显示了独特的建筑结构，它可能只是用于宗教的目的。石壁将神庙和周遭环境

图 75　马耳他最大的石灰岩雕像（她的下半身高 1 米，雕像原高约 2.5 米—3 米，她的上半身已经散失）。非常典型的是，她有着蛋形小腿。底座上间隔点缀着蛋形和柱状图案，约公元前 3000 年（塔尔欣神庙）

分隔开来。这里是神圣的区域。神庙的曲线设计起源于叶状的石墓，而不是像东南欧神庙那样模仿正方形住宅。最早的马耳他神庙建于公元前 5000—公元前 4000 年［例如瑞德·斯克巴（Red Skorba）］，从一条通道可进入其中央院落，由此处辐射出三片叶状结构。

早期马耳他神庙的卵形结构使人想到女神子宫。稍后的公元前 4000—公元前 3000 年的神庙（如吉干提亚、姆那德拉和塔尔欣）从主室扩散出四五个半圆形区域，创造出模仿女神身躯的建筑模式。的确，马耳他的女性雕刻通常被称作"胖妇"，也反映了神庙的形状。神庙前院是圆形或椭圆形的，形成了一个凹面，正对着神庙的巨石大门。在几个神庙前院发现的穿了孔的大石头，可能是拴牲畜祭品的。

与东南欧的神庙一样，马耳他神庙具有特定的宗教功能，特别是死亡和再生仪式。令人感兴趣的是，马耳他的神庙总是成对出现，一大一小。这有几种解释：代表死亡和再生，成熟和年轻，或者冬天和春天。成对的神庙也可以作为母女双双的例证，正如古希腊神话里的得墨忒耳（Demeter）① 和珀耳塞福涅（Persephone）②。表现双女神的雕像兴起于公元前 6000—公元前 5000 年，遍及古

---

① 掌农业的女神。——译者
② 宙斯与得墨忒耳之女，被冥王劫持娶作冥后。——译者

欧洲和安纳托利亚的卡托·胡玉克。成对的神庙和女神之间的联系在马耳他也有体现。1992年，在戈佐岛上的科萨格拉（Xaghra）的布罗克托夫圆环地区（Brochtorff Circle），考古者发现一个石像，是臀部相连坐在长椅上的双女神。雕像尺寸为20厘米×20厘米，重心在女神突出的圆成蛋形的臀部上。跟在哈扎伊姆和塔尔欣神庙中发现的所有同类雕像一样，科萨格拉的双女神雕像也没有乳房。[①] 一个女神的头部梳着整齐的发式，另一个女神的头已经遗失。值得注意的是，一个女神捧着的小雕像同样是双女神，另一个拿着杯子（图76）。小雕像极有可能象征新生。

图76 双女神石像（臀部和肩部相连的两个女神）并肩坐在长椅上，裙子被丰满的臀部高高撑起。一个女神捧着的小雕像同样是双女神，另一个拿着杯子。双女神说明马耳他成对出现的神庙与女神季节性两极（死亡/生命，冬季/春季）观念的联系。石像从地下掩埋的复合神庙中被发掘出来，公元前3000—公元前2500年（布罗克托夫圆环地区，科萨格拉，戈佐岛）

成对的神庙也可能表示不同的季节性两极。西部神庙比较大，包含的宗教器物比较多。西部神庙最初被涂画上象征生命和再生的颜色——红色。神庙本身由比较昏暗的、呈褐红色的石灰岩建成。所有这些都表明面对落日的西部神庙，举行的是死亡和再生的仪式。相反，东部神庙则表现了上升的太阳和新的

[①] 虽然这些雕像没有乳房，但是她们被许多考古学家确认为女性，因为她们的肥臀，也就是说，她们的臀部上堆积着大量脂肪。参见金芭塔丝著作（1989：163）关于旧石器时代早期女性雕像的肥臀的论述，她认为肥臀是"双卵或怀孕的腹部，即增强的生产能力的隐喻"。亦可参见马龙编辑的书（Malone，1993：81），他指出在马耳他的塔尔欣遗址（约公元前2800年）发现的雕像"几乎都是女性，因为臀部上堆积着大量脂肪"。也有人认为女性雕像体现了阴郁的一面，而不是繁盛。参见特拉伯著作（Trump，1972：25）。

生命。较小的东部神庙比较空旷，通风良好，由白色石灰岩建成。它们可能用来举行分娩和春天复苏的仪式。

在戈佐岛上，吉干提亚是最具暗示性的成对神庙。在某些地方高达6米的石灰岩墙壁环绕着神庙。吉干提亚的一些石灰岩重50吨，这是个难以置信的工程壮举。不同的仪式在远离神庙主室的半圆形后殿举行，从一些石制器具可以瞥见它们的宗教性质。较大神庙的5号后殿中，有个直径1米的大仪式盆，还有根柱子，上面浅浅地刻着蛇的浮雕。6号后殿似乎被视为一个三圣殿，有三张祭坛桌子，一个梯形的厚板搭在边缘。这个神殿由几块石灰岩支撑，上面浅刻着交织的螺旋形浮雕。2号后殿包含一个红色的壁龛，也由石灰岩支撑，上面浅刻着连环的螺旋形浮雕。不同的器物、象征性的浮雕、暗示再生的三角形以及史前古器物的红色，这些都说明在吉干提亚神庙，礼拜者对死亡和再生都表示敬意。

在马耳他主岛的南部海岸上，姆那德拉神庙可以让我们窥见马耳他成对神庙的另一层面。与其他的成对神庙不同，姆那德拉的两个神庙大小相差不大，尽管西部神庙建得更加精致，有许多壁龛和结实的岩石地板。在这个神庙中发现的史前古器物再次表现了死亡、再生和分娩的主题。一个锥形石制阴茎，高75厘米，挺立在入口附近。在4号后殿，出现几个特别的陶器，有些形状扭曲的代表人类的胚胎。雕像表现了分娩的姿态，再次强调了分娩的主题。在姆那德拉，宗教仪式是为了治疗和分娩。

塔尔欣的复合神庙代表了马耳他后期伟大的神庙之一。塔尔欣神庙保存了很多宗教雕刻、仪式器具和其他遗迹，这更进一步证明新石器时代平民有着自己的精神生活。考古学家已经挖掘出许多祭坛，还有陶器、动物犄角、石盆和陶盆。祭坛和石块上的宗教雕刻表现了动物和植物。在石头蚀刻的图像之中，我们能看到带着13只小狗的大狗、公羊、猪和4头山羊排成一列。一面墙壁上描绘了一头长着大大的犄角、令人印象非常深刻的公牛。大量牛、绵羊或山羊的骨骼和犄角都是它们作为祭品牺牲的证明。石块上有动物和植物的螺旋形浮雕。这些可能象征植物、蛇以及生命的循环的再生。塔尔欣的复合神庙也出土了仪式器具，如石杯，或许用于庆典或奠酒祭神。著名的马耳他新石器时代的雕像，被称为"我们的塔尔欣女人"，直立，高2.5米—3米，占着一个院子。遗憾的是，雕像的上半部分多年前就散失了，而下半部分体现了马耳他新石器时代雕刻丰满的特性（见前文图75）。

约公元前2500年，这些新石器时代的马耳他建筑和雕刻的传统停止了，中断了近两千年。此后人们延续着宗教活动，如塔尔欣的墓地文化，将死者火葬并祭拜女神，但是他们没有建造特别的神庙来记述这些片段。

结论

基于到现在为止找到的证据，我们可以尝试阐述古欧洲神庙的作用，并重现宗教仪式和活动。新石器时代的欧洲人把神庙献给神，举行与神的主管功能相关的仪式。这就出现了特定的主题：分娩，死后再生或冬天之后的复苏，以及延续人类、动物和大地的繁殖能力。神庙供奉的女神的图像体现为墙壁上的浮雕、大而中空的神人同形同性的陶瓶或直立在底台上的壮观的雕像。神庙内部的房间有一个或几个祭坛、桌子、椅子、烤炉、便携式陶制火盆和分隔开的专门供奉祭品的区域。祭品包括食物、饮品、布料、衣服、薰香和神庙模型。

神庙对于理解古欧洲的宗教有两点特别重要。第一，宗教和日常生活紧密相连。在神庙中发现了许多史前器物——织布机、面包烤炉和碾石——代表维持生活所需的世俗器具，但是它们是在神庙里面，我们能够推测出它们显示的神圣意义。在这里没有举行难解的神秘仪式。神庙将日常活动神圣化。事实上，神庙在住处之中的位置更进一步说明了神庙和日常生活的联系。在古欧洲，甚至贯穿大半个史前史，人类没有区分宗教和世俗。神圣的力量浸透了每项活动。

第二，妇女的活动表现出神圣的意义。在大多数的社会中，妇女磨碎谷物、编织布料、烘烤面包和制造陶器。这种以性别为依据的劳动分工几乎遍及全世界，因为这些活动可以与养育孩子同时进行。我们可以设想古欧洲也遵守这种劳动分工，它在地中海地区的古典主义时期存在，至今还在许多农业社会中延续。激烈的文化变革最终导致"妇女工作"的贬值，离开了精神领域。但在古欧洲神庙中，我们却看到妇女活动最初的神圣性。神庙提供的证据确定了新石器时代妇女的重要地位。也许我们甚至可以断言神庙是属于女性的领地，她们主持并参与宗教仪式。

在新石器时代的欧洲，我们没有确切的考古学证据来证明男性参与神庙活动。但是米诺斯文化的壁画和其他调查结果告诉我们，男性积极地参与了许多仪式。虽然我们还没有发现神庙中男人出现的直接证据，但是毫无疑问，他们加入了仪式，特别是在跳舞方面。戴动物面具的男性雕像出现在舞者行列中或作为乐者出现。尽管妇女在神庙活动中发挥着主导作用，但男性还是与妇女一道分享着日常生活的神圣性。

第五章　圣石与木制的仪礼中心

在古欧洲，人们为建造巨大的围场而投入了大量人力物力。这些围场被他们当作一个村庄或氏族群体的仪礼中心。作为仪礼中心的围场或圆或方，或为堤道状，都被沟渠和木篱笆、木栅栏环绕。许多证据表明，围场的确是作为宗教仪式的中心而存在的，在围场中发现的人工器物具有宗教仪式的性质，大量野生和家养动物的骸骨意味着在这里曾举行盛宴，另外或许意味着宗教仪式或陪葬牺牲的墓葬。看起来非常有可能的是，在围场中进行的宗教仪式意在祭拜死者，以及死亡与再生女神。

还有进一步的证据证明围场服务于宗教仪式的目的。围场象征着在一起劳作的村民以及各个氏族群体之间的合作关系。研究者计算出了有关围场建造过程的一些庞大的数据，有力地证实了围场是作为公共集体空间的理论。以丹麦境内的萨卢普（Sarup）围场为例，建造它所需的劳动量大概如下（根据安德森在1988年的估算）：仅仅是挖沟就需要985个工作日，而整个工程要将近4000个工作日才能完成。不过，如果167个人一起干的话，只需三个月就可以建好围场。因此，当时的人们很有可能是合作工作的，以纪念他们共同的祖先，同时向自己所信仰的女神致敬。

大部分仪式活动源于一种相当普遍的信念，就是认为生命在本质上是循环的。在英国境内的围场中发现了诸如洁净的谷物、榛子、海棠果这样的东西，表明在秋季或收获之后进行纪念活动，这种季节性的仪式极有可能就是在围场中进行的。

这些围场重新塑造了古欧洲不同地域的基本特征。在英格兰境内，被土坡与沟渠环绕的圆形木结构或石结构的围场叫作圆形围场（henges）；在英格兰之外，它们则被称为堤道形围场（causewayed enclosures）或圈状围场（roundels）。无论在何地，围场几千年来都激起了人们强烈的敬畏之情。事实上，英格兰南部的巨石阵可能就是现存最著名的新石器时代的围场遗迹。在20世纪的大部分时间里，考古学家都囿于这样的假设，就是认为圆形围场只存在于英伦三岛，直到20世纪的最后20年，才出现了足以推翻它的新的考古成果，而且还有证据表明这些围场是用于宗教仪式的。

围场大约于公元前 5000 年出现于中欧，这些地方在公元前第 5 千纪到公元前第 4 千纪仍然连续不断地塑造着自己的地域文化。英国境内的围场出现的年代稍晚，大部分圆形围场的历史可追溯到公元前 3000 年。随着考古学的方法与理论的进步，考古学家渐渐认识到，圆形围场服务于宗教与社会目的，而不是军事目的。

有历史记载以来，传说和迷信遮蔽了古欧洲的围场传统。结果，无论是现存的风俗习惯，还是书面记录都无法阐明围场的原始功能。不过，围场的结构以及其中的器物为我们提供了揭示其意义的阐释线索。

圈状围场

今天，"圈状围场"（源于德语词汇 Rondel，意指圆形结构）这个术语用来指中欧的环形巨石遗迹。每个圈状围场都由圆形的空地与周围的沟渠以及土坡组成，土坡有一处、两处或四处间断，作为入口。圈状围场的大小各异，小的直径 10 米至 20 米，大的直径超过 300 米。某些圈状围场的周界之内原有被遮掩起来的木头和石头架构。用"圈状围场"这个术语来指称英国境内与之对应的遗迹其实完全合适，尽管人们通常并不这样使用这一称谓。仅在英国乡村地区，就散落着 100 多处圆形围场的遗迹，其中包括著名的巨石阵、巨木阵、埃夫伯里围场（Avebury roundels），以及新近发掘出的马登（Marden）、欢乐山（Mount Pleasant）和杜灵顿垣墙（Durrington Walls）（杰弗里·温赖特在 1989 年出版的《圆形围场遗迹》一书中对此做了恰当的总结）。虽然考古学家在中欧发现圈状围场的数量要少于在英国所发现的，但是在本书的研究与写作进行的同时，大量考古发掘工作正在中欧展开。尽管英国境内的圈状围场出现的时间要远远晚于那些中欧的原型（晚期的英国围场比最早的中欧围场的建造年代晚了将近两千年），不过它们都属于同样的仪式纪念传统。

中欧的圈状围场

在若干中欧的新石器时代文化中，都存在建造圈状围场的习俗。这些文化包括多瑙河中游盆地的朗耶尔（Lengyel）文化，存在于德国中部与南部的波希米亚的 LBK（Linearbandkeramik）文化（又名线纹陶器文化），莱茵河上游与中游盆地的米科尔斯堡（Michelsberg）文化，以及德国东部的漏斗颈陶器（德文名为Trichterbecherkultul，缩写为TBK或TRB，在丹麦被称作Tragtbaegerkultur）文化。在大约公元前第5千纪早期，朗耶尔文化首先建造出了圈状围场，而米科尔斯堡文化与漏斗颈陶器文化在公元前5000—公元前4000年一直延续着这个传统。

正像圈状围场的名称所表明的那样，新石器时代的建造者们把围场造成近乎正圆形，他们利用一头固定在圆心的绳子来仔细画出圆周，环绕着围场外缘挖出土沟，紧贴着土沟内沿，再安上木篱笆或木栅栏。通常来说，圈状围场在东、西、南、北四个基本方向都留有开口。中欧圈状围场的规模不等，从直径40米到240米都有。除了极少数特例之外，它们都是以同样的基本坐标点来定位的（南—北，东—西），这表明建造者能够辨认天空中的指极星所在。很明显，建造者希望能以基本方向，特别是以太阳平分点的方位角为准来正确画出轴线。

根据某些考古学家的设想，圈状围场周围的沟渠与栅栏是用来阻挡敌人的，因此，他们把围场称作"作为防御工事的居住区"。这个术语本身就暗含此封闭区域可作为永久留居场所之意，而实际上，围场的中心区域里却找不到在居住区里常见的柱坑与其他居住的痕迹。另外，也没有在围场中发现公共墓地。根据现有的证据，这些遗迹就像圆形围场一样，更有可能服务于社会与宗教目的，而非军事目的。由于大部分圈状围场的入口都开向四个基本方向，我们不妨设想，围场的用途是举行季节性仪式活动，因为这样的设计起不到任何防御作用。在圈状围场附近，以及围场和沟渠内发现的一些物品表明这里曾经举行祭礼活动，这些物品包括特殊的墓葬，大量的陶器、刀斧、打火石、小型陶俑，以及献祭、牺牲和饮宴所留下的痕迹。

特拉纳瓦（Trnava）附近的布坎尼（Bučany）位于斯洛伐克西南部，坐落在多瑙河中游盆地，在这里发现的围场正是中欧圈状围场的典型代表。[①] 根据放射性碳元素探测所做出的分析，该围场诞生的年代约在公元前4750年至公元前4500年。布坎尼围场有两圈同心的土沟环绕，从外面那圈土沟算起，围场的半径有67米到70米长。土沟呈"V"字状，地面处有3米宽。里面那圈土沟中插

---

① 正像布坎尼围场所反映的那样，早期的圈状围场并非居住场所。不过有证据表明，属于斯洛伐克朗耶尔文化第二阶段（公元前4400—公元前4200年）的祖科武斯（Žlkovce）遗址，的确是一个由木栅栏围起的防御工事，并且存在居住的痕迹。也许由于气候变化等原因，至今还未发现朗耶尔文化第三阶段、第四阶段文化留下的防御工事。详见帕乌克著作（Pavúk, 1991）。

着木栅栏。围场的四个门开向四个基本方向，入口处原有木结构的建筑，可能是塔楼。罕见的是，在围场东北部，原有 15 米长、7.5 米宽的长方形建筑，建筑是南北向的，避开了围场的中心点以及南北、东西两条轴线。这个细节进一步表明基本方向对于宗教仪式活动的重要性。在布坎尼，围场的原初使用者们留下了一些器物，包括坑洞中的人形与动物形的陶俑，表明了圈状围场用于宗教目的的本质。人形陶俑的形象类似于常见的早期朗耶尔文化的陶俑，硕大的臀部呈蛋形，上肢粗短，发型独特，残留红色颜料的痕迹。

摩拉维亚的特塞蒂斯-基约维奇（Těšetice-Kyjovice）遗址展现了在圈状围场中进行的宗教活动（详见波德鲍尔斯基出版于 1985 年与 1988 年的著作中的讨论）。遗址最外部是一圈沟渠，在四个基本方向留有入口，沟渠围起的区域长 145 米，宽 125 米。圈状围场位于此区域中央，直径约 50 米。围场中还有一圈沟渠，里面插着好几道木栅栏，每道栅栏的入口也开向四个基本方向。发掘者在这里发现了大量曾举行宗教仪式的痕迹。他们发掘出 314 个具有早期朗耶尔风格的陶俑，其中 153 个在围场内，其余的散落于围场外或外层沟渠之中。最重要的是，在围场中部发现了一个用于仪式活动的巨大深坑，里面有一个约 40 厘米高的朗耶尔式女神塑像的碎片，涂成黄色、白色和红色的陶瓶，以及一个人头骨。在另一个深坑中同样发现了一个人头骨。在里圈围场的西北方向，还有 6 个深坑，其中的一个坑内有一具年轻女人的骸骨，放置成紧缩一团的姿势。她身首异处，头骨埋在谷窖的墙底下。我们无法得知，这个女人到底是在自然死亡之后被隆重安葬，还是在收获仪式上被当作献祭品。

另一处朗耶尔圈状围场的发掘为围场的宗教作用提供了更多佐证。这处围场位于奥地利东部，在距拉·安·德·塔亚（Laa an der Thaya）东南方 10.5 公里的弗里埃布里茨（Friebritz）。围场周围是两圈同心的沟渠，直径 140 米，说明这里存在一处非比寻常的墓葬。在圈状围场的正中央，也就是东西、南北两条主轴线相交会的地方，人们发现了两具骸骨，分别是一个二三十岁的男子的和一个 20 多岁的女子的。他们面朝下，女子的骸骨摞在男子之上。而在两具骸骨的肩部，都放置着梯形燧石的箭头。（详见 Neugebauer，1986）。

曾经在莱茵河流域辉煌繁荣的米科尔斯堡文化也有修筑圈状围场的传统，而其中所体现的仪式性葬礼活动极其不同寻常。考古学家在圈状围场周围的沟渠底部及旁边发掘出了墓坑。在卡尔斯鲁厄东北的布鲁赫扎尔-"奥厄"（Bruchsal-"Aue"）圈状围场中，可以找到多处仪式性墓葬。发掘出的骸骨大多数保持着胎儿式的姿势：双腿紧贴胸部，双手放在前额或肩膀附近。有些墓穴葬的死者是年过花甲的妇人，另有一个墓穴埋着一个 60 岁以上的男子，其他的墓中则埋葬着成人与小孩（从新生儿到 7 岁的儿童）。孩子通常都是面朝下趴着。5 号墓位于沟渠底部，是一个圆形的坑穴，它尤其典型地反映出这些墓葬中的仪式意义。在墓穴的最上层，铺满了动物（鱼、绵羊、猪、野牛与家养牛）的骨头，人们在其下发现了一具成年女性的完整骸骨，再下面还有两具 5 至 7 岁的孩子的骸骨。这个圆形围场中的每一个墓葬都非同寻常。沟渠中遍布着陶瓷碎片与动物骨头，说明这里曾经举行更进一步的宗教仪式。较长的兽骨都被劈开了，为的是分离出骨髓。据此，我们不难想象出这样的画面：人们或许为了纪念死者或庆祝季节性的再生而聚在一起，举行大规模的宴会。野牛角的存在也将此遗迹与死亡仪式、再生仪式联系在一起（野牛是家养牛的野生祖先）。发掘者在布鲁赫扎尔-"奥厄"圈状围场外层沟渠中接近入口处发现了巨大的野牛角。这些牛角最初可能是挂在木柱或是大门上的。在沟渠中的墓穴旁边，同样发现了一些牛角（详见 Behrends，1991）。

新石器时代所留下的几处木制圆形围场同样散落在中欧各地。在形式上，木制圆形围场正像扩大了的圈状围场，但不包括沟渠与栅栏。不过木制圆形围场中有一圈圈木头柱子。在德国中部昆斯泰德（Quenstedt）附近的沙尔肯堡（Schalkenburg），考古学家们发现了一处极不寻常的围场遗迹，里面由木头柱子构成了五圈同心圆，在四个基本方向都留有入口（详见 Behrends，1981）。最外层木柱圈子的直径有 100 米。在柱坑之中并未发现任何东西。在木头柱子所围起的区域中发现了两个具有早期漏斗颈陶器文化［巴尔堡（Baalberge）式］风格的墓穴，证明沙尔肯堡围场的历史可以追溯到公元前 4000 年。稍后占主导地位的漏斗颈陶器文化［伯恩堡（Bernburg）式］也帮助我们确定了遗址建造的年代。

英国的圈状围场

在 1908 年到 1922 年间，考古学家发现了埃夫伯里围场，它是英国境内最大、也是最知名的圈状围场之一（位于威尔特郡马尔伯勒以西）。围绕着埃夫伯里村的，是一道巨大的沟渠，深度从 7 米到 10 米不等。沟渠外曾经筑有约 6.7 米高的土堤。土堤在四个基本方向都留有缺口，每个约 15 米宽。埃夫伯里围场占地面积相当广阔，直径有 347 米，算上沟渠与土堤，全部面积达到 11.5 公顷（28.5 英亩）。沟渠所环绕的是排列成圈的 98 块高耸的巨石，有些达 5.5 米高，令人震撼。巨石圈里面，还耸立着石头围起的两个较小的圆圈（图 77）。

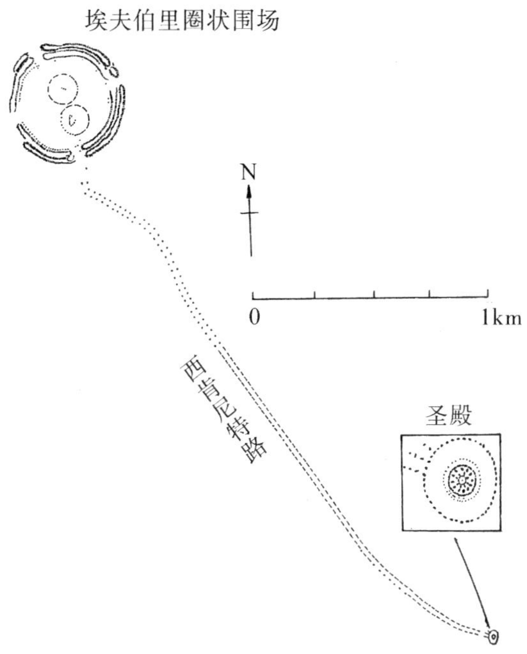

图77 埃夫伯里圈状围场，及通向"圣殿"的西肯尼特路。建于公元前第4千纪至公元前第2千纪（英格兰威尔特郡的埃夫伯里）

从埃夫伯里出发，有两条长2.4公里、宽19米的蜿蜒曲折的石路，通向另一处当地的遗址。其中的一条路叫作西肯尼特路（West Kennet Avenue），路的两边竖着约两百块石头，排成两列，中间形成走道，其尽头是被称作"圣殿"的一个小型圆形建筑。圣殿的发掘［发现者是莫德·坎宁顿（Maud Cunnington），时间是1930年］为我们展现出一座环形的木建筑，中间竖起一根柱子支撑屋顶。整个建筑被六圈巨大的柱子和一些竖起来的小石头环绕（其形状类似于杜灵顿垣墙的南圈）。圣殿经历了四个建造阶段，它大约始建于公元前3000年，最初造的是柱坑，形成直径4.5米的圆圈；直至300年后，建好了直径40.2米的石头圆圈，环绕着规模远远大于原先的建筑，整个建造过程才算完成。建好的圣殿就与西肯尼特路相连，最终通向埃夫伯里围场。

正像欧洲大陆上的圈状围场一样，在埃夫伯里围场也曾经举行仪式性质的葬礼。在此地发现的造于公元前2500—公元前2230年的漏斗颈陶器便可以说明问题。[1] 人们挖掘出一具蜷缩成一团的年轻人（也许是位姑娘）的骸骨，年龄在

---

[1] 参见伯尔著作（Burl，1979：190）。另外，在埃夫伯里圆形围场的南部，还发现一具侏儒般的妇女骸骨，埋在砂岩漂砾堆之中，头朝南放置，身上压着巨大的砂岩漂砾板。参见伯尔著作（1979：66）。

第五章 圣石与木制的仪礼中心 | 105

14 至 15 岁，骸骨和一个石洞颇有关联，这石洞造于埃夫伯里围场的最终形成阶段，也就是公元前第 2 千纪早期。①

埃夫伯里圈状大型围场、西肯尼特路（以前曾存在两条路）以及圣殿这三处遗迹连为一体，反映出极其独特的仪礼活动，包括为举行某个特定的仪式而在这些遗址之间行进。另一处名为西肯尼特古冢的遗迹，距西肯尼特路一公里，距圣殿也仅仅稍远一些，这个坟冢由巨石所搭建的房间构成。考古学家在几处遗迹中挖掘出外形相同的陶罐［有槽痕的器皿，一种林约 – 克拉克顿（Rinyo-Clacton）文化的器皿］，由此证明这些遗迹的建造年代相同。②

到目前为止，英格兰最著名的圈状围场当属位于索尔兹伯里平原上的巨石阵。就像埃夫伯里围场一样，巨石阵在公元前第 4 千纪末期始建之时③并不起眼，只是一块被沟渠围起的举行仪礼的小地方。尽管我们今天所见的巨石阵遗迹由耸立着的巨大石块排列成几道同心圆圈，气势磅礴，震撼人心，但这样的阵势是经过了几代才逐渐形成的。考古学家将巨石阵的不同形成时期分别命名为巨石阵一期、二期与三期。巨石阵一期包括遗址东部的土堤，为留有入口的沟渠所围绕。在土堤上，挖有 56 个奥布里洞［以约翰·奥布里（John Aubrey）的名字命名，这位 17 世纪的古文物研究者最早注意到这些洞］，形成一圈。许多洞中都残留着经火化剩下的人骨殖。巨石阵一期的中心是一座环状建筑。巨石阵二期遗址经历了改变：其标志性构造为 82 块漂亮的蓝色石头所围成的不完整的圆圈，耸立在通向埃文河的道路上。巨石阵三期以摧毁蓝色石头圆圈为开始。巨石阵最终的构造为 80 块直竖的砂岩漂砾（砂岩的巨石），形成直径约 30 米的圆圈，顶部以首尾相接的石梁连成环状。在这个巨石圈中，还竖着一个 U 形的石头造型，由五对直立的石头和一个横梁构成。今天的游客所见的正是巨石阵三期的情形。

就像埃夫伯里围场一样，巨石阵也与当地其他仪式活动场所留下的遗址相连。距巨石阵东北仅 3 公里，就可见到另外两处规模庞大的遗址——杜灵顿垣墙与巨木阵。G. J. 温赖特和 I. H. 朗沃兹于 1966 年至 1968 年发掘出了杜灵顿

---

① 参见伯尔著作（1979：197 – 198）。
② 埃夫伯里遗址群目前还未得到充分发掘，不过已制订出计划，将在不远的将来对其继续开掘。在埃夫伯里圆形场之中，已经发掘出许多被掩埋的巨石，人们希望新的发掘活动能发现更多的巨石。
③ 巨石阵一期建于公元前 3100—公元前 2300 年；二期建于公元前 2150—公元前 2000 年；三期又分好几个形成阶段，时间从公元前 2100 年一直延续到公元前 1100 年；四期的建造年代在公元前 1100 年。见奇普戴尔著作（Chippindale, 1983：267 – 271）。

垣墙，这似乎是一个比埃夫伯里规模更为庞大的仪礼性围场。围场被开着两处入口的宽阔土堤围绕，考古学家在围场内部发现了两座木结构建筑的痕迹。在较大的那座建筑当中，是木头柱子所围成的六圈同心圆，由木柱组成的道路则通向另一座较小的建筑。巨木阵（莫德·坎宁顿于1926年至1928年，J. 埃文斯和G. J. 温赖特于1970年分别对其进行了开掘）位于杜灵顿垣墙正南方，外围是土筑的圈形，里面是柱坑所组成的六圈蛋形同心圆，围着中间的木结构建筑。在遗址中央，考古学家发现了一具蜷缩的3岁小孩的骸骨。他们还找到一具掩埋于沟底的年轻人的骸骨。在其中的一个柱坑里，藏着人骨殖。巨石阵、杜灵顿垣墙与巨木阵合在一起，非常类似于埃夫伯里围场及其周边遗迹所形成的仪式体系。

1969年，考古学家部分发掘出了另一处规模庞大的围场，坐落在埃文河畔的马登，恰好位于埃夫伯里围场与杜灵顿垣墙中间。研究发现，马登遗址被最外层的土堤与稍里的沟渠围起，面积约14公顷（35英亩）。里面从北到南长530米，从东到西长360米。原先，土堤上开着几个入口（可能是四个，分别朝向四个基本方向），围场中有环形的木头架构。研究者在沟底放置了三个放射性碳元素测定仪，将马登遗址的修筑年代定在了公元前第3千纪早期，从而证明它与杜灵顿垣墙同时期存在（在两处遗迹中发现的槽纹陶器同样说明它们的修建年代大致相同）。考古学家还在沟渠底部掘出一具年轻女子的骸骨。

在英格兰的多塞特郡，1970年至1971年的考古活动发掘出了另一处大型遗迹，位于多尔切斯特附近的欢乐山。在其中发现的槽纹陶器以及所做的放射性碳元素分析，都说明欢乐山的历史可以追溯到公元前第3千纪早期。围场内的柱坑形成五圈同心圆，表明这里曾存在一座巨大的环形建筑。最外层的圆圈直径约38米。四条走廊把柱坑圈分成了四个弧形。一条3米至4米宽、2米深的沟渠围绕着环形建筑。整个欢乐山围场占地4.5公顷（11英亩），在围场主体建好的300年后，其周围又挖出沟壑，以安插木栅栏，并在北与东两个方向留有狭窄的入口。

现在我们来对英国境内的圆形围场做一番总结：它们都包括一个或两个环形的木结构建筑，为沟渠与木栅栏所环绕，建造年代可追溯到英国新石器时代晚期（公元前第4千纪末期到公元前第3千纪早期）。发掘出的最古老的陶制品是槽纹陶器皿，而漏斗颈陶器直到圆形围场历史的最后阶段才出现。在沟渠与柱坑中发现的许多物品都说明围场曾经是大规模宴会的举行地，这些物品包括：罐、杯、碗的碎片，燧石制的器物（大多数是刮刀），白垩球，鹿角镐，以及大量野生与家养动物，尤其是猪和牛的骨头。淤积层中散落着大块的肉，特别是幼猪的后腿肉。考古学家在圣殿大门外的平台上发现了垃圾堆和经过焚烧的广阔区域（例如在杜灵顿垣墙的南圈圣殿），表明这里曾举行过盛宴与献祭活动。在围场发现的人骨殖（如在巨石阵），沟渠、柱坑（如在马登和埃夫伯里围场），以及圣殿中央的墓葬（如在巨木阵），可能都是献祭与其他宗教仪式活动留下的。在功能上，英国境内的圈状围场不仅彼此相似，它们与中欧的围场之间亦不乏关联，表现在同样的设计、于其中发现的相似的用于仪礼的器物，以及人骸骨反映出的牺牲与仪式性质上。圈状围场很有可能是祭祀女神的神圣场所。它们的基本定位以宇宙为准，其构造复制着一个象征化的宇宙。因此，那些古欧洲文化可能是在宇宙论思想体系的指导之下来修建这些大规模围场的。人们通过在围场中举行的仪式来向古欧洲的死亡与再生女神致敬。

堤道形围场

除了圈状围场之外，古欧洲文化中还存在建造不规则形状的围场的现象。这些围场同样被沟渠和木栅栏包围，但围起的区域并非圆形，从而使其与圈状围场相区别。不过正如圈状围场的建造者一样，修建不规则形状围场的人同样花费了巨大精力来将围场中的区域改造为适宜举行宗教仪式的地方。而圈状围场常造在不规则形状围场之中的事实，更进一步说明了两者之间的关联。

围场的形状和面积很大程度上取决于当地地形。古欧洲人往往将围场建在海岬、河流阶地或山谷中，与湖泊、沼泽以及溪流相邻。有时，围场也建在山丘上。围场形状各异，有椭圆形、半圆形、三角形的，还有的大致呈矩形。正像其他新石器时代的遗迹一样，围场的面积变化也很大，占地面积从几公顷到16公顷不等（约合几英亩到40英亩），都被一道、两道或若干道留有间断处的沟渠包围。沟渠的宽度在2米至8米，深度在半米到3米。在沟渠朝里的那一边，有时装着由竖起的木桩（通常是橡木）和编起来的柳条所组成的木篱笆。为了建造一道篱笆，人们会砍伐成千上万棵树。

正如圈状围场一样，人们也曾一度认为，不规则形状围场仅仅存在于英国境内。事实上，英格兰中南部的新石器时代文化就以风车山围场（Windmill Hill enclosure）来命名。风车山围场外围沟渠所围起的面积为8公顷（合20英亩），几处堤道的存在使沟渠无法合围。几十年来出版的书籍资料都错误地把这处根本无人居住的场所称为"堤道营"（从罗马行军营而来），这个误导性的称呼遮蔽了围场的真正意义。其实，有证据表明，像堤道围场这样不规则形状的围场恰如圈状围场一样，其用途都是宗教仪式性质的。在不规则形状的围场中，找不到丝毫居住的痕迹，从沟渠中发掘出的物品包括陶器、人骨和动物骨头、丰盛的食物残留、白垩球，以及石制和骨制工具。因此，不能将堤道形围场混同于山顶堡垒或居住围场。堤道形围场是古欧洲的独特标志之一，它们从未出现在其他任何历史时代。到目前为止，考古学家不仅在英格兰和爱尔兰，而且在整个欧洲大陆都发现并且系统研究了成百上千个围场，他们对其做出的分析解释在相当程度上为我们展现出围场建造者的精神世界与社会生活。

仔细研究一下在不规则形状围场的沟渠中所发现的器物，就会看到，它们存在于所有围场中，并且与圈状围场中的器物不乏关联。不规则形状围场中埋藏着大量供品，包括完好的罐子，以及石制与骨制工具，其中斧头特别引人注意。在沟渠底部，积淀着颜色近乎深色腐殖的有机物质沉积层，木炭、碗、杯，以及大量动物骨头（牛、猪和羊）都说明在这里曾经举行过大型宴会。仪式活动可能包括献祭动物。发掘者在丹麦的比耶尔加德（Bjerggård）围场中挖出过四个狗的头盖骨，放置在一块石板上。

围场中的人骨也表明这里曾经举行过埋葬或献祭活动，其中最常见的是头盖骨和下颌骨（正如在丹麦萨卢普围场所发现的那样。详见 Madsen，1988；Andersen，1988）。查普－杜兰德遗址中有好几处极不寻常的墓葬：除了儿童的头盖骨之外，发掘者还找到了五具完整的少年和成年人的骸骨。其中，一对青年男女的骸骨藏于凿在沟渠立面上的壁龛之中，其他骸骨分属于一个13岁至15岁的少年和一个18岁的青年，另外还有个成年女子的骸骨与一大堆陶罐一起被埋在了坍塌的墙底下。这些人的死因是个谜，因此我们也无从得知，他们到底是作为牺牲的祭品，还是备受尊敬的人物在自然死亡之后享受到仪礼性质的厚葬。

在围场中发现的头盖骨、下颌骨以及人体其他部分的骨骼可能是经剥肉仪式后剩下的残留物。我们在前面曾提到，某些古欧洲文化遵循这样的传统：在真正的葬礼举行之前，会让死者曝尸野外，借助自然之力以及禽兽虫豸来清除其身上的肌肉。围场可能正是举行这种剔除肌肉的仪式的场所。在饮宴和仪式活动完成之后，亲朋好友以及其他生者收集起死者的骸骨，安放到巨石搭建的墓穴中的藏骨罐里。一些脱落的骨头也许就遗留在沟渠中。出于宗教仪式目的，某些骸骨，特别是青年与孩子的骸骨很有可能会被特别留下。如果上述景象真实可信，那么围场就成为葬礼仪式复杂系统的组成部分。围场中出土的许多器物都进一步证实了围场与死亡和再生之间的关系，包括陶器及其装饰花纹、白垩球（可能是模仿鸡蛋），以及所献祭的动物类型。这一切都是死亡和再生女神的象征。一些发掘于沟渠和专门供品坑中的花瓶上绘制着与死亡和再生女神相关的象征图案，比如圆圆的猫头鹰眼睛、三角形和沙漏的形状。同样的象征图案也出现在像甬道状墓穴这样的墓葬建筑中。在德国中部的多劳尔·海德（Dolauer Heide）围场，考古学家还发现了泥土制成的鼓，上面饰有乳房造型和沙漏形状（代表着女神的图示轮廓）的花纹。（图78）

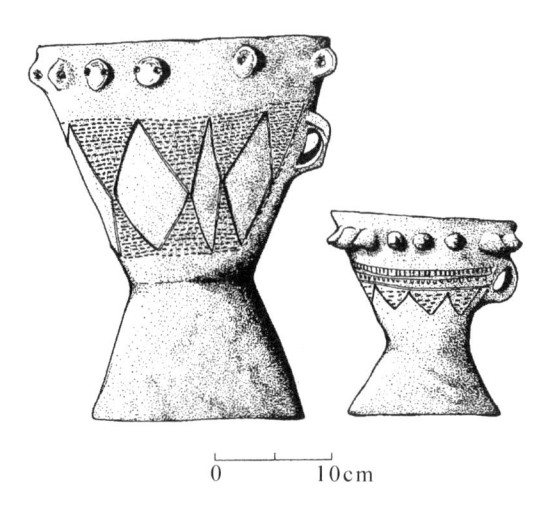

图78 泥土制成的鼓，饰有沙漏形状（再生女神的象征）的花纹和乳房造型。巴尔堡人造，公元前第4千纪早期［出土于德国中部朗杰·伯格（Langer Berg）的多劳尔·海德］

在丹麦，研究发现在一处建于公元前3500年至公元前3200年的巨石墓葬群中，围场恰恰占据了最中心的位置，说明了围场与墓葬之间的紧密联系。奥克尼群岛的墓葬群也是上述情形的翻版。位于英格兰威塞克斯的一处围场和一列长长的冢群亦出现在一起。在新石器时代的社会中，死亡仪式作为巨大的力量，主宰着社会成员间的交感作用。

围场中所发现的其他器物与骸骨进一步证实了围场的宗教性质，特别是与死亡和再生之间的关联。在一处围场中出土了人神同形的陶俑以及给这些陶俑特制的泥土宝座。狗作为祭品更说明曾经举行过关于死亡和再生的仪式，因为狗是属于死亡和再生之女神的。在遍布欧洲的大量墓葬中，比如雷贫斯基·维尔（大约公元前6500—公元前5500年）和奥克尼群岛的墓葬群，都发现了作为祭品的狗的完整骸骨。纵观人类历史，狗或猎犬与女神相伴堪称一个母题——希腊神话中夜与冥界之女神赫卡特就总是带着狗，而直至今日，整个欧洲还流传着这样的说法：在一些村庄，有时会出现身着一袭白衣的女子，身旁跟着只猎犬，她就是死亡女神。

方形围场

除了圈状围场和不规则形状的围场之外，考古学家还在中欧发现了方形围场。与前两者一样，方形围场也并非居住场所，没有任何防御工事。波希米亚的马科特拉西（Makotřasy）正是方形围场的例证。方形围场的建构原则更加清楚地反映出抽象、概念化的设计方案。这些围场是存在于公元前第4千纪前半期的漏斗颈陶器文化（巴尔堡人）的产物，包括好几层沟渠，其中的一层近乎正方形，每边边长约300米。和圈状围场的坐落方式相似，正方形围场的几何对称设计同样反映着天文学上的位置。

作为宇宙复制品的城镇

"微型自然宇宙"这个概念最初用来指仪礼性场所，同样适用于形容某些城镇。在保加利亚东北部卡拉诺沃人的居住地，包括波尔贾尼卡（Poljanica）与奥乌卡罗沃在内的好几座村落就呈现正方形，严格遵循几何对称，大门开向四个基本方向。卡拉诺沃村落四周围绕着木栅栏，就像圈状围场中的木栅栏一样。正如圈状围场的四个入口，卡拉诺沃村落的主要街道也呈东—西、南—北交叉，把村里的房屋分在了四个区域内。当然这些村庄也被人们贴上了"作为防御工事的居住区"的标签，但是，与圈状围场的情况类似，那些木栅栏其实很有可能具有象征意义，而并非服务于军事目的。

结论

以上所讨论的围场根本不是居住场所，找不到任何居住过的痕迹。因此，从本质上说，它们是仪礼性质的。围场以基本方向为定位原则的结构可能反映着宇宙的时空秩序。这样的原则最初用于神圣的仪礼场所的设计，后来又渐渐扩展到村镇的修建中去，上述卡拉诺沃人的村落就是例证。

古欧洲的许多建筑都是宗教性质的。建造这些惊世骇俗的建筑的动机是向祖先履行义务，使自己和宇宙相通，并且向掌管生死与再生的女神致敬。其结构反映着古欧洲的精神生活，而并非用于防御目的。

第六章　宗教和神话中所反映的母系社会结构

单性生殖的女神——女性造物主

史前的旧石器时代和新石器时代，对作为万物之母的女神的崇拜，反映了当时极可能存在母系或从母亲属制度。象征生命创造的母体符号在那时的宗教符号中触目可见，整个古欧洲到处都能看到母亲和母女的造像，而父亲的形象却付之阙如，此类形象只是后来才开始盛行。女神就是大自然和大地本身，冬枯春荣，与四时流转的节律休戚与共，生死轮回。她同时还作为一位永恒的再生者、保护者和养育者而体现了生命的生生不息、绵延不绝。

史前时期不仅对父亲的角色缺乏充分的认识，而且对父亲也远远不如对母亲重视。女性身体本身的性征就证明了其母亲身份，但男性身体却无法成为其作为父亲身份的证明。而且，在许多社会中，男人并不是跟作为其性伴侣的女性共同生活的，这样一来，就不可能确立父子关系，无法知道哪个男人才是孩子的生身之父，即生物学意义上的父亲。父子关系的确认是后来的父系文化赖以成立的基础之一，父系制度把女性的生殖行为纳入了它的控制之下。父子关系无法确认这一事实，对古代的社会结构造成了深远的影响。既然无从知晓谁是生身之父，母亲一方的亲属关系自然就成为家庭的轴心，这样的家庭就成为母系家庭。

女性身体被认为是能够单性生殖的，也就是说，单靠其自身就能生儿育女。古代宗教对此津津乐道。旧石器时代晚期以及新石器时代的宗教的中心就是阴性的权力，大量的女性符号就是明证。在女性身体被视为造物女神之同时，整个世界则被视为女神的身体，总是生生不息地从自身孕育着新的生命。新石器时代的艺术充斥着阴性特征，触目可见的是女人身体，尤其是其生殖器官——女阴、母腹或曰子宫。诸如此类的图案不仅见于女神的小雕像和大型塑像，而且还常见于陶器、礼器、坟墓和庙宇建筑之上。

母亲作为家族的始祖以及女性在宗教中的地位

新石器时代宗教中如此丰富的女性符号，足以证明古欧洲社会的母系性质，在这种社会中母亲或者祖母被奉为一家之祖。事实上，精神世界和社会结构总是难分难解地纠结在一起，古欧洲宗教中很大一部分是祖先崇拜，这种宗教供奉的是一个家族中最古老的女性，即这个家族的一个直系的始祖母。种种迹象都有力地证明了这一点：老年妇女总是被葬于住房或庙宇的地下，或者被葬在长形家丘中；公共墓地中坟丘的空间布局，尤其是女性坟墓中大量的具有象征意味的随葬品也是有力的证明。

把死者葬于住房的地下，这种做法显然有其特殊的用意。考古学家认为，这种埋葬形式是祖先崇拜的体现，将一位令人敬仰的祖先埋葬在居所地下，祖先的灵魂因此而永垂不朽，并世世代代佑护着住在这里的后代们，从而可以保证这个家族绵绵长存。

对古欧洲居住遗址地下或附近发掘出来的遗骨的分析，可以让我们认识到两点，这对于理解古欧洲社会和宗教体制至关重要。首先，这些遗骨几乎全都是女性；其次，这些女性通常都是老年人。这些证据提供了关于母系文化的线索，在这种文化中，女人担任家庭乃至更大的氏族的首领。一位被视为家族祖先的老年妇女能够给整个家族带来佑护，以保证子孙的繁衍、家族的绵延，因此，她就获得了埋葬于家族住地或神庙之下的殊荣。在土耳其中南部的卡托·胡玉克，人们在一座神庙最大的一个神殿的墙根地下，发现了一具老年妇女的骨架，墙上画着一幅长达 8 米的壁画，画面的内容就是描绘卡托·胡玉克的。可以看出她的葬礼是非常隆重的，尸体上覆盖着大量的珠宝。毋庸置疑，这里埋葬的是一位令人敬仰的祖先。公元前 5000 年之后，依然存在着将重要人物埋葬在住所下面或附近的传统，但是，欧洲开始出现了将死者埋葬于住所附近或野外的公墓中的传统。起初，是将 5 到 10 个死者为一组毗邻而葬，这种埋葬方式与过去那种将死者埋在住地中的习俗不同，住地中的墓地完全是因为宗教上的原因而设，而且只有唯一的一位重要人物才有资格葬于其中，而那些野外墓地则体现了新石器时代社会更为混杂的因素。古欧洲墓葬和公墓最引人注目的特点也许就是其殉葬品很少，例如，在中欧和东欧的那些线纹陶器文化（LBK）的公共墓葬中，只有人约 20% 到 30% 的墓葬中发现了殉葬品，包括工具、陶器、珠宝和其他一些象征性的物件。这些公共墓葬中寒酸的殉葬品与古欧洲居住遗址中发现的丰富多彩的工艺品和财富形成了鲜明的对比，这再一次证明，当时人们对于死者的态度，更重视的是凸显其精神功能，而不是炫耀其个人财富。

尽管诸如此类的特点表明在当时的社会中尚未出现等级制度，但是，这并不意味着这些社会中的不同性别没有某种劳动分工，也不意味着有些人不会因为某些并非财富方面的原因而成为与众不同的人物。20%到30%的墓葬中出现殉葬品，这为我们了解当时的交易活动和社会活动以及男人和女人在社会中的地位提供了重要的线索。例如，在上述那种线纹陶器文化中，男性墓葬中往往会发现石斧（一种砍削木头的工具）、用一种产自外地的海菊蛤的贝壳制作的串贝、燧石砍削器和燧石箭头。这些物件似乎显示，这些人参与了贸易活动，他们是一些伐木工、泥水匠、猎人以及用海菊蛤贝壳加工串贝的手艺人。出现于内陆地区的贝壳，毫无疑义是一些通过贸易交换长途贩运而来的物件，男人墓葬中的贝壳证明做生意系男人们的行当。在朗耶尔文化中，男性墓葬中出现了与贸易和采矿有关的殉葬品，例如石斧、用鹿角制作的砍砸器，上面嵌有燧石和黑曜岩，这些矿石出产于喀尔巴阡山附近。女性墓葬中的殉葬品也同样表明了特定的分工情况。有些女性墓葬中发现了既可用来脱粒又可用来焙烤食物的研磨石器，还有些女性墓葬中发现了用来绘制陶器纹饰的成套工具。不过，男性和女性墓葬中出土的殉葬品也表明当时的男女劳动分工并不十分严格。在有些公共墓地中，同样的器物，如研磨石器、石斧、石凿、铜质或贝壳首饰等，既出现于男性墓葬，也出现于女性墓葬。

值得注意的是，女性墓葬体现了女性在宗教活动中的重要地位。公元前5000年公共墓地出现之后，老年妇女在公共墓地中仍处于显赫的地位，其墓葬中殉葬的大量象征性器物，表明了她们与家族生活和宗教生活的紧密联系。在线纹陶器文化墓葬群中，女性墓葬中通常都会有彩绘陶器、赭土、各种颜料，所有这些都具有浓厚的宗教意味。在后期线纹陶器文化和朗耶尔文化中，老年和年轻女性的墓葬中殉葬品尤其丰富。在这些地区，女性墓葬中出现了大量的陶罐，尤其是出现了大量用青铜、贝壳、骨珠制作的首饰和漂亮的几何纹样骨质手镯，与男性墓葬形成了鲜明的对比。在波兰西部科卢萨赞科瓦（Krusza Zamkowa）发现了两座墓葬，墓葬的主人分别是一个老年妇女和一个年轻妇女，其殉葬品极为丰富，表明墓主在社会中的地位极为重要，老人也许是一位令人敬仰的精神领袖，年轻的则可能是其女儿。在匈牙利布达佩斯北面奥索德（Aszód）的一个公共墓地中发掘的一个女性墓葬，一个只有十几岁的女孩被葬在一个巨大的陶制神庙模型中，尤其明显地体现了女性在宗教和社会中的重要性（N. Kalicz，1985；又参见 Gimbutas，1991，图 3-39）。神庙模型表明，这个女孩与神庙以及她的家族有密切关系，并且是其家族女性世系中地位显赫的一位成员。

墓葬和居住遗址中有关血缘关系的证据

在从公元前5000年到公元前4000年的1000年中，公共墓葬往往是成组出现的，最早的墓地往往是5到10个墓穴一组，埋葬在一起的可能是同一个家庭的成员。在奥索德的公共墓地，有三组墓，每组大致有30个墓穴，反映了家族的亲缘关系。对于北欧的巨石墓的研究表明，在那里，每个家族也由20到30个成员组成。对出土遗骨的分析表明，同一组墓地中的成员存在着遗传学上的关系〔这一结论是 H. 乌尔里奇通过对德国中部的瓦尔特尼因堡（Walternienburg）遗址巨石墓中的遗骨化验得出来的〕。西北欧的巨石墓常常包含不止一个墓穴，而往往是两到三个，这可能反映了一个大家族下面的次级组织。凯兹·布兰尼甘（Keith Branigan）研究了克里特的圆顶墓——特劳伊（tholoi）——其年代能够追溯到公元前3000年，他发现这些墓地是一些扩展型家庭的葬址，每个家庭的成员有大约20人。在很多地方，两个或三个同一年代的墓穴并排着，在墓葬的形制上，可以看出其中的一个墓穴较之其他墓穴的地位更高，这表明这个家庭的地位非同一般，当时的社会中已经有某种程度的等级制萌芽了。与此同时，在居住遗址中，也发现类似的现象，房子通常是两三幢一组地并排着，其中必有一所房子较其他的房子地位显赫。如果是两所一组，则必定一大一小；如果是三所一组，则必定是一大两小。

对丹麦、韦塞克斯（Wessex）以及奥克尼群岛的考古发掘表明，一个区域内的墓葬群通常由一条封闭沟渠包围在一起，这些由一条巨大的封闭沟渠环绕着的墓地包含20到30个巨石墓穴，是丹麦日德兰半岛中部的著名景观。[①] 如果我们假设一个巨石墓属于一个村庄，那么，这些有环形沟渠包围的墓葬群落就可能是属于数个村庄（最多有20个）的，这个墓地就形成了这些村庄共同的宗教中心。

[①] 参见马德森著作（Madsen，1988：301-336）。他认为，包围墓地的封闭沟渠和墓地中央大墓是在同一个时期建造的，约在公元前2700—公元前2450年（未经碳十四校准的年代）。按照安德森（Andersen，1988：337，354）和金芭塔丝（1991：138）两书提供的年代校准，我们可以推定其建筑年代在公元前3400—公元前3200年。

苏格兰北部奥克尼群岛直到今天仍遗留着一些或大或小的石碑，不难看出这些石碑与村庄之间存在着一定的关系，在这些地方，还可以看到一些巨大的积石冢矗立如故，小型积石冢也时或可见（参见 Fraser, 1983；Biaggi, 1994：59ff）。它们是什么人修造的呢？我们可以从这些残碑断碣的空间布局获得一些线索：你找不到两座大型积石冢是互相邻近的。[①] 每一座积石冢看起来都具有某种地形学上的含义，为其所在区域的村庄群落共同所有，而众多的小型积石冢则与村庄靠得很近，看来每一个村庄都有这样一座小型的积石冢。大型积石冢可能专门用来在每年的重要节日举行聚会和仪式，是由几个村庄的人们共同建造和维护的。

通过对奥克尼、丹麦、韦塞克斯和其他地方的居住遗址及积石冢的研究，人们没有发现能够表明这些文化中已经出现家长制度的线索。过去，人们认为建造这些积石冢的工程需要有一个统治阶级的领导，并认为这些积石冢是服务某些世俗目的的，即作为统治者的殿堂或者墓地，但是，正如我们在第五章中指出的被环形沟渠包围的仪礼中心一样，积石冢在实质上是宗教性的，并且是全民共同建造的，个体性的、作为部落酋长殿堂的积石冢是不存在的。

对古欧洲的公共墓地和墓穴遗址的空间布局的研究表明，当时已经有了家族世系。对血型的分析也证明了这一点，因为一个人即使死了数千年，仍能够通过对其遗骨的化验确定其血型。I. 扎莱-盖尔（István Zǎlai-Gaál）和 I. 朗耶尔（Imre Lengyel）研究了匈牙利的朗耶尔文化的几个公共墓地遗址，分析了出土的遗骨的血型，包括男人、女人和小孩，分析表明，成年女性和小孩的血型是属于同一个血型组的，而同一墓地中成年男子的血型却与之不相干。这种情况，对于母系社会是意料之中的事情，因为在这种社会中，家族的居所和财产是由母亲和女儿维系着的，而男人则必须离开母亲的家进入别的家族，这些来自其他血统的男子只能通过姻亲关系加入母系家庭。

在古欧洲家长制文化晚期的居住遗址中，人们还发现了另外一种类型的空间分布模式。在发掘新石器时代遗址时，发现有些房屋与周围房屋相比，不仅高大而且精美，大房子通常坐落于一个由小房子组成的居住群落中央。考古学家常常想当然地断定这些大房子是"男性大人物"的住所，而小房子则是仆役

[①] 关于积石冢空间分布与环境的关系，参见戴维森（Davidson）的论述，收入 C. 伦弗鲁著作（C. Renfrew, 1979：16-20）；关于奥克尼群岛上积石冢遗址中的"神圣空间"，参见 C. 伦弗鲁著作（1979：215ff）。

和侍从们的居室。但是,这种说法毫无根据,这些居住遗址,就像公共墓地遗址和古欧洲的其他遗迹一样,找不到任何能够证明存在着父权社会中的等级制度的线索。这些大房子只是血亲家族中"核心家庭"的中心住屋。

在很多古欧洲的遗址中,都发现神庙坐落在一些成组的房屋群落中。在希腊北部新尼克美迪亚(Nea Nikomedeia)地区的新石器时代早期遗址中,发现了一座巨大的建筑物基址,其与众不同之处不仅在于它宏大的规模,而且还在于在其建筑内部发掘出来的大量的仪式用品,这座建筑的四周就环绕着六座规模较小的房屋和神庙。很有可能,这些房子内曾经居住着源自同一女性始祖的同一血亲家族,神殿事务由在其周围聚族而居的家庭中的女性成员维持着,这座神殿实质上就是由扩展型家庭共同拥有的祖庙。在爱琴海群岛上的东正教教堂中,直到今天仍能发现这种几个亲缘家庭共同参加同一个教堂活动的传统。值得注意的是,从事这种活动的是家庭中的女性成员。

通过上面的讨论,我们可以发现,在古欧洲的墓葬和居住遗址中,尚不存在父权制社会的明显迹象,不管在什么地方,我们都没有发现那种在父权制社会中司空见惯的现象,即墓地中某位男性死者的墓葬具有非同一般的地位,以体现其生前唯我独尊的地位。[①]

象征符号和神话中的男性角色

在象征体系中,男性因素尽管显而易见,但却并不十分突出。在古欧洲的象征体系中,雄性动物和男性人类扮演着激发生命力尤其是促进植物生长的角色,对于生命的造化过程,他们固然是必不可少的,但是他们并不能创造生命。阴茎(而非精子)是重要的象征符号。作为自然的生命本能的阴茎,或者被单独描绘出来,或者被表现成是从女性的子宫中或从角形(通常作为子宫的隐喻)中萌发出来的。在马耳他的神庙遗址中,神龛形的祭坛上常常会雕刻着两三个阴茎的形象;新石器时代早期的雕像中,作为神性力量的阴茎形象则常常跟表示生命创生的女性身体形象融为一体,例如,女神的脖子有时被雕刻成阴茎的形状。显然,在这些宗教体系中,男女两种性别是相互补充、密不可分的,共同激发着生命的活力。

新石器时代文化的艺术和神话中,男神是女神的伴侣,与此相对应,动物

[①] 关于印欧父系文化的葬俗,参见琼斯-布雷著作(Jones-Bley, 1997: 194 – 221)。琼斯-布雷指出了八个特征,这些特征按照金芭塔丝(1974a: 293 – 294)的研究,都为印欧父系文化所具有。

形象的女神则是动物界的主宰，这种形象可能是由旧石器时代早期洞穴中那些与动物形象共同出现的半人半兽形象演变而来的。在公元前 7000 年的卡托·胡玉克神庙壁画中，有一个男人的形象，他拿着一只鸟，这种形象与新石器时代文化及其后期的动物-女神的形象同出一辙，这位女神往往被描绘成手持野鹅、仙鹤或其他鸟类的形象。在新石器时代和历史时期的造像中，地母神有时被描绘为有一位男神陪伴。公元前第 5 千纪早期黑海海岸的哈曼吉亚文化墓葬遗址中发现的女神和男神很像是姐弟两个［例如，立陶宛的地母神祖母扎米娜（Žemyna）就有一位兄弟，叫祖米宁卡斯（Žemininkas），斯堪的纳维亚的大母神弗雷娅（Freyja）也有一位兄弟，叫弗雷（Freyr）］。

男性神祇的另外一个重要角色是担任大母神的配偶，他出现于神圣婚姻的庆典仪式中，即所谓圣婚，这种仪式旨在保障在冬去春来时植物能够顺利地死而复生，促进大地的繁殖和福祉。这种仪式自历史时期伊始就广为人知了，但是，尽管这种男女交媾的造像最早可以追溯到新石器时代，却一直比较罕见（参见第一章关于圣婚的论述）。在历史时期的早期，圣婚仪式在苏美尔、印度以及其他东方文化赞美诗中得到讴歌、礼赞。在漫长的历史岁月中，神话和仪式中的这种场景流传不衰，一直流传到 20 世纪。在神话中，尤其是在爱尔兰的凯尔特传统中，王国被拟人化地构想为一个女性人物，她不仅象征大地的繁殖和生机，也象征精神和法律的权威。① 在北爱尔兰地区的爱尔兰传奇中，有一种史前仪式的遗风还清晰可辨，在这种仪式中，女神在一个民族的众多男性中挑选一个作为她的伴侣，从而把繁荣昌盛赐予这个族群。

印欧文化的迈锡尼时期和希腊后期艺术的壁画、玉雕和象牙浮雕中，经常能够看到神圣婚姻的形象，最常见的主题是新郎乘船漂洋过海，来参加在女神的圣殿举行的神圣婚礼。在迈锡尼梯林斯（Tiryns）遗址发现了一个金指环，上面的浮雕就描绘了新郎乘船而来，他的船上有一个宝座，新娘在其圣殿的大门外恭迎越海而来的新郎。据 G. 萨弗郎德（Gösta Säflund, 1981）的介绍，泰拉岛阿克罗蒂里西殿（West House of Akrotiri）中那幅著名的舟船壁画所描绘的场

---

① 不妨把爱尔兰凯尔特传统中福莱斯（Flaith）女神至高无上的地位以及史诗女英雄梅德（Medb）女王与印度吉祥天女拉克什米（Śri Lakshmi）作为"君王命运之神"的地位相对比，离开她，国王就无所作为。

景，可能就是再现新郎前来参加在这座圣殿里举行的神圣婚礼。[①] 而壁画所在的 B 组建筑则被认为是一个圣殿，因为它前面的凉廊有巨大的窗户（类似于米诺斯文化出土的陶制神庙模型）、走廊和阳台，其中一个阳台上插着作为供献的牛角。在神圣婚姻中扮演新娘的女祭司就在这个阳台上露面。她举着右手，好像是在欢迎正在到达的新郎船队。主祭的女祭司和别的女人站在旁边的阳台上和屋顶上（这些人很像是神庙中的女侍应），所有这些女人的形象都比画面中的男人形象尺寸大得多。在建筑物的下面，一个由年轻人组成的游行队伍抬着献祭的牺牲走来。萨弗郎德在壁画中辨认出了新郎，就是那位坐在船上宝座上的男子，宝座上装饰着各种各样象征女神的花样：花枝披拂的番红花、蝴蝶、向日葵，船舷上则描绘着狮子和海豚。对我们来说，重要的是，这幅壁画以及后世的一些同类画面中，是新郎到新娘那里成婚。找不到新娘离开娘家从夫而居的证据，女神与一个漂洋过海的外来者喜结连理的婚礼是在她自己的神庙中举行的。这种母系传统还遗存于古希腊的天后赫拉的圣婚仪式中。这种仪式是在希腊的赫拉神庙和萨摩斯岛的圣所中举行的。奥瑟亚（Orthia）圣所遗址中曾出土了一个象牙浮雕，年代为公元前 6 世纪，也刻画了一个乘船而来的新郎和一位正在恭迎他到来的女神。[②]

女祭司和女性的集体权力

在新石器时代早期以来的艺术中，女神都被描绘成头戴王冠或高居宝座的女祭司的形象。在早期的历史记载和民间文学中，她被称为女王、女后、女主或娘娘。女神的女祭司通常还有其他一些女性神职人员和侍从作为帮手，这些人可能只有两三名，也可能有八九名，有时甚至可能是整整一个团队。这些女帮手在仪式活动中和神庙事务中各司其职。在各种艺术造像中，女祭司和这些神职人员的区别一目了然，形象的大小不同，各自的象征符号也不同。紧靠女神身边的往往是一群女神职人员，她们可能是一个议事机构的成员。早期的历史记载中曾提到过由 9 个女人组成的议事会，欧洲神话中也有类似的说法。斯

---

① 对于壁画的另外一种解释见于莫里斯著作（Morris, 1989：511 – 535），她视壁画为一个旨在"将历史转变为艺术"的图像性叙事，其中既描绘了真实的风光场景，也包含了一些可以与荷马史诗和另外一些据信存在于早期迈锡尼时期（公元前 1500 年）中的古老史诗相印证的母题，因此，我们可以从这幅壁画中一睹当时的诸多场景，比如战争、政务、航海、日常生活等等。

② 尽管我们不能断定在古欧洲存在着一种圣婚仪式，但大量欧洲和近东早期历史（以及早期父系文化）的材料证明，当时存在着关于圣婚的神话。

堪的纳维亚地区被称为沃尔沃（Vølva）的主祭女巫，就有一个由 9 位聪慧女子组成的议事会。在古希腊，缪斯或女祭司的 9 人组合更是众所周知的。神庙中女性神职人员的这种 9 数组合的一个最有名的遗迹应属塞萨利和扎尔科出土的一个露天神庙模型上的小雕像（见前文图 65），这个神庙模型为公元前第 5 千纪早期的遗物，共有 9 个人物小雕像，大小各异，各有所事，其中一位女祭司（或为女神）的形体要比她身边的众侍从高大得多，浑身上下密布她所特有的象征纹样，即 V 形纹样和三联线纹样。

在早期库库泰尼文化遗址的一座神殿中也发掘出一组由 21 个人物小雕像组成的窖藏，也属于公元前第 5 千纪早期的遗物，其特别引人注目之处在于，这组小雕像的数目正好对应于一种在神庙中进行的仪式上的人数。（出土于罗马尼亚东北部摩尔达维亚的 Poduri-Dealul Ghindaru 遗址，小雕像的图片参见金芭塔丝，1989，图 9。）这些小雕像很有可能是在促使大地繁殖力的再生仪式上使用的，其高度从 6 厘米到 12 厘米，大小不等。除这些小雕像之外，发掘者在同一遗址还发现了 15 把座椅或曰宝座模型，大小刚好坐得下较大的小雕像。其中，三个较大的雕像被用赭土涂成红色，两条方向相反的蛇在其腹部盘绕，背后装饰着菱形纹样，丰腴的大腿上装点着三角形和菱形，臀部则绘有倒 V 形和涡形的组合纹样。中等大小的雕像在腹部有细线组成的条纹，臀部和大腿上则有条状饰纹。较小的雕像则制作粗率，没有任何装饰纹样。这些雕像中，只有一个塑出了完整的手臂，其左手触摸着面颊，右手则抓着自己的左臂肘，其他的雕像则仅仅是用线条粗粗勾勒出了手臂的形状，仅仅略具形体而已。这组雕像在体积和造型上的差异，可能反映了其在仪式活动中的不同地位，有的代表女神或女祭司，有的则代表各种不同等级的助手和神职人员。

由女性组成的参议组织和女祭司社团，在古欧洲和凯尔特文明中肯定有着数千年的古老历史，这种制度直到父权制时代依然余风犹存，不过主要残留在宗教仪式中。在古希腊的"地母节"［得墨忒耳节（Thesmophoria）］上，妇女们选举一个主持人，并组成一个参议团体，这个团体拒绝男人参加，遵循少数服从多数的原则对有关事宜进行决策。

在早期历史中，这种大权在握的女性祭司社团是众所周知的，她们被称作姊妹会或女巫会（见于高卢时代的碑刻记载），或被称为荒岛女巫。她们独居在海岛上，男人禁止入内［斯特拉波（Strabo）和庞篷尼·麦拉（Pomponius Mela）在公元 1 世纪就有过相关记载］。直到现在，在神话和民间故事中，仍流传着诸如此类作为神婆、先知和巫师的女性神职人员的故事。在草地上或者环绕着石圈联袂而舞、神通广大的妖女形象，甚至直到 20 世纪，仍出现于从苏格兰到保加利亚的民间故事中。诸如此类的女巫、神婆，原本是死亡和再生之神，后来逐渐演变为魔法师或女巫，直到今天仍能在巴斯克人的马丽（Mari）、爱尔兰的玛查（Macha）或梅德、波罗的海地区的拉佳娜（Ragana）、斯堪的纳维亚国家的弗雷娅和德国的霍拉（Holla）之类的人物身上一睹其遗风。这些女巫或者是独来独往，或者是侍从如云，她们法力无边，神通广大，能够控制日月出没、日食月缺，能够呼风唤雨，降雹招灾。她们作威作福，为所欲为，能给大地带来丰收，也能让田园颗粒无收，能让男性雄风永存，也能让他们断子绝孙。这些女巫天生就具有源源不断的生殖能力。爱尔兰的玛查跑得比最快的骏马还快。一个男人只要看一眼梅德女王就可能对她俯首称臣。15 世纪的西班牙宗教裁判所蒌灭了大量的"巫婆"，也就是那些举行女神崇拜仪式、用草药和其他治疗术给人们治病的女人。当时宗教裁判所的一个士兵对女巫魔力的控告，就是一个很有代表性的判决："凭借她们的魔法，她们拥有了对男人发号施令的力量，而男人必须服从她们，否则就会没命。"（转引自 Baroja，1975：149）在神话和信仰中，女性都被视为较男人强大的性别，并被赋予魔法的力量。

克里特、北爱琴海、伊特鲁里亚和伊比利亚诸文明中母系社会制度的遗留

古欧洲的生活方式在公元前第 5 千纪达到繁荣的高峰，此后就逐渐衰落，印欧文明——包括其宗教、经济和社会制度——开始统治欧洲的生活方式。法国神话学家杜梅齐尔（1939，1958）认为，印欧宗教的神祇一般都包括三个等级：君主、战士和劳动者（后者还包括工匠和所有致力于"增殖"的人物）。印欧化的欧洲建立了等级制社会，这个社会被划分为三个等级，父权制、社会等级和战争成为常态。但是，古欧洲文化并没有因此被一扫而光。在历史时代早期的一些欧洲社会中，女性仍扮演着重要的角色，借此我们仍不难体会到古欧洲的遗风余韵。历史文献中留下了关于古欧洲的风俗的记载，这些材料不仅为考古发现所揭示的古欧洲社会的母系性质提供了书面的见证，而且还让人们认识到考古发现所无法得知的母系社会风俗的详情。

一个保存了大量古老的古欧洲文化的地方是爱琴海地区，在这里发现的材料描述了古代的母系社会风俗。由于地理的缘故，母系风俗在克里特的米诺斯文化中留存的时间与在欧洲大陆相比，更为久远。大量的宗教艺术、建筑和墓

葬材料证明女性和母系继承制度在米诺斯文化中的重要地位。甚至在印欧化的迈锡尼文明传入之后，母系传统仍保持着强大的力量。公元前1世纪的希腊历史学家和地理学家斯特拉波记载了克里特的母权婚姻风俗，公元前5世纪的戈提那（Gortyna）法典中关于婚姻的法律条文证明了此种婚姻风俗的存在。这条法律规定女性在婚后依然保留对其财产的控制权，并且她如果自己愿意，就可以离婚。古代欧洲母系制度的一个重要环节，即舅权，亦即妻子的兄弟的权利，在这个法典中也得以明确的规定，妻子的兄弟除了拥有其他义务之外，一个重要的义务就是要抚养姊妹的孩子。①

另外一个保留了母系制度遗风的地方是斯巴达。尽管斯巴达吸收了很多印欧社会制度的因素，如尚武好战的风气，但是，由于它的城邦孤悬于伯罗奔尼撒半岛的中央，因而古欧洲的遗风在那里得以流传。②

意大利中部的伊特鲁里亚人同样保存了母系制度的遗风。伊特鲁里亚文化自公元前8世纪起一直很兴盛，到公元前5世纪由于逐渐被罗马帝国归并而趋于衰落。古希腊历史学家提奥庞培斯（Theopompus）在其撰于公元前4世纪的著作中，对伊特鲁里亚妇女的自由和权利深感惊讶。提奥庞培斯记载道，伊特鲁里亚女人赤身裸体地跟男人以及别的女人一起嬉戏，而丝毫不觉得羞耻。她们喜欢喝酒，穿衣打扮像男人的样子。她们甚至还穿戴着表示公民身份和等级的服饰，即斗篷和长筒靴。伊特鲁里亚女人的名字也反映了其拥有的法律地位和社会地位，这一点和罗马的情况形成鲜明的对比，罗马的女人根本就没有属于她自己的名字，罗马妇女在结婚之前，仅仅被视为父亲的女儿，而在婚后，则仅仅被视为丈夫的妻子。和罗马妇女相反，伊特鲁里亚的妇女作为女祭司和女先知，在社会中具有崇高的地位，在社会知识生活中发挥着重要的作用。

伊特鲁里亚社会在很多方面体现了母系血统和母权家庭的特征。提奥庞培斯记载说，伊特鲁里亚妇女自己抚养孩子，不管知不知道孩子的父亲是谁。这种母权制度可能与女性的财产权和母系继承权有关，母系继承权也反映在其姓名制度中，伊特鲁里亚的碑刻材料表明，个人必须随母亲的姓氏命名。（关于伊特鲁里亚妇女地位的进一步论述，参见第九章。）

母系风俗的遗风并非古希腊和爱琴海地区所独有，在欧洲的北部和西部边

---

① 叔伯权的习俗则既存在于母系社会，也存在于父系社会中。
② 斯巴达男人经常离家外出打仗，这肯定在很大程度上促成了斯巴达妇女的自主权，她们必须在社会的公共生活中发挥重要作用，这与雅典妇女形成鲜明对比。

缘的地中海地区也有发现，在这些地区，印欧种族的渗透较为薄弱。保存了古欧洲传统风尚的古代文化和现代文化区域包括下面一些文化：西班牙和法兰西的巴斯克文化、伊比利亚文化、苏格兰的皮克特文化。另外一些文化，如凯尔特文化、条顿文化和波罗的海东南岸地区的文化，尽管深受印欧文化的影响，但也保存了母系文化的特征。其中，一个最引人注目的保存了古欧洲传统根脉的文化是巴斯克，这种文化迄今仍在西班牙北部和法国南部绵延不绝。巴斯克文化与印欧文化迥异其趣，其语言、民俗、法典和母系风俗都与古欧洲文化一脉相传。古代和现代的巴斯克法律都赋予女性崇高的社会地位，她们是法定的继承人、仲裁者和法官。在法国巴斯克人法定继承序列中，女性和男性具有完全平等的地位。伊比利亚半岛的伊比利亚文化是另一种古欧洲文化，公元前1世纪，希腊历史学家和地理学家斯特拉波曾经论及它的母系风俗："在伊比利亚，男人带着嫁妆趋就女方，只有女儿有资格继承他们的财产，男孩子一旦入赘娶妇就被他们的姐妹扫地出门。在这个地方是女人当政，这是当地的风俗之一。"①

再往北，在不列颠诸岛，也遗留下了对于古欧洲文化的记忆。在今天被称为苏格兰的地区，曾经生活着一个名为皮克特的族群，他们讲的是一种非印欧语系的语言，而且直到最近都侥幸避免了印欧化的命运，这是因为罗马帝国的势力一直没有扩展到哈德良（Hadrian）长城以北的地区。皮克特人同样保留了母系制度的法律、女神崇拜及其象征符号。这个族群中财产是根据母系血统继承的。在苏格兰高地，直到20世纪早期，还存在着一种皮克特风俗，就是女儿甚至在结婚之后，还一直跟父母住在一起。

不列颠和爱尔兰的大部分领土在前罗马帝国时期是被凯尔特民族占据的，他们虽然讲的是印欧语系的语言，但在诸如女神崇拜、母系继承制等方面，仍继承着古欧洲的风俗习惯。爱尔兰的传统叙事通常把结婚称为入赘。爱尔兰和威尔士文学中，保存了大量的传奇故事，讲的都是一位男英雄，像古希腊英雄那样，离开家乡，闯荡江湖，去追寻一位女继承人，跟她结婚，共同统治她的土地。古代爱尔兰和威尔士的法律既反映了母舅的重要地位——他是母系家族的代表，还反映了姑表亲的重要地位——姊妹的儿子拥有继承领地的权利。很

---

① 斯特拉波，《地理学》，3.4.18。地理学（Geography）一词的希腊文为γυναικοκρατίαν，引文中提到的民族为坎塔布连人（Cantabrians），一个伊比利亚人亚族群。

有可能，母系继承制是古代凯尔特社会的通则①。

一般认为，古代文献记载和考古发现都表明，妇女在凯尔特社会发挥着重要的作用，有崇高的社会权威，并且拥有财产，尽管凯尔特法律体系是建立于父权制的印欧化风俗的基础之上的。高卢地区（今属法国）在罗马时代之前是被凯尔特民族占据的，公元前1世纪，希腊学者狄奥多卢斯·斯库罗斯（Diodorus Siculus）提到，高卢的妇女"不仅在社会地位上跟自己的丈夫平起平坐，而且在体力上也跟丈夫势均力敌"②。凯尔特最著名的一个历史人物当属波蒂卡（Boudicca），一位生活在不列颠岛上的女王。她实际上是一位凯尔特国王的孀妇，为了维护其继承权，她发动了一场针对罗马帝国的叛乱。罗马人狄奥·卡西乌斯（Dio Cassius）用满含敬畏的语气对她进行了刻画："她身材高大，令人望而生畏……满头火红色的长发一直披到膝盖，颈项上围着一条黄金项圈，身穿一件色彩艳丽的束腰上衣，外面是一件厚厚的披风，用胸针别在胸前。"③在法国东部和莱茵地区的考古发掘发现了大量墓葬，墓主是黑铁时代凯尔特豪斯塔特（Hallstatt）文化和拉·特尼（La Tène）文化的凯尔特妇女，其年代从公元前7世纪到公元前4世纪。

母系制度的特征同样存在于古代斯堪的纳维亚和日耳曼地区，在这些地方，妻党亲戚被认为比夫党亲属更重要。在图林根地区，一个男人如果没有孩子，死后就会将财产传给姊妹或母亲。布尔戈尼地区，皇族家庭的地产和爵位传女不传男。在撒克逊人中，一个王位继承者只有在跟女王结婚之后才会真正有继承的资格。在很多日耳曼族群中，按常规是母系继承，王国是通过姻亲关系而由女王或公主继承的。直到公元18世纪，在斯堪的纳维亚，王国还是由公主和驸马继承的。早期的斯堪的纳维亚和日耳曼文献都表明，男人的名字随母姓而不是父姓，我们曾经在非印欧文化的爱琴海地区看到同样的风俗。

在历史时期早期的文化中，许多古欧洲的文化因素得以留存，其中最引人注目的一点是母系制度和财产的女性继承制度以及王位或权力的母系继承制度，即母传女的制度。个体的命名随母姓而不是随父姓，体现了女性谱系的重要性。特别重要的是，母舅关系的重要地位，甚至存在兄妹结婚，古代埃及就是一个

---

① 古代凯尔特人的继承制度也可能是兼顾母系和父系的，参见德克斯特著作（1997a）。
② Diodorus Siculus, *Bibliothecae*, V: 32.2ff.
③ Dio Cassius, *Roman History*, Epitome of Book, LX112: 3-4. 金芭塔丝的译文引自 James E. Doan, *Women and Goddesses in Early Celtic History*, Mythand Legend, 20。在印欧文化的象征体系中，红色是战士阶层的颜色。

例子。相对于丈夫而言，女人更忠诚于兄弟。兄舅直接插手孩子的养育和教育。很多地方存在族内婚制度，也就是说，人们是在同一个文化群落内通婚。

我们今天所熟悉的印欧文化，作为父系社会，强调的是战争和武器的价值，这种文化在其以好战之神为中心的宗教和以武器为中心的宗教象征体系中得以反映，印欧社会的等级制度在其印欧神谱的等级体系中得以反映。古欧洲的社会结构则与此大相径庭，这正是古欧洲宗教与众所周知的印欧宗教迥异其趣的主要缘故。

结论

综合利用各个学科的材料，将有可能重新勾勒出前印欧时代古欧洲的社会结构，这些学科包括语言学、历史学、神话学、宗教学、考古学（尤其是墓葬和居住遗址的考古）。源于这些学科的证据表明，古欧洲的社会结构是母系制的，王位和财产都是遵循着女方谱系传承的。整个社会是围绕着一个神圣的、民主化的神庙组织起来的，神庙社区由一个德高望重的女祭司和她的兄弟（或母舅）统率，一个由女性组成的议事团发挥着政府机构的作用。在古欧洲，根本找不到任何印欧型的父系酋长存在的痕迹。

第二部

活着的女神

——古欧洲宗教的连续性：
自青铜时代、早期历史时期
一直到现代

古欧洲文化与印欧文化在社会结构和意识形态上十分对立,它们之间的接触形成了从历史时代至今我们所认识的欧洲文化。印欧语言、信仰、社会结构占据支配地位,但是这些文化因子并没有在所到之处根除本土的古欧洲的宗教和习俗。这两种文化的碰撞导致了它们的融合。古欧洲的宗教和习俗,一直是一股很强的暗流,这影响了西方文明的发展。在一些地区,如米诺斯文化的克里特、爱琴海岛屿,一种很完整的女神中心(theacentric)和女性中心(gynocentric)[①]的文明与宗教,一直延续至公元前第2千纪上半叶。其他地方的文化,也保留着对古欧洲神明的崇拜,尽管这些文化已经形成了等级制度的社会结构。希腊的迈锡尼人,意大利中部的伊特鲁里亚人,中欧、不列颠和爱尔兰的凯尔特人,即属于此例。波罗的海、斯拉夫和日耳曼文化在一定程度上也代表了这种情况。

古欧洲人生生不息而繁衍下来,古欧洲宗教和习俗也遗留至今。在印欧语民族和古欧洲民族相互融合的地理区域,游牧的印欧人成为具有统治地位的武士阶层,古欧洲人则成为农耕民和手艺人。他们保持了自己的信仰和习俗。这两股人群适时地接受了对方的神祇和仪式。这些神祇的特点在不同的文化中融为一体。

由新石器时代继承下来的强有力的女神遍布欧洲,但是这些女神的保留则因地而异。最经久不衰的是带来生育和生命、主宰死亡与再生的女神。该女神在史前时代的特征的延续性,证明了这些特征的普世性。历史记录、文学著作和民俗遗留物为新石器时代的发现添加了证据,使人们可以更加完整地重建这些史前的形象。因此,古欧洲女神、神祇的后继者融入早期历史的父系制度的文化,这一事实有助于我们理解古欧洲的神祇及其最终的历史命运。

我不打算在这里逐一介绍从青铜时代到现代的所有的古欧洲神祇,从不同

[①] 马丽加·金芭塔丝近来开始使用"女性中心"这个术语。这一术语并非被普遍接受,它只是试图解释一个仍然处于变动中的观念。

时代和地区之中遴选一些便足够了。鉴于我们的目的，我将选择以下的文化来讨论。

南部欧洲：

克里特的米诺斯人，证明其青铜时代以来不曾断裂的历史延续性。

古希腊人（从迈锡尼的青铜时代开始），揭示在印欧民族统治下，古欧洲宗教结构的持续性，一些神祇之间的杂糅和变异。

意大利的伊特鲁里亚人，说明印欧人与希腊人的接触对后者产生影响，致使希腊人继承古欧洲神祇的同时，产生了本地成分。①

西班牙北部和法国南部的巴斯克文化，是西欧本土宗教延续传承的例证。

中北欧洲：

中欧、不列颠和爱尔兰的凯尔特人，他们的文化具有很强烈的古欧洲传统的潜流。

日耳曼人，主要是斯堪的那维亚人，在公元 1000 年之后被基督教化，一些传奇描绘了两种类型的神：瓦尼尔神族（本土的女神和神祇）与爱瑟神族（印欧的神明），他们之间的争斗与和解。

波罗的海人，直到 16 世纪仍为多神教信仰者。他们直到现代还保存了新石器时代的神话形象，尽管存在着一种印欧文化的覆盖层。

---

① 马丽加·金芭塔丝没有把罗马宗教这部分包括进去，而她对意大利的关注则集中在伊特鲁里亚人和他们的宗教。

第七章　克里特的宗教

公元前 4300 年至公元前 2900 年，印欧语系民族向欧洲渗透，欧洲发生激变，这些变化因时因地而有程度上的差异。有些地方相对未受影响，从爱琴海地区到希腊大陆的南部和东部便属于这样的地区。爱琴文明由爱琴海诸多小的岛屿构成，包括基克拉迪群岛、泰拉小岛。它还包括地中海的爱琴南部的大岛克里特。在这里，古欧洲和安纳托利亚①的宗教和社会结构仍然很盛行，这些在艺术、陶器、建筑和丧葬习俗中都可以找到证据。

在古欧洲的新石器时代，大陆和岛屿上的人们操持着一种共同语，或者一些关系紧密的语言，这些语言都不属于印欧语系。语言学家们认定，至少有 6000 个古欧洲的词语是非印欧语词汇。人们在非印欧词汇中发现了地理学的地名，如扎金索斯（Zakynthos）——赞特岛的古代名称，这是位于希腊西部爱奥尼亚海的一个岛屿；许阿金索斯（Hyakinthos）是一个前希腊时代的神名；还有带有"ss"的名称，如"knosso"，它是克里特最为重要的古城之一。②

克里特和其他爱琴海岛屿属于那些在公元前第 3 千纪期未曾受到印欧语民族渗透的地区。这些岛屿的文化遗存要归因于印欧语民族严重依赖马匹，至少在其早期时代不熟悉航海技术。到克里特以及爱琴诸岛的距离，加之海上运送兵马的种种阻力，这些都使克里特和其他爱琴岛屿的本土文化得以延续和保存。大陆古欧洲文化之发展由于受到印欧语系民族的影响而改变方向，同时，爱琴诸岛尤其克里特则迈出了向古欧洲高级文明演进的步伐。东欧和中欧的古欧洲文明与印欧民族文化接触，在这一过程中前者被瓦解了；与此同时，米诺斯文化仍然兴盛了差不多两千年之久，记住这一点很重要。

---

① 马丽加·金芭塔丝此处涉及了像卡托·胡玉克这样的史前文化，对此她在前几章里已经有讨论。
② 关于前印欧语的地名，参阅哈利著作（Haley, 1928: 141 – 145）、地图和布莱根著作（Blegen, 1928: 145 – 154），这两部著作都有文献综述。两位作者把 nthos 和 assos 结尾的名称当作希腊人借用爱琴海-安纳托利亚的根基来引用。哈利认定了由小亚细亚向希腊的一种运动，布莱根依据考古学的证据，假设这些前希腊的地名与青铜时代早期相关联。参见马丽加·金芭塔丝著作（1991: 388），断代为公元前 2900—公元前 2250 年。

克里特文明属于最著名的爱琴文化。和埃及、美索不达米亚一样，克里特是考古史上较早被发掘的。阿瑟·埃文斯（Arthur Evens）爵士于1900年首次完成对克里特的发掘，在接下来的25年里，在现代城市伊拉克利翁（Herakleion）附近岛屿北岸，他发掘了克诺索斯（Knossos）的一个大的遗址。他把高度发达的克里特文化冠名为"米诺亚"（Minoan），该名根据的是克诺索斯传奇式的米诺斯王（Minos），一个后来希腊神话中的著名神祇。

米诺斯文化的首次被发现，令20世纪以来无数诗人、作家、历史学家为之着迷，他们觉得其艺术是天然的、富于感性的、肯定生命的，与古希腊罗马艺术的结构和形式形成鲜明的对照。20世纪早期和中期的学者将米诺斯文化解释为来自近东的传播（这在某种程度上是事实）。然而，它对于生命的赞美，由女神的灵感激发出来的艺术和宗教源自古欧洲的安纳托利亚传统。由于米诺斯人在古欧洲文明顶峰之后延续了两千年，他们拥有着比新石器时代东、中欧民族更加发达的艺术和建筑技术。因此，他们的文明和宗教表达显得更加独特。

从新石器时代到青铜时代，同一民族一直生活于克里特；早在公元前7000年，克里特拥有一些规模较小的农业共同体。在公元前6000—公元前3000年，这些共同体制作出与大陆遗址出土的相同的陶器和小雕像。传统上将大约公元前2000年的米诺斯文化视为一种"文明"（civilization），这时的文明符合两个要素（文明地位所规定的）：修建真正的城市和宗教中心［在克诺索斯、马里亚（Mallia）、斐斯托斯（Phaistos），后来在扎克罗斯（Zakros）］，建造宏伟的建筑。20世纪初，像阿瑟·埃文斯爵士这样的考古发掘者首次发掘米诺斯遗址，他们在每个遗址上都发现了明显的有大型中心宫殿的中央建筑。由希腊大陆的遗址和近东城市得来的经验可知，大的中央建筑通常为皇家或军事首领的府邸，发掘者将这些建筑称为宫殿（palaces），尽管这些建筑的大部分是用来进行宗教仪式的。埃文斯甚至发表议论，说这些建筑与其说是宫殿，倒不如说是庙宇。可惜，"宫殿"这个带有等级制度社会的内涵的词，已经被固定下来了。米诺斯文化的演化阶段仍然要参照"宫殿"来划分。米诺斯文化在"旧宫殿"时期（公元前1900—公元前1700年）之后，建筑和艺术向前推进，在"新宫殿"时期（公元前1700—公元前1450年）达到顶峰。这时，米诺斯人用美丽的壁画扩展和装饰他们的宫殿，用鹅卵石铺街，建造坐落着两层别墅的城市，学会用铅锤进行测量。

公元前16世纪，米诺斯人处于其发展的顶峰阶段，他们是地中海沿岸最重要的贸易力量之一，米诺斯与希腊、埃及、小亚细亚、黎凡特海岸（Levantine

Coast），以及其他爱琴海岛屿形成网络。克里特为米诺斯文化中心，是爱琴文化群落里最大的一个岛屿。虽然如此，同样的文化扩展到整个爱琴海地区。泰拉岛位于北方112公里处，它的重要城市阿克罗蒂里同样有两层楼的别墅建筑和庙宇，用美丽的壁画修饰。

米诺斯人运用两种书写系统，至迟到公元前1700年起开始使用。第一种包括一系列的图像象征，称为米诺斯的象形文字；第二种则包含一些符号，一行行地书写于泥书板上，称为线形文字A。可惜，正如前面谈到书写问题时提到的那样，米诺斯的象形文字和线形文字都没有被解读成功（所有的解读至今还没有被接受）。因为这些符号代表的是一种非印欧语言，没有哪一种能完全释读的语言可以用来与线形文字A或象形文字做比较。第三种米诺斯文字是线形文字B，大约于公元前1450年开始使用，那时克里特岛已经被大陆强权征服或同化。发掘数十年之后，线形文字B最终于1952年被释读，米切尔文特里与约翰·查德威克合作，进一步完善了一种强有力的证据，说明线形文字B是希腊早期的文字形式。公元前1400年前后，大陆政权剥夺了克里特的主权，将希腊语带到了克里特。虽然线形文字B的泥板文书被释读，但它并未给予更多的我们想看到的信息。与美索不达米亚最早的文字记录相似，线形文字B泥书板包括短小的列表和清单，而不是有一定长度的神话或传说。但是，它们提供了有关神的名称的材料，这是一些在米诺斯时代受人崇拜的神明，许多神明一直到古典时代仍然被崇拜，不仅在克里特是这样，在希腊大陆也是如此。

米诺斯文明与近东文明有着明显的不同。它的艺术、工艺和建筑，其先进的技术与同时代的埃及和美索不达米亚文化不相上下，甚至在某些方面更胜一筹。米诺斯城邦的居民和睦相处，米诺斯城市没有森然的防御性城墙。而且，米诺斯文化的宗教表达也很不相同。米诺斯人在艺术和建筑上的优长，表达了一种世界观，它与古代近东所显现出来的截然不同：克里特的世界观反映出它的古欧洲-安纳托利亚的根。

庙宇体系

米诺斯的城市于1900年被发掘，从此研究者们倾注巨大精力于大型的中央建筑，这样的中心建筑在米诺斯的许多城市中都有发现。这些建筑当然可谓建筑的奇观。第一个也是最大的一处建筑结构发掘于克诺索斯，它占地两公顷（5英亩），两三层楼高，包括向上延伸的天窗。前面提到，发掘者给这些建贴上了"宫殿"的标签,把它们与希腊大陆的大型的"中央大厅"和近东文化的皇家宫殿进行类比。但是,正如我们已经注意到的,"宫殿"或"中央大厅"的概念,留给武士贵族使用的"贵人宅",这些在古欧洲并不存在。但是,因为发掘者在克里特并未发现独立的行政中心,看上去宗教和行政的功能合二为一。实际上,这些建筑结构为宗教、行政和经济的复合体,而非宫殿。甚至最早的发掘者们,在指称这些建筑为宫殿时,也注意到这些建筑的大部分是用来进行宗教仪式的。在注意到所有的含义之后,我们可以用庙宇复合体或庙宇-宫殿来指称这些复合体,即它们不仅包含了仪式空间,而且也包含了行政建筑。在这一分类系统中才有了克诺索斯、斐斯托斯、马里亚和扎克罗斯的"宫殿"。实际上这些都是多个庙宇复合体的密集形态或迷宫。

罗德尼·卡斯特勒登（Rodney Castleden）在《克诺索斯迷宫》（1990）中使用了"庙宇-宫殿"一词（另参见 Nanno Marmatos,1993）。他宣称克诺索斯迷宫与中古庙宇起同样的作用,获得巨大财富,支撑庞大的等级制度,具有再分配中心的职能。他提出这些建筑群由女祭司们来统治,国王的活动只是依附于它们。

壮丽的庙宇建筑群,屋顶和露台上排列着数百个"献祭的牛角"（公牛角的模型）,这分明与克里特大型的城市仪式活动有关联。然而,考古学的证据表明,圣坛和庙宇将较小的克里特城市与农村区别开来。米诺斯人到处供奉着相同的神,进行着相关的仪式。而且,宗教精神的和世俗的生活方式紧密交织。

从克诺索斯被发现以来,已经过去了一个世纪,学者们最终也同意,"宫殿"一词仅仅包含了一种传统。它并没有界定这些辉煌建筑群的功能和意义。这些建筑群装饰着无处不在的女神崇拜场景,充满了完全以女性为导向的象征系统。我们逐渐了解到"宫殿"一词并不适用,另外,显而易见的是国王或"祭司-国王"也并不主宰克诺索斯。实际上,仅就"米诺亚"一词而言,也属于用词不当。远在我们了解米诺斯和古欧洲文化的真实本质之前,阿瑟·埃文斯爵士最初只是在想象传说中的国王米诺斯执掌克诺索斯王国宝座的情形。王权与克诺索斯庙宇建筑群之关联,给我们认识米诺斯文化设置了绊脚石。

国王米诺斯被"废黜"了,这使我们对这个以女性为导向的文化产生了耳目一新的观点。正如多罗西·卡梅隆在即将出版的书《妇人与公牛：米诺斯艺术之解释》中说道：

> 在米诺斯艺术和宗教里,女性影响的迹象是如此强烈,强烈得让我们难以拒绝它的存在：在建筑和艺术品里,描绘与女神崇拜关联的

仪式的壁画，以小雕像和绘画形式来呈现的围绕在女神周围的女祭司，数以千计的印章石料上描绘的以女神名义举行的仪式。在这一巅峰时期，印章石料和壁画上所呈现的男性，是被当作"装饰物"来呈现的。这种描绘贯穿于埃文斯的早期著作中。装饰物绝大多数出现在进行女神崇拜的神殿的印章石料上。在壁画中常见一队手持仪式器物的男性，通常跟随在两个女性人物后面。正是逐渐汲取了迈锡尼的影响，这种男性表演的特点才转变为埃文斯所描述的那种更正规的"军事化"的表现。盾牌逐渐替代了仪式器物，宗教方面较少被关注。这些影响是在米诺斯艺术巅峰之后才开始的。

卡梅隆曾经解释过克诺索斯神殿建筑群的结构，尤其是东西两翼之不同，这反映在其精神功能上。我在此前探讨新石器时代的宗教时曾经提到过这件事。神殿西区反映出再生（死亡或冬季），东区则体现了出生和生命的赐予。这些主题与马耳他类似，那里的姊妹庙宇在功能上彼此不同。埃文斯（1921—1936，卷1）曾经观察到，"宫殿"的西侧翼差不多像诸多小型神坛的密集体，这些有立柱的地窖是为仪式而设计的。在本书第三章，我提到史前欧洲流行对神圣的、子宫式的、具有再生性质的洞穴的信仰。我还提到古欧洲努力建造那些模拟洞穴的再生神庙。克诺索斯神庙群的黑暗的立柱式地窖，体现了再生的性质，就像洞穴（和子宫）体现着再生特质一样。这些地窖保存了一些贮存器，其中有珍贵的膜拜器物，敬神用的谷物、动物的一些痕迹。主要的象征物为双刃斧，其双刃在顶端交汇起来。考古学家发掘了一些放置巨大的仪式双刃斧的遗址，还发现了镂刻在三面或四面立柱上的双刃斧的形象。在基督教时代，"地窖"一词指的是教堂下面的一间屋子，教堂还庇护一些坟墓。克诺索斯地窖并不守护人类的遗骸，可是地窖具有子宫状特点，很像真正的米诺斯坟墓，其中包含象征着再生的物品：双刃斧、双角或牛头骨装饰品。地窖中发现的立柱也是重要的再生的象征。它们与地窖中自然产生的石笋有着象征性的关联，它们象征人地力量的兴起。在米诺斯艺术的其他方面，立柱或栏杆与生命树或女神交替出现。正如我们在新石器时代所见，双刃斧或三刃斧是死亡与再生女神的象征，二者都是生成的象征。在欧洲古代巨石坟墓的壁上、西欧史前巨石立柱上，都留有斧子形象的装饰。在克诺索斯的西方神庙，我们发现了其他再生的象征：牝黇鹿角的内核（象征女神生育和生命神职的动物之一）和以石榴为母题制成的象牙、骨头镶嵌。这些都进一步确认了再生的象征。米诺斯艺术中最优美的代表，是那些美丽的、上了彩釉的陶器，上面有蛇身女神或蛇身女祭司的造像。

有两尊雕像头戴冕状头饰，身披仪式服装，双乳暴露。一个雕像只见蛇缠绕双臂，另一个则双手缚住几条蛇。这些雕像在底层的包囊状储物间（这是储藏圣物之所）被发现，进一步强调了再生和阴暗的方面。

米诺斯地窖里的象征体系表明了季节性再生仪式的存在。此外，不能排除还存在个人的通过仪礼、再生或疗救的原始仪礼。我认为在另一个方面，克诺索斯神庙建筑群里举行的仪式与一二千年之前古欧洲大型坟墓的神坛里的仪式有关联，如爱尔兰的纽格兰奇墓和诺斯墓，马耳他的哈尔·萨夫列尼地宫。另外，它们映射出那些在古典时代起作用的仪式，诸如希腊的艾琉西斯城（Eleusis）举行的身份改变仪礼，伴随音乐和舞蹈，象征性地模仿死亡和再生。

克诺索斯神庙西翼的地窖神坛具有黑暗的、子宫一样的气氛以适应再生仪式，而东侧神庙则展露出完全不同的环境。这一侧并没有地下室，也没有了黑暗；相反，它反映出光明和快乐、奢华的色彩。它包括大厅、"接待室"，敞亮的空间，还有所谓女王中央大厅，里面装饰着壁画和绘制的浮雕。供膜拜使用的陶罐上有乳房装饰，穹顶有玫瑰花和乳房装饰，墙壁上装饰有海豚、玫瑰花和螺旋型图案。这一侧的神庙是庆祝生育和生命的。一尊巨大的木制女神雕像耸立于东大厅，3 米高，以一缕缕青铜发丝装饰，它可以与马耳他的塔尔欣神庙的巨大女神塑像相比（见前文图 75）。从东厅女神雕像可以肯定这里是供奉女神的地方；栩栩如生的乳房、海豚、玫瑰花型和螺旋型饰物，这些都表明女神因生命赐予方面而受到崇拜。

克诺索斯神庙两翼的鲜明特点是"觐见室"，它有一个高耸的座位，显然具有某种仪式的功能。自埃文斯发掘克诺索斯这几十年来，御座被认为是一位国王的荣誉席位（如神秘的米诺斯），它赋予米诺斯文化一种与其不相匹配的军事和父系制度的特质。有一种看上去很有理由的推测：认为米诺斯文化以男性王权为基础，这种王权的仪式权利集中在"觐见室"。一些学者对此提出了异议，包括瑞斯科（Helga Reusch）、胡德（Sinclair Hood）、本涅特（Emmett L. Bennett）、艾芬特热（Henri Van Effenterre）、聂米艾尔（W. D. Niemeier）和马瑞纳托斯（Nanno Marinatos）。

事实上，围绕着"觐见室"的壁画，其象征意义并不代表国王，这种象征意义与已知的其他代表女神的表达联系到一起。御座和通向配殿的门口，两侧装饰着棕榈叶和格里芬（Griffins）图案（雌狮身鸟首的灵物）。在壁画中，格里芬头顶有翎饰、螺旋状花纹，躯体饰有玫瑰花项链，一簇簇百合花从躯体里开放。女神在动物（狗、格里芬、狮子）中间充当传令官，该场景在米诺斯印章里反复出现。御座后侧为曲线型侧面，装饰有半圆形，顶部有向上的凸起（实际为人形）。正像卡斯特勒登指出的，御座影射山峰形状，就像来自扎克罗斯的兽角形饮器上绘制的图形，周围有公羊围绕。山峰很有可能象征着女神自己。事实上，在巨石时代的西欧（见前文图 52a）、古希腊以及后来的文化区域，伴随有凸起物或半圆石祭坛（中心点）的山峰是尽人皆知的女神象征。御座正面展现出满月的中心点，象征集中的生命力量。月亮、三和弦、螺旋形、百合花、半圆石祭坛（中心点），这些都属于较早时代继承下来的常见的女神之象征。

"觐见室"显然用于仪礼，而非世俗目的。我们可以很容易地想象在这里举行仪式的情形。在毗连的配殿里，女祭司披上了象征性的盛装。她出现在门口，两侧簇拥着斯芬克斯（Sphinxes，有翼狮身女怪），然后，她向前靠近宝座，在那里接受献礼，那些敬献的祭品经过同一个门从服务区递过来（屋内有桌子、凳子，矮石座位紧靠配殿）。女祭司成为女神在世俗界的化身。

净化池穿过屋子，向下延伸几个阶梯。它的存在反映了一种仪式，包括下到水池用水和香油受洗礼、净化，出来之后就是再生了。克诺索斯和其他米诺斯神庙都有净化池。这些都表明女神崇拜涉及洗礼和再生，而且这些仪式活动并没有间断。公元前 4000 年，马耳他、纽格兰奇、诺斯就存在净化池的前身。这种类型的仪式是米诺斯宗教继承古欧洲的另一个方面。在公元前第 2 千纪早期和中期，克里特神庙的功能深深地植根于古欧洲和古代安纳托利亚传统。克诺索斯、斐斯托斯、马里亚、扎克罗斯这些地方的一些大型神庙建筑看上去都有"再生神殿"之功能。它关涉由死到生的通道。人们兴致勃勃地庆祝出生和绵绵不绝的生命。经过由西而东的建筑，通过御座、雕像，尤其是她的象征，我们可以看到女神无处不在。米诺斯神殿逐渐成为包括各个部分的大型建筑，成为巨型仪式结构体，这些结构体的核心与三四千年之前的欧洲、安纳托利亚的再生神殿有着紧密的相似性。

洞穴神殿

从旧石器时代到新石器时代，信徒们利用洞穴作为神殿。这些洞穴是米诺斯考古学名目中的重要组成部分。[①] 洞穴并不都是神圣的。米诺斯人认为，与那些特殊物产和物件有关系的才是神圣的，尤其是那些包含内室、过道、钟乳石、

[①] 关于克里特的洞穴神殿，参阅克里斯特著作（1995）。

纯净泉的洞穴才是重要的。这些洞穴的特定的形状、黑暗、坝墙等，象征性地将洞穴与坟墓和子宫联系起来。米诺斯神庙中带有立柱的地窖可以类比人类创造的洞穴。但是与地窖相比，洞穴是更生动鲜明、更具力量的宗教神庙。这些洞穴通常位置偏僻，布满形状奇特的石笋和钟乳石，里面阴暗，仅由火把和灯笼照明。有些庞大的庙宇拥有自己的洞穴神殿。斐斯托斯使用卡马瑞斯（Kamares）洞穴，它坐落于海拔1524米的地方，只有在特定的季节里方可造访。为克诺索斯服务的神殿有巨大的斯考特伊诺（Skoteinó）洞穴和较小的埃蕾西亚（Eileithyia）洞穴，两者都是地域性的膜拜场所。看起来较大的宗教中心曾组织人们朝拜这些圣地。

在已经发掘的洞穴中人们发现了一些宗教制品，诸如祭坛、盘子、供桌、一些象征性的物件，它们与坟墓和地窖一样反映了再生的主题。米诺斯中后期的陶器是最为常见的发掘物，像卡马瑞斯的蛋壳杯子和华贵的盘子，它们是在斐斯托斯庙宇建筑群中制造的。从洞穴神殿中发现的其他物品还包括常见的反映死亡与再生女神的物件，如作为圣物的兽角、双刃斧头（有金制、银制和青铜制的），以及刻有生命树的徽章或图章。生命树生长于兽角的中央部位。有些发掘物品表明朝觐者和女祭司在洞穴中的活动确有其事。考古学家还发现了一些还愿祭品，其中有的刻有铭文，还有相当数量的女性还愿者形象，表现她们伸出右臂行礼的情形。有一枚来自爱达山（Idean）洞穴的印章，上面描绘一位手握梭尾螺壳的女祭司，她站在祭坛前面，身上佩戴一双兽角，中央还有棵生命树，双角两侧都有生命树作为装饰。

有些克里特洞穴很清楚地表明，它们与生命诞生关联紧密，如阿姆尼索斯（Amnissos，荷马在史诗《奥德赛》里提到的一座海滨城市）的埃蕾西亚洞穴和位于拉西锡（Lasithi）州平原上的迪克特（Dikte）洞穴。时至今日这些洞穴仍然带有其古老的名称。女神埃蕾西亚并非印欧语名称。公元前1400年前后，克诺索斯出土的线形文字B的泥板文书上提到为这些女神制作蜜供之事。在古希腊神话和仪式里，该神名为阿尔忒弥斯·埃蕾西亚，她掌管生育。再生仪式、圣子庆典，也很可能在洞穴里举行。

山顶神殿

山顶和洞穴一样会使人们产生力量和神圣感。许多传说中的神生活在山顶，甚至晚近的希腊农民也相信一位高大的女神生活在那里。在米诺斯文化时期的克里特，山顶庙宇出现于公元前2000年左右，而且此后一直延续了1000年。在某些情形之中，一直延续到希腊和罗马时代。考古学家已经在克里特的山顶发现了若干让人印象深刻的庙宇，像尤卡塔斯（Juktas）神庙［位于阿尔卡纳斯（Archanes），距离克诺索斯不远］、派特索法斯（Petsofas）神庙［位于克里特东部，距离帕莱斯考斯特罗（Palaikastro）不远］以及特劳斯塔罗斯（Traostalos）神庙（扎克罗斯北部）。这些庙宇拥有三间以上的房子，用兽角来装饰。

在吉普萨德斯（Gypsades，克诺索斯附近）和扎克罗斯发现了石制角状杯，由上面的画像可以推断这是山顶神殿的象征。画像所描绘的每一个建筑都有三重外观，还有角状墙头的墙壁。人形小丘或大山呈现出女神之形象，由成对的山羊簇拥着，装饰着中央的壁龛，就像扎克罗斯角状杯所描绘的那样，鸟则栖息在较小的一侧壁龛顶上。角状杯还进一步以图画形式呈现了祭坛，它在楼梯或石座神龛之下，上有还愿者留下的供品。吉普萨德斯的山顶神殿的绘画甚至包括了一位膜拜者的一次朝觐情形，朝觐者把供品放在一块石头上的篮子里。考古学家在山顶神殿里发现了大量的供品。这样的供品不仅限于祭坛，在尤卡塔斯神殿里、断层和地缝里也有。灰烬积层表明，这里曾经有大型的篝火活动，这些篝火是特殊场合里点燃的。

山顶洞穴发掘出的象征物，与洞穴和地窖所发掘的关联紧密：兽角、双刃斧、公牛、鸟、甲壳虫、人形雕像，这些都暗示着再生仪式的存在。一些女性雕像的皇冠和头饰有蛇的装饰。另一些雕像描绘了双手合十的信徒。一些特殊的人工物品表明，山顶神殿还有另外一些功能。在尤卡塔斯神殿，发掘者还发现了丰产女神的小模型，一个腿脚粗大、体形变化的女性。还有一些雕像是羊和牛（还愿供品图示请见Rutkowski, 1986）。这些祭坛的用处显然是祛病和助产，此外还是提供生命再生的仪式场所。徽章上描绘的女神立于山顶、掌握力量，显然与来自地窖和洞穴里的再生者和祛病者一样。

广为再版的《国家地理》文章［见亚尼斯·萨克拉拉其斯（Sakellarakıs）和埃菲·萨克拉拉其斯，1981］将山顶神殿描绘为血祭之所，该仪式是一次大灾难来临之前向女神的献祭。亚尼斯·萨克拉拉其斯和埃菲·萨克拉拉其斯（1981）的发掘进一步证明了这一场景。尤卡塔斯山北坡发掘了一座小型的阿内莫斯皮里亚（Anemospilia）的三重神殿，断代为公元前1700年。在中央祭坛，一尊真人大小的木制雕像立于神龛上。北侧的祭坛上有一个神龛模样的供桌。在供桌上安卧着一位17岁男性的遗体，由脚到臂被紧紧地包裹着。他的喉咙被一柄青铜短剑切掉。那柄短剑上刻有公猪头，男青年的旁边正摆着公猪头。一位30岁的壮汉躺在青年旁边的地面上。据发掘者猜测，在建筑物倒塌之前，壮汉杀死了青年人。附近还出土了一具女尸。从门口到中央祭坛的路上，还发掘了一具男尸或女尸。他们都是在仪式期间的地震中死亡而被葬在这里的。这是否为清楚不过的人祭个案呢？按照马瑞纳托斯的说法，现在关于人祭的证据还很不够。① 我们当然需要更充分的证据来证明这种文明曾实行人祭。

膜拜设施

在米诺斯洞穴、庙宇、山顶神殿中发掘的仪式设施，不断丰富了新石器时代的宗教传统，反映了米诺斯人从古欧洲继承下来的信仰和崇拜方式。米诺斯和古欧洲共享着几种仪式用品：三足鼎，带有兽头装饰的角形饮器，可移动的祭坛，桌面有凹陷处以摆放祭品的供桌，沿着墙壁而立的长凳状壁龛，上面摆放着瓶子、小雕像、象征性的物件；盛有若干（多达九盏）杯子的圆形陶盆（kernoi）（敬献不同种类的谷物、豆、油、蜜、奶、羊毛等）；鸟形、兽形、人形等各种形状的瓶子，用于奠酒或其他目的。这些仪式物件的连续出现证明了某种持续了漫长时段的仪式功能。绝大多数米诺斯人的膜拜物件表现出超常的美丽和高超的工艺，超越了新石器时代的工具，角状杯就是绝佳的例子。然而，一些古欧洲工艺品，如他们的人形、兽形、鸟形瓶子，与米诺斯人的物件旗鼓相当。

公牛腾跃

就像著名的跃牛壁画和公元前15世纪石制印章上所描绘的那样，对公牛的关注反映了米诺斯宗教的特点。其他与公牛相关的人工制品，如"献祭的兽角"，在克里特的许多地方都有发现。现代西班牙、葡萄牙和土耳其的斗牛习俗，很可能起源于米诺斯的公牛竞技。现代斗牛体育很粗野。米诺斯人的描绘则并无激怒公牛使其受伤的迹象，他们只是描绘了一种高雅的竞技。来自克诺索斯的跃牛壁画呈现出三个杂技演员的表演：一位年轻人（以黑色呈现）从牛角的后面跃起，双手按住牛的脊背，身体横跨牛尾；两位女子（以白色呈现），

---

① 马瑞纳托斯（1993：114）认为那些仪式器具可能属于一个庙宇官员所有，他可能是该屋舍的主人，这些器具未必只用于该庙宇中举行的仪式。因此，这四个人都死于因地震而引起的建筑物倒塌。

一位抓住牛角，另一位伸开双臂，做出预备姿势以便在牛的后面接住男青年。①另一个优美的描绘则是一头牛用前腿刨住一矩形跳板，一男青年跃过牛的两个犄角中间。让牛的前腿放到矩形跳板上，这显然有利于杂技演员跳过牛犄角。在斐斯托斯宫廷中央发现了一块巨石，格雷厄姆（J. M. Graham，1987）认为它是用于杂技演员开始公牛竞技的场合。该项竞技很可能就举行于寺庙建筑中的中央宫殿。

米诺斯人专注于公牛和牛角，这反映出一种古欧洲传统。在古欧洲，公牛对于死亡与再生女神来说是圣物，牛头骨装饰品和公牛角是女神再生力量之象征，它们出现于坟墓和再生神殿之中。在米诺斯文明时代的克里特岛，公牛和牛角出现于许多米诺斯人的生活之中——壁画、石印、建筑——这只是表达了他们对再生的信仰。

女神与男神

米诺斯宗教带着古欧洲的印记连续而完整地遗存下来了，米诺斯宗教所含纳的许多神祇，其前身为古欧洲的女神和男神。最为著名的米诺斯女神，她的画像可以见于印章、戒指、壁画、雕刻之中。我们可以认定这个年轻的女神就是新石器时代的再生女神。图像中显示出她被动物和植物包围。米诺斯艺术大量地反映了再生的象征：双刃斧、蝴蝶、牛头骨装饰品、生命树（或生命柱）。该女神一幅很特别的画像，来自泰拉岛的泽尔士三世（Xeste 3）神庙。在"藏红花采集者"壁画中，女神高高地坐定于三重平台的宝座上，两侧有鹰头狮身怪兽和猴子陪伴。年轻姑娘提着一篮鲜花，一身藏红花色装束，服饰高雅，项链上有鸭子和蜻蜓图案装饰。双耳上戴着大大的金耳环。女神的打扮与湿软的背景很协调，她是自然之女。马瑞纳托斯（Nanno Marinates，1984）进一步将其描绘为春天复生的自然之母。泰拉神庙绘有飞燕、百合花、藏红花。克诺索斯、泰拉的陶罐和壁画上描绘的自然景观，暗示了春天的丰产和富饶的观念。

年轻、健壮、裸胸的女神也被描绘于石头印章上，她由鹰头狮身怪兽或雌狮护佑两侧。米自克诺索斯的石刻印章上绘有该女神立于山顶、手持权杖的样子，一个崇拜者向她致礼，一座带着神圣兽角的大型庙宇，很可能是克诺索

---

① 在米诺斯文明时代的克里特，白色是否代表性别，这仍然有争论。马瑞纳托斯阐明红棕色（有时称为黑色）和白色的斗牛者都是男性，主要是根据他们的解剖和服饰，还包括带有阴茎套的短裤前面的袋状物（1993：218 – 220）。

斯——出现在她的后方。另一枚克诺索斯的印章描绘该女神立于三重平台上，由狮子陪伴。来自迪克特洞穴的印章则描绘了一个高大、健壮的女性，头上举着三重兽角，有一些印章还描绘她举起水鸟。

在其他印章和项圈上，女神为坐姿，在接受洗礼。有一枚来自克诺索斯的印章，上面是一个妇人，很可能是女祭司，给女神带来大陶罐，上有两个把手。在这一画面中，女神坐在茂密的树下，左手托起裸露的乳房。一把双刃斧就出现在女神和女祭司之间。一弯新月和太阳（或满月）飘在女神的上空。

与再生女神相关联的一个米诺斯宗教的共同象征是 labrys，即双刃斧。它经常出现在地窖、坟墓、庙宇里，通常描绘为出现于神圣的兽角之间。这是女神的再生方面主要的象征。斧子通常描绘为有人头的人形；在其他时代，斧柄通常显现为一棵树。这个以双刃斧为化身的女神是克诺索斯神殿祭拜的主神。克诺索斯档案馆发现了一块线形文字 B 泥板文书（迈锡尼希腊文），上面提到向"da-pu-ri-to-jo po-ti-ni-ja"敬献蜂蜜。从语言学上看，迈锡尼希腊文 da-pu-ri-to-jo 指涉古希腊语的一个词 laburinthos（labyrinth，迷宫）。该名称属于克诺索斯神庙建筑。po-ti-ni-ja（potina）意为"夫人"或"女王"。人们把蜂蜜献给"我们的迷宫夫人（或女王）"，如克诺索斯神庙建筑显示的那样。

这个女神在米诺斯文化中期的克里特艺术中占有显著的地位。阿瑟·埃文斯将其称为"伟大的米诺斯女神"。该女神遗存于古典希腊时代，希腊和拉丁语作家的作品里保留了它的名称。在经典古籍里，不同的名称和属性形容词表明了同一女神不同的地方性。米诺斯的再生女神也有许多不同的名称。她的名称之一是布里托玛尔提斯（Britomartis），即"甜美的贞女"（或"甜女"），强调了她的年轻和美丽。在埃伊纳岛她被当作阿菲娅（Aphaia）来崇拜。她的另外一个名称是迪克提娜（Diktynna），有些学者将她与 diktyon（渔网）联系起来。传说该神为躲避国王米诺斯之追捕而落入海中，被渔夫救起；但是，这有可能是错误的词源。事实上，该女神与渔网的关联可能早于希腊的传说。渔网的象征始于旧石器时代，一直延续到新石器时代和米诺斯文明时代，与生育、赐予生命之水和羊膜水相关联。克里特的迪克特洞穴和迪克特山（Dikte）的名称很可能来源于山顶和洞穴里对该神的膜拜。

与赐予生命之水的关联使得埃蕾西亚成为生育女神。这一名称与阿姆尼索斯的洞穴有关联。荷马将她描绘为莫格斯托克斯（Mogostokos），即"生育痛苦的女神"。她的另一个称号是皮提亚（Phytia），意思是"催促发育的女人"。在罗马帝国时代的硬币上，迪克提娜被描绘为掌握着青春的宙斯（克里特的宙斯是圣童，希腊的宙斯是一个后继者，他取代了前印欧时代的圣童）。阿尔忒弥斯在古典时代和希腊化时代都受到膜拜，是同一个神，该神与克里特西部的阿克罗蒂里（Akrotiri）洞穴有关。该洞穴叫作阿尔口迪亚（Arkoudia），即"母熊洞穴"，现在对圣母玛利亚而言仍然是神圣的。圣母玛利亚有一个地方性的名称叫 Panagia Arkoudiotissa，即"我们的夫人，（甜蜜）的熊"。即使在古典时代，阿尔忒弥斯也与熊联系在一起。我们以后还要讨论这个问题。因此，我们知道阿尔忒弥斯与熊母的关系。这在新石器时代的雕刻艺术品中得到很好的证明。该女神的名称会因为时间和地点的不同而有所变化，这为她留下了许多的信息：她年轻貌美，她是生育女神，她有力量催促发育生长，她是熊母，而且哺育神之子。

在前面几章关于古欧洲宗教的论述中，我描述了生和死的紧密联系。女神既是生命的赐予者，也是挥舞着死亡大棒的角色。再生的象征意义很明显地出现于米诺斯艺术之中，据此，人们可以联想出女神与死亡的关联会在克里特黑暗洞穴神殿和地窖中得到体现。但是事实并非如此。米诺斯文化的主要特点是生命，而不是死亡。但是，女神的秃鹫形象对米诺斯来说，代表了死亡的一个方面。在印章和戒指上，该女神的形象为猛禽或秃鹫头，长着巨大的翅膀。她还可能长着巨大的裸露的乳房：这个符号表明她不仅是死亡女神，也是再生女神。明显地，她起源于新石器时代的鸟女神，又演化出后来希腊的雅典娜女神。雅典娜一名并非印欧语，它出现于迈锡尼文明时代的克里特文本中。一块克诺索斯泥书板（V，52）中有献给"a-ta-na po-ti-ni-ja"（阿塔娜夫人或女士）① 的文字。坟墓女神起源于新石器时代，她是用大理石或雪花石膏制成的挺立的裸体，代表相同的女神。该女神戴有大鼻子面具②，有巨大的象征生命与再生的阴阜三角形（见前文图13）。因此，这里又强调了生命和再生。

米诺斯蛇女神具有蛇身或多条蛇缠绕在女神的长袍上。这与新石器时代一样。著名的彩釉陶罐雕像，来自克诺索斯神庙的藏品，具有美丽的服饰，乳房裸露，蛇爬上双臂，缠绕在腰间，或由双手托起。这些雕像可能代表了蛇女神或表演蛇舞的女祭司，或代表其他与冬天之后相关的再生仪式，就像在克诺索斯双刃斧坟墓（既是坟墓也是祭坛）所见到的一样，手持鸟或头顶绘有鸽子的

---

① 线形文字B在音节上并不能够显示诸如th的送气音，因此a-ta-na可以表明Athana为古希腊的Athena。

② 这种大的鸟嘴状的鼻子是新石器时代鸟女神的特点。

雕像，这些都与再生的主题和谐一致。

怀孕的植物女神在欧洲的新石器时代遗址中随处可见，但是，不见于克里特的考古遗留物中。关于该女神的记忆保留于传说和书写材料里，其中记录了两位女神：阿里阿德涅（Ariadene）和得墨忒耳。根据荷马的得墨忒耳颂歌，得墨忒耳是由克里特来到希腊的。两女神分别与一位神结婚：阿里阿德涅嫁给了狄奥尼索斯①，得墨忒耳与伊阿西翁（Iasion）结婚。② 在纳克索斯岛（Naxos），阿里阿德涅有两个节日，其一庆贺她的婚姻，其二哀悼她的死亡。该女神一年死亡一次，其配偶，即植物神，也是这样，目的是春季丰产。描绘植物神和植物女神的神话，很可能起源于新石器时代的欧洲。这正如公元前5世纪罗马尼亚的哈曼吉亚文化的一座切尔纳沃达坟墓中所藏之一男一女（可能代表神）。植物女神的死亡为一地之传统，而不太可能为古欧洲从近东输入之舶来品。东方膜拜活动中并无对女神的悼念。在东方神话中，只有男性神有可能死亡。在希腊的得墨忒耳母亲和珀耳塞福涅少女神话中，谷物神珀耳塞福涅死而复生。收获季节的种子被放在下界的地窖里。因此，它可以与死者接触，而于春天发育生长。珀耳塞福涅象征死亡的植物，而她的母亲得墨忒耳则代表植物的复生和生长。

另一个是米诺斯神，其主要的证据来自传说或书面记载，考古资料也证明了，他是一个死去的年轻男神，降生在迪克特洞穴里，由女神迪克特（Dikte）哺育。来自米诺斯的印章将其描绘为年轻的神。一枚来自基多尼亚（Kydonia）的图章表明，该神像生命树一样起源于兽角，由神奇的动物伴随：一只长了翅膀的山羊和一个执掌权杖的兽头"魔鬼"。另外一些印章将其描绘为"兽王"，执掌兽类和鸟类，与女神兽母相对应。另一个著名的新石器时代造像，即忧郁地死去的男神，他并没有出现在米诺斯文化的造像中。然而，就像出生于洞穴之中的年轻的男神，传说中忧郁的男神，叙述了狄奥尼索斯、利诺斯（Linos）、克里特的宙斯（Zeus）、韦尔切诺斯（Velchanos）以及许阿金诺斯（Hyakinthos）之死亡。米诺斯文化的韦尔切诺斯一直延续到古典时代，作为属于宙斯名衔之一的克里特的宙斯·韦尔切诺斯。他在这里是一个kouros，即一个年轻男子。③

---

① 赫西俄德《神谱》，947–948；阿波罗多罗斯（Apollodorus），*Epitome*，Ⅰ.8。
② 荷马《奥德赛》，Ⅴ：125–126；赫西俄德《神谱》，967–971。
③ 在公元前4世纪克里特城邦斐斯托斯的钱币上刻有宙斯·韦尔切诺斯。他坐在台柱子上，手举一只公鸡；他体态年轻，与古希腊的狄奥尼索斯相同。参见法奈尔的著作（Farnell, 1896–1909, Ⅰ: 109）。

海神波塞冬（Poseidon）为迈锡尼的主神，不仅掌管大海和大地，还掌管马匹和地震。起初，他可能是米诺斯文化的男神，与地母对应。在希腊荷马时代，他的名字为 Poseidaon，较早的形式是 Poteidaon。这一名称在词源学意义上为"大地之主"的意思，来自印欧语的词根 potis（主）和 da（地）（参考得墨忒耳来自 da mater）。① 词源学意义加上海神与马的联系，证明波塞冬的起源受到印欧语影响。然而与大海大地的联系则表明了更早的根源（前印欧语的），类似前印欧语的神出现于欧洲其他地区，例如，日耳曼的内乔斯尔（Njǫrðr）——大地与海之神——是内尔特斯（Nerthus）地母的男性对应神。皮洛斯（Pylos）发现的线形文字 B 泥书板记述了波塞冬接受祭礼奉献，在许多情况下是与一位女神 po-si-da-e-ja（与格为 Posidaeitai）一起接受的。他们一起接受祭品——母牛、母羊、野猪和大母猪等，这些祭品在后来的罗马仪式中极为常见。

在卡斯特勒登的探讨中（Castleden，1990），一枚来自干尼亚（Khania）的年代为公元前1500—公元前1450年的泥印章——据称是"主人之印"——将米诺斯文化中的波塞冬描绘为统御大海之神。在这一场景之中，波塞冬立于海岸的神庙上。他年轻而强壮：一只手臂前伸，执掌权杖，长发如波涛起伏，佩带项链和胸铠。来自克诺索斯的一枚金戒指描绘了同一类型的神，长发、手执权杖，飞临一座柱子或树形祭坛。很清楚，这个神启迪了米诺斯的神图艺人，当然我们需要更多的证据，将其认定为波塞冬。一般地说，在米诺斯艺术中，男神以植物神而出现，与动物有关联。在这些方面，他们是女神的对应神。甚至执掌权杖的强壮的男神也有一个神像对应——立于山顶手执权杖的女神，权杖象征力量。

葬礼

像古欧洲一样，克里特葬礼的考古学证据透露出克里特社会结构和宗教信仰的许多细节。在新石器时代的克里特，通常的葬礼都要涉及石制的墓穴或洞穴（就像马耳他或撒丁区），或涉及圆顶墓室（tholos）。圆顶墓室绝大多数出现于克里特南部迈萨拉平原，这些墓室可以容纳数百个被葬者，远可追溯到青铜时代早期（公元前3000年）。这些墓室看上去是氏族使用的，通常两个墓室连

---

① 虽然这种词源学看起来有道理，但仍然有一个难点：在世俗的意义上，非复合词 dā、dē，"大地"并没有附着在上面。（Chantraina，1966–1970，Ⅱ：272–273）

在一起。这些墓是集体葬，单个被葬者以同样方式处理。① 克里特的合葬习俗与公元前3000年西欧的巨石墓的合葬习俗有关。就像西欧的情形，克里特的葬俗反映了以氏族为基础的社会。有些合葬墓拥有柱式内室，让人联想到石笋和柱式地窖。墓室外的祭品暗示出葬礼宴饮或埋葬尸骨之后在特定日子里举行的纪念庆典。比较典型的发现物包括石制圆盆和奠酒杯子。发掘者还发现了带有廊柱的祭坛模型，如邻近斐斯托斯的卡米拉利（Kamilari）。这是一个长方形建筑的开放模型，有两根柱子，构成正面的架构，有四个人坐在供品桌前的长凳子上，献祭者手持杯子进入祭坛。另一个圆形建筑模型，可能是模拟圆顶墓的，有两人坐在矮桌子的两头。这些模型看上去再现了葬礼宴饮场面。这种享宴并非提供给个人，而是集体庆典，纪念死者回到祖先的世界或祖先的家里。在克里特南部地区，集体葬的习俗一直延续到公元前15世纪后期。我们尚未发现公元前1450年之前的皇家墓葬。小型墓和单一葬自此之后才出现于克里特。从集体的部落葬发展到个人葬，这一变化与希腊的迈锡尼文明影响是吻合的。

然而，米诺斯人中还有一些超常的厚葬。有些人被单独葬于石棺中。② 这反映出再生的象征体系。像地窖一样，神图中占据主宰地位的是献祭的兽角和双刃斧（或蝴蝶），它们从神图的中央升起，周围有植物、鱼、海洋主题、波浪纹的线条，垂直的螺旋柱、走廊、半圆或蛇。有的石棺绘有长了翅膀的鹰头狮身怪兽、人面的（甚至有乳房的）章鱼。来自雷西姆农（Rethymnon）的几口石棺现藏于干尼亚博物馆，绘有公牛，下面是捕食的鸟类：一种公牛与秃鹫女神的鲜明的结合。

最为富丽堂皇的石棺来自克里特南部的海吉亚特拉达，断代为迈锡尼占领克里特（约公元前1400年）之时，它曾经被不同的制作者复制过多次。在四块镶板上绘制的场景中，有一件解释葬礼的宝藏。其中的一条长边绘有几位妇女，可能在吟唱，前面有男性的笛手。中央部分有华丽的献祭场景：一头公牛被系在桌子旁边，它的血喷射到盘子里；桌子下方有山羊等待献祭；在祭坛的前方右侧，一女祭司在摆放装满祭品的容器；一尊奠酒用的宽口瓶、果品篮子放在祭坛上方，它的后面有一方尖塔，顶冠上有双刃斧，其上栖息着一只鸟；背景

---

① 在美沙拉（Mesara）、摩克洛斯（Mochlos）、阿克尼斯（Archanes）以及其他地方，坟墓定期地被清洗、烟熏；然后，部分遗骸被重新埋葬。这就叫二次葬。在二次葬时只有一些遗骸如头盖骨、大腿骨被保留，其他则被遗弃。希腊现在还流行二次葬。参见马瑞纳托斯著作（1993：22—23，26—27）。

② 这种用于二次葬的石棺即larnakes，在克里特中部的阿克尼斯的弗尔尼（Phourni）墓地有发现。参见马瑞纳托斯著作（1993：22）。

中有一顶部带有兽角、被生命树包围的结构。在较短的一边，表现两位女神来到祭坛的情景，她们坐在由几个鹰头狮身怪兽牵引的四轮车上，一只大鸟栖息在其中的一个怪兽的翅膀上。另一长边绘有一具没有武装的男尸，横陈墓前（或神祠）阶梯式祭坛上。三个男性向他献上祭品：一条船和两只小牛。左边出现了几个列队行进的人，他们包括男性笛子手、一名手执桶子的妇女，以及一名女祭司，她正在往两根柱子中间的罐子里倒某种液体，两柱子上方都有双刃斧。第二块短边镶板有两名妇女坐在野山羊拉的四轮车上。这两位极有可能是与死亡和再生相关的女神，她们可能是一对母女。[①]

研究人员在过去的数年里曾经对海吉亚特拉达石棺上绘制的场景做了两种解释。它们或许是描绘了手无寸铁的人的葬礼。也有可能的是，这些场景表现了植物神于春天的再生（Veiovis，据 Gjerstad，1973）。两说孰是孰非？女神（或诸多女神）、公牛献祭、奠酒、柱子上的双刃斧、生命树，这些内容的加入似乎属于再生仪式。把船祭献给男人，很可能是帮助他渡水而投奔他界。葬礼还伴有音乐的行进。因此，我们有更多的证据来证明这是葬礼，而非年轻神祇的再生。[②]

米诺斯文化的衰落

在公元前 1700 年到公元前 1450 年之间的两个半世纪，尽管有天灾人祸降临克里特岛，米诺斯文明仍然达到顶峰。其中的一次历史记录表明，灾难部分地促使克里特走向衰亡。克里特北部 120 英里是泰拉岛，它是克里特的前哨，也是具有紧密联系的文化共同体。然而，岛屿长期处于火山威胁之中。公元前 1628 年到公元前 1627 年，火山喷发，其威力大致相当于印度尼西亚 1883 年喀拉喀托火山喷发。[③] 喀拉喀托火山喷发的巨大冲击波摧毁了大部分的南太平洋群岛。泰拉岛的火山喷发使得该岛大部被毁灭。留下的是被水淹没的火山口，它宽 12.8 英里，深达 400 米。幸存的岛屿上留有阿克罗蒂里半岛社区的两层楼高的建筑，它们被数吨重的火山灰覆盖。我们会想起意大利城市庞培和赫库兰尼姆（Herculanum），千年之后这两座城市遭遇同样的命运。直到 20 世纪发掘之

---

① 在埃及，这对女神由伊希斯和奈菲斯（Nephthys）两姊妹所代表，她们都要守护死者和哺育生者。
② 我们切记这种石棺的年代为迈锡尼时代。因此，它根本就不可能描绘米诺斯人的仪式。
③ 泰拉（Theran）火山喷发是很晚近的事情，见胡德著作（1996）。考古学家通过碳放射物和树木年轮推定年代。胡德在早期著作（1971；147）中给出的时间是公元前 1500 年，马瑞纳托斯（1993·4）也将喷发的时间断代为前 1500 年。其他见解，参见伦弗鲁著作（1996）。

前，阿克罗蒂里半岛一直被火山灰压了数千年。

泰拉岛火山喷发产生巨大的海潮，横扫了希腊大陆的海岸和克里特岛北岸的大部分地区。这里曾经有很多米诺斯人的城市。泰拉岛曾经有火山，并且于史前即已喷发，这些事实只是在晚近20世纪60年代才被泰拉岛的发掘者斯比利登·马瑞纳托斯（Spiridon Marinatos）发现。起初，学者们认为这一火山喷发可以解释其后不久出现的米诺斯文化衰亡的全部原因。但是，进一步的分析说明，火山喷发并未彻底毁灭这一文化。内陆居民和岛屿南部并未受到影响。就在毁灭的北岸废墟上，考古发掘证明了上面还有建筑。至少在喷发了50年之后，米诺斯人还在继续建设他们的文化。

米诺斯文化可能是由于泰拉岛巨大灾难性喷发而式微，但是，它的最终毁灭是由人为而起，不是自然界的干预。许多世纪以来，克里特一直摆脱希腊大陆的命运，后者曾经被印欧语部落吞没。但是，公元前1450年前后，动乱袭击了克里特，它不仅席卷了海岸地区，而且席卷了整个岛屿。所有岛屿上的社区都有被烧毁的痕迹，就像被侵略者洗劫过一样。许多地方都是古欧洲遗址的复制：古欧洲的文物地层被突然间毁灭，埋在上面的是新的占领者，它们具有不同的工艺品、建筑、艺术风格。在这一时期——尽人皆知的考古学意义上的"新宫殿期"——既成的克里特文化就是一种混合物，古欧洲和印欧语民族文化成分混合了。

结论

米诺斯人享有数百年的灿烂文明。米诺斯文明可以追溯到大约公元前2000年，达到了先进的艺术水平和建筑技术。米诺斯文化深深地植根于古欧洲和古代安纳托利亚传统。这些结论都可以由以下来证明：它的艺术的创造性，神明中心的社会结构，鹰头狮身怪兽，螺旋形，棕榈、百合花、月亮、蛇、鸟、双刃斧等象征主义形象。米诺斯艺术颂扬生命和自然。生命和生育女神，立于山顶，立于三重平台，由狮子簇拥，手执水鸟。因此，米诺斯女神延续了古欧洲的传统。在出土的米诺斯文物中，虽然女性人物比重大于男性人物，但是米诺斯人在他们的神图中也描绘了年轻的男神。

克里特人还发明了两种书写工具，象形符号和线形文字A，在线形文字A的基础上，迈锡尼人建构了自己的书写体系——线形文字B，在线形文字B泥书板中记有我们从古典希腊那里得知的赫拉、阿尔忒弥斯、雅典娜、波塞冬等神名，这证明了其绵绵不绝的历史。

起初人们设想米诺斯文化具有"宫殿"，由该术语而暗示一种等级制度和父系制度的内涵，我们现在才知晓，这些"宫殿"实际上是庙宇建筑，其文化是以女性为中心的。因此，庙宇建筑同时为政治和宗教中心。洞穴神殿和山顶神殿可能主要为仪式而设。在这些神殿中发现了神圣的兽角、双刃斧、刻有生命树的印章，都是关于再生的主题。米诺斯人庆祝死而复生的过程。

因此，米诺斯文化延续了新石器时代艺术性的和女神中心的文化。关于这种延续性更进一步的证据可以在米诺斯人的合葬习俗中找到，它与印欧文化的单葬传统是截然不同的。①

随着米诺斯文化的衰落，最后的古欧洲-安纳托利亚文明消逝了。但米诺斯文化和其他古欧洲文化仍将深刻地影响古代世界，这种影响一直绵延到现代。

① 此前的结论部分由编者所加。

第八章 希腊宗教

最初的希腊文化发展了大约1000年之后,迎来了古典时期希腊文明的繁荣昌盛。最初的希腊文化被称为迈锡尼文化,在公元前1300年前后达到鼎盛;迈锡尼的书写系统——线形文字B——源于米诺斯人尚未被破解的线形文字A,而迈锡尼的艺术也与米诺斯文化非常相似。本章将讨论两种形式的希腊文化。①

迈锡尼时代

很多学者都认为诞生于希腊的迈锡尼文明,借早期印欧语族入侵的机会征服了米诺斯的城市。迈锡尼文明于公元前1600年左右在伯罗奔尼撒半岛非常显赫,其中心是伯罗奔尼撒半岛上坚固的城市。其中最有名的是迈锡尼城。迈锡尼城大量坚固的城墙至今依然屹立。19世纪中期以前,学者们认为迈锡尼城仅仅存在于荷马史诗《奥德赛》和《伊利亚特》中。海因里希·谢里曼第一个证明了迈锡尼人的真实存在。在完成了对小亚细亚地区特洛伊城的挖掘之后,他从1876年开始挖掘迈锡尼城的废墟。从一开始,谢里曼就致力于证明荷马史诗中故事的真实性。

迈锡尼文明从米诺斯文明中汲取了很多元素,在克里特岛和大陆上的迈锡尼城都发现了在泥书板上书写的线形文字B。上面大部分保留了一些简短的清单,但最重要的是泥书板上记录了后来出现的古希腊所崇拜的神的名字,比如宙斯、赫拉、雅典娜、阿尔忒弥斯、波塞冬、狄奥尼索斯、阿瑞斯,还可能有阿波罗的另外的名字。可惜的是,泥书板上只给出了女神和男神的名字,几乎没有记录迈锡尼人所赋予这些神祇的神话和性格。事实上,到公元前8世纪为止,希腊人都没有转述他们的神话。

米诺斯文明也影响了迈锡尼人艺术和工艺的风格。技艺高超的克里特艺术家好像迁徙到了大陆上,在迈锡尼主人的指示下创作出大量米诺斯风格的陶器

---

① 此段引子为编者所加。

和壁画作品。大陆上出现的很多符号和克里特的是一样的，并且这个时期爱琴海的艺术和大陆的艺术常常被作为迈锡尼-米诺斯艺术一并提及。

这种艺术、建筑以及记录迈锡尼文化的书写系统是古欧洲文化和印欧文化因素的迷人结合。毫无疑问，迈锡尼人有着印欧血统。他们崇拜战功，男性武士在整个社会中占据统治地位。他们继承了库尔干①的丧葬传统，最典型的迈锡尼坟墓就是一个男性武士与他的武器合葬，包括短剑、长剑以及显眼的金质工艺品。② 他们的万神殿的特色也是以供奉男神为主。与此同时，考古学的证据表明迈锡尼人保留了强烈的古欧洲-米诺斯人的信仰。大多数艺术品，例如壁画、戒指图章、陶器以及小雕像，都和米诺斯文化的非常相近。一样的女神，一样的符号——动物和大山的女主人，蛇女神和鸟女神，用于献祭的牛角，以及双刃斧的形状——这些符号都出现在大陆上的迈锡尼艺术中。神庙中既有男神也有女神，女神的数量超过了男神。迈锡尼人制作了数以千计的女神雕像，这些形象都是从古欧洲的母题中直接继承下来的。发现于神殿中的尺寸等大的陶蛇雕塑，堪称最具代表性的迈锡尼艺术品。它们清晰地表现出蛇崇拜在当时的重要性。

迈锡尼文明表现了重要的女神崇拜，这种信仰在青铜时代的欧洲被保留了下来，甚至在非常印欧化了的文化中也不例外。迈锡尼文明表现了从古欧洲的女性中心主义文化到古希腊文化的重要转折阶段，在古希腊时代，男性因素几乎成为完全的主导力量。

迈锡尼人本身就是早期印欧化了的北方（中欧地区）部落的后代，最终他们屈从于武力更加强大的印欧人。大约在公元前1200年，一群来自中欧的人潮卷过希腊和爱琴海诸岛，随后希腊和爱琴海诸岛沦落到一个黑暗时代之中，从这时开始，又经过后来的几个世纪，古典时期的希腊文明即将兴起。

古典时期的希腊

在随后长达数个世纪的黑暗时代，线形文字B书写体系的艺术消失了，美丽的米诺斯-迈锡尼艺术传统枯萎了。伟大的迈锡尼堡垒，由于受到入侵者的破坏，也变成一片废墟。后迈锡尼的希腊人居住在小型的、分散的居所。尽管文

---

① （东欧或西伯利亚的）坟头、坟墩，一种古坟或古冢，为公元前5000年左右俄罗斯南部大草原上的文化所特有，后来这种文化大约从公元前3500年扩展到多瑙河流域、北欧和伊朗北部。——译者

② 关于印欧和古欧洲的丧葬仪式的简要比较，参见琼斯-布雷著作（Jones-Bley，1990）。

化衰落了，迈锡尼的因素仍以多种方式转换进了后来的希腊文化中。迈锡尼人说一种古老的希腊语，就像泥书板上的线形文字 B 所记录的一样。我们可以推断，在数个世纪的黑暗时代中，这个地区仍然使用着希腊语。宗教活动也延续了下来，因为在迈锡尼人的记载中，古典时期希腊的那些神和女神在数个世纪之前就已经产生了。此外，很多迈锡尼文化的遗址，比如德尔斐（Delphi）和艾琉西斯的万神庙，在黑暗时代都仍然被继续使用，在古典时期的希腊盛极一时。甚至于荷马史诗《伊利亚特》和《奥德赛》虽然在公元前 7 世纪或前 8 世纪写成，却是在早期迈锡尼时代确定下来的。

黑暗时代之后出现的希腊文化与迈锡尼文化有着显著的不同。我们只能推测这种不同的原因，一个主要的影响来自破坏了迈锡尼文明的人，希腊传统上将他们称为多利安（Dorian）部落。第二位的影响来自安纳托利亚和近东，贯穿于所谓的东方化时期。①

这一时期最基本的变化就是妇女社会角色的下降。在早期的迈锡尼和米诺斯文化中，妇女扮演了核心的角色，至少在克里特的米诺斯文化中，妇女在生活中扮演了一个非常重要的角色。但是到古典时期的希腊，这种情况发生了根本的变化。希腊雅典社会将女人排除到公共生活之外，妇女基本上不参与重要的社会、政治或文化活动。古希腊宗教也缩小了女性的（权利）范围。希腊女神曾经履行相当于米诺斯-迈锡尼女神的作用，现在仅仅服务于男神。男权代替了女性中心的力量主导了整个世界。等级鲜明的希腊万神庙反映了希腊社会的结构。宙斯，男性主神，是从典型的印欧战神演化出来的。希腊万神殿也费尽心机地把古欧洲的女神同游牧风格的印欧诸神综合起来。

尽管希腊社会和宗教将女性置于一个次要的地位，关于希腊宗教的研究可以帮助我们理解古欧洲的精神及其如何与印欧宗教融合。希腊人用文字详细记录了他们的信仰和习俗。最早的两部文字作品大概出现于公元前 7 世纪和前 8 世

---

① 希腊宗教特别受到来自近东地区的影响和渗透，事实上一些希腊的神和英雄的形象似乎都是近东地区神和英雄的后代。比如希腊英雄赫拉克勒斯就继承了美索不达米亚的吉尔伽美什的装扮和功能，希腊女神阿佛洛狄忒作为掌管爱情、战争和其他一些功能的女神，其原型是苏美尔-阿卡得的印南娜-伊士塔（西部闪族的阿什塔特）。尽管在希腊神话中阿佛洛狄忒主要是爱神，但是她的武士的功能不仅能从她与战神阿瑞斯（荷马，《奥德赛》Ⅷ）的配对中看出来，也从她的一些称号中表现出来，比如斯巴达的阿佛洛狄忒被称为"阿瑞亚"（Areia），意思是"好战的阿佛洛狄忒"［帕萨尼阿斯（Pausanias），《希腊述记》（*Description of Greece*），Ⅲ, 17：5 – 6］。赫西俄德的《神谱》包含了"上天王权"的宗谱关系，这种关系可以追溯到近东。其他希腊神的外部来源也显而易见：根据很多学者的观点，狄奥尼索斯很可能起源于色雷斯（见 Farnell, 1896 – 1909, Ⅴ：85 – 86）。

纪：荷马史诗《伊利亚特》和《奥德赛》，以及赫西俄德的《神谱》。荷马史诗实际上形成于此前几个世纪的迈锡尼时代，记述了迈锡尼城邦的英雄们出生入死的传奇经历和他们对付特洛伊人的传奇故事，以及他们回家旅途上的波折。因为史诗是在迈锡尼时代形成的，所以荷马史诗很容易被当成是迈锡尼人宗教的来源。但是我们必须明白，荷马史诗描述了公元前8世纪的希腊，是荷马将这种故事投射在迈锡尼文化中。尽管他们也是一个武士社会，考古学的发现证明迈锡尼人仍然保留了对女神的强烈崇拜。这种信仰与米诺斯克里特文明的信仰非常接近。在四到五个世纪之中，巨大的灾难降临到希腊大陆上，这时候迈锡尼文明已经衰落，而古希腊文明尚未繁荣，妇女的地位下降，根据源于荷马史诗的新信仰系统，女神的地位是低于男神的。

其次重要的是赫西俄德的作品《神谱》。荷马将奥林匹亚的众神编进了富有娱乐性的故事之中，而《神谱》却是严格的神学著作。赫西俄德写作这部书就是要解释世界和众神的起源，并且梳理希腊的男神与女神之间的关系。

这些作品加上后来一些书写的原始资料，为我们提供了希腊宗教的详细记录。其中包括组成万神殿的男神和女神之间是怎样互相交往的，同时他们与人类世界之间的关系是怎样的。信奉多神教的希腊人崇拜很多神灵，这些神灵从尘世搬到了神圣的奥林匹斯山上。万神殿中的男神统治着奥林匹斯山和整个人类世界。他们中最高的统治者就是宙斯，他是印欧神话中天空和雷电之神的一个化身。从前那些独立的女神，仍然担任着重要的角色，但成了男神的妻子或者女儿。神话中叙述了宙斯和其他男神对女神的强暴，这可以看作侵略者的父权制万神庙征服了当地的女神崇拜的一个寓言。实际上，希腊的万神庙中有很多印欧神，现在已经明显变得非常好战了，一些从古欧洲继承下来的女神至此也被军事化了。

通过考察讲述希腊女神的文本，我们可以获得对古欧洲祖先的深入了解，因为考古发现并不能保存下像古代作家的评论那样丰富的细节。一些神明很显然是从新石器时代和米诺斯文化延续下来的。我们应该知道，数千年之间发生的印欧文化与古欧洲文化的融合造成了古典时期希腊宗教中的男神和女神。在此期间，古欧洲的生命女神逐渐发生变异，呈现出印欧文化的特点。这种趋势在古典时期希腊文明兴起之前的那几个世纪尤为明显，这个阶段以前古典时期的几何学和原始几何而著称。希腊的古典时期开始于大约公元前500年，在此之前是公元前7世纪到公元前6世纪之间的前古典时代；原始几何与几何学的时代则是从公元前10世纪到公元前8世纪。在这些时代，尽管女神失去了在宗教世界观里的首要地位，强大的女神仍然是古希腊崇拜的对象。

女神、男神和神奇动物

赫卡特

赫卡特的多种形象是从古欧洲神话中主管生命、死亡和再生的女神演变而来的。在迈锡尼和希腊时代，她保持了自己强有力的特征并且由信徒们以一种迷狂的舞蹈来表示崇拜。从书面记载、花瓶绘画与雕塑中所表现出来的形象来看，她代表了生命中的许多阶段：生育者和母亲一般的女性保护者，年轻而强壮的处女，同时是危险而可怕的干瘪老太婆。① 这类似于月亮的月相变化，从新月到渐渐满盈，直到满月——象征了生命、死亡和再生的循环。公元 3 世纪的作家波斐利（Porphyry）告诉我们，先民们将赫卡特叫作"月亮"。②

不过，赫卡特主要是死亡的代表，她是一个冷酷的杀手，在坟地之间游荡，收集毒素。她的宠物是一只狗，经常和她一起出现：她在画像中手拿火把冲过黑夜，背后跟着她的狗。有时候女神本人就是一只嚎叫的猎犬。在土耳其西部的卡里亚，祷告者以狗向她献祭，为她表演狂放的舞蹈。希腊作家将她描述成在黑夜的路边或者十字路口将路人引向歧途的女性。她有时戴着一顶帽子，毒蛇在她的头发中翻滚。按照帕萨尼阿斯的看法，赫卡特的雕像具有超凡的魔法力量。在以弗所③（Ephesus）神庙中，她的光芒迫使那些看到她的人必须闭上眼睛。她最喜欢的植物是罂粟、曼陀罗、非洲天门冬以及乌头。

阿尔忒弥斯

年轻而强壮的阿尔忒弥斯是春天之神，给万物带来生机。如同在克里特文化中一样，她掌管山峦、森林、岩石、动物、春天以及治病的圣水。她在阿卡狄亚（这个地区印欧化的影响比希腊其他地方都要小）受到特别的崇拜。在这里她被称为卡利索托（Kallisto），即"最美丽的"女神，又称阿格忒亚（Agrotera），即"山野女神"。从公元 2 世纪帕萨尼阿斯时代开始，在阿卡狄亚

---

① 赫卡特经常在画像中被刻画为三面，分别面向三个不同的方向。她是一个三联女神。
② Porphyry, *De Antro Nympharum*, 18. 在这里，波斐利所说的就是科尔（Kore），即女神的处女一面。科尔不是作为处女就是作为年轻人的化身，与处女阿尔忒弥斯相当。
③ 以弗所，位于小亚细亚今土耳其西部的希腊古城。这里的阿尔忒弥斯（罗马时期称为狄安娜）神庙为世界七大奇迹之一，圣保罗在其传教过程中曾造访此城。——译者

的迪斯珀尼亚（Despoina）神庙中她的塑像都披着鹿皮。① 她住在荒无人迹的原始森林里，被周围的牡鹿和猎犬围绕，是掌管着自由、纯净、未经驯化的自然的女神。少女时代的女神和她的仙女们一起在山间穿梭，一起舞蹈，一起玩箭，追逐嬉戏。她的仙女们都住在小溪、河流或者花朵里面。她就是《荷马祷歌》中所说的泡特纳·忒任（Potnia Theron）——"野生动物女神"或者"牡鹿女猎手"。② 陶瓶上、象牙板上都有她的画像，画像中她手里拿着鹤或者鹅，展开翅膀，周围围着猎犬、牡鹿或者狮子。有史以来，阿尔忒弥斯就是野生动物女神，她接受所有献祭的野兽，公元2世纪帕萨尼阿斯时代提到的有鹿、小鹿、野猪、鸟、狼崽和熊崽。③ 皮洛斯发现的迈锡尼线形文字B泥书板中阿尔忒弥斯的名字被记载为阿-提-米-特（A-ti-mi-te，A-ti-mi-to）。

如同在克里特文化中一样，阿尔忒弥斯仍然是生育之神，在孩子或者动物的出生仪式上现身。具有医用价值的草药——艾被用来接生。狄安娜（Diana）是罗马神话中相当于阿尔忒弥斯的女神，她被称为"子宫的开启者"。在塞萨利，怀孕的妇女把她当作伊诺迪亚④（Enodia），向她献祭以求她保佑生产顺利。献祭给她的物品包括纺织机、纺锤以及表现分娩姿势的小雕像。作为生育之神，阿尔忒弥斯是决定并编织着人们命运的女神。掌管生育的阿尔忒弥斯与熊之间的联系构成了她与早期宗教之间的另外一种关系。古典时期的资料表明卡利索托变成了一头熊，然后变成了大熊星座。雅典女子也是用熊一样的舞蹈来向阿提卡（Attica）的市镇布劳罗尼亚（Brauronia）的阿尔忒弥斯表示敬意。最晚从新石器时代开始，熊所具有的母性特征使得这种动物具有了生育和保护女神的双重身份。

阿尔忒弥斯同样也表现再生。如同在新石器时代那样，她的显身物是蜜蜂和蝴蝶，或者那些与阴部、胎儿、子宫有关的动物：青蛙或者蟾蜍、豪猪、鱼或者兔子。正如我们之前提到的，在埃及、意大利和立陶宛，女神被当作蟾蜍加以崇拜。因为蟾蜍具有的很多特点与女神非常相似：它所释放的一种剧毒的物质能够将人置于死地，它同时具有疗救的能力。

与阿尔忒弥斯-赫卡特有关的丰富多彩的再生性的场面出现在一个从波奥提

---

① 帕萨尼阿斯（Pausanias）Ⅷ：37.4，关于阿卡狄亚。
② *Homeic Hyinn* 28，致阿尔忒弥斯：$Ελαφηβόλου$。
③ Pausanias Ⅶ：18，关于亚该亚。
④ "她站在小路上"，"站在路边"。这类似于罗马赫卡特的通用的称号——"三叉路"，她是十字路口女神。

亚地区墓葬发现的卵形双耳陶瓶上面,陶瓶制作于公元前700到公元前675年。在这里,女神周围环绕着鸟儿、万字标志(卐)、公牛的头、一个囊状的物体,还有怒吼的雄狮(或狂暴的猎犬),以及向上盘绕的蛇,这些东西分布在陶瓶的不同侧面。在这个场景中,鱼占据了象征的中心地位。它在女神的身体(相当于子宫)之中漂浮。女神体现了一种昆虫的某些特点,或许这种昆虫就是蜜蜂。女神的下半身有锯齿状的线,头的两侧围绕着曲折线,类似于虫子的触须,比她的头发还要多。她伸展的双臂上没有手,表示着昆虫的腿。在陶罐的另一侧上面绘有一只大鸟,这只大鸟显然是神话中虚构的,它的身子是一个条带网纹的鱼(参看Gimbutas,1989,图405)。在鸟的下面是一只兔子和网纹的三角形。蛇、螺旋状的东西和万字花纹还有更多的鸟儿给整个画面增加了生气。在波奥提亚地区发现的这个花瓶的两个画面,出现在古典时期希腊文明即将崛起的前夜,基本上提供了一个具有再生能力的象征的大致目录,这些象征是我们自新石器时代以来所熟悉的。

在希腊悲剧作家埃斯库罗斯残存作品的片段里,阿尔忒弥斯的女祭司是以蜜蜂[希腊语称作梅利赛(Melissai)]的形象出现的。蜜蜂是从新石器时代以及米诺斯文化时代继承下来的又一种重要的再生象征。在公元3世纪,波斐利把蜜蜂与灵魂联系了起来[1],认为蜜蜂能够招来灵魂让他们再生。他还将月亮和公牛联系了起来,公牛是另一种再生动物,并在此基础上得出了他的惊人论断:牛是蜜蜂之父。[2] 蜜蜂形象的女神出现在公元前7世纪到公元前5世纪的珠宝上,这些珠宝来自罗德岛和泰拉岛。金板上刻画的这位女神有着人的头和胳膊,但是也有翅膀和蜜蜂的身体,还有一个隆起的肚子。在以弗所,阿尔忒弥斯的宗教动物就是蜜蜂,古典时期的圣殿的结构就是对蜂窝的象征性模拟,里面住着蜜蜂——女祭司,名叫"梅利赛",还有"艾赛尼"(Essenes),意指"公蜂"——他们是一些被阉割了的祭司。[3] 蜜蜂,更多的是类似于埃及神话中的圣甲虫或蜣螂,代表的是永恒的重生。

阿尔忒弥斯有很多种昆虫的化身:蜜蜂、蛾子和蝴蝶。她的蝴蝶象征物是

---

[1] Porphyry, *de Antrum Nympharum* 18. 在这里波斐利引用了索福克勒斯的795片段(Nauck),"成群的死者嗡嗡地升起"。

[2] Porphyry, *de Antrum Nympharum* 18. 在这里波斐利引用了索福克勒斯的795片段(Nauck),"成群的死者嗡嗡地升起"。

[3]《牛津古典词典》和法奈尔著作(Farnell, 1896-1909, H:481)都表明,在以弗所的阿尔忒弥斯崇拜中,蜜蜂曾经具有重要的宗教意义。法奈尔(591)引用了 *Etymologicum Magnum*(1848, 383.30),其中将艾赛尼派教徒解释为"以弗所人中的王",这源自关于蜂王的隐喻,它被称为艾赛尼,即公蜂。

从新石器时代到后来的克利特米诺斯文明一直传承下来的。这与克利特文明中的拉布瑞（labrys）即"双刃斧"形象非常相似。当这种拟人的形象被加之于双刃斧——圆形的或者王冠形的头被安在棍子、植物或者人的身体的中部，并且以三角作为翅膀——这种形象后来演变为蝴蝶或者蛾子形状的女神。迈锡尼时期，这种形象仍然很流行，但是变得比米诺斯时期的多了些刚性的元素。在原始几何、几何学和古典希腊时期，这个主题逐渐演变得越来越抽象。变成了一种由很多排双刃斧组成的装饰图案（两个三角形在顶端处重合），或者一个 X 形被一组垂直线隔开。

雅典娜

雅典娜是另外一个从古欧洲和米诺斯原型中传承而来的神。她是一个在雅典之外受到广泛崇拜的希腊女神，尤其是在伯罗奔尼撒半岛（阿尔戈斯和斯巴达）和土耳其西部（特洛伊和士麦那）。雅典娜是从古欧洲的鸟和蛇类女神演化而来的，她也是群落的保护神和生命的维持者，她和希腊的城市相关。到公元前 5 世纪为止，她已经牢固确立了雅典的官方地区性女神地位。她在青铜时代获得了军事特征，成了一则相当荒谬的奥林匹亚神话的牺牲者，在这则神话中，她被描述成宙斯的女儿，全副武装地从他的头中蹦出来。希腊雅典娜的形象混合着古欧洲的秃鹫女神的特点与一些印欧的武力因素——盾牌，带有羽毛装饰的头盔以及长矛。在希腊的陶瓶和雕塑中，她和鸟（鸽子、鸭子、鸥，以及燕子、海鹰，但最常见的是猫头鹰和秃鹫）一起出现。在《奥德赛》中荷马描述了雅典娜可以变成一只秃鹫。[①] 这位女神还变成一只猫头鹰介入了针对波斯人的战争，希腊人相信她帮助他们赢得了战争的胜利。在陶瓶的绘画上，我们可以看到她变成猫头鹰并且装备着头盔和长矛的形象。有时候还可以同时看到两种画面：雅典娜作为一个神人同形的女神，她的身后是一只猫头鹰。荷马称她为"猫头鹰脸的"。[②]

雅典娜最重要的角色之一就是手艺的赋予者，这一点似乎是从新石器时代继承下来的。这些联系（我在《女神的语言》中曾经有过探讨）可以通过刻在古欧洲的各种人工制品上的符号和铭刻来考察，比如纺锤、坩埚、织布机或者

[①] 荷马《奥德赛》，Ⅰ：319－320，Ⅲ：371－372。
[②] 荷马《奥德赛》，Ⅲ：371 或者其他地方。这个希腊形容词既可以表示"眼睛明亮的"，也可以表示"猫头鹰脸的"。

乐器。根据希腊神话中的描述，雅典娜发明了长笛、喇叭、陶器、炼金术、纺纱织布以及文明的其他技艺。一系列的希腊陶板上都有一只长有人的胳膊的猫头鹰纺羊毛的画面。雅典娜和她在罗马神话中的对应角色——密涅瓦一样，拥有纺纱、织布、编织和缝纫的技艺，这一点也和古欧洲的女神一样。雅典娜神庙里的女祭司为女神编织长外衣（一种希腊式的长袍或者外罩）。雅典娜还和金属的车间有关。在迈锡尼的一个城堡里，一个紧邻着金属冶炼车间的房间里，挖掘者发现了描绘女神的壁画，这位女神很像雅典娜。米诺斯文化也将女神与冶金术相联系。阿尔卡罗里（Arkalokhori）山洞就在克诺索斯的南方，它既是神庙，也是青铜器匠人工作的车间。[①] 作为城市的保护神和工艺的发明者，雅典娜是文明之母的人格化表现。

塞壬[②]（Sirens）与哈耳皮埃[③]（Harpies）

希腊神话中还有两位放大了鸟类特点的超自然生物就是塞壬与哈耳皮埃。[④] 这些生物和她们新石器时代的鸟类女神祖先一样，拥有人头、鸟身和秃鹫的脚。在荷马史诗《奥德赛》中，塞壬拥有一种邪恶的能力，她能用自己的歌声引诱人们走向死亡。在柏拉图的《理想国》里，塞壬与音乐相关。在厄尔（Er）的故事中叙述了音乐在物质世界中的角色：沉重的肉体在一种同心的、透亮的圆圈中围着一个纺锤旋转，如同一个巨大的纺锤轴，每个圆圈包含了一个塞壬，她们各自唱着特别的音符，组成整个圆圈体的神秘的音乐。[⑤]

赫拉

赫拉（罗马神话称为朱诺）是一个高个子的、美丽而庄严的女神，掌管着

---

① 胡德（Hood, 1971: 112），在"阿尔卡罗里的恐怖之洞"里挖掘出来一个用于献祭的斧头，在斧头上发现了一些刻的文字，字迹是螺旋形的，和斐斯托斯圆盘（Phaistos Disc）上的一样。胡德判断这种铭文具有某种宗教或者魔法的特征。

② 希腊神话中女人面孔鸟身的海妖，拥有美丽的歌喉，常用歌声诱惑过路的航海者而使航船触礁沉没。她是河神埃克罗厄斯的女儿。——译者

③ 希腊神话中的鹰身女妖，长着妇人的头和身体，长长的头发，鸟的翅膀和青铜的鸟爪。传说哈耳皮埃是堤丰和厄喀德那的四位女儿——Aello（暴雨）、Celaeno（黑风暴）、Okypete（疾飞）、Podarge（疾行）——的总称，她们原先是风之精灵，冥王哈得斯的传令者，负责把死者的灵魂送往冥界。——译者

④ 参见戴尔·沃尔普（Dell Volpe）文章（见德克斯特和普洛迈合编著作，1997: 103 – 123）关于"大女神，塞壬和帕耳忒诺珀"。

⑤ 这样一来，塞壬就不再像以往那样被视为否定性因素。克里斯特指出，塞壬所具有的龟甲也经常被用于制作葬礼的纪念碑，她的歌声可以安抚死者。克里斯特指出，她们是基督教画像中长着翅膀、手持竖琴的天使的早期形象。（材料来自个人交流）

牧场和航海。最重要的赫拉神殿位于阿尔戈斯①（Argos），柯林斯的帕拉赫拉岛，萨摩斯岛和莱斯博斯岛（米蒂利尼岛），锡巴里斯和意大利的福斯德尔塞拉。艺术家经常将她画成一个处于两只雄狮之间的强有力的女王，与米诺斯文化的站在山峦上的女神相似。公元前 680 到公元前 670 年的基克拉迪群岛的黏土浮雕装饰的大口陶罐上，给她画上了一个王冠，从上面生长出来的枝条上挂满了沉甸甸的葡萄，怒吼的雄狮在她的两侧护卫着她的威严，她的双手向上举起。两个女祭司向她献上神圣的有网状花纹的长袍。古希腊的最古老的宗教节日之一，就是为赫拉举行的，这个节日只允许女人参加，在奥林匹亚山上每四年举行一次。每当这个时候，16 名被挑选出来的姑娘会为女神编织一件光华灿烂的长袍。最重要的事件就是一次著名的以处女参加为特色的赛跑，她们以年龄为序，最小的最先跑，最大的最后跑。获胜的少女将获得一个橄榄枝编成的花冠，并且可以分享特别献祭给赫拉的带角的母牛。

在艺术和传说中，赫拉总是与母牛和蛇为伴。后一种联系暗示了她和史前蛇女神的关系，蛇女神就是家庭安全的保护神，特别是母牛的保护神。赫拉带着牛群在肥沃的平原上漫步，在她的神庙中接受公牛的献祭。荷马把她称为"牛眼的"②。小牛犊、带角的动物、长着大眼睛的拟人形的塑像，还有蛇的雕塑也都在献祭给赫拉的祭品之列。画像上的赫拉头发卷曲如毒蛇，眉毛像牛角一样弯曲。螺旋线、圆形和折线装饰着她的服装。赫拉在北部欧洲的姐妹叫玛撒（Mārša）或者玛拉（Māṛa），在拉脱维亚的神话歌谣中保留了下来，被称作"牛之母""牛妈妈"或者"母牛的命运神"。我们将在关于波罗的海宗教的最后一章中进一步讨论这个问题。

在奥林匹亚的万神殿中，赫拉既是宙斯的姐姐，也是他的妻子。在青铜时代晚期，他们是成了婚的，但更多的画面仍然表现了赫拉占据着王位，而宙斯则站在她的旁边。也可以见到赫拉站在宙斯之上，像个大女神那样伸出手臂，但是宙斯则做出儿子-情人那样恳求的姿势。荷马把她称为"金宝座上的赫拉"。在追求赫拉数百年未果之后，宙斯通过诡计骗到了她。根据一则神话，宙斯自己变成一只冻僵了的杜鹃鸟，当赫拉把他放到胸口暖热的时候，③他获得了接近赫拉身体的机会，于是宙斯马上变回原形并且威胁说如果赫拉不和他结婚就要

---

① 阿尔戈斯：古希腊的一个城邦，位于伯罗奔尼撒半岛东北部，靠近阿尔戈利斯湾上方。青铜时代早期开始有人居住，斯巴达兴盛前是古希腊最强盛的城邦之一。——译者
② 荷马《伊利亚特》，Ⅰ：551。
③《里奥克利特斯评论集》（*Scholia on Theocritus*），XV：64。

强暴她。因此赫拉成了唠叨而嫉妒的妻子的原型,但她从来没有完全失去自己的力量。

古典时期的希腊继续举行被称为大女神赫拉与宙斯之间的圣婚的神秘仪式。男神与女神的这次伟大的联姻让大地苏醒并且萌发生机。《伊利亚特》里有一段非常美好的章节,描写的就是宙斯和赫拉的婚姻所带来的影响:"他们脚下的神圣泥土变成了年轻的、新鲜的草地,带着露珠的三叶草和风信子,它们铺得如此柔软厚实,将新人与坚硬的地面完全隔离开来。"①

得墨忒耳与珀尔塞福涅

新石器时代的丰产植物女神的不同方面可以被归结到谷物女神得墨忒耳和她的女儿珀尔塞福涅——她既是谷物少女,也是死亡女王。珀尔塞福涅又被称为科尔(Kore),科尔是凯瑞斯(Koros)的女性形式,是萌芽或者少年的意思。得墨忒耳的神圣动物是母猪(Sow),也来自新石器时代的象征体系。

得墨忒耳是大地的果实女神,她被称作"绿女神""果实的使者""填满谷仓的人""带来四季的女神"。在荷马对得墨忒耳的赞美诗中,来自艾琉西斯的女神装扮成一个老年妇女,她对人们说她来自大海彼岸的克里特。由此可见,米诺斯和希腊的得墨忒耳似乎是同一个女神。但是,在后来的奥林匹亚神话中,她并入了奥林匹亚的万神殿,成了宙斯、波塞冬和冥王哈得斯的姐妹。宙斯同意将她的女儿珀尔塞福涅交给冥王哈得斯,在另外一些版本中波塞冬强暴了正在寻找女儿珀尔塞福涅的得墨忒耳——厄里倪厄斯(Erinyes,愤怒的得墨忒耳)。不管印欧传说怎样讲述这次强暴,得墨忒耳仍然被尊为"谷物之母""死者之母"。因为种子必须掉到地下才能再次生根发芽。普鲁塔克在公元1世纪把死者叫作"得墨忒耳的臣民"——得墨忒里奥(Demetrioi)②。这种信仰与印欧的阴间观念构成了鲜明的对比,在阴间观念中冥界是一个黑暗沉闷的王国,那里住着没有血肉的灵魂。③ 荷马将"惊恐的珀尔塞福涅"称作"死亡女王",她和哈得斯结婚。在公元前5世纪及之后几百年的视觉艺术中,珀尔塞福涅坐在王位之上,手里捧着一只鸽子、一只石榴、一个火把,还有玉米穗。她的火把能够加速谷物的生长:种子不会死亡,而是在地下的世界继续活着。这一形象

---

① 荷马《伊利亚特》XIV:345-350。尽管上下文讲的是爱情和战争,但是可以肯定这一段的确描写了赫拉和宙斯之间的圣婚仪式。
② 参见普鲁塔克的 *Moralia*,VII(943b)。
③ 印欧人对阴间的各种设想包括了阴沉的、黑暗的因素,参见汉森著作(Hansen,1987:8-64)。

概括了古欧洲和印欧观念的核心分歧。在古欧洲信仰中,生命在一种休眠状态(无的状态)中延续;但是在印欧信仰中,生命是要衰减和穷尽的。艾琉西斯的神秘仪式显著地反映了古欧洲信仰,Zōé——"生命力"永远不会停止并且渗透到所有的事物当中。

得墨忒耳与珀耳塞福涅有时被通称为得墨忒耳斯(Demetres),后一种称呼主要强调她们是同一个神。在瓶画和很多雕塑中有时候很难分辨这母女二人,她们总是同时出现,而且结合得非常紧密。实际上她们反映了同一个女神的不同形象——她的年轻形象和年老的形象。在春天,她们快乐地团聚在一起。珀耳塞福涅带着她的孩子布里莫斯-狄奥尼索斯回到阳间。这个具有神性的孩子诞生于黑暗和光明之间,生命得以延续。

得墨忒耳与珀耳塞福涅的故事令人想起很久以前的新石器时代对双女神的表现,或者被画成连体的双胞胎的样子,由于小雕像出自公元前第7千纪至公元前第4千纪,其来源明显不同,马耳他的神庙设计中保留了这两种版本。在双联雕像(见前文图76)和马耳他神庙中(吉干提亚和姆那德拉,见前文图73、图74)包含这两种因素的形象或结构并不相等:一个稍微比另一个大一点。看上去似乎双联形象和双联的神庙象征着春夏和秋冬持续不断、循环往复的再生。

利诺斯

在第一章,关于怀孕的植物女神和年神的讨论,考察了男神和女神对于延续农业循环的重要性。希腊神话不仅吸收了古欧洲植物女神的观念,还继承了会生长和死亡的男性植物神观念,利诺斯就是这种男神中的一个,被称为"亚麻之神"。他是从地里长出来的,生长、开花,随后遭受折磨,乃至死亡。每年一度的典礼就是为了哀悼利诺斯的早夭,这个仪式曾经被很多作家写到。荷马的《伊利亚特》提到了"利诺斯挽歌"或者"利诺迪亚"。[1] 赫西俄德在公元前7世纪中期描述道:所有的歌唱者和七弦琴的弹奏者在宴会或者舞会上都背诵利诺斯之歌。[2] 还有一些古典时期的作家也反复提及"利诺斯挽歌"和"利诺斯的毁灭"。

狄奥尼索斯

还有一位岁神就是长着公牛角或者水牛角的狄奥尼索斯。他出现在春天,

---

[1] 荷马《伊利亚特》,XVIII:570。
[2] 片段。赫西俄德说:利诺斯在盛宴和舞蹈开始与结束的时候被召唤出来。

充满男子气概，非常受女性喜爱。他茁壮成长，娶了一位女神，然后死去。很多神庙和雕塑证明了对他的崇拜。节日，比如"安特斯节"（Anthesteria）、"勒纳节"（Lenaia）以及"狄奥尼索斯神节"都呈现出一种对生殖器的狂欢式崇拜。生殖器形状的杯子、长柄勺，还有祭司的碟子都是如此，半牛半人的狄奥尼索斯与女神的结婚也表现了这个主题。勒纳节在一月举行，唤醒沉睡的植物。城市狄奥尼索斯神节在三月举行，目的是通过对生殖器的强调保证丰产：希腊的一个城市将一个生殖器形状的物体作为贡品献给节日。[①] 安特斯节是一个花的节日，包括了饮酒和狂欢的内容。[②] 节日以庆祝狄奥尼索斯的婚礼而结束，婚礼是在公牛的牛栏中进行的，由妇女主持。仪式上所用的工艺品和古典时期希腊的很相似——生殖器、有着类似阳具形状把手的杯子以及半牛半人的雕像，这种东西在东南部欧洲也有发现，大概来自公元前第6千纪至公元前第5千纪。它们表明类似狄奥尼索斯之类的节日在古希腊文明之前5000年已经存在了，并且延续了很长一段时间。在科奥斯（Keos）岛上由M. E. 卡斯克（M. E. Caskey）挖掘出来的证据也证明了狄奥尼索斯崇拜的延续性，他发现了一个早在公元前15世纪就已经建造起来的狄奥尼索斯的神殿。这个神殿被使用了超过1000年，在里面发现了陶制的妇女雕塑，雕塑中的妇女们身着节日盛装，乳房露在外面，脖子上和腰上缠着蛇，呈现舞蹈的姿势。她们代表了酒神的女祭司——在狄奥尼索斯节日中狂欢迷醉的献身者。

根据奥菲斯教（Orphic religion），狄奥尼索斯神被杀掉并被肢解，和珀耳塞福涅一样来到地下深处，成了一粒种子等待生根发芽。妇女们保存了种子或者他的生殖器，将种子放在扬风的扇子上，进行着再次唤醒他的仪式。[③] 在这个神话中，宙斯将他的肢体托付给阿波罗，阿波罗将他放在德尔斐城[④]自己的三角桌

[①] 根据法奈尔著作（1896—1909，V：226）中的观点，曾经有一个第五世纪法令，命令贝瑞阿的雅典殖民者每年向狄奥尼索斯献祭阳具。这种后继的仪式被称为"法拉高吉亚"（Phallagogia）。法奈尔（V：225）将这个节日誉为"某种程度上所有阿提卡典礼中最壮观的"。

[②] 法奈尔将"安特斯节"这个名字翻译成"促使万物开花的节日"（同上V：222）。

[③] 在早期的仪式中，狄奥尼索斯是一个植物男神（或者可能是生殖男神），他作为酒神的角色是后来才产生的。见法奈尔著作（同上V：118）。关于神秘的狄奥尼索斯式的奥菲斯节日，见尼尔森（Nilsson）和露丝（Rose）等人的著作（1949：288 – 289；627 – 628）。还可以参看克莱尼著作（Kerényi，1951：254 – 255）。凯伦依讲述了一个神话，在神话中狄奥尼索斯做了一个无花果木的阳具，放在liknon即扬风的扇子上（259）。从科恩著作（Kern，1922）中可以看到奥菲斯教信仰和神秘故事。

[④] 位于希腊中部靠近帕拿苏斯山的一座古城，其年代至少可追溯到公元前17世纪。它曾是著名的阿波罗神庙所在地。——译者

旁边（三角桌是女性三位一体的象征）。① 半圆形石祭坛标记着这个神圣的地方，这里就是希腊世界的中心。阿波罗是光的使者和疗救者，他最终让被肢解的、受尽磨难并暂时处于癫狂状态的狄奥尼索斯恢复了新生。神都是互相需要的，他们表现了黑暗和光明的互补，这次重归于好的过程为世界带来了福音。

赫尔墨斯（Hermes）

奥林匹亚之前的赫尔墨斯神也与阳具和蛇相关，用来刺激植物生长和动物多产。他似乎是从古欧洲裸体阳具雕像中演变而来的。他是一个年轻的能够带来好运的神，在阿卡狄亚受到特别的崇拜。他的纪念碑被称为"菲勒斯-赫尔墨"（phallus-herm），一根用人头和生殖器装饰的圆柱子。到希腊旅游的人经常可以在路边看到赫尔墨斯像。作为一个神人同形的神，他携带着一个蛇杖（Kerykeion）——一根缠绕着蛇的魔杖。他也同样统治着阴间；他用蛇杖将灵魂从坟墓中唤走。荷马说他能将人催眠，并能唤醒他们，他是一个心理之神，因而也是一个再生之神。他的主要象征物——蛇和阳具——对他的职能而言是非常贴切的。

阿斯克勒皮俄斯（Asklepios）

另一个与蛇有关的男神是希腊的阿斯克勒皮俄斯——拯救和治疗之神。他的魔法工具上缠绕着蛇，正如赫尔墨斯的蛇杖上缠绕着蛇一样，在有些画面中，他站在蛇的旁边，或者蛇盘在他的身上。阿斯克勒皮俄斯的蛇是用来治疗的，而赫尔墨斯的蛇则是用来催眠和唤醒的。

宙斯·特索俄斯（Zeus Ktesios）

蛇也用来保卫家庭财产或者大量的财富。希腊神话中，男性的家财保卫蛇神是宙斯·特索俄斯。宙斯的影响已经渗透到了这里！在罗马神话中作为"潘努斯"（Penus，食品和供给品）的守护者，这些雄性的蛇"潘纳茨"（Penates）就是家神，在无数的壁画中都有体现。

克罗诺斯（Kronos）

希腊之前的克罗诺斯神经常作为一个老人出现，他坐在椅子上，手里拿着

---

① 参见克莱尼著作（1951：254-255）。

一个弯曲的东西，好像是一把镰刀，他也掌管着植物的衰荣。他的节日——克洛尼亚（Kronia）是一个庆祝丰收的节日。古欧洲的雕塑中手拿一个弯曲的东西坐在椅子上的男人或许正是克罗诺斯神的前身。这个形象可能来自希腊之前的塞斯克洛文化（公元前第6千纪早期）、塞萨利文化和提萨文化（公元前第5千纪早期），这些文化繁荣的地方就是后来匈牙利东部和克罗地亚的所在地。

潘（Pan）

希腊潘神明显有着前希腊的渊源。他是森林之神，存在于大神和女神的万神殿之外。他是一个牧羊人，保护着野生动物、猎人和养蜂人。他的特色是一个排箫①（潘神用的笛管）、牧羊人的钩子和一条松树嫩枝。有100多个献祭的地方铭刻着潘神的名字，足见他的影响之广。他和自然的关系暗示他与史前文化有着很深的渊源，甚至在农业出现以前就已经存在了。

结论

以上关于古欧洲诸神对古典时代希腊神话的影响的分析表明，即便是经过了2500年的印欧统治（从公元前第3千纪早期开始），古欧洲的宗教观念仍然是最重要的。最重要的古欧洲女神——后来变成了阿尔忒弥斯、赫拉、雅典娜和得墨忒耳——进入了奥林匹亚男神的万神殿。希腊人为这些女神修建了和印欧男神一样辉煌的神庙。但是这些本来能单性繁殖的女神渐渐演化成了印欧男神的新娘、妻子或者女儿，这种变化有时候并不成功。在希腊神话中，宙斯强奸了成百个女神和仙女，波塞冬强奸了得墨忒耳，哈得斯强奸了珀耳塞福涅。这些发生在神界的强奸事件或许反映了古欧洲妇女在从前父权制到父权制的转变过程中所受到的粗暴待遇。

更早的时候，在新石器时代，女神们控制着生育、生命延续、死亡和重生。古欧洲的女神们拥有着这些强大的权力，在小雕塑和大型石刻的画像中可以明显地看到这一点。到了古希腊时期，古欧洲的女神们不同程度地变得更加色情化、武力化（特别是雅典娜），并且臣服于男神。阿佛洛狄忒（罗马称维纳斯）

---

① 据希腊神话，阿卡狄亚山林女神绪任克斯（Syrinx）被潘神追求，她为了保持贞操，化作一束芦苇，潘神以此苇做成潘神箫。——译者

失去了除了爱和性之外的所有能力。① 这些新的女性形象中，古欧洲女神的身体能量消失殆尽，取而代之的是脆弱的美貌和孱弱的身体。这种认为女性有缺陷的观点在宗教世界和现实社会都有所体现，也被现代的西方社会传承下去，直至今日还约束着宗教和世俗世界的艺术。

一些新旧男神发生了融合：宙斯和圣童，宙斯与蛇（宙斯·特索俄斯）。既然宙斯代表一种强大的、独立自主的印欧雷神（或者雷神和电神的结合体），这种融合就是很奇怪的——他进入了圣童（生在一个山洞里由女神照料着长大）和冥界家神（蛇神）的领域，这显得不可思议。其他的古欧洲男神——比如掌管植物和丰产的神或者野生动物和森林的保护神——则几乎被原封不动地搬到了希腊时代。

---

① 如果将阿佛洛狄忒和苏美尔-阿卡得-巴比伦爱神、战神和文明的传播者——印南娜-伊士塔相比较，我们就会发现在阿佛洛狄忒那里，很多前希腊的功能和力量已经被剥夺了。

第九章　伊特鲁里亚人的宗教

另一个保留古欧洲-安纳托利亚传统的古代文化是伊特鲁里亚人的文化。伊特鲁里亚人居住地域为罗马北部的意大利，大略相当于现代的托斯卡纳，古罗马时代称之为伊特鲁里亚。伊特鲁里亚人拥有意大利半岛最早期的文明，他们早于罗马人，与希腊人处于同一个时代。在公元前8世纪到公元前6世纪的鼎盛时期，伊特鲁里亚人统治着罗马，在地中海西部广泛开展贸易，在意大利南部建立了许多殖民地。

伊特鲁里亚人的起源有些扑朔迷离。20世纪学界争论的焦点是，他们起源于意大利抑或起源于小亚细亚。希罗多德说，伊特鲁里亚人是于公元前13世纪来自小亚细亚的吕底亚（Lydia）的移民。有一件来自爱琴海北部列姆诺斯岛上的人工制品，它是一块石碑，上面镂刻的铭文是与伊特鲁里亚语有关的一种方言。这段铭文为这个观点提供了有力的佐证。当然，伊特鲁里亚人有可能从本地的名为新村（Villanovan）的铁器时代的文化演进而来。

伊特鲁里亚人的语言和文化

在意大利半岛，伊特鲁里亚人被周边操印欧语言的族群包围，尽管如此，他们的语言还是非印欧语言。与他们比邻而居者包括拉丁人（后来的罗马人）和翁布里亚人（Umbrian）。当希腊人在地中海西部建立殖民地时，他们的贸易已经扩展到意大利中央西部的第勒尼安海。[1] 这种贸易活动使希腊人与伊特鲁里亚人开始直接接触。在这一时期伊特鲁里亚人的出土文物中，人们发现了希腊的陶器。伊特鲁里亚人采用了包括希腊字母在内的许多希腊人的发明。伊特鲁里亚人将希腊字母略加修改，用于书写自己的语言。

---

[1] 希腊对意大利南部和西西里的殖民始于公元前750年。早期希腊的证据或许只可能说明偶尔的接触而非殖民化。在意大利南部建立的利吉姆（Rhegium）要早于公元前720年。希腊在西西里的第一个殖民地——纳克索斯（Naxus）——建立于公元前734年。公元前733年，叙拉古（Syracuse）成为殖民地。参见A. J. 格雷厄姆著作（A. J. Graham, 1982, Ⅲ: 91ff）。由希腊福西亚人（Phocaeans）建立的希腊在法国、西班牙海岸的殖民地应该出现在公元前600年。参见格雷厄姆著作（139ff）。

大约 13000 件伊特鲁里亚铭文业已被记录，由于知道希腊字母的发音，我们可以粗略地对伊特鲁里亚语言的发音进行重建。伊特鲁里亚语言已经被破解，但是，绝大多数的文本尚待释读。这部分是由于该语言与其他已知语言无甚联系，部分是由于这些数量不少的铭文，绝大多数是篇幅短小的题献，出现于坟墓、古镜和陶器上。① 篇幅较长的文本很少。最长的铭文是关于献祭、祷告的礼拜仪式的日历，它来自书写在亚麻布上的一本圣书。该书的一部分之所以被保存下来，是因为它们作为埃及木乃伊的包裹物而被再次使用。20 世纪一位克罗地亚旅行家购得这些亚麻布，现藏于萨格勒布国家博物馆（Zagreb National Museum），它含有 1200 个可读单词。古代语言通常是双语：铭文一般用两种语言来记录同一个内容，其中一种语言已经被释读，而另外一种语言则未知。这些古代语言就是通过这些铭文而被移译。只有一种双语（更确切地说接近于双语）的铭文是已知的，用伊特鲁里亚文和腓尼基文书写。这段铭文书写于三块金板上，1964 年发现于希腊西里海湾的皮尔戈（Pyrgi），断代大约在公元前 500 年。后面将要详加叙述的这块金板，只包含一段有关女神乌尼（Uni）的铭文，它不足以解决伊特鲁里亚语言之谜。

与周边诸印欧文化不同，伊特鲁里亚的社会有其独特性。希腊人和罗马人都注意到，妇女在伊特鲁里亚的社会中享有很高地位。妇女饮酒、跳舞、出入剧场、参与公众生活。伊特鲁里亚妇女有读写能力。其中一位很有名的伊特鲁里亚女性是塔娜奎尔（Tanaquil），她的丈夫塔昆尼乌斯·普利克斯（Tarquinius Priscus）是罗马首位伊特鲁里亚人国王。罗马作家李维（Livy）记载，塔娜奎尔很有教养、精通占卜。② 伊特鲁里亚人为贵妇人或女祭司建造了一些极为富丽堂皇的坟墓。例如，西里（Caere）的瑞格里尼-噶拉希（Regolini-Galassi）的坟墓，其年代是公元前 7 世纪，用黄金珠宝、象牙盖瓶、银制餐具和骰子来装饰。我们现在可以在梵蒂冈的伊突利亚美术馆（Museo Gregoriano-Etrusco）目睹这些出土于古墓里的人工饰物。

现存希腊和罗马文献为我们认识伊特鲁里亚人的社会生活提供了证据。但

---

① 有关伊特鲁里亚铭文参见普维尔（Puhvel，1984）、帕罗提诺（Pallottino，1968）和彭梵得著作（Bonfante，1990，27—48）。

② 李维《罗马史》I. xxxiv. 9；xxxix. 3－4。她很明智。这可以由她作为继子塞尔维乌斯·图利乌斯（Servius Tullius）的顾问来证明（I. xli. 3－4）。对于她的丈夫塔昆尼乌斯·普利克斯之死，塞尔维乌斯不可能有明智之举来让自己称王，于是他应该利用她的智慧。她利用自己的智慧保证塞尔维乌斯的顺利登基。她的这种方式还起到了主权授予者的作用。参见 I. xlvii. 6。此处记载了她因为给自己的丈夫和继子授予皇权而受到的指控。

是，我们对其宗教一无所知。这里有若干原因。首先，当罗马文化达于鼎盛时期，伊特鲁里亚人的独特文化已经湮灭，后来的诸多文化并未保留伊特鲁里亚人的传统。其次，并没有大量的伊特鲁里亚人的宗教史料被保留下来。因此，我们没有可以与希腊罗马相比较的关于伊特鲁里亚人的宗教材料。我们知道伊特鲁里亚人有自己的万神殿，此外，他们还采纳了希腊女神、男神及神话。铭文中提到一些伊特鲁里亚人的神祇，有些神的名称出自伊特鲁里亚语，另外的则来自希腊语和拉丁语。我们的绝大多数知识来自希腊和罗马的第二手资料，还有考古学的资料，即伊特鲁里亚的后期资料（公元前5世纪到公元前2世纪）。尽管有这样一些障碍，我们还是能够了解伊特鲁里亚人的宗教及其古欧洲遗产的某些情况。

庙宇

现存的神坛、雕塑、庙宇、神庙模型，数以百计的献祭供品，这些都可以清楚地说明古欧洲-安纳托利亚传统的连续性。这种连续性特别体现在伊特鲁里亚人的宗教建筑上。伊特鲁里亚人的神庙通常含有三重地窖（三重神龛），这让人联想到马耳他岛神庙的三重窨室（如吉干提亚的神庙）和米诺斯的含有三重窨室的山顶神殿。而且，正是伊特鲁里亚人——而不是印欧语族群——在意大利创制了膜拜神偶。事实上，罗马人在受到伊特鲁里亚人影响之前还没有为自己的神造像。最早的木制和赤陶雕塑随着时间的推移而消失，然而较小的崇拜神偶——缩小的膜拜神像——则有大量遗留。伊特鲁里亚人发展了三联神（divine triads），这是对古欧洲三联神、数字"三"的普遍神圣性的继承。在维伊（Vei）旷野上耸立着波多那西欧（Portonaccio）神庙，所祭祀的三女神为密涅瓦（Minerva）、阿瑞蒂米（Aritimi）、杜兰（Turan）。[①] 在罗马，伊特鲁里亚的塔奎因（Tarquin）国王建造卡匹托尔林尼（Capitoline）神庙以祭奠三联神丁尼亚（Tinia）、乌尼（Uni）、摩奈娃（Menerva）、朱庇特（Jupiter）、朱诺（Juno）、密涅瓦（Minerva）。后来，随着伊特鲁里亚人被驱逐出罗马，卡匹托尔林尼神庙成为整个罗马世界的宗教中心。依据传统，每一座伊特鲁里亚城邦都建有三联

---

① 该神庙就位于伊特鲁里亚城邦维伊城外，在波多那西欧地区。其断代为公元前6世纪最后25年。参见吉里安诺·彭梵得和拉莉萨·彭梵得的著作（1985：32）。据这两位作者说，该庙宇主要祭祀密涅瓦（伊特鲁里亚的 Menrva，拉丁词为 Minerva）。虽然它毁于公元前396年，但是此后仍然作为露天朝拜之所长达一个世纪。参见班替著作（Banti，1973：61）。

神庙。对于每一座伊特鲁里亚的新城市来说，建造三个神殿、三道门是不可或缺的。

女神、男神、精灵

伊特鲁里亚神殿与希腊万神殿有关联，这体现在两者都包含了古欧洲和印欧文化的女神和男神。但是两个神谱的组成方式有区别。在本章之前，我探讨了希腊古典文化和宗教如何伴随着印欧化的部族对希腊和爱琴海岛屿的武力征服而产生。与此相对照，伊特鲁里亚神殿的众神，他们的演化是经由和平的影响而实现的，是这些部族与希腊人展开经济、贸易往来的结果。

各种人工饰物上的铭文以及史料，提供了有关伊特鲁里亚神祇的名称和一些信息。[1] 公元前5世纪和公元前4世纪罗马历史学家的参考文献透露出有关伊特鲁里亚一些城邦的主要女神。如朱诺王后（Juno Regina）是维伊的伟大女神。而朱诺·刻瑞提斯（Juno Curitis）则是伊特鲁里亚的费勒瑞（Falerii）[2]的主神。希腊作家提到，伊特鲁里亚人在邻近盖沃特里（Gerveteri），即西里海岸的皮尔戈宏伟的神殿里供奉着女神，他们给女神取了希腊名字埃蕾西亚，她是生育女神，琉科忒亚（Leucothea）则是女海神。[3] 我们由双语铭文中得知朱诺是伊特鲁里亚女神乌尼的拉丁名字（在希腊该女神以赫拉而闻名）。埃蕾西亚和琉科忒亚逐渐具有了女神朱诺在赐予生命等方面的功能。来自皮尔戈的公元前500年的双语金板，铭刻着伊特鲁里亚文和腓尼基文，上面记载了西斯拉（西里）的统治者致女神乌尼的献辞。腓尼基的乌尼就是闪米特的阿什塔特（Štrt）。虽然铭文没有提到女神的功能，但各种材料看上去很一致，都认为乌尼是最受尊重的女神，就像米诺斯的大女神。在泰拉和克里特，该女神通常被描绘为身边由狗、狮子、鹰头狮身怪兽格里芬相伴的形象。大约公元前700年早期的伊特鲁里亚人的艺术，透射出米诺斯文化的肖像绘画特点，把乌尼描绘为两边带翼的斯芬克斯狮身怪兽女神［例如，来自盖沃特里的象牙瓶画就如此描绘，该瓶画现藏于巴尔的摩的沃尔特艺术馆（Walte Art Gallery）］。

重要的人工制品还有伊特鲁里亚人的古镜，制造于公元前530年到公元前

---

[1] 关于伊特鲁里亚的铭文参见前注。
[2] 根据奥维德（Amores，Ⅲ：13. 35）记载，赫拉索斯（Halaesus）向法利斯坎人（Faliscans）传授朱诺秘仪（Iunonia Sacra）。
[3] Leucothea 字面上意为"白女神"。

200 年，上面雕刻有诸神的名称和希腊神话中的人物。[①] 这些古镜上刻有著名的神摩奈娃或门尔瓦（Menrva），即罗马的密涅瓦，她承袭雅典娜，带有尚武的特点。公元前 5 世纪的摩奈娃女神肖像有翅膀，长着美杜莎的头，由赫拉克勒（赫拉克勒斯）、图耳姆斯（赫耳墨斯）或富尔斯（珀修斯）陪伴。在公元前 300 年前后的古镜上，女神形象雕饰华丽，带有顶饰的、飘拂的盔状花冠，手持饰有蛇发女妖的宙斯帝盾和长矛。在这些镜子上还有另外一些女神，包括阿瑞蒂米或阿耳图梅斯（阿尔忒弥斯）和杜兰，即爱的女神，拉丁文称之为维纳斯（Venus），希腊文称之为阿佛洛狄忒（Aphrodite）。伊特鲁里亚古镜还提到男性神，其中包括法夫伦斯（Fufluns），他与希腊的狄奥尼索斯和罗马的巴克斯（Bacchus）有关联。来自丘西（Chiusi）的公元前 4 世纪前后的一枚铜镜上，描绘了年轻的法夫伦斯和他的伴侣阿里雅萨（阿里阿德涅，Ariadne）在一起，旁边有他的母亲塞姆拉（塞墨勒，Semele）和森林之神——长着"狮子鼻的"西摩（Sime）。

一尊塑成羊的肝脏形的青铜器模型，堪称非同寻常的人工饰品，它上面刻有神的名称。该物件断代约为公元前 150 年。1877 年在波河峡谷皮亚琴察被发现。这一稀见之物为伊特鲁里亚人的占卜活动提供了证据，这种占卜活动使得伊特鲁里亚人在古代世界闻名遐迩。在罗马人征服之后，这些占卜仪式仍被吁请表演。其中的一个占卜仪式是肠卜（haruspicy），即肝脏占卜。在该仪式中，人们要将一动物（通常为羊）拿来献祭，要把动物的内脏特别是肝脏，拿来检验。伊特鲁里亚人一定是把动物的肝脏当作微观的宇宙。这尊来自波河峡谷的青铜模型，其外侧边缘划有 16 个区域，代表天空的区划，内侧划分为 24 个区域。肝脏上面刻有神的名称，它们大都是早期文献中常见的，如乌尼、丁（丁尼亚）、法夫伦斯、赫拉克勒（Hercle）、塞尔万（西尔瓦努斯）、刻尔（Cel，一位母神）、刻尔斯克兰（刻尔的儿子）、凯西亚（太阳神）、乌希尔（太阳）、提乌尔（月亮）。

由女神、男神的雕像与铭文可以看出，大多数的伊特鲁里亚人的神源于古欧洲的神。尽管经由希腊和本地的意大利的影响而印欧化，伊特鲁里亚人的神祇保留了几乎清一色的古欧洲传统。女神之中有乌尼，很可能是生命、生殖之

[①] 关于铜镜——它们的成分、制作、使用和铭文，参见德·古鲁芒德著作（de Grummond, 1982: 49ff）。有些铭文很有吸引力。例如，来自普莱内斯特城（Praeneste）的铜镜上，描绘了一对青年男女在游戏台子上的竞技。年轻女子用古拉丁语说"我要出击啦"（devincam ted）。男子回答，"我想你会的"（opeinod）[75]。另见埃尔努著作（Ernout, 1973: 30）。

神；阿尔忒弥斯作为自然女神，有可能一直与乌尼相同；摩奈娃即罗马的密涅瓦、希腊的雅典娜，一个尚武的古欧洲的鸟女神；杜兰，罗马为维纳斯，希腊为阿佛洛狄忒①，是爱的女神；塞姆拉（Semla），希腊的塞墨勒，大地女神②；刻尔母神，该神可能一直从某些方面看是乌尼的母亲，或与塞姆拉有关。男神有法夫伦斯（狄奥尼索斯）、图耳姆斯（赫尔墨斯）、森林守护神塞耳万（西尔瓦努斯），还有圣童。看起来，就圣童而言，伊特鲁里亚人是顺着克里特的宙斯而发展了他们的圣童形象的。在伊特鲁里亚古代刻有圣甲虫的宝石上，绘有一个长了翅膀的女神，她带着一位年轻的男性人物，铭文中说他们是杜兰和丁尼亚（丁尼亚相当于宙斯）。这里就像克里特一样，一个主要的印欧神祇竟然转变为一个孩子。

宏伟的伊特鲁里亚人的墓穴，同样保留了古欧洲关于生命、死亡和再生的观念，特别是伊特鲁里亚文化的早期阶段。③ 植根于古欧洲的死亡女神的形象，贯穿于伊特鲁里亚人历史的始终。伊特鲁里亚人的裸体女神像，是两脚并拢的立姿［如在奥尔维耶托（Orvieto）发现的公元前6世纪的雕像］，它有可能来源于新石器时代的挺立的裸体雕像。迟至公元前6世纪，一个秃鹫神——尽管是男性外表，也有可能与新石器时代的秃鹫女神有关联——作为伊特鲁里亚人古墓壁画中的死鬼形象出现。在塔尔奎尼亚（Tarquinia）的奥尔刻斯（Orcus）墓中，一幅壁画场景呈现出一个可怕的魔鬼，它长着翅膀、一副秃鹫的喙、驴的耳朵、毒蛇盘绕和寄生的头发，他在坐定的忒修斯（Theseus）头上盘旋。壁画在魔鬼的旁边书写着他的名字图库勒卡（Tuchulcha）。另外一个妖魔是卡隆（Charun），这个长了翅膀的妖怪，有一副秃鹫的钩形鼻子，一头毒蛇盘绕的长发，有铁锤作为武装；他与希腊的为死者摆渡的刻戎（Charon）有关。万兹（Vanths）是长了翅膀的女子，年轻貌美，穿短裙子，披着肩带，脚穿猎人的靴子。她帮助卡隆，像牧羊人那样看管死者。万兹就像日耳曼的沃尔克利娅（Valkyries）那样，出没战场，护送死者到下界。公元前4世纪到公元前3世纪，伊特鲁里亚人后期墓葬中出现了印欧成分的混合，那时，罗马人已经统治了伊

---

① 马丽加·金芭塔丝在这里并不想把阿佛洛狄忒与古欧洲女神联系起来，尽管伊特鲁里亚的杜兰可能由古欧洲继承而来。她认为阿佛洛狄忒来自近东。
② 对比一下希腊（起初为Thraco-Phrygian）酒神狄奥尼索斯之母塞墨勒；在语言学上，该神与立陶宛Žemyna，即拉脱维亚的Zemes Máte，以及斯拉夫的Mat'Syra Zemlya（湿地之母）有关联。参见德克斯特（1990：41—42）。
③ 关于伊特鲁里亚人坟墓的绘画的描述和讨论，请参见莫瑞提著作（Moretti, 1970），另参见凯勒著作（Keller, 1974: 23—37）。

特鲁里亚人的城市。当然，早期的古墓清楚地反映了古欧洲的观念。

尽管伊特鲁里亚人的墓穴中出现了令人恐惧的魔鬼，但是墓穴的壁画却没有什么令人悲痛和感到不祥的内容。伊特鲁里亚人的死亡神殿，大都是颂扬生命和再生，描绘令人欢娱的自然场景，珍奇的野鸭，欢快的海豹，生命树，公牛，充满情欲的场景，飨宴，歌舞。顺便提一下"母狮之墓"的壁画：边墙绘着宴饮场景。上面有露出绒毛的飞翔的野鸭，它和海豹一起扎进一池吹皱的海水。年轻人四肢伸展地躺着，他们的长发盘绕着绿叶。有一位右手持一枚鸡蛋，显然是再生的象征。墓墙末端可见一巨大火山口，葡萄藤滋蔓。两边立着管乐手和竖琴手。左边有女子翩翩起舞。她的蓝底红条长袍，随着舞动的身体而飞动。右边一对男女相对欢跳。女子左手模拟着牛角的姿势，男子摇动大壶。另外的墓穴则绘有葬礼上的摔跤竞技，还有拳击、赛马、格斗和车赛。有歌舞相伴的宴饮，还有与之相伴随的竞技和游戏表演，这些很可能起源于欧洲新石器时代的葬礼。宴享、鼓和花瓶上的舞蹈场景，都表明死者与祖先相会时欢快的庆典场景。伊特鲁里亚人的墓穴保留了古欧洲文化关于生与死哲学的最后篇章，这一哲学视死亡为再生的必要过渡。

伊特鲁里亚人的衰落

到了公元前6世纪，伊特鲁里亚人开始走向衰落。首先，罗马人于公元前509年驱逐了伊特鲁里亚人的塔奎因国王。几十年后，公元前474年，来自西西里的希腊的叙拉古城的一支舰队，决定性地战胜了伊特鲁里亚舰队，将其驱逐出南意大利的库马（Cumae）。接着，意大利南部一些殖民地开始脱离伊特鲁里亚人的统治。随后，意大利人开始向北扩张，伊特鲁里亚比邻罗马的城市维伊城于公元前396年陷落。公元前4世纪的头几十年，灾难又从另一个方向朝伊特鲁里亚人袭来。阿尔派恩（Alpine）地区的凯尔特人部落开始渗透北部意大利半岛，削弱了曾经一度强盛的伊特鲁里亚城邦。在接下来的一个半世纪，罗马人征服了所有伊特鲁里亚人的城市，在整个罗马帝国时期，伊特鲁里亚人便生活在罗马人的氛围之中。

罗马征服者从伊特鲁里亚人那里吸收了一些重要的特色。例如，他们用希腊字母来书写拉丁语。罗马人还继承了一些建筑上的发明：基本的神庙蓝图，伊特鲁里亚人风格的多里克立柱，按照南北坐标设计城市的做法。伊特鲁里亚人甚至影响了罗马人的服饰，如著名的宽外袍就是从伊特鲁里亚人那里借鉴来的。在宗教方面，伊特鲁里亚人对罗马人的占卜术具有很大启发。① 伊特鲁里亚人的语言尽管在公元纪年之后的日常生活中不再使用，但是在罗马人的某些仪式中至少保留到公元4世纪末。②

结论

伊特鲁里亚人是古代的意大利人，他们的周围都是操印欧语的部族，但是伊特鲁里亚人说的是非印欧语，保持了非印欧文化。③ 伊特鲁里亚妇女不像绝大多数古代希腊和罗马妇女，她们参与公共生活，有读写能力，死后被厚葬，这反映出她们享有很高的地位。

伊特鲁里亚的神祇是印欧与非印欧传统的混合物；伊特鲁里亚的神祇有他们在古典希腊罗马时代相对应的神祇，二者有许多相同之处。如乌尼即罗马的朱诺，门尔瓦即罗马的密涅瓦，丁尼亚即罗马的朱庇特，阿瑞蒂米即希腊的阿尔忒弥斯、罗马的狄安娜。但是，伊特鲁里亚与古欧洲-安纳托利亚文化的连续性是显而易见的。伊特鲁里亚的神坛、雕像和三联神的神庙，都与马耳他和克里特的神庙相似。

伊特鲁里亚的墓葬反映了古欧洲的再生观念，描绘了来自大自然的欢快场景，音乐场景，舞蹈，性爱，生命树。伊特鲁里亚的艺术制品令人唤起对古欧洲的回忆，密涅瓦被描绘为长翅膀的，乌尼的侧面立着带翼的斯芬克斯，两者都继承了新石器时代鸟女神的造型传统。因此，伊特鲁里亚人在印欧文化的氛围中保留了一个古欧洲文化的孤岛。

---

① 罗马人从伊特鲁里亚那里借用了肠卜，他们把这种形式的占卜一直保持到公元4世纪末，尽管此前若干世纪里，有一些罗马人对该宗教实践尚保持怀疑态度。参见凯勒著作（Keller，1974：398）。

② 帕罗提诺（Pallottino，1968；1975：96）大量引用了伊特鲁里亚人的文献，我们从中可以了解到一些崇拜的套语、礼拜仪式的语句、祈祷文等。另见凯勒著作（Keller，1974：397），凯勒引证卢克莱修（Lucretius）描述的"第勒尼亚（Tyrrhenian）的歌"，这些歌词是由右向左释读的。罗马的祭司改编了伊特鲁里亚人的宗教仪式，学会了如何为他们自己而膜拜；但是，罗马人也求助于伊特鲁里亚人的祭司来解释预兆和对未来的预言。这一仪式可能保留了伊特鲁里亚人的仪式套语。

③ 这一结论部分是由编者撰写的。

第十章　巴斯克人的宗教

在西部欧洲，几个文化之岛将古欧洲的文化传统延续了数千年：他们是位于比利牛斯山西部的巴斯克人（现在西班牙北部和法国西南部），西班牙东部和东南部的伊比利亚人（Iberians），苏格兰高地的皮克特人（Picts）。本章将主要关注巴斯克人，他们的非印欧语言、社会结构，以及某种程度上的古代宗教，一直被保留至今。

巴斯克语言和文化

巴斯克语言是一种古代西欧语言，是残存的前印欧语言。它是过去的3000年里在印欧人入侵和文化影响之下保存下来的唯一的本土语言。巴斯克人自己已经具有相当的融会新文化影响的能力，同时并没有丧失自己文化的特质。的确，从欧洲政治、文化史的规律来看，他们在很大程度上算是例外。毫无疑问，巴斯克文化是活形态的古欧洲文化，巴斯克文明是从新石器时代直接承续下来的文明。古欧洲文明的许多方面——女神信仰、太阴历法、母系继承制、妇女从事农耕——这些在巴斯克乡村一直延续到20世纪初。一个多世纪以来，学者们广泛探讨了巴斯克妇女在法典方面以及作为法官、继承人、仲裁者的崇高地位，探讨的历史跨度从前罗马、中古直到现代。[①] 法国巴斯克地区所采用的法律制度，反映了两性的完全平等。直到法国大革命前夜，巴斯克妇女称得上是"家中的女主人"、世袭财产的守护者、世系的领袖。

[①] 参见特希尔著作（Tessier, 1917）。在巴斯克人当中，实施长子或长女继承制。这两个继承人之间的婚姻关系是平等的关系。女继承者与男性非继承人结婚，这时女性一方在婚姻中享有较大权利。对于巴斯克女性继承人的处境而言，我们可以将之与古代爱尔兰的女性继承人（她们被称作banchomarbae）相类比，那里女性也有继承权。参见德克斯特著作（1979）。特伦斯·威尔伯（Terence Wilbur）为《巴斯克语法初论》（1979a）的作者，他证明了巴斯克妇女的较高地位。威尔伯教授认定，"事实上，etcheko anderaia（屋宇之女）是巴斯克国家的真正主人。她随身带着家门钥匙"（私下交流，1997年5月）。

174 | 活着的女神

巴斯克女神及其供奉

后来基督教光顾巴斯克本土。在 15 世纪至 16 世纪的偏远乡村，大众只是表面上的基督徒。即使在 20 世纪，一些多山地区也摆脱了基督教的影响。在那里，女神信仰才始终是活生生的现实。

安德烈·马丽（Andre Mari）

巴斯克现在所崇拜的主要女神是马丽（Mari），经常与安德烈（Andre，意为夫人）连用。该女神还保留着一些地方性的名称。这些名称起源于她出现的地点，经常为洞穴：安德烈·马丽·米诺科（Dandre Mari Munoko），意为米诺的马丽夫人；安波托（Anboto）夫人；钦多基科·马丽（Txindokiko Mari），即钦多奎（Chindoqui）的马丽；等等。她的形象和神职可以从活形态的信仰中获知。她们在一些民俗学文集中有大量记载［主要由杰瑟·米格尔·德·巴兰狄亚兰（José Miguel de Barandidarán）编辑之 20 卷本］。

安德烈·马丽延续了史前巫术性的死亡与再生女神的许多特性。她是秃鹫女神、坟墓女神、以多种的兽形出现的再生女神，类似于她在新石器时代所显现的形象。巴斯克民间传说表明她过去曾经是预言家，支配自然现象，是道德行为的守护神。这位女神的崇拜者被宗教法庭粗暴地斥责为"女巫"，尽管这样，女神还是以某种方式逃脱了毁灭。北欧的情形也是如此，在那里，巴斯克的马丽与日耳曼的霍拉，波罗的海的拉佳娜极其相似。

巴斯克神话认为下界是女神的土国。充满乳汁和甜水的河流在令人神往的地方流淌，那里物产丰富。下界与上界交流的途径是通过大地的缝隙来实现的，如井、岩洞、深渊。死者的魂灵往往经由风洞地道和深渊浮现出来。信众还把献给死者和女神的祭品放置于洞口。马丽通常化身为鸟，栖身于下界。她会作为一只乌鸦或秃鹫飞出洞外。在伊茨翁那（Itziñe，乌鲁兹科）山上的苏坡勒高尔（Supelegor）大岩洞里，马丽作为秃鹫与其陪伴者一起出现。

当地的传说把马丽女神当作女预言家和先知来敬奉。信众在洞口处请求她的教导，只要呼喊三次，她便会出现。她的洞穴有火焰和烤炉，因为她星期五要烤制面包。她出现于洞口，用金线纺线，用金梳子梳头。她在安波托的洞穴里，用公羊犄角做梭子来纺一束束金线。在别的地方，她骑在一只公羊上梳理头发。马丽的住地用黄金和宝石装饰得富丽堂皇。但是，假如劫掠者把它们带走,这些黄金和宝石就会变成煤炭和朽木。这些传说赋予女神以力量,控制人类的贪欲之心,可以魔术般地使物质变形,这一力量也为她所化身的那些小妖精所拥有,她们能够使财富有增有减。

马丽还掌管法典。她本人就是法律的制定者,统治着公众的生活,满怀忌心地观察她的命令是否被遵守。她谴责说谎、劫掠、傲慢、夸大其词、失信,谴责不尊重人及其房屋和财产的行为。她以自己的能力来维护高度的道德行为准则。

马丽支配自然现象:彩虹、风、旱灾、闪电、暴雨。她会带来风暴或干旱以惩戒那些行为不轨者或恶人。她驾驭双轮马车穿越天空,表现为散发着火焰的女人,或以被包裹在火焰里的女人形象现身。她有时甚至骑在公羊身上拖着扫帚游走。她有时作为闪电之化身而以一团火焰出现,或以一束束火焰或丝状的火焰出现。民间叙事里讲到她从洞口释放风暴。祈祷和献祭可以安抚这位女神,巴斯克人甚至为天主教信众举行驱邪仪式,在一些洞口前实施禳灾仪式。她若愿意,则可以护佑她的众生,将风暴锁定在阴间。

人们把马丽与月亮联系在一起。到今天,阿兹科迪亚省(Azcoitia)的人们视她为伟大的女性,她的头上有满月围绕。这一信仰为探讨马丽和希腊的阿尔忒弥斯-赫卡特(Artemis-Hekate)之间的关系提供了线索,后者也是月亮的化身。巴斯克民间有关马丽控制天象的传说,给我们提供了这位古欧洲重要女神的信息,这是考古学材料所不能提供的。

敬献马丽的祭品

巴斯克神话保留了一些神话人物,他们的名字与马丽有关,且与石碑、坟墓和祖先有联系。这些神名有迈瑞(Mairi)、迈德(Maide)和迈因迪(Maindi)。迈瑞建造了多尔门石碑,它是由一块顶石和两根柱石组成的巨石结构。男性的迈德是山之精灵,他们建造了环列巨石柱群,其结构由围绕土丘的一些单独石柱组成。迈因迪是祖先之灵,他们晚上造访老炉边。

还有一些相关的神,包括拉米那克(Lamiñak),她们常常以人形出现,长着鸡、鸭、鹅、羊的脚(正如女神自己长着鸟或羊的腿)。乱发的拉米那克与波罗的海的劳玛(Laumas)有关联。她们都是女神力量的延伸。拉米那克是与环列巨石柱群建造者迈德对应的女神。她们能够增减财产,支持那些勤勉的女性,控制道德行为和男性的性行为。她们在这一带的造墓活动比什么都更能说明其深远的古代性,以及她们与西欧新石器时代的关联。

结论

和伊特鲁里亚人一样，巴斯克人被那些操印欧语的族群包围，但他们仍然保留了自己的非印欧的语言、文化和宗教。[①] 很显然，巴斯克人把他们的独特性一直保持到现代。

与伊特鲁里亚人相似，巴斯克妇女在社会中占据重要地位。她们与男性生来平等。巴斯克的主神是马丽，她是以秃鹫或乌鸦的外形出现的女神：她是死亡和再生的女神、女预言家、法律的制定者和自然现象的女主人。她的王国是下界，那里只有富饶而没有恐怖。马丽喜欢纺织和烤面包。因此，她具有了古欧洲女神的许多特征。女神马丽的后代，即那些巨石阵和环形石柱圈的建造者，也同样把她和古欧洲联系到一起了。

---

① 结论部分由编者撰写。

第十一章　凯尔特人的宗教

中欧和北欧的宗教传承

从公元前第 3 千纪至公元前第 1 千纪末期，中欧大部分地区都混合了印欧文化和古欧洲文化。在格斗和武器制造等方面可以看出印欧文化影响的重要性。在很多地区，葬礼仪式继承了印欧传统，其特征就是在埋葬一位男性武士时要把他的武器随葬。在当时的社会，马作为财富和流动性的象征，具有重要的意义。印欧社会分为各种阶层，国王和武士贵族居于顶层，农夫和其他仆役构成社会的下层。印欧人在贸易和武器工具方面对金属的依赖性很强。在他们的整个历史中，印欧铁匠以其精湛的冶金技术闻名于世，金属成型的工艺按照神秘的配方进行。而青铜时代后期和铁器时代前期中欧的豪斯塔特文化（公元前 6 世纪）揭示出一种意象，这种意象只能从古欧洲人那里继承而来。很明显，这一地区受印欧文化同化的程度随着地理位置的不同而有所变化。

尽管库尔干文化的因素在中部欧洲十分流行，但是古欧洲人还是在中部欧洲的葬礼纪念碑上留下了他们的印记。刻画着再生象征的小雕像出现在墓葬之中。这种情况一直延续到公元前第 2 千纪中期。骨灰罐和随葬的陶瓶上面都装饰有大量的古欧洲风格的象征。猫头鹰和鸭子的意象一直有着强烈的表现传统。后来又制造出工艺格外精湛的鸟状陶器和鸟的雕像。其他神圣动物的意象，特别是猪、野猪、鹿和蛇，也常常应用于葬礼仪式方面。

在位于今日贝尔格莱德的多瑙河河谷沿岸一带一直存在着一种农耕文化，贯穿于公元前第 2 千纪上半叶。这是一个不包含任何印欧成分的古欧洲文化的"孤岛"。这一不同寻常的古欧洲传统从西部的提萨河和穆列什河（Mures/Maros）盆地沿多瑙河河谷，跨越巴纳特省（Banat）和奥托尼亚省（Oltenia）传播开来。（这些文化群的名字在考古学上分别叫作 Periam，Pecica，Verbiciora，Vattina/Gîrla-Mare，Cîrna）像新石器时代那样，他们定居性的农业村落形成了各种传说。在这些地区没有发现"库尔干"（圆形石冢）。在公元前第 2 千纪早期的土葬墓地和公元前第 2 千纪中期的火葬墓地，发现了大量精美通透的陶器，经过精心的烧制、抛光和切割，并用白色的古欧洲的象征覆盖其表面，这些花纹有盘蛇形、螺旋形、钩子、喇叭、V 形、M 形、X 形、锯齿形、双线、三联线、蛇形盘旋、梳子等等。在大约 30 个存放骨灰罐的墓地，挖掘者发现在骨灰罐里面和罐肩上有陶土制的小雕像。这些小雕像延续了古欧洲的传统风格，表现了死亡和再生女神。她们有抽象的小头，有些明显长有鸟嘴和猫头鹰一样圆圆的眼睛。小雕像塑造成站立的姿势，双手叉腰，身体上半部扁平，下半部呈钟形，表现的是镶有荷叶边的裙子。雕刻的图案表现的是头冠和成串的项链，很多项链带有半圆形的垂饰（公元前第 2 千纪中期这种金属垂饰的复制品在欧洲中东部非常流行）。

坟墓中其他一些具有象征意义的随葬品还有同心圆、交叉的螺旋形、盘蛇形，以及双蛇盘绕和三蛇盘绕的形状，成排的带影线的三角形和三个一组的三角形，流畅的直角"之"字形组合和梳子。有些图形（特别是那些三蛇盘绕的主题）使人回想起那些来自西欧的诸如纽格兰奇那样的墓葬遗址。这些图形和在葡萄牙巨石通道墓出土的刻在岩石片上的小雕塑的图形也很类似，那些雕塑同样有成排的带影线的三角形。盘蛇则形成了女神的手臂，并常常用来装饰后宫殿期克里特文化的石棺。

属于同一个时期和同一种火葬文化的，还有贝尔格莱德东北的杜普加加（Dupljaja），在那里发现了用赤陶土制成的鸭子拉的二轮车，车上站着女神，她长着带鸟嘴的头，身穿镶荷叶边的裙子（和其他的雕塑一样）。女神还佩戴着双螺旋形的饰物。她的裙子上装饰有同心圆和一排排带影线的三角形。在另一辆二轮车上站着一位女神，身上刻有圆形和同心圆的花纹，侧面饰有万字纹。水鸟拉着女神乘坐的车子，表达了这样一种信念：一位女神陪伴着死者来到位于大水以外的阴间世界。许多坟墓里有鸭子形状的陶瓶，这些陶瓶就放在骨灰罐的旁边，另外还有一些小雕像。在一处叫考波夫（Korbovo）的火葬墓地（构成这种文化的东方社群），一座坟墓里有五只盛满禽类骨头的容器。水鸟的重要作用和女神的再生的作用不容置疑。模型车载着女神把她们的意义带到了以后几个世纪中部欧洲的豪斯塔特时期。贝尔格莱德的考古学家认为，那个杜普加加的神代表着的是太阳神阿波罗。这一点还是有疑问的。

1851 年，在奥地利东部斯垂特卫格（Strettweg）的一处豪斯塔特式的石头构造的骨灰冢，发现了另一件精美的青铜制造的葬礼用四轮马车，长度为 35 厘米。这件青铜制品出自公元前 7 世纪。令人印象深刻的是，青铜马车的中央站着一位女神，尺寸大小为她旁边其他人物的两倍。她双臂伸直高举着一只巨大的盘子，可能是作为盛水的容器，里面盛着再生之水或是女神自己用来净身以获得再生的圣水。马车的前后站着长有巨大鹿角的雄鹿，周围是赤裸的男人和女人。还有两对手持盾牌的骑士，一个有巨大生殖器的男人高举着一把斧头。马车的前面和两边的平台上摆放着成对的马头。斯垂特卫格的马车反映了一种类似于祭拜德国女神内尔特斯（Nerthus）的那种春回大地时的祭拜仪式。在塔西陀（Tacitus）的描述中，女神乘坐一驾马车穿过她的领地。[1]

从这几个例子可以看出，对这位死亡和再生女神的崇拜，贯穿于公元前第2千纪始终。她的那种猫头鹰、鸭子和蛇的外表非常流行。乘坐马车的主题是一种创新，但是女神和盘子、沐浴以及再生的联系则起源于新石器时代的给予生命的女神。另一种在早期铁器时代的图像表现中特别常见的女神职能，是"动物的女主人"（女兽主），这也延续了新石器时代的风格：长有翅膀的女神抱着兔子或者鹅，在她的两边有两只狮子。她还和蛇以及猛禽相联系。在公元前600年前后，这一形象在地中海地区广泛流行，包括希腊、伊特鲁里亚、法国，甚至延伸到北方的阿尔卑斯山区。

凯尔特人

凯尔特人形成了引人注意的印欧语系文化中的一个分支，这种文化形成于青铜时代印欧和古欧洲两种文化汇合的时期。根据考古学家的证据来看，凯尔特部落于公元前11世纪到公元前10世纪从他们在欧洲中部的家乡迁移到了南部和西部，定居于现今的法国和伊比利亚半岛交界的地方。在公元前9世纪和公元前8世纪，他们向西穿越了整个欧洲。公元前8世纪和公元前7世纪，凯尔特人日渐强盛，到了公元前4世纪和公元前3世纪，凯尔特人已经覆盖了欧洲的大部分地区。因此他们对后来欧洲文化的发展具有深远的影响，他们贡献了金属制造工艺方面的先进知识，开启了古代口头文学的一个重要源头。

现存于不列颠诸岛和爱尔兰的有关凯尔特人的记录，可追溯到公元前6世纪至公元前5世纪。对大量随葬物品和金属制品的考察，证实凯尔特联盟在公元前4世纪到公元前3世纪时从不列颠诸岛扩张到了阿尔卑斯山一带。公元前4世纪早期，有几支来自欧洲中部的凯尔特部落侵占了意大利半岛，为伊特鲁里

---

[1] 见塔西陀《日耳曼尼亚志》（*Germania*），40。进一步的讨论请看后文。

亚人的城邦之觉醒做出了贡献。公元前387年，一支凯尔特人的部族劫掠了罗马。公元前225年，罗马军队最终打败了凯尔特人，把他们赶出了意大利半岛。凯尔特人还扩张到了欧洲南部，波及希腊，并在公元前279年掠夺了在德尔斐的希腊圣殿。有几支部族移居至巴尔干半岛，最后跨海到达了小亚细亚，在那里定居，并以加拉太人（Galatians）而闻名于世。到公元前1世纪，凯尔特人的命运改变了。尤利乌斯·恺撒征服了凯尔特人在高卢的部落。同时，日耳曼人的部落则侵占了欧洲中部和东部其余大部分凯尔特的领土。

在凯尔特文化形成的早期阶段，古欧洲的影响可以从凯尔特妇女在社会中相对较高的地位反映出来。[①] 豪华的女性墓葬是豪斯塔特时期的特征，特别是公元前525年前后的法兰西中东部的韦克斯（Vix）附近的凯尔特女性墓葬，进一步证实了这一点。像凯尔特贵族一样，这个妇女——也许是位公主——用葬礼马车下葬，周围布满了珠宝饰物、希腊和伊特鲁里亚的陶器、银质的碗，以及青铜的盘子。在豪斯塔特墓地出土文物中最特别的，是一个用于葬礼盛宴的巨大的双柄大口罐，或是混合碗之类的器皿。这个巨大的容器高1.5米，周长约4米，容量大约为1250公升。

在后来的历史时期，爱尔兰妇女保持了她们的重要地位。爱尔兰妇女在婚后依旧拥有对其财产的所有权，即使婚约解除，这些财产也要归她所有。古代的作家注意到，凯尔特妇女在战斗中满腔热忱，不论她是独自作战，还是和丈夫并肩作战。

中欧凯尔特人统治时期和罗马时期的古欧洲诸神

有一些显然同凯尔特宗教有关的精美艺术品，可以追溯到凯尔特人被强迫到东欧服役的时期。这方面的重要发现就是那只贡德斯特拉普（Gundestrup）的银质大锅，它是公元前100年以前的物品，于1891年在丹麦北部朱特人领地贡德斯特拉普附近的一处泥炭沼泽地偶然被发现。大锅上所刻的花纹受凯尔特、色雷斯和古希腊等许多不同地区风格的影响。由此看来，大锅很有可能出自这些地区的中心地带，而这个中心地带最有可能就是保加利亚西北部和毗邻的罗马尼亚南部色雷斯部落的家乡，即垂巴罗（Triballoi）。这个部落受到位于多瑙河沿岸斯考迪西（Scordisci）部落的影响。在这一地区，凯尔特和色雷斯的社会

[①] 印欧凯尔特妇女的高级社会地位和经济实力可能是因为她们在西欧母系氏族社会时期的特殊影响，并且被印欧文化同化和接纳。见德克斯特著作，马勒编（1997a；218 - 236）。

混合体发展得欣欣向荣。贡德斯特拉普大锅体现了凯尔特和色雷斯两者的艺术风格和神话人物形象。艺术史学家证实,用这种技术和材料精雕细琢的带有凸出的人和动物图案的银制品,应该是出于色雷斯和达西安(Dacian)地区,而不是欧洲西部的凯尔特。就连刻在贡德斯特拉普大锅上的装饰花纹都和一件来自欧洲东南部的重要工艺品极为相似,那是一件镀金的胸饰(phalera,用来佩戴以显示军衔的金属圆牌),发现于保加利亚中部斯塔拉扎勾拉(Stara Zagora)的一处也是公元前 1 世纪的墓地。在这件胸饰上,赫耳枯勒斯(Hercules)的服饰和那个大锅上据说是塞尔农诺斯(Cernunnos)的男人形象的服饰完全相同,都是竖条纹图案的及膝紧身裤。(有关的神话因素的起源和解释,参见 Kaul 等,1991。)贡德斯特拉普大锅上其他的一些风格特征表明,这个大锅来自凯尔特人的斯考迪西和色雷斯人的垂巴里安(Triballians)相交界的地方。公元前 118 年,日耳曼辛布里人(Cimbri)袭击了这个地区,可能把这个大锅作为战利品运到了丹麦,随后他们的同伙又把大锅作为宗教祭品放入泥炭沼泽地。铁器时代的部落,通常把贵重的武器和艺术品扔进河里或放置于泥炭沼泽地,以此来敬神。[①]

大锅上用若干带浮雕的盘子做装饰,锅外边的七个盘子,每个都绘有一幅半身人像,无疑是代表一位神灵。七个盘子中,有四幅画的是留胡须的男人高举双臂、紧握拳头,另外三幅画的是女性。有一只外边的盘子不见了,那上面很有可能画的是一位妇女。女性的形象为齐肩长发。有两个女子双手举起置于胸前。第三个妇女伸直右臂,上面站着一只小鸟。最后一位女性人物身旁伴随着两个画得小一些的仆人或女祭司,一人站在她的右侧,另一人正给她梳头。几只鹰(或是其他猛禽)在她头顶飞翔。一对半人半神的男性形象陪伴在其中一位妇女的两侧。所有的妇女和两个男人都佩戴着金属项圈,这是一种典型的凯尔特饰品,被认为具有避邪的魔力。锅里面的五个盘子中的两个绘有同样装束的男人和女人,他们被野兽包围着。女性的两侧有跳跃的狮身鹰首怪兽,玫瑰花结形状的车轮和印度的大象(印度大象是供古希腊的军队首领使用的)。锅里面第三个盘子绘有长着大角的牡鹿神塞尔农诺斯。他盘腿坐在地上,身穿紧身裤装,脖子上戴着项圈,右手举着一只项圈,左手举着一条长着公羊头的蛇。他的左侧站着一头牡鹿,右侧站着一匹狼。锅里面第四个盘子上画了三头公牛,

---

[①] 贝格斯特(Bergquist)和泰勒(Taylor, 1987)详尽地解释了贡德斯特拉普大锅被认为是属于欧洲东南部色雷斯传统的凸纹银制工艺品的原因。但是也有证据表明大锅属于凯尔特传统。参见 T. G. E. 鲍威尔著作(T. G. E. Powell, 1958: 154, 167 – 168)。

每头牛的前方有一个持剑的男人（这三头公牛是用来献祭的）。里边第五个盘子上人物最多，表现了一队骑马人和一队行进的士兵持剑举着一棵很长的树，是一幅人类献祭的场面①。大锅内部靠底下的盘子画的是一头被制服的大牛和一个脚穿马靴刺的女祭司腾空跳跃在牛的上方，正准备挥剑刺向畜生的脖子，这个场面描绘了公牛献祭的情景。

这个大锅所描绘的男女人物——可能还是神——表现了一种包含古欧洲成分和印欧成分的宗教融合。除了牡鹿神塞尔农诺斯（一幅画在锅内部的盘子上，另外一幅高抬起鹿角），男性的神可能是印欧人，有可能是凯尔特的塔拉尼斯（Taranis）[或是色雷斯的珀库纳斯（Perkuas）]，即雷神，还有阿瑞斯和艾苏斯（Esus）——战神和丰饶之神。女神显然都不是来自印欧文化。她们再现了尽人皆知的古欧洲女神的各种形象。一块饰板上是代表春天的生命女神，四周围绕着野兽；另一块饰板上是象征死亡与再生的女神，伴随她的是猛禽。

福瑞斯（Nanny de Vries）（见 Kaul et al，1991）认为，在色雷斯一带很流行的弗里吉亚女神库柏勒（Kybele）就是大锅上的一位女神。在那里，库柏勒和当地的女神瑞亚-本狄丝（Rhea-Bendis）合二为一。在希腊文学中，库柏勒是"大女神""众神之母""山的母亲""野兽的女王"。牛祭或公牛献祭是对这位女神的最高的宗教祭祀仪式。献祭的这一天被认为是再生之日。公牛的雄性器官被当作祭品来供奉女神。在公元前4世纪到公元前1世纪的色雷斯艺术中，库柏勒的形象是一个长着翅膀的人物，抱着狮子或骑着狮子。在保加利亚的罗格贞（Rogozen）宝藏中的一只银质的罐子上，库柏勒占据了主要位置，她旁边有两只狮子或是人首马身的怪兽。在罗格贞的罐子上，她是"野兽王后"，抱着狗（就像希腊的阿尔忒弥斯）；在贡德斯特拉普大锅上，库柏勒四周环绕着一群野兽，她的两侧是大象。这两幅绘画都与牛祭有关。

长有鹿角的塞尔农诺斯神也体现出了再生的象征。他盘起双腿席地而坐，闭目张口好像在唱歌。他一只手里拿着的鹿角和蛇象征着再生，脖子上佩戴的

---

① 金·麦考恩（Kim McCone）将这个盘子解释为刻画男性的成年礼仪。在图案的下半部，几个男人（也许是参加仪式的青年）走向那个容器，并且在其中仪式性地施洗。该神被表现为正在给一个人施洗（这样看，这个画面不是表现牺牲献祭的，而是一种会带来"再生"到一个新的男性阶层中的施洗仪式）。图形的上半部，身穿盔甲的男人骑在马上，也许是准备去参加战斗。一只狼面对着下部的没有施洗的男人们。这里显示了印欧的男青年与狼的特有关联，这些正常生育出来的男孩正处在介乎童年与成人之间的不确定的状态，他们需要在获得成人资格、继承财产和结婚以前，作为逃犯加入"狼族"，与狼共同生活在森林里。而此处表现的准施洗礼仪，与奥尔斯特人（Ulsters）青年英雄库楚蓝（Cú Chulainn）不能控制武力冲动，被浸入三个冷水缸的故事情节，确实有几分相似。参看麦考恩著作（McCone, 1986：16-17）。

金属项圈表明他是神。这个形象是属于凯尔特的，但就传说本身而言，则像贝斯特（Best）所论证的（见 Kaul et al, 1991）那样，他很可能是色雷斯牧师歌手俄耳甫斯，他的歌声能迷惑正在捕食的动物和其他一切有生命和无生命的物体。

牡鹿神描绘的是色雷斯版本的古欧洲的动物主人或"野生动物之王"。在意大利北部的阿尔卑斯山一带卡摩尼卡（Val Camonica）的岩石上也刻有他的形象。学者们推算出这个图案出现于公元前4世纪，那时凯尔特人已经占领了这个地区。有一些长角的神像浮雕总是和罗马高卢人那里有名的牡鹿、公牛或长着山羊头的大蛇有某些关联。在巴黎的一件刻有长角神像的浮雕上，有"塞尔农诺斯"这个名字（尽管这个神还有许多其他名字）。一些高卢的绘画把长角的神与物质财富联系在一起。在兰斯（Reims）发现的一个石柱浮雕刻画了一个像佛一样坐着的神，旁边是一头牡鹿和一头公牛。他拿着一只口袋，从口袋里落下了许多硬币。不列颠和爱尔兰的凯尔特人一直把这个神奉为森林和动物的保护神。威尔士中世纪的《马比诺吉》（*Mabinogi*）传说"四根树枝"中包含了奥万（Owain）的传说，那里有一幅画像，画的是一个黑色大巨人坐在小丘上；作为森林的守护人，他可以通过一头牡鹿的吼叫声来召唤所有的动物。在这个传说中，所有的动物向他敬礼，就像地位低下的人对他们的主子所做的那样。

在罗马人征服高卢以后，他们对凯尔特人及其宗教做了描述。然而，这些罗马作家（其中包括恺撒本人），是从罗马人的角度、用罗马式的名字来描述他们的。在古高卢国的战争中，恺撒排列出高卢的主要神灵。[①] 墨丘利，是表现得最多的形象，他创造了各种各样的艺术，为旅行者做向导并且鼓励商业贸易。在墨丘利之后，恺撒依次列出了凯尔特人敬重的阿波罗、玛尔斯、朱庇特和密涅瓦。阿波罗驱除疾病，玛尔斯掌握战事，朱庇特主宰天空。马尔斯和朱庇特是印欧神，而阿波罗则有可能和当地一名年轻的医疗之神（healing god）融为一体。在恺撒的描述中，密涅瓦教导艺术和工艺的最基本原则。在高卢和不列颠都发现了给密涅瓦的献词。

罗马人提到许多圣所都位于古代高卢的河流发源地：塞纳河源头的塞夸纳（Dea Sequana，塞纳河女神）圣所，马恩河（Marne）源头的马陀娜（Matrona）圣所。在塞纳河发源地发现了许多古代文化的还愿遗物（ex votos），其中包括190件木制品。有些描绘了整个人物，另外一些则描绘了身体上有病的部位，表

---

① 参看 *De Bello Gallico*，一部七卷本的著作。

现了崇拜者对能够治愈疾病的女神抱有很高的期望。女神本身画在一件青铜器皿上，她站在一条像鸭子形状的小船上，身着一件宽松打褶的衣服，头戴王冠，手臂前伸正在祈福［这个雕像高 61.5 厘米，现存于法国科尔多省第戎（Dijon）的考古博物馆］。

凯尔特人称大女神为马陀娜（matronae）。有些墓志铭上刻写着马陀娜，被称为"母亲"。他们常常把女神画成三个一组的形式。女神抱着水果篮、丰饶之角和婴儿。在最近发现的古代高卢的碑文中，女神被称为"伟大的女王"瑞甘陀娜（Rigantona）。这个名字出现在威尔士的《马比诺吉》传说中，叫作瑞阿农（Rhianon）。《马比诺吉》传说中有一个人物马波·摩多（Mabon ap Modron），他就是马陀娜的年轻的儿子（Maponos son）。Maponos 的意思是"那位年轻人"，亦即年轻的神，是一位高卢和不列颠的神。他从他的母亲那里获得名字，这个事实突出强调了女性继承的重要性。

同马陀娜和希腊女神阿尔忒弥斯有关的是熊女神阿提奥（Artio）（"熊"在古高卢语里可能是 *artos，在爱尔兰语里是 art）[①]。公元 2 世纪或 3 世纪，一位名叫利西尼亚·萨比尼拉（Licinia Sabinilla）的妇女给女神阿提奥供奉了一组青铜雕像［1832 年在瑞士伯尔尼附近的木里（Muri）再次被发现时已经成为碎片］。在伯尔尼的历史博物馆，现在这组青铜雕像展示的是一位坐着的女神，她的膝盖上摆满了水果，右手举着一只碗；一只母熊（高约 12 厘米），背对着一棵树，脸朝向她。基座上刻有碑文，DEAE ARTIONI LICINIA SABINILLA，意思是说，"献给女神阿提奥，利西尼亚·萨比尼拉（奉献这件供品）"。对这件雕塑做了详尽的考察以后人们发现，原来在树的前方，并不是一群人或动物，而只是熊和阿提奥蹲伏在那里。献给女神的碑文也在以下地区有所发现：莱茵河西岸比特堡（Bitburg）附近，还有德国的北部（Stockstadt，Heddernheim），以及西班牙（Siguenza 或者 Huerta）。

另一位在罗马-凯尔特时期非常流行的古代高卢-凯尔特女神是艾波娜（Epona）。她是马的女守护神。她常常被画成骑在马鞍上的样子，有时伴随着一条狗、一只鸟或是一匹小马。她是印欧文化的产物，因为印欧人认为马是神圣的。在古代高卢，她的崇拜中心之一在法国中东部勃艮第（Burgundy）的阿莱西亚。艾波娜也是在罗马统治时期传入不列颠和爱尔兰的。在这里，她相当于

[①] 根据凯尔特民俗学家 A. G. 爱波斯坦（Angelique Gulermovich Epstein）的看法（私下交流），artos 是在合成词和间接格情况中出现的，而不是以主格形式，因此文中给它标上了星号。

不列颠的瑞安农（Rhiannon）和爱尔兰的马查（Macha）。她们都是因为和马有关而著称。例如，爱尔兰的农夫库楚（Crunnchu）的妻子马查，在即将生下双胞胎孩子之前在地里和跑得最快的马赛跑并赢得胜利。

爱尔兰和不列颠幸存的古欧洲诸神

随着凯尔特人在欧洲大陆的逐渐衰落，不列颠群岛成为凯尔特文化最后的堡垒。我们对凯尔特艺术、宗教和社会结构所做的大量考证都来自这些岛屿。在不列颠和爱尔兰我们获得了非常有意义的信息，因为作为岛屿，不列颠和爱尔兰依旧保持着闭塞的状态，较少受到大陆变化的影响。虽然罗马人征服不列颠远至苏格兰南部，扰乱了这些被打败地区的凯尔特文化，但是罗马人对爱尔兰却是毫发未动。在这里，凯尔特的文化遗产和口头传统未受干扰，得以继续流传。

爱尔兰口头传承转变为文字形式的传承是因为公元5世纪时爱尔兰和不列颠皈依了基督教。随着寺院的兴起，爱尔兰成为欧洲的一个学习中心，基督教的僧侣们将这些文字介绍给凯尔特民族。尽管主要是为了抄写基督教的信条，抄写员中很多是爱尔兰人，他们还是把前基督教时期异教徒的传奇故事抄写在寺院的手写本中。爱尔兰口头传说的手抄本始于公元6世纪末，但是公元1100年以前的手稿只有很少的残片保存下来。像爱尔兰一样，威尔士的凯尔特乡村保存了大量的手稿汇编，最早的手稿出于公元12世纪末期前后。威尔士的汇编《马比诺吉》构成了不列颠神话的最重要的源头之一。

很明显，虽然受到印欧文化和基督教的双重影响，爱尔兰和威尔士的口头传说和历史记录保留了主要的古欧洲女神，特别是生命给予者和死亡支配者，这位女神自从新石器时代以来几乎没有什么变化。女神之中的一些古代形象一直留存到了18世纪。还有一些至今仍以民间信仰和仪式的形式而留存于世。这些女神的特征有时是重叠的，其中知名的有布里基（Brigid）、阿娜（Ana，或叫Anu，或叫Danu）、莫利根（Morrígan）、马查和芭德（Badb）。

在民间信仰中，爱尔兰乡村的布里基（Brighid，在苏格兰语中是"新娘"）依旧保持了步行拜访村里人家的习俗。布里基的影像在圣井中、溪流中、树上和石头上都可以显灵。布里基是古欧洲的女神，她以基督教圣人的外貌出现。去掉这层外壳你看到的是自然的女人，宇宙生命能量的化身，井泉生命之水的所有者，人类和动植物的赠予者。关于她的神话表明她像克里特的埃蕾西亚一样帮助接生。她还掌管编织，至今人们还为她供奉编织祭品，把碎布、毛巾和丝带之类的东西系在她的井或溪流旁边的树上或灌木丛里。她的井是神圣的，具有女神才有的治愈疾病的神奇力量。在井的旁边、巨石柱周围进行的铃舞就是为了呼唤她的力量。每到春回大地万物苏醒的二月初，她那非常古老的形象就特别清晰。然后作为女王的她以蛇的形象出现在土堆里（"今天是新娘的日子，女王要从土堆里出来"，这是一首1900年左右的歌词），她的宴席在二月初，称为印宝克（Imbolc），庆祝春天的到来和母羊的产奶，象征着新的生命。那一天是对女神斋戒和致敬的日子。人们把牛奶倒在地上作为祭品并且烘焙特制的蛋糕。女孩子们抱着装扮成女神样子的洋娃娃，列队穿过城市，每个家庭都欢迎女王的到来。这种庆祝仪式一直延续到基督教的时代，印宝克成为圣·布里基日。

死亡女神，新石器时代的秃鹰女神和墓冢女神在古老的爱尔兰传说里成了阿娜。她把她的名字给了传说中的图阿哈达南（Túauha Dé Danann）或阿南（Anann）部落，意思是"女神达努（Danu）或阿努（Anu）的人"（所有格是Anann）①。作为阿努，她是"诸神的母亲"。这个古老的女神的名字在地中海及近东一带已经得到充分的证明，是指母亲或养母。阿娜和安妮娅（Annia）作为洞穴或墓穴的名字出现。她也是死亡之母和自然的再生者。她那哺育生命、给予滋养的乳房被当作克里县（Kerry）的一对小山，"Dā Chích Anann"，意思是"阿娜的乳头"②。这个称呼使人想起5000年前或是更早时期的巨石墓时代，那时的人们把乳房雕刻在墓墙上和门希尔石柱上。

凯雷·贝瑞（Caillech Bherri）的传说——"贝瑞（Beere）的老女人"，表明阿娜的人物性格在现代爱尔兰民俗学中尽人皆知。她的名字把她和爱尔兰西南的半岛联系起来，但是她在民间故事中的表现却是根深蒂固的，几乎遍及整个爱尔兰和讲盖尔语的苏格兰。传说中讲她在米斯县（Meath）让石头从她的裙子里掉落下来，用这种办法在山顶建立起石堆，将克里西部的岛屿移走，用鱼篓装岩石在苏格兰造山。另外，她还是"五行打油诗仙女王后"。她同米斯县那里的巨石阵遗迹也有密切的联系。

在另一信仰中，凯雷·贝瑞变成了一位神圣的女祖先，有数不清的子孙后代，也是长寿的化身，不断地、循环往复地经历着从青年到老年的阶段。这位女神不仅和土地以及土地的丰产紧密相关，她还象征在精神上和法律上对土地

---

① 关于丁达努神话的解释，参考德克斯特著作（1990a）。
② 根据民俗学家A.G.爱汲斯坦的看法，她的名字在没有改变以前读为阿南。

和国王的统治。她是至高无上的权威女神，作为神话中的福莱斯（Flaith）、传奇中的女王梅德，她叫人心醉神迷。① 这个女神象征着土地，国王迎娶了她。作为伦斯特省（Leinster）的梅德，她与爱尔兰的九个国王同居。关于她有这样的记载："她对爱尔兰男人有极大的权力和影响。因为正是她在塔拉（Tara）迫使国王娶她为妻，否则就不准他当国王。"（见《伦斯特之书》，380a）

同一位女神在传说里又出现为乌鸦女神，分别叫作莫利根、马查、芭德。她栖息在柱子上或树上。她既是一个也是三者合一，或者三位都叫马查，或者分别叫自己的名字：尼曼（Neman）、马查和莫利根。莫利根有多重的面孔，一会儿她是最美丽的王后，一会儿她是长着鹰钩嘴的乌鸦、灰色的芭德。因为会变形，她能变成一只猎犬，一条鳗鱼，一头红色的无角小牛，一位赶牛的红发女郎，一个正在给一头长着三只奶的母牛挤奶的老妇人。像希腊的雅典娜女神一样，莫利根被武装了：在高卢她已经作为战争女神出现，而她被武装的过程有可能开始得更早，大约早在青铜时代就开始了。关于莫利根或三面女神（尼曼、马查和莫利根）的文字记录把她们描写成可怖的复仇女神，能够迷惑整个军队。在战斗中，她们以乌鸦的外形出现，在士兵的头顶上狂暴地盘旋尖叫。

在马格图热（Magh Tuiredh）的战役中（在《伦斯特之书》中已经有所描述），芭德、马查和莫利根制造了一种雾气弥漫的阵雨云，巨大的火团和血红色的水柱从天而降。这在克尔达尔郡②（Kildare）附近的阿穆（Almu）战役中已有所描述，她们长着锋利的红色鸟嘴，在士兵头顶哇哇乱叫，制造恐慌和狂乱。

在过去几个世纪的爱尔兰民间习俗中，死亡信使是一位穿白色衣服的小个子女人，有时是一个瘦高丑陋的女人。她的声音听起来像鸟叫，寂寞而哀伤，常常是重复叫三次。作为死亡的预兆，她化身为鸟落在病人卧室的窗台上。有时她也以洗衣妇的样子出现。到18世纪，她与一个拟人的精灵——能预报吉凶的女妖精③——的形象融合了。

结论

古欧洲和印欧的神灵都进入了凯尔特人的众神谱系。④ 丹麦的贡德斯特拉普

---

① 普维尔（Puhvel，1970）认为，从词源学上看，她是一个与沉醉仪式相关的女子，致醉的因素是使用一种蜜酒。
② 这里现在是艾伦山。
③ 指"仙山中的女人"。
④ 这里的结论部分是编者后添加上的。

大锅上所描绘的女性形象和鸟有关，男人女人的周围环绕着动物。前者代表古欧洲的死亡与再生之神，后者代表古欧洲的动物主人和动物女主人。

罗马征服高卢以后，他们对凯尔特的众神做了描写，并用罗马的名字来称呼凯尔特的神祇：墨丘利、阿波罗、玛尔斯、朱庇特和密涅瓦。凯尔特人"母亲"马陀娜的单个或三个一组的雕像也已经被发现。无论是马陀娜单个雕像还是她的三个一组的雕像都和大女神非常相像。凯尔特人也崇拜"熊女神"阿提奥，这也是古欧洲的遗留物；还崇拜马女神艾波娜，这可能是印欧文化的产物。

爱尔兰凯尔特人眼中的神祇包括古欧洲鸟女神的后裔，她们是莫利根、马查和芭德。多功能女神布里基是从古欧洲大女神传承而来并被爱尔兰基督教同化为圣·布里基。其他凯尔特形式的古欧洲有关生命、死亡和再生的大女神还有梅德女王，她是一位史诗中的女神，代表了对领土的统治权和三位一体的马查。死亡女神在后来的爱尔兰民间传说中保存了下来，成为众人皆知的"贝瑞的老女人"凯雷·贝瑞。还有能预报吉凶的女妖精，她们是出没于仙山中的精灵。

第十二章　日耳曼宗教

欧洲日耳曼语族的起源及其文化的形成与凯尔特民族、斯拉夫民族和意大利民族的文化有许多共同之处。语言学家已发现他们的语言中有一些术语是一致的，这在其他亲缘语言，如印度-伊朗语、希腊语和亚美尼亚语中是没有的。这一发现支持了这样一个假设：西北部印欧语系的群落曾存在过享有相同文化根脉传承下来的术语。考古证据也显示了许多相同的结果。公元前3000年后，印欧语系所有的分支在欧洲北部和中部形成，均源于一种早期文化，即公元前第4千纪后半叶的球状双耳陶瓶文化。该文化统治了喀尔巴阡山脉以北，丹麦和西乌克兰之间的广大地区，形成于库尔干民族从黑海北部地区渗透到该地区之后，是库尔干民族与古欧洲部族逐渐融合的结果（库库泰尼与漏斗颈陶器文化）。放射性碳的年代证明球状双耳陶瓶文化与漏斗颈陶器文化共存了约千年之久。如此之长的共存理应对语言谱系的形成产生很大影响。库尔干再次渗入欧洲中东部（第三次库尔干浪潮）的时间是公元前第3千纪早期，迫使球状双耳陶瓶文化部族向西北方转移进入斯堪的纳维亚南部，向东北方转移进入芬兰南部及俄国中部[1]。从考古学来看，凸纹陶器（继球状双耳陶瓶文化之后）手工制品记述了这次浪潮，标志着印欧语系在北欧地区出现。新的人口从欧洲中部扩张到欧洲北部，并且在长期稳定人群中形成一个超常群体，紧接着当地人和新来者逐渐混居并通婚。这种融合孕育了两个北欧印欧语族的核心：西北部的日耳曼语和东北部的波罗的海语。

青铜时代，欧洲西北部——丹麦、斯堪的纳维亚南部以及德国西北部——构成了原初日耳曼文化区域，许多部落群由此分化而成。[2] 在工具、武器、陶器、殡葬仪式、铜制品的装饰以及其他许多现象上，该文化区域与欧洲中部和

---

[1] 关于印欧文化三波移民浪潮理论，可参看本书导论部分，还可参考德克斯特和琼斯-布雷合编的书（1977：195-300）。

[2] 按照德国学者埃德加·C. 普洛迈教授的看法，日耳曼部落在公元前第1千纪中期形成独立的族群。还有，按照尤尔根·乌多夫（Jürgen Udolph, 1994：935ff）的看法，青铜时代的斯堪的纳维亚还没有形成日耳曼文化。斯堪的纳维亚在公元前第1千纪为来自南方的日耳曼部落所殖民。

波罗的海东邻迥异。历经整个公元前第2千纪,欧洲西北部文化逐渐发展,并且没有大的迁移,显而易见的是和平相处。开始于铁器时代早期的移民改变了欧洲历史的进程。

公元前1世纪,尤利乌斯·恺撒时期,日耳曼民族居住在莱茵河西部,并进犯高卢和意大利北部。在他们首次被罗马人挫败后,一些日耳曼部落便归并入罗马帝国。不过在公元9世纪,由阿米纽斯(赫尔曼)率领的日耳曼民族发生叛乱,反对罗马统治。获胜的日耳曼民族摧毁了在条顿堡森林(Teutoburg Forest)的帕伯琉斯·昆斯提琉斯·瓦若斯的军队[奥斯那伯如科(Osnabrück)北部的挖掘工作对此予以证实]。这是罗马人首次遭遇日耳曼民族带来的大灾难。

公元前最后几个世纪里,汪达尔人、捷庇德人及哥特人从瑞典南部移至波罗的海海岸,以凯尔特民族为代价,从这里扩张至更远的西部和南部。哥特人于公元2世纪向东南方迁移至乌克兰和罗马尼亚。

南部日耳曼部落皈依基督教的时间要比北部日耳曼部落早很多。至325年,哥特人已经有了主教。在西罗马帝国衰落前进入罗马各省的日耳曼民族从公元5世纪开始信奉基督教,他们是西班牙的汪达尔人(409—429年),高卢东部的勃艮第人(412—436年),潘诺尼亚的东哥特人(456—472年),奥地利多瑙河北部的如吉人(482年前)。再往北,宗教的归附来得晚些。英格兰在7世纪成为一个基督教国家。大陆上的古撒克逊人在8世纪后半叶归信基督教。传教士们在10世纪至11世纪期间成功地使斯堪的纳维亚人皈依基督教。冰岛正式信仰基督教是在公元1000年,不过直到13世纪仍保留对祖先宗教的信仰。这使13世纪的基督教人文学者得以记录古代信仰并为后裔保存至今。瑞典是古欧洲和印欧异教的最后一个日耳曼族堡垒。

这种宗教信仰的转变远非平稳过渡。在772年,强迫转变信仰的残暴行为达到顶点,当时,法兰克皇帝查理曼屠杀了30000名拒绝接受基督教的撒克逊人。另外,艾明苏(Irminsul),象征神话世界的圣白蜡树,伊格德拉修(Yggdrasil)——圣轴——都被伐倒。(这样的亵渎行为之于天主教徒相当于杀害圣彼得①。)我们现在回头再看这些北方地区,在13世纪,那里的平民依然固守异教

---

① 耶稣十二门徒之首,公元1世纪到罗马传教,后被罗马皇帝尼禄残酷杀害。——译者

第十二章 日耳曼宗教 | 191

习俗和信仰，而修道士们也最终开始翻译萨加（Saga）①。

记录北欧海盗时代神话传说的主要资料是诗体《埃达》，这是 13 世纪冰岛的诗歌集和其他片段。散文体《埃达》是 13 世纪人文学者斯诺里·斯特卢森为诗人所著的手册（这是介绍挪威神话传说的最好书籍）；萨克索·格兰马提克斯（Saxo Grammaticus）的《丹麦历史》完成于 1215 年前后，作者在书中描述了斯堪的纳维亚人的神话传说，其版本与散文体《埃达》中的神话稍有不同；不来梅的亚当在他所写的《汉堡主教历史》（1074—1083 年）一书中记载了瑞典异教的节日，介绍其他基督教作者、古代游吟诗和传奇故事。也有一些信息来自古英语史诗《贝奥武甫》，其年代约公元 1000 年，书中描写了一位斯堪的纳维亚英雄的不朽功绩。

北欧海盗时代以前，除了如尼字母（runes，北欧古文字母——译者）几乎没有留下其他资料；这些文字特别有趣，富有神秘和宗教色彩。② 我认为至少在某种程度上它们是古欧洲神圣文字系统的延续，其重要性在于它们源于史前文化。如尼文字书写的最古老形式——老福沙克（Futhark）文字，一直沿用到基督教纪元初期。[最古老的带有如尼文字的物品是麦尔道夫（Meldorf）胸针，可追溯到公元 50 年前后，发现于日德兰半岛西海岸。] 24 个字母符号刻于瑞典凯尔维尔（Kylver）的一块立石上，可追溯至约 5 世纪。如尼文字的书写方式持续到公元 1000 年左右。在有些重要研究中，如尼文字被看成古挪威神话的一个真实来源。（参看 Gitlin-Emmer，1993）

以下篇章集中探讨古欧洲血统的众男神和女神。尽管有印欧男性武士诸神的强势出现和基督教的引入，但是古欧洲众神一直存在到 13 世纪及以后的几个世纪。

日耳曼神：瓦尼尔（Vanir）神族和爱瑟（Aesir）神族

宗教神话世界反映社会现实。前面的篇章中讨论了强调男性勇士众神和天堂的印欧宗教及其所反映出的大草原上游牧民族的男权文化，同时，还介绍了古希腊神话如何再现希腊半岛上印欧部落以暴力征服古欧洲文化。

---

① 冰岛语，意为故事或传说。原在民间口头流传，十二三世纪整理成文字，用散文叙述，并插入古代诗歌。大致可分历史记载和传说、神话和英雄传说、骑士爱情故事三类。——译者

② 有关如尼字母和巫术，参看 Flowers（1986）；关于如尼字母的巫术词 alu，"beer"，参看普洛迈著作（1996）。

在日耳曼宗教中，古欧洲宗教和印欧宗教共存，分别由两大不同的神族所代表：瓦尼尔神族和爱瑟神族。瓦尼尔神族代表了古欧洲本土诸神，象征着富饶和生命繁衍。与此相对，爱瑟神族包括了印欧男性勇士诸神。瓦尼尔神族的主神有内尔特斯地母神，她并未在斯堪的纳维亚神话中出现过，但在罗马史学家塔西陀公元1世纪所著的《日耳曼尼亚志》中有所描述；有海神内乔斯尔；有女神弗雷娅，她给予生命并保护年轻生命，同时是主管死亡和再生的女神；还有弗雷娅的双胞胎哥哥弗雷，他是和平、富足、丰饶之神。爱瑟神族的主神是印欧诸神的后裔，主要包括泰尔、托尔和奥丁。泰尔是战神和正义之神，相当于罗马战神玛尔斯；托尔是强壮勇敢的雷神，曾与巨人作战；奥丁不但是掌管死亡、冥府之神，也是诗歌之神、先知以及勇士之神。奥丁的名字来源于古斯堪的纳维亚语中ōðr一词，意为"着迷"，与此关联的词有灵感、出神、入迷、狂喜和愤怒等①。神话中将奥丁称作"全能之父"，因为是他帮助创造了世界。如诗体《老埃达》和散文体《新埃达》中讲述的那样，瓦尼尔神族和爱瑟神族之间长期的竞争和时有的冲突贯穿着整个日耳曼神话，但是，令人颇感惊奇的是，两神族之间的冲突最终化解了，重新修好，并互派"大使"。两神族间出现的和平局面反映出本土的古欧洲人和印欧入侵者之间长达数百年的逐步调和。有趣的是，爱瑟神族的男性勇士神并没有强占瓦尼尔神族的女神（希腊神话中宙斯强占了一些女神和女英雄），然而，两族之间确有通婚。值得一提的是，在巫术、占卜和冥界内容上，瓦尼尔神族对爱瑟神族有较大的影响（比如，弗雷娅教奥丁怎样使用巫术，见下文）。

瓦尼尔诸神

瓦尼尔诸神是古欧洲诸神的后裔，居住在位于"世界之树"中部大平原西部的瓦纳海姆（Vanaheim）。那里土地肥沃、水资源丰富、绿草葱葱、和平安详，是一方神秘的乐园。罗马史学家塔西陀早在公元1世纪就给我们留下了宝贵的史料，他记载了易北河下游7个部落同庆的植物节庆的盛况：

> 这7个部落都崇拜内尔特斯——大地母神。人们相信她乘车往来于她的子民中，管理人间的事务。海上有一座小岛，岛上有一片圣林，林中停着一辆蒙着布的大车，除了一位祭司外，谁都不能碰它。女神乘着牛车行进时，祭司能感觉到她的存在，并怀着最深的敬意小心服

---

① 古挪威语是 ōðin，古撒克逊语是 Wōden，古高地德语是 Wuotan，出自词根 *ụāt，意思是"狂怒"。

侍左右。接下来的日子里，但凡女神所到之处都充满着欢乐。没有人出去打仗，没有人拿起武器，所有的铁器都被封存。那时，也只有在那个时刻，和平稳定备受珍视，深入人心。当女神厌倦于世间的交际后，祭司将女神送回神殿。然后，女神的车以及女神自己要到一个鲜为人知的湖中接受洗礼。服侍女神洗浴的奴隶这时就立即被湖水淹没①。

塔西陀的记载中并没有提到乘车女神的形象究竟是哪一种，很可能是木质的女神雕像，他也没提这件事发生的时间。但是，那些庆祝活动类似于春季祭祀农神的活动，也有点像希腊-罗马的节庆——希-罗节（Sementiva），是祭祀谷神的节日。载有女神雕像的车队行进是希望以此保护耕地，保佑能有好收成。女神每年接受一次洗礼。（库柏勒，一位于公元前204年进入罗马的小亚细亚部落的女神，对她的庆祝也是在早春的游行中进行，也是在一条溪流中接受洗礼。因为女神净身象征着女神之神力的净化和更新。）②

1. 诺恩斯（Norns）（命运三女神）

诺恩斯，即古日耳曼传说中聪慧的命运三女神。有时，她们神秘地以三位强大的女性形象出现。她们来自"世界之树"，即伊格德拉修下面的泉水中。女先知乌拉斯波说："三位女神自那里出现，她们极富智慧……她们在石头上刻字，决定人子的命运和人生的长短。"③ 就连爱瑟神族的诸神也都惧怕这三位有古欧洲血统的日耳曼女神。根据乌拉斯波的说法，爱瑟神族诸神围坐一圈兴致盎然地下棋，毫不理会世事，这时，三位女神出来搅乱了棋局。她们以女性的力量压倒了爱瑟神族诸神的力量。她们是诺恩斯，后来被称作兀尔德、蓓尔丹娣和斯库蒂。兀尔德，意思是"命运"；蓓尔丹娣有"改变"的含义；斯库蒂则意味着将来和必需，即命运中的定数和责任。在斯诺里·斯特卢森（Snorri Sturluson）所生活的公元13世纪及后来的几个世纪中，人们坚信这三位女神代表了决定命运的三种最根本的力量。直到20世纪的民间信仰中，人们依然相信她们神秘的力量对每个人都能产生影响。

---

① 塔西陀《日耳曼尼亚志》，40。这个净洗身体的行动促使女神的生命力再生。奴隶的牺牲则增加女神的能量，并促进土地丰产。参看德克斯特著作（1990：99）。关于Nerthus词源学分析，参看普洛迈著作（1987）。

② 许多其他的女神也有这样的仪式性洗浴，如希腊的赫拉女神通过在卡那萨斯河（Canathus）中的仪式洗礼每年恢复处女身份。参看德克斯特著作（1990：99，130，170）。

③《乌拉斯波》，20。

《乌拉斯波》诗篇第 21 节中讲到爱瑟神族袭击瓦尼尔神族的女巫师贾尔维革（Gullveig）：在战争之父奥丁的府厅里，爱瑟神族的神反反复复用长矛刺她，用火烧她。这便是"战争之源"。①

2. 弗雷娅

瓦尼尔神族最知名的女神就是弗雷娅。显然她保留着古欧洲大女神的几个特征：赐予生命、终结生命、司控再生。在日耳曼地区，关于她的名字就有好几种说法。丹麦语中，她被称作吉菲昂（Gefion）。她的名字和古斯堪的纳维亚语的 gefa 有关，意思是"给予"。因此，她是一位给予者，其意义多指"万物的赐予者"或"春天生命的赐予者"。杜鹃——春天的使者供她使唤。人们用充满生命力的公牛祭拜她。她能预知婴儿的降生，能帮助分娩中的妇女。她的这种职能将她同希腊的阿尔忒弥斯女神联系在一起：她们都是生命的赐予者，年轻生命的保卫者。她既是一个人，同时化身为三个人：她同诺恩斯命运三女神密不可分，她们是具有超自然力的女性，命运的引航人，是"三张宝座上的三位少女"，决定新生儿的命运。

根据斯诺里·斯特卢森的说法，她嫁给了一位常在外漫游的丈夫奥第尔（Oðr），她为他哭泣、满世界寻找他的踪迹。这可以理解为她在为一个逝去的爱人服丧。因为她以神圣的婚礼与他结伴，结果此人死了（或被杀），但是却像将要死亡的植物精灵一样存在。除了赐予生命、开启子宫的能力外，她还保护年轻人的性行为、保卫适婚年龄的年轻女子。

同样重要的是，她的能力范围延伸到了冥府和魔法界。在战场上，半数的亡灵都归属于她，另一半归奥丁。她以猎鹰或母山羊的形态出现，有时她坐在由猫驾的车中四处走动，有时又骑在公猪身上往来。公猪是一种和死亡紧密相连的动物。对她而言，猪是一种特殊的动物。有关她的传说中记载她是第一个教爱瑟神族使用巫术的女神，事实上，奥丁的萨满教巫术很有可能就是从弗雷娅那里学来的。显然，弗雷娅是存在于整个生命链中的女神。在其他印欧神话中与她相对应的女神通常都是两位，或者是一位拥有两个名字的女神，比如说希腊神话中的阿尔忒弥斯-赫卡特，或波罗的海神话中的莱尔玛-拉佳娜。她是

---

① "贾尔维革"一词在古挪威语中是"醉态的黄金"之意。"gull"（贾尔）一词指黄金。"贾尔维革"或许就是描述弗雷娅特性的一种形容词。参看晋洛边者作（1989：60 - 61）。

生命的化身和生命的赐予者。她充满生命的力量，也是爱神。① 不过，她的权力还包括掌管死亡以及魔法世界，但是她并不是一个令人生畏的，像赫卡特、拉佳娜或是俄罗斯的芭芭雅嘎（Baba Yaga）那样的破坏者。她职能权力如此之广，所以，她就成了北欧神话中最重要的一位女神。

3. 沃尔沃（The Vølva）

斯特卢森的书中以及其他原始资料都提到与弗雷娅密切相关的神有沃尔沃。她是一位擅长巫术的神，女智者、预言家。她身边有9位女圣人。她也是占卜仪式中的权威。神话中，她穿着动物皮装，牛皮靴子、猫皮手套，也许和弗雷娅的穿着一样。这位女神似乎是一位使人畏惧的萨满教巫师，也被看作后来的女智者以及被妖魔化了的巫婆的前身。

4. 弗丽格（Frigg）

另外一位日耳曼女神是弗丽格。她是奥丁的妻子［德语称作弗丽佳，是为了区别弗雷娅——沃坦/沃顿（Wotan/Wodan）的妻子］。星期五是弗丽格之日，是纪念她的日子。她嫁给了印欧神系中最重要的神，这使她在崇尚男权制的万神殿中占有了一席之地。然而，她还是保留了很多与弗雷娅相似的神能。她被称作万神之母，这种称呼与其他一些神话中"伟大的女神"有关。她的女仆福拉（Fulla，意为"丰饶"）留着金黄色的长发，经常从弗丽格的宝箱（暗喻女神的子宫）中取出首饰分给众人，与希腊神话中潘多拉的盒子有相似之处。②

5. 沃尔克利娅（Valkyrie）

死亡女神，在欧洲的其他地区以战地猛禽的形象出现，比如爱尔兰莫利根或芭德（乌鸦），或者如希腊神话中的雅典娜（猫头鹰）。但是，在北欧神话中，她是战地少女沃尔克利娅。她相当于古欧洲秃鹫女神。她名字的意思是"选择死尸"。作为破坏者，她使冰雹从天而降毁坏庄稼、砸死牲畜；而她的另一面意味着更新、再生。在神话中，多个沃尔克利娅以天鹅少女的形象出现，她们有时扔掉天鹅的伪装，变成少女在人迹稀少的小溪中洗澡。这些水鸟从南方返回北方，象征着季节的更新。

---

① 根据普洛迈（见伊利亚德编，1987：438-439）的看法，弗雷娅在日耳曼的万神殿中最重要的功能或许就是爱与性。还可以参看普洛迈著作（1989：61）。

② 但是我们应该注意，福拉在日耳曼神话中不像潘多拉神话那样具有负面的性质。福拉不用为人类的不幸负责。

6. 丝嘎迪（Skaði）

丝嘎迪是北欧神话中的另外一位死亡、冬天女神。她的名字可能来自古斯堪的纳维亚语中的名词 skaði，意思是"伤害、死亡"。她的神圣动物是食尸的狼。她穿着雪靴行走，喜欢冰雪覆盖的大地。

7. 海尔/霍拉（Hel/Holla）

在德国很多口头流传的神话中，关于古代的死亡之神和再生之神有很多种说法，例如，海尔/霍勒、霍拉（在格林童话中广为人知），还有霍尔达、波尔卡塔和珀卡塔等。在神话中，她被描述成一个让人毛骨悚然的、可怕的神，就像希腊神话中的赫卡特。她经常和她的那些狼狗一起出现，这些狼狗从尸体上将肉撕咬下来。作为死亡之母，她将死者送至深山和洞穴最深处的冥府。Holler、Holder、Hollunder 是老树的名字。这些树是霍拉的圣树，树下住着死者。虽然她是留着有魔力的长发的丑陋的老巫婆，但她也是再生之神。她将太阳带到世间。象征生命的红苹果在丰收之际掉到了井里，她变作青蛙把它取了出来。春天，冰雪融化之时，霍拉有时也会化身成一个美丽的裸体少妇在小溪或河流中洗澡。当这位危险的死神变作一位春天里的少女时，她也就成了严冬过后生命复苏的化身。

弗雷娅、沃尔克利娅以及霍拉作为生命赐予者、死亡掌管者以及再生掌管者的形象足以证明古欧洲女神的延续性。她也许年轻、美丽、健壮，也许又老又丑，但神力强大。她代表了从出生到死亡再到再生这样一个完整的生命周期。作为最有影响力的魔法女神，她主宰着生者，也主宰着死者。

8. 弗雷娅和弗雷

斯诺里·斯特卢森记载弗雷娅和弗雷为瓦尼尔神族的两位主神，并将弗雷称作"世界之父"，尤其受到瑞典人的崇拜。瑞典人祈求弗雷帮助，希望他能带给他们良好的收成，替他们维护和平。他在秋天的时候游走于大地，祝福这个季节。为了体现出他维护和平的角色，弗雷禁止在自己的神殿中使用武器。在他神圣的土地上出现流血会使他勃然大怒。他和印欧男性武士诸神完全不同，他和他的妹妹弗雷娅一样也掌管婴儿的降生和婚姻。根据生活在公元 11 世纪不来梅的亚当的说法，在阿婆萨拉（Uppsala）神殿中弗雷的神像是一个阳具形象。这个形象使人想起希腊神话中的赫尔墨斯，他引领亡灵进入冥府；他是商业、交通、幸运、财富和欢乐之神，而他的纪念像仅仅是一个男性生殖器。赫尔墨斯是冥府和再生之神，弗雷也司掌死亡与繁育。他的图腾具有代表性的是一头野猪。野猪是死亡女神和死亡之神的动物化身。他的另外一个象征是一艘名叫斯吉泊雷纳尔（Skiðblaðnir）的船。这艘船非常大，可以容纳众神，不用的时候，还可以将它折叠起来。他的船在祝福大地的仪式中行进，也可用于葬礼上祈求再生的仪式。与弗雷娅一样，弗雷也有强大的可预告未来的力量。如不来梅的亚当所说，在阿婆萨拉神殿中，弗雷建立的伟大殿堂已经成了瑞典的宗教中心。在那里，每隔九年都要举行一次纪念他的祭祀仪式，该仪式通常持续九天。

很明显，弗雷和弗雷娅这对兄妹作为瓦尼尔神族的主神源于新石器时代甚至更早的时代。直到中世纪，文献中才有关于他们的珍贵记录，而在欧洲其他地方，这一对和谐之神早已消失得无影无踪了。他们两位同样重要的地位使我们清楚地看到了在印欧入侵者兴起之前古欧洲社会的平等。

结论

历史记录中几乎再也见不到印欧时期之前关于瓦尼尔其他神的记载，但是传说中的圣童和植物神是个例外，植物神有其出生、成长、死亡以及人们哀悼他英年早逝的记载。例如，在用古英语撰写的史诗《贝奥伍甫》的开篇中，记载丹麦皇家的祖先希尔德还是个孩子的时候就漂洋过海来到丹麦，后来当了国王，最终又离开丹麦去海上漂泊。此故事的另一版本是一个孩子带了一捆谷物在海上漂流。巴尔德尔（Baldr）是神宫里最受爱戴的众神之一，传说他是奥丁的儿子。但是，斯诺里·斯特卢森在书中对他的死亡以及人们的悲伤和哀悼有着令人印象深刻的描述，这表明巴尔德尔很可能是瓦尼尔神族中的一个植物神。像希腊神话中的利诺斯和阿多尼斯、埃及神话中的奥西里斯、美索不达米亚神话中的杜姆兹和塔木兹一样，他们的死亡是由命运女神钦定的，要以他们的死来让大地再生。

当学者们引用乔治·杜梅齐尔的三分法[①]来区分北欧诸神时，习惯上把瓦尼尔神族的诸神都归于第三类，即丰产神，这种分法很容易误导人们。瓦尼尔神族并非第三类神，也不是印欧神族中的小神族。他们代表的是古欧洲诸神，只是印欧人煞费苦心地将他们都归入了日耳曼神谱。

[①] 参看本书编者导论及第六章。

第十三章　波罗的海宗教

　　波罗的海地区包括立陶宛、拉脱维亚、芬兰和爱沙尼亚，这里蕴藏了最深厚的古欧洲信仰和传统。在这里，异教的盛行并非通过千年之久的长篇英雄故事的记载，而是通过口头传说和风俗一直流传至今（到20世纪）。波罗的海人是欧洲最后的异教徒。直到14世纪末基督教才传入立陶宛，而早在5世纪的时候基督教就已经传入冰岛了。实际上，待到传给农夫们时已经又过两三百年了。正因如此，基督教的根基在波罗的海地区是很浅的。

　　波罗的海语（作为印欧语系中一门特别的语言）的起源很像日耳曼语。它们都形成于北欧，都是当地语言和中欧移民绳纹陶器族的语言逐步融合的产物。从公元前2900年到公元前2500年间，绳纹陶器文化的东北支系向北延伸至芬兰南部，向东延伸至俄罗斯的中部，甚至越过了现代的莫斯科。原初波罗的海文化来源于东波罗的海的绳纹陶器文化和俄罗斯中部的范特亚诺夫和第聂伯河中游文化，并形成于公元前第3千纪末和公元前第2千纪初。这种新的融合也促进了很多地方民族的产生，这些民族一直存留到青铜时代，甚至到铁器时代的早期。数千条从波罗的海发源的河流的名字能证明：波罗的海语系的人居住在从现代波兰的坡梅拉尼亚一直到俄罗斯中部这片广大的土地上。航海的波罗的海族属于新石器时代纳瓦（Narva）文化的分支。在公元2世纪日耳曼可特人迁入以及公元6、7世纪斯拉夫人北上至第聂伯河盆地之前，在东北欧这片广袤的土地上没有发生任何领土变化。公元8世纪至12世纪，斯拉夫语言及其文化在几乎半个东波罗的海地区都占有主导地位。波罗的海西部海岸地区（普鲁士人、卡洛尼亚人、立陶宛人和列特人的居住地）在史前时期最为昌盛。罗马人特别珍爱波罗的海的琥珀，他们和中欧人有着频繁的贸易往来。

　　然而，13世纪早期情况发生了巨变，那时，条顿骑士团来到波罗的海，企图使这些"最后的异教徒"皈依基督教（当然是以剑尖相向）。普鲁士人和立陶宛人拒绝皈依基督教，因为这场战争不仅仅意味着他们要接受新的教义，而且意味着侵略，一次"向东的进犯"（Drang nach Osten）①，一次惨绝人寰的种族灭绝。13 世纪时条顿骑士团最终还是征服了普鲁士人，几乎没有留下多少活口。（普鲁士语——一种波罗的海西部的语言，直到 1700 年在萨姆兰德半岛上还能听到这种语言。②）条顿骑士团又渡过尼穆纳斯河向立陶宛挺进。在整个 14 世纪至 15 世纪初，对立陶宛的入侵时有发生。除了通过波罗的海对其北部领土进行殖民化外，日耳曼人的侵略终于停止了。他们于 1201 年在里加（Riga）建立了主教管辖区，在随后的几个世纪里，它成了日耳曼人最重要的堡垒。

古欧洲信仰的持续性

1387 年立陶宛正式成为一个基督教国家。是年，立陶宛大公爵约盖洛娶了匈牙利公主佳德维格为妻。佳德维格公主在此前已经当了两年波兰的女王。然而农民们并没有效仿公爵的洗礼。因为不懂当地的语言，基督教传教士对当地感到相当陌生。他们觉得和当地的农民交流是件很困难的事，劝他们皈依基督教更是难上加难。异教的信仰在那里毫无阻碍地流传了数个世纪。麦柯里斯·吉德莱提斯主教写给耶稣会总会长的一封信（1587 年）生动地描述了 16 世纪末古欧洲宗教在当地的影响："在我们管区大部分地方很难找到一个愿意去忏悔、吃圣餐、背诵祷文、尝试在胸前画十字的人；没有人懂得我们（基督）教义的奥秘。他们祭祀（雷神）、崇拜巨蛇、尊橡树为圣树。他们为死者贡献食物。还有其他一些出于无知而并非罪恶的奇怪的事情会……"（Ivinskis，1986）16 世纪至 20 世纪的很多作家在其作品中都对异教的一些宗教仪式进行了描述，尤其有关丰收习俗和祭祀扎米娜和莱尔玛的描述，前者是大地之母，后者是命运之神，控制人类的生命，掌管新生和死亡。

关于波罗的海神话和宗教的研究取材于历史、考古、民族志和民俗学资料。有关前基督教时期波罗的海宗教的文献最早可以在公元 1 世纪史学家塔西陀的记载中找到，一直到中世纪乃至 17 世纪都可以看到相关记载。很多关于古代宗教的历史记录都已付梓出版［其中最重要的是 W. 曼哈特所著的《拉脱-普鲁士众神论》（*Letto-Preussische Götterlehre*），1936］。但是如果想要更加完整地展现此

---

① 字面意义为"向东开拔"。这个短语表示日耳曼人在中世纪向中欧的东部的迁移运动，目的是让当地人民改变信仰，从而征服他们。

② 从那时以后，普鲁士语言成为死语。虽然普鲁士人在 13 世纪被征服并改信了基督教，但是我们知道普鲁士的异教信仰依然延续着，直到普鲁士语言在 17 世纪变成死语，因为此时所有异教活动遭到基督教法规的禁止。参看琼斯-布雷和胡尔德著作（1996：204-217）。

宗教的全貌仅靠这些资料是远远不够的。众多的流传到20世纪的民俗神话歌谣（拉脱维亚语作品中保留了大量这样的歌谣）、故事、谜语、咒语以及延续至20世纪的仪式是理解这古老宗教信仰的关键。①

无论是立陶宛语和拉脱维亚语的文字记载，还是口头流传的记载，都没有将基督教之前的诸神像斯堪的纳维亚神话那样分为瓦尼尔和爱瑟两个神族。相反，古欧洲女性诸神和印欧男性诸神几千年来各自生存，彼此不相往来。波罗的海神话中的迪瓦斯（Dievas，印欧人的天神）、珀库纳斯（雷神）和维利纳斯（Velinas，或称维尔斯，为死亡、冥府之神）都无法使古欧洲诸女神成为自己的情人、妻子或女儿。莱尔玛作为生命的赐予者、命运女神，不是作为迪瓦斯的妻子出现，而是与他平等的伙伴，他们两个都在夏至时节为大地祈福。大地之母扎米娜是强大的女神，司掌植被的繁茂和人类的繁衍。在加入印欧诸神后，民间流传的说法是借助春天的第一道闪电，雷神使她有了身孕。显然，这是给扎米娜的神话增添了父权制的内容。拉佳娜最初是死亡和再生之神，后来成了一个女巫。她的魔法、萨满教巫术以及通晓万事的本领对印欧神维利纳斯有着很大的影响，这种影响就像在斯堪的纳维亚神话中弗雷娅对奥丁的影响一样。

下面主要探讨古欧洲出身的诸神，不谈那些和天界、马、牛群、武器以及体力紧密相连的印欧诸神。女神们从水中、大地、月亮、石头和植物中获取她们的神力，她们组成一个族系，由一位女王统帅。有些女神有与自己地位相当的男神相伴，通常是她们的兄弟。这是典型的母系社会结构。与新石器时代相同，她们保留着自己的双重性或三重特性。同一位女神有时看起来老态龙钟，有时又十分年轻；有时是母亲，有时是女儿；有时可能同时以两姐妹的形象出现。她可以是生命的赐予者，同时是死亡的掌管者。三位一体的女神有时以命运三女神的形象出现，有时则以三位白人妇女的形象出现。

波罗的海诸女神及诸神

莱尔玛

拉脱维亚语称莱尔玛，在立陶宛语中则是莱尔梅（Laime）。她是波罗的海诸神中最强大的女神，司掌宇宙中的生命力，也掌管创造力。莱尔玛就是命运。

---

① 拉脱维亚语神话歌谣的一个很好的选本包含在乔鹿著作（Jonval, 1929）之中，带有法文翻译。还可参看如埃者作（Jouet, 1989），其中有对这些歌谣的翻译和探讨。

人生的长短、快乐、悲伤、贫富等一切都由莱尔玛决定。莱尔玛无论作为单神还是三位一体的女神事实上都是同一位女神。如果她的前两位化身做出的决定不清楚，那么最后一位化身就做出最后的决定。

17、18世纪时，在立陶宛语和拉脱维亚语的字典中都可以查到她是"命运女神"或"生命女神"。在民间信仰和一些与生育相关的习俗中都有她的影子，并且一直流传到20世纪初。人们相信，在新生儿降生的时候，莱尔玛会作为命运之神或命运三女神的化身出现在窗前，预告孩子的未来。

19世纪末20世纪初，婴儿降生时所举行的仪式中还要供奉莱尔玛。在拉脱维亚，婴儿降生仪式被称作皮塔斯（pirtižas），源自pirtis一词，意为"蒸汽"，因为仪式要在周围有蒸气的场所举行。只有女性才能参加这种仪式，由孩子的祖母主持。仪式内容包括分娩前的洗礼和分娩后的宴会。仪式上还要将一只母鸡或一头绵羊供奉给莱尔玛，同时还要给她供奉毛巾、带子及其他编织物。17世纪末的记录中提到杀鸡要用长柄木勺，这一定是一种很古老的习俗。它使人想起新石器时代那些漂亮的大木勺，这种勺子通常出土于泥炭沼遗址，上面雕刻有水禽图案，如鸭子或鹅。

波罗的海的信仰使人们想起莱尔玛与熊的古老关系。在20世纪中期的时候，还有人将怀孕的妇女或即将分娩的母亲称作"熊"。妇女们聚在蒸汽房里，看着年轻的母亲同声低吟"熊来了"，随后婴儿就降生了。在波罗的海地区，生育女神的形象可能被想象成是一头熊，在古欧洲，她就是这个形象。

莱尔玛还被比作好几种圣树。在下面这首拉脱维亚的神话歌谣里，她被比作椴树：

> 椴树长在牛棚旁，
> 枝繁叶茂长得旺。
> 椴树只是莱尔玛的影，
> 女神显灵保佑吾牛群。（Biezais，1955，256，no.29172）

古时这种树被视为圣树，周围修有渠道。从其他歌谣中我们也可以看出，山羊和绵羊直接诞生于莱尔玛的圣树，有以下歌谣为证：

> 莱尔玛圣树密密麻麻长路旁，
> 桦树下冷不丁生出一只小母羊，
> 白杨树里也走出一只小山羊。（Biezais，1955，192，no. 28963）

亲眼看着新生命从母体身上诞生，如虫子、蛇、鸡或者树，这是多么有趣的事情啊！它们之间没有任何的界限，万物的诞生都需要一种完全相同的创生力。

除了以人为化身外,莱尔玛也可以变作一头熊、一棵树、一只母鸡、一根石柱或是一只水鸟。她还有一个很重要的化身——杜鹃,这与女神的一些春天特征有关。① 杜鹃预告人的寿命、欢乐以及婚姻。杜鹃清晨发出第一声啼叫时,农民们就起床了,因为无论谁听见杜鹃的啼叫,好运就会伴随着他。有种迷信的说法现在依然存在,说是只要杜鹃不停地对着一个人啼叫,那人就会长寿。莱尔玛能编织人生、变换人的生命。与莱尔玛一样,杜鹃栖息在金光闪闪的宝座上用金线或丝线编织、缝补:

歌唱吧,杜鹃,

告诉我吧,杜鹃,

你栖在绿油油的云杉上,

你站在金灿灿的宝座上,

你牧赶着马群,

你编织着丝巾,

你用金线缝纫,

你掐算着我的寿命,

告诉我吧,我还能活多久。(立陶宛民间传说档案,V,917:9417)

另外一种民间信仰是杜鹃栖息的树也接受了女神的力量,变为圣树。如果有人剥下一小块树皮或是折下一小段树枝,那么此人就能知道杜鹃的预言。因为杜鹃是春天的使者,所以象征严冬的结束。春天过完了,杜鹃就消失了,然后以鹰的形象返回。这种关于杜鹃变成鹰的说法广为流传。

1. 莱尔玛-达利娅

莱尔玛也负责给人们分配物品,她把人们应得的物品分给他们。立陶宛民俗中认为她有这项职责是因为她的双重名字:莱尔玛-达利娅(Laima-Dalia),dalis 的意思是"分配"。在行使这项权利时,她化身为天鹅或是一头公羊。神话中有很多关于天鹅变成一位美丽少女的传说。如果一个贫穷的男子娶了一位天鹅姑娘,他就会过上富裕、快乐的生活。如果一个人碰巧得到了一只迷人的莱

---

① 我们可以回想希腊的婚姻之神赫拉,她也同杜鹃相联系。在宙斯与赫拉结婚之前,宙斯化作一只杜鹃,落在赫拉的膝盖上。赫拉看到杜鹃冷得发抖,就把它放进自己的外套之中。宙斯现回他的原形,企图强奸赫拉。后来,他改变主意,娶赫拉为妻子。狄奥克里塔(Theocritus,公元前3世纪希腊诗人)诗歌(XV;64)的评注中,描述了阿戈斯神庙中的 尊赫拉的雕像,她的一只手里掌着一根权杖,顶端有一只杜鹃。

尔玛公羊，他也会神奇地富裕起来。谁也无法得到莱尔玛没有分配给他的东西，即使是一块石头也可能存在莱尔玛的分配。假如一个不走运的人捡到了一块石头，声称石头属于他，那么石头就会一天天地缩小。

2. 母牛莱尔玛

"母牛莱尔玛"的说法由来已久。在拉脱维亚神话歌谣中，莱尔玛被称作玛拉、玛萨或玛萨维拉（也可以拼成玛瑟维拉）。她的头衔还有"母牛莱尔玛"、"牛母"（拉脱维亚语称 Govu Laima 或 Māte）、"牛奶之母"或者"牧牛女"。她拥有生命之泉，就是母牛身上产奶的源泉。她赐给牛生命。在母牛分娩的时候，她在牛棚里行使她的职责。但是她并不是以人的形象出现，而是作为黑蛇、黑母鸡或者黑色的虫子出现。在这里，黑色象征着生育、新生以及繁殖。大量的歌谣中都将黑蛇、黑色母鸡或黑色虫子视作玛瑟维拉，有以下歌谣为证：

> 一条黑蛇爬进了我的牛棚，
> 那不是黑蛇，
> 那是母牛玛瑟维拉。①

> 一只黑色（或白色）的母鸡
> 走进了我的牛棚，
> 那不是母鸡，
> 那是我的母牛玛瑟维拉。②

这只母鸡（即女神）魔幻般地抖动着身子，牛棚中随即出现了很多头牛。

> 在我的牛棚里，
> 这只黑色母鸡摇晃着身子，
> 她产下满满一窝蛋，
> 我得到满满一棚牛。③

农民们将黑母鸡供奉给玛拉-玛萨，这种风俗一直持续到18世纪。立陶宛的农民在盖新房时，都会在屋内养一只健壮的、能产卵的黑母鸡和一只黑公鸡。这样做是希望人畜兴旺、幸福美满。这两只鸡因而备受关照、喂养得很好，不准人碰，更不会被宰杀。同样，蛇也受到尊崇。如果一条蛇爬到牛棚里，这被视作一个好兆头，即使它吸食牛奶，人们也不会将它赶走。

---

① Biezais（1955, 262, no. 29165）。
② Biezais（1955, 256, no. 32446）。
③ Biezais（1955, 327, no. 32447）。

玛拉能给人们带来巨大的、具有魔力的母牛，如这首歌谣中唱的那样：

  玛拉赐给我一头母牛，

  牛儿长得又快又壮体又胖。

  牛角长得撑破了棚，

  园子里面再没有空地方。①

还有一些歌谣也提到了具有超自然力的母牛。它们长着四个巨大的角，可以在海里游泳，歌谣如下：

  产的牛奶多得就像海洋里的海水，

  出的黄油多得就如沙漠里的沙粒。（Biezais（1955，248，未编号）

可以看出，玛拉-玛萨是母牛的繁殖和牛奶的充足的给予者和保护神。显然，她和莱尔玛是同一位女神，司掌生命和生命之水。她的名字玛拉（昵称玛丽娜）或玛尔萨（昵称为玛萨维拉/玛瑟维拉）源于古欧洲一系列带有"玛"（Mar-）的女神名字（如玛拉、玛丽、卵拉、卵丽等其他类似的名字）。尽管在有些歌谣中，她的名字被写成玛拉-马德莱纳，显然这是与玛丽-马德勒尼相结合的结果，但是她的名字与基督教的圣母玛利亚无关。

3. 格比嘉（Gabija）

格比嘉是炉火女神，代表了莱尔玛的另一个化身，很像史前时期的鸟神。人们相信，她保卫房屋和家庭，给人们送来生育和快乐，促使牛群繁殖、庄稼繁茂。立陶宛人将这位女神称作格比嘉，源于动词 gaubti，意思是"庇护/保护"。拉脱维亚语中有 uguns mate，意思是"火之母"。

波罗的海人认为炉火之神是一位拟人的女神，也是一只鹳或一只公鸡。鹳能保护房屋免遭大火吞噬、免受雷雨袭击。她也保护壁炉、家庭以及村落。这只鹳是女神化身和显灵的形象。每天人们都供奉炉火女神。饭做好后就在壁炉前搁上一点，通常用来供奉的食物是面包和盐。在立陶宛，直到 20 世纪前 l 年，母亲们在烤面包的时候都要先做个小面包，并用指纹做上标记，留给女神。人们也将人形的格比嘉看作家庭中的一员。"为格比嘉铺床铺"，意思是晚上用炉灰将炭火覆盖。每当人们喜迁新居时，总要将祖先留下的炉火先搬入新居。

---

① Diezais（1955，253，no. 32416，6）。

蛇和蛇女神

直到20世纪中叶，常常可见无害的绿蛇住在人们的房子里。它们待在重要的位置上，占据屋中神圣的角落。除了每日三餐外，还有牛奶喝。蛇保护家庭，或者说得更确切些，蛇象征着生命力。在牛棚里，也有蛇的踪迹，象征着牛的生命力和繁殖。正因为如此，人们不将蛇杀死。人们相信将蛇杀死的人会毁掉家庭的幸福，他自己也将在瘫痪中度过余生；如果蛇待的地方正好是孩子们的地盘，那么一定要注意千万不能伤害或杀死蛇，如果这样做了，孩子就会死去。蛇的重要影响力不仅在于生育和生长，还在于能恢复临终的生命力。蛇与神奇的植物结合，还有治疗疾病和创造生命的能力。蛇要冬眠，大概从每年的秋季直到来年的1月底或2月初。在立陶宛，直到20世纪，每年的1月25日左右，农民们都要庆祝一个和蛇有关的神圣节日。这一天象征蛇的苏醒，它离开森林返回人的住处。这个特殊的日子也象征万物的开始、大自然的复苏。在这一天，农民们要摇动苹果树，这样树才会结果，他们还会敲击蜂巢唤醒蜜蜂。

在新石器时代的记载中，蛇女神总是被描绘成王冠形状。这种特征在波罗的海地区和其他欧洲地区的民间传说中都可以找到，因为那时人们相信加冕的蛇会出现在人们面前。这些王冠象征着智慧和财富。民间传说中还有这样的说法，如果一个人战胜一条白色的巨蛇，这个人就可以得到王冠。王冠可以让人知晓世间万事，发现隐藏的珠宝，通晓动物的语言。头戴王冠的蛇就是女王。300年前的神话故事中讲述过千蛇会的情景，为首的正是一条顶戴王冠的蛇。显然，关于蛇神圣性的模糊记录可以追溯到新石器时代的蛇女神。

奥斯特嘉（Austėja）

16世纪的记载中提到过，奥斯特嘉是蜜蜂女神。她是一个女人，也是一只蜜蜂。她掌管蜜蜂的繁殖和人类的生育。她的名字和动词austi有关，意为"编织"[①]、"投掷"、"飞翔"。在祭祀她时，人们通常要跳起来将供物扔向房顶，或者抛向空中。

奥斯特嘉是被理想化了的蜜蜂之母，一位有责任感的持家人形象。她的职责是确保在她守护下的家庭（如同每个蜂巢）生生不息，繁衍众多。基于这种

[①] 根据格雷马斯（Greimas, 1979: 35-36）的说法，20世纪初叶，当地人还习惯说"蜜蜂正在编织蜂巢"。

信仰，养蜂可以理解为人类家庭的一种隐喻：在此家庭中，持家的母亲占有最重要的作用。

死亡与再生女神

1. 吉尔提尼（Giltinė）

吉尔提尼——死亡女神，是莱尔玛的姐妹。她的名字和一组人们熟知的词汇有关：gelti（"蜇、刺"，动词）、gylys（"刺"，名词）、galas（"终结、终止"）、geltonas（"黄色"）和 geltligė（"黄疸病"，一种十分可怕的疾病）。一个世纪之前，对她的描述是这样的："她意味着人类的死亡。她长着长长的鼻子和长长的舌头，舌头上布满致命的毒液。白天，她披着一条白色的床单在墓地中游荡，四下寻找死人的棺木，用她的长舌头舔着尸体，吸取毁坏生命的毒液。"① 她用毒牙咬人，用绳子把人勒死，将人闷死，或者用其他方式置人于死地。吉尔提尼可能独自出现，可能三位一体，也可能以一群白色少女的形象出现。吉尔提尼去任何地方都畅通无阻。篱笆对她来说形同虚设，门在她面前自动打开。她鬼魅般四处游荡，时而出现在桥上，时而出现在田间，时而又从谷仓后面冒出来。有时，她是无形的，只要空中传来三声鞭响之时，就是她来了。有时会听到诡异的嘈杂声，或者盘子发出的磕碰声，门莫名其妙地自动开闭。如果你感到一阵哆嗦，那很可能是她正在盯着你的脸（立陶宛语的表达是：看着你的牙齿）。人们可以暂时骗过她，例如，当她变得极小时，你可以抓住她，然后把她放到盒子里或者小容器里。在神话故事中记有关于吉尔提尼和医生的故事。医生将病人的床调转方向，使得吉尔提尼只能站在奄奄一息的病人的脚边而不是头边，这就意味着病人暂时不会死去。然而，所有的措施只能是暂时的，吉尔提尼终将用各种方式逃离被困的地方。她是命运神，谁也无法逃脱。

2. 拉佳娜

拉佳娜是死亡女神，也是繁育女神。特别是在夜晚或黑夜可以感觉到她的存在。尽管被贬为巫婆，并在基督教时代被赶入深山老林，但是，她依然是一位神力无比强大的女神。她的名字拉佳娜来自动词 regėti，意思是"看、领悟、占卜"或"预言"。立陶宛语 ragas，意思是"角"，ragas mėnulio 意为"月亮的角""新月"，这些词组都体现了拉佳娜和月亮、再生以及变形之间有关联。她

---

① 马丽加·金芭塔丝在此没有给引文的出处。

变化多端，可以变成乌鸦、喜鹊、燕子、鹌鹑，可以变成任何生命形态或非生命的物体。拉佳娜还拥有蛇的能量：如果拉佳娜死了，能看见她的头发开始卷曲变成蛇，就像戈尔工的头发那样，无数小蛇自她的口中爬出。

3. 多位拉佳娜

拉佳娜以一个女神的形象出现，但是神话中经常提到一群拉佳娜以乌鸦的形象现身，经常在山顶举行会议。然而，其中一个被称作"夫人"，统领这群乌鸦。其他乌鸦都是她晚上活动时的助手，它们都在等待"夫人"发号施令。它们在身上涂抹了油脂之后就飞到山中和田间执行"夫人"的命令。

拉佳娜是一个危险的巫婆，不断搞破坏。例如，在收割时节，她将麦穗拧在一起打成结，从羊身上剪下大量的羊毛，使奶牛不再产奶，用石块堵住井口。在婚礼上，她"毁了新娘"，使她没有生育能力。或者，她把新郎变成一条狼或一只狗。在宇宙中，她能把满月变成半月，或者引起日食。拉佳娜能够预言自然的轮回、平衡宇宙之间的生命力。她怕月亮、植物永远成长，就不让它们生长、开花。拉佳娜能够控制男人的生育能力，经常让他们彻夜狂欢，精疲力尽。她扼杀生命为的是保证生命能量的循环更替。她对一切草药的魔力了如指掌。她用草药治愈病人，重塑生命，起死回生。

她在履行死亡与再生女神的职责时，主要以蟾蜍的形象出现（参见下文）。但是她也会以其他形象显灵，比如鱼、蛇、豪猪、母猪、母马、狗、喜鹊、燕子、鹌鹑、蛾子或是蝴蝶。在早春的时候，拉佳娜变作一位美丽的裸体女性，在湖中或小溪里梳理自己金色的长发。

4. 佐乌鲁纳（Žverūna）

13世纪的记载中提到了女神佐乌鲁纳（来自 žvéris，"野兽"）。[①] 据传她是一只狗。佐乌鲁纳相当于希腊神话中的赫卡特，也是以狗来显灵的神。她们两个都和古老的女兽主的形象有关。相传这位女神手握着鹅，两侧围着野兽。后来的一些资料显示佐乌鲁纳就是拉佳娜，因为拉佳娜或拉佳尔娜这样的名字后来都由佐乌鲁纳取而代之。

5. 芭芭雅嘎

另一位类似的女神是芭芭雅嘎，在俄罗斯民间故事里她是一个巫婆、食人

[①] 约翰·马拉拉斯（John Malalas）在他的《编年史》（1261）中写到立陶宛的习俗和信仰；一位保加利亚人翻译了马拉拉斯的希腊文，这份译文后来又被翻译成俄文编辑出版。这里关于立陶宛诸神的引文得益于加利福尼亚州洛杉矶的立陶宛社区成员艾莲娜·卢克西斯·戈达德（Irene Luksis Goddard）。

妖，但是她也是古斯拉夫的死亡女神和繁育女神。在斯拉夫民间故事中（主要是在俄罗斯传说中），芭芭雅嘎住在森林深处黑暗无光的地方，远离人世。民间故事对她的描述不一：有的说她是一个邪恶的吃人的老巫婆，尤其爱吃小孩；也有的说她是一位有智慧的女预言家。她身材高大、瘦骨嶙峋、杵形脑袋、鼻子细长、头发蓬乱。鸟是她的主要动物形象，但是她可以瞬间变成一只青蛙、蟾蜍、乌龟、老鼠、螃蟹、雌狐、蜜蜂、母马、山羊或是其他无生命的物体。芭芭雅嘎从不说话；她有时在火盆边飞翔；有时窝在她的小屋内，要么趴在壁炉上，要么坐在板凳上，要么躺在地板上，要么将身躯从小屋的一头伸到另外一头。她的小屋以鸟腿做支撑，可以像纺锤一样围着轴心转动，事实上，那便是芭芭雅嘎自己。

芭芭雅嘎是个合成词，对它的语言分析显示这个名字含有史前文化象征。雅嘎源于原始斯拉夫语 *(y)êga，其意在古俄罗斯语中是"疾病"，在塞尔维亚-克罗地亚语中是"恐惧"，在斯洛文尼亚语中是"愤怒"。[①] 它也和立陶宛语的动词 engti（意思是"绞死""压迫""折磨"）有关联。这个词也可能是从原始萨莫耶特语"*nga"借过来的，意思是"神"或者"死神/死亡女神"。斯拉夫语中"芭芭"（baba）是"祖母""妇女""云母（传说中司雨的神）"和"鹈鹕鸟"的意思，这一点显出了芭芭雅嘎的鸟类特性。试比较欧洲史前时期典型的鹰女神和猫头鹰女神，她们也都象征着死亡和再生。在俄罗斯民间神话中，芭芭雅嘎像鸟一样啄食人肉（Shapiro，1983）。在东部斯拉夫地区的传说中，有一个与芭芭雅嘎相对应的男性神考斯科·贝斯莫尼（Koshchei Bessmertnyi），意思是不死的考斯科。他的名字来源于 kost'（骨头），使人联想到一位奄奄一息并即将再生的神仙，也就是说，这位神死去随即复生，体现了生命的循环往复。从有关考斯科的传说故事来看，芭芭雅嘎或者是他母亲，或者是他的妻子。

6. 蟾蜍

直到这个世纪（指20世纪——译者），在有关死亡、医治和再生的信仰方面，蟾蜍（立陶宛语是 rupūžė）和拉佳娜占有同等重要的地位。他的名字总是用作咒语。作为死亡的先兆，蟾蜍召回白色女士（吉儿提尼）和食人鸟。如果蟾蜍（或者青蛙）在农民的家中鸣叫，就意味着有人将死亡（参见 Gimbutas 1989：256）。蟾蜍也有医伤的作用。如果一个人找到一只蟾蜍，无论是死是活，

[①] 参看普科尔尼著作（Pokorny，1959：13），*aig（1）。我感谢马丁·胡尔德（Martin Huld）指出了这些词的原型以及波兰文词 jêzda，"女巫"。这个词的意义有助于理解其语义转化的线索。

只要把它放在伤痛处,就有助于祛痛疗伤。蟾蜍伏特加酒是灵丹妙药,直至今日在立陶宛仍广泛使用。① 有时,将一只活蟾蜍敷在癌症患者的脖子上,不管蟾蜍是死是活,直到肿瘤消失,才把它放下来。

7. 劳玛(Lauma)

劳玛在拉脱维亚语中是位仙女(立陶宛语称 Laumė),她是拉佳娜在尘世的化身。夜间,她从广阔的水域中走出,或单身一人,或三位同行,也可能是一大群同时出现。她品质超凡、性感迷人。她常以鸟的形态出现,像是一位妇女,长着长长的头发、胸部下垂,但是却长着鸟的爪子、母鸡的身子。劳玛也可能变成一头山羊或一匹母马。夜间,她做各种各样的破坏活动:过度地剪羊毛,把牛奶挤干,骑马拼命奔跑把它们累倒拖垮。然而,她不是完全邪恶,有时也做一些善事。但她做善事是有条件的,而且很可能顷刻之间就变作毁灭或死亡的威胁。许多劳玛在夜间,尤其在星期四夜间带着纺车群体出现。她们纺得十分快,而且一旦纺完了亚麻、麻绳和羊毛,就开始见了什么纺什么。她们用苔藓和纤维来填补墙上的裂缝,有时候也会用女人的头发,甚至连人肠子和血管也不放过。

有关劳玛的传说中四分之一都描述了她和男人的关系。和拉佳娜一样,她通过性爱控制男性。她们可以让男人筋疲力尽、奄奄一息,也可以让男人欣喜若狂。如果男人勾引她、惹她发火或者取笑她,那么她将会追赶着去伤害他。劳玛的外貌特征清楚地反映出她具有旧石器时代的起源:鸟爪、鸟身、女人胸、在性方面的优势、三种或多位显身方法,这些显而易见源于印欧社会之前。在其他欧洲文化中也有类似的神,包括南部斯拉夫的维拉丝(Vilas)(维勒,Vily)、俄罗斯的路萨基(Rusalki)、波兰的鲍吉克(Boginki)、巴斯克的拉米那克(Lamiñak)和希腊的拉米亚斯(Lamias)。②

大地的力量

第二组古欧洲血统的波罗的海诸神同时表现出野蛮与文明的本性,象征植物的繁茂、动物的繁衍、人类的繁育。主神是立陶宛的扎米娜(拉脱维亚语称作 Zemes Māte)。她的名字源于 žeme,zeme 意为"大地"。她是大地之母的化

---

① 根据艾莲娜·卢克西斯·戈达德(个人交流),在立陶宛她的家乡小镇上有一种类似的偏方,用伏特加或者威士忌与蛇制成。当地人相信,这种偏方能够治疗各种疾病。
② 有关维勒和路萨基的详细描述,参看巴伯著述(德克斯特与普洛迈合编,1997:6-47)。

身，其特点是滋润、肥沃、黝黑（沃土的颜色）、强壮。与她类似的平辈的神有希腊的该亚-得墨忒耳、色雷斯的塞墨勒、罗马的奥皮思-亢西瓦（Ops Consiva）、斯拉夫的玛特-西拉·扎木利亚（Mat'Syra Zemlya），即"湿润大地之母"。和她相同的神还包括那些大自然的化身和守护神（男女皆有），将死的、再生的男性神，还有藏身地下的精灵，如卡沃凯伊（Kaukai）。这些古老而神奇的精灵活跃于死亡与生命之间，是大地生命力的象征。他们也有自己的守护神——蒲思凯特司（Puškaitis），他是老灌木之神，呼吸大地的生命力，其气味恶臭难闻。

1. 扎米娜

这位女神司管生育、繁荣。她创造生命，完成生命更新的神奇使命。这符合古欧洲的信念：人类与动植物都要经历季节性的苏醒、成长、发育和死亡的循环过程。宗教祭祀活动表明，对她的崇拜一直持续到本世纪（这里指 20 世纪——译者）。从 17 世纪末的有关记载上 [如普拉托乌斯（Praetorius）在 1690 年的《小立陶宛》中的记载]，我们得知在欢庆丰收的晚宴上，祭祀仪式由一名女祭司主持，人们总是用一头黑色的乳猪来祭拜她（就像希腊神话中人们祭奠农神得墨忒耳那样）。及时给她供奉祭品是至关重要的。如果面包、麦酒、黑色的动物或鸟类供品没有按时供上的话，后果将是极其严重的。据 1582 年有关记载，在立陶宛东部，（如果供奉不及时）那么其家庭成员或家里的一只动物就会瘫痪，或许一条巨蛇会堵在那家人的门口。给扎米娜供奉面包的风俗一直流传到 20 世纪早些时候。在早春初犁的时候，农民会在麦地里放一片面包祈求丰年，或者在收割完后也以此祈求来年大获丰收。在收完庄稼之后，农民们要找到那片面包，绕着它走三圈，然后吃一点，再把剩余的部分埋在地里。

地母在耸立巨石的山顶接受顶礼膜拜，山顶的巨石代表世界之脐（omphalos），也是大地所蕴藏着的生命力的中心。① 在欧洲很多古老文化中都以这样的方式来祭奠地母。如在布列塔尼有迪道型墓葬为证，可知女神变成一座山，山顶为锥形祭坛（见前文图 52a—c）。在克里特、不列颠岛及东部波罗的海地区，她也被描述成一座神圣的山。② 在立陶宛西部，乃米那斯河边的圣山（拉姆比那斯）上有一块巨石。至少从 14 世纪起拉姆比那斯就被视为圣山。16 世纪的资料显示，到拉姆比那斯山祈求生育的妇女必须干干净净。甚至到了 19 世纪，想要

---

① Omphalos 意指"肚脐"，希腊词。古希腊人以为德尔斐山顶上的神圣洞穴就是世界的中央。
② 这也是一种近东地区的现象。在古代苏美尔，地母神是尼-胡尔萨迦（Nin-Hursag），即"山夫人"。

孩子、期盼丰收的新婚夫妇也到那里去供奉祭品。这些地母神巨石并不是垂直的石柱，相反，它们是巨大而扁平的石块。在德国和斯堪的纳维亚的一些乡村，表面平坦光洁的石头被称作新娘石（Brautsteine 或 bridestones）。年轻的新娘坐在这些石头上或从上面爬过去，就可以早日生儿育女。在罗马，表面平坦的巨石用稻草盖好放在地洞里，一年中只有在庆丰收的节日里才把它们搬出来，供奉给罗马的大地繁育女神奥皮思-亢西瓦。约公元 1500 年后，在立陶宛的耶稣年会记录中记载着相同的传统习俗。公元 1600 年，他们记述了平坦的巨石被放入地下，以稻草掩盖。这些巨石被称作帝瓦斯（deivės），意为"女神"。由此可知，巨石即女神。

大地代表了正义、社会的良知，其代表之神有希腊神话中的忒弥斯（Themis）、俄罗斯神话中的玛特-西拉·扎木利亚和立陶宛神话中的扎米娜。这种观念广泛流传与其史前渊源密切相关。大地之母聆听控诉、化解难题，惩罚那些欺骗她、蔑视她的人，她绝不宽恕盗贼、骗子以及爱慕虚荣、骄横跋扈之徒。在神话传说中，罪人连同所住的房屋或城堡被大地吞没；随即，在那片地面上会出现湖泊或大山。数百年来，农民在解决牵扯土地财产问题的法律纠纷时都会请大地来见证。如果有人将一抔泥土放在头上或吞进腹中，然后发誓，他的誓言就具有了法律约束力，不可变更。

2. 森林女神：迈狄娜（Medeina）

尽管关于迈狄娜［立陶宛语为迈狄尼（Medeinė）］的史料极少，但是人们还是认为她和希腊神话中的月亮女神阿尔忒弥斯以及罗马神话中的狄安娜密切相关。事实上，15 世纪的记载中就将她称作狄安娜——森林守护女神。她最早出现于 13 世纪俄罗斯编年史《海帕提乌斯》（*Hypatius*）。她的名字源于 medis，是"树木"的意思，以及 medė，是"森林"的意思。在早期的历史和史前时期，她都是一位十分杰出的森林女神，是大自然权力和富饶的化身。她的神圣动物是一只野兔，野兔也是阿尔忒弥斯和狄安娜的动物。传说，这种十分机警、行动敏捷的动物帮助女神守护着森林，常常将猎人引入歧途。在迈狄娜的森林里看见野兔是一件可怕的事。就连立陶宛国王明达格斯（Mindaugas，生活在公元 13 世纪）在狩猎时，若看见迈狄娜的野兔，都会终止打猎。显而易见，这种动物是神圣的，是女神的象征。

一个立陶宛北部的民间故事中提到"森林夫人"，说她身穿丝绸衣服，住在一座大宫殿里，有年轻力壮的女祭司做她的助手。① 在她的宫殿内有一头公牛，这些年轻女子进宫殿时都要拿鞭子抽打它。最后一个最美丽的女子进来时，她要用力将牛打死。这种特殊的杀牛仪式反映出很早就有牛祭（the taurobolium）的存在。为了保证自然的再生，公牛成了供奉阿尔忒弥斯和库柏勒的主要祭品。

3. 会死又会复活的亚麻神：维兹甘塔斯（Vaižgantas）

维兹甘塔斯神以土地上生长的亚麻形态现身。他受尽折磨后死去，在土壤中像种子一样变化，最后获得再生。16世纪拉丝舍斯（Lasicius）的文章中记载了有关对他的祈祷文："神明维兹甘塔斯……请让我们有衣物蔽体。"拉丝舍斯还记载了在悼念逝者时所举行的祭拜维兹甘塔斯的仪式，名曰伊勒格斯：一个小女孩爬到椅子上，左手托着装满蛋糕的围裙，右手握着一条菩提树枝，单腿站立，向神祷告，祈求神灵让亚麻长得和她一样高，繁茂旺盛，使她有亚麻用来遮身盖体（Mannhardt，1936：532）。由此可见，维兹甘塔斯已经不仅仅是狭义上的亚麻神了，他成了为"赤身者提供衣物"的神。维兹甘塔斯同时象征着植物，特别是亚麻的再生。16、17世纪的史料把维兹甘塔斯也说成是"女性和自由者"之神，类似于希腊神话中的酒神狄奥尼索斯，并以女人之神而著称。希腊神话中的亚麻神利诺斯和维兹甘塔斯有着密切联系。这表明欧洲南北部的亚麻神在早期农业社会中就有共同的渊源。利诺斯也是一位会死的神，他与美索不达米亚的杜姆兹-塔木兹神相似。

维兹甘塔斯这个名字是个合成词。它的前半部分 vaisà，意思是"硕果累累"或者"繁殖"。在普拉托乌斯对17世纪末普鲁士的立陶宛异教描述中，维兹甘塔斯被说成是"丰产之神"，供奉他的贡品包括羊羔和公鸡（同前）。虽然现有的资料远远不足以重构维兹甘塔斯的全貌，但是我们还是可以感觉到他的多面性：他是一位命运悲惨的神，注定要死去；同时是一位生命力旺盛的年轻神，影响着植物的生长以及姑娘们的婚姻。

4. 卡沃凯伊：生死循环中大地力量的显现

立陶宛的儿童读物中，卡沃凯伊是一群长着胡子的小矮人。然而他们远不只小矮人这么简单，他们的个头大小像人头，但是形状却更像小蝌蚪。16、17

---

① 马丽加·金芭塔丝给出的引文出处是格雷马斯（Greimas），但是在他的《激情的符号学》（明尼苏达大学出版社，1993）和《关于神与人》（印第安纳大学出版社，1992）中没有找到这些话。艾莲娜·卢克西斯·戈达德发现了一处对类似仪式的描写，其中有成对的动物祭献给神——祖米宁乍卡斯。祭司和其他仪式参加人用棍子击打动物，直到打死（个人交流）。

世纪时的记载说他们是一群"吃植物的小矮人";直到今天,人们都还相信他们可以增加谷物和饲料产量。

词汇研究表明 kaũkas(卡沃克斯)一词源于 chthonia(地下的神)(Greimas,1979:36ff.,1992 英文译本)。有很多词都来源于词根 kauk-(卡沃-),例如 kāukolas、kāulolis 和 kaukuolys,意为"一块干土"或"一块冻土"。照此推测,卡沃克斯也具有这些意义。比如说,"一块卡沃克斯只不过两个拳头般大小,形状像个皮球"。[①]

还有一些单词直接来源于卡沃克斯。如 kaũkas、kaukelis 或 kaukoras 都是一种具有特殊芳香的根 Mandragora officinarum 的名字。"卡沃克斯的梳子"是一种似手状的植物。这种植物拥有神奇的力量,并与冥界有关。有这样的说法:"用它来梳理你的头发,千万小心不要折断梳齿,然后你就会知道隐藏在大地之中的一切奥秘。"[②]

卡沃凯伊居住在地下。主妇们常常用一根线织成一件宽松的袍子,然后把它埋在屋中的角落里,希望能引来一个卡沃克斯。因为卡沃凯伊生在土中,所以它们常住在地窖或者黑暗的储藏室里。

卡沃凯伊和人类共处之前,他们住在森林里。这已被词汇学研究证明,例如,很多带有 kauk- 的词都和"蘑菇"有关,像 kaukagrybis(grybas = 蘑菇)意思是"一大片蘑菇"、鬼笔菌(Phallus impudicus),kaukatiltis(tiltas = 桥)指的是一个有很多蘑菇的地方,kaukoratis(ratas = 圆圈或轮子)意为一大把蘑菇。有一句这样的谚语:"不要放火烧蘑菇,因为小卡沃克斯晚上会来。"

卡沃凯伊只吃植物,也只给人们土地上的产物。他们能使小麦和黑麦产量提高(可能与他们吃面包有关),给动物提供更多的饲料(可能与他们喝牛奶有关)。但是他们从来不直接带来金钱。

如果一个卡沃克斯将一根稻草放到你家的麦粒上,那么你的好运就永远不断。卡沃克斯带给人们的不是物质财富,而是一种象征性的增长(skalsa,立陶宛语):赋予物品以神话般的丰裕,似乎取之不尽、用之不竭。人们认为,卡沃凯伊也能增加财富。习语"Kaukas yra skalsas"(卡沃克斯是增长)说明卡沃克斯的本身就体现着无尽的物资供应。

---

① 格雷马斯著作(Greimas,1979:35-36)。
② 格雷马斯著作(1979:36)。艾莲娜·卢克西斯·戈达德认为,kaukoratis 意指"一只蘑菇戒指",她将此戒指比作一种精灵戒指(个人交流)。

很多文字资料中都提到卡沃凯伊的另一个名字是贝孜杜凯伊（bezdukai）或巴尔斯涂凯（barstukai）。他们的守护神是居住在老灌木下面的蒲思凯特司。普拉托乌斯解释说：这种树或灌木也叫作 bezdas。这些事实有助于解释为什么贝孜杜克斯（bezdukas）指的是居住在森林里的卡沃克斯。他住在老灌木丛里或者其旁边，他的气味恶臭难闻。有一种臭根树也叫卡沃克斯，这进一步证明卡沃克斯与嗅觉有关。正如格雷马斯所指出的那样：神灵蒲思凯特司一词的词根是 pušk-，该词与动词 pūškuoti（意为"呼气""喘粗气"）同属一类词。其词源表明蒲思凯特司象征大地，他间隔性地深呼吸，并通过 bezdai（老树）传播其气味，给这些小精灵贝孜杜凯伊和卡沃凯伊以生命。

卡沃克斯不仅仅与"根""蘑菇"和"土块"等意思有关，而且与"腺"和"球体"也有关。这种"球体"软软的、黏黏的，与卡沃克斯的圆体形有关（Greimas，1979：51）。还有另外一种解释认为该名字的来源与公猪有牵连，古欧洲人认为这种动物和死亡密切相关。卡沃凯伊是从公猪的睾丸里孵化出来。杀死一头 7 岁大的公猪，将其骟割，把睾丸放在一个温暖的地方，或放在门廊木柱的孔内孵化，新生的卡沃克斯就会破卵而出。木门廊代表从外部"自然世界"进入人类"文明世界"的通道，即从森林到人类住宅的通道。在立陶宛语中，"公猪"拼作"kuilys"，来自"kuila"一词，意思是"脱出"或"脱肠"。

卡沃克斯还和"头颅（kaukolė）""头部、面具（kaukė）"有语言关联。卡沃克斯除了与头或头颅的大小、胚胎、腺状等词有关外，头颅（kaukolė）这个词使卡沃凯伊处于生死两界之间。他们匆匆露出地面影响人类的生活，然后又回归地下以待再生。16 世纪末，詹·拉丝舍斯（Jan Lasicius）将卡沃克斯称作"死者的亡灵"（Lasicius，1969：44）。

在占欧洲原先有一种信仰，认为头颅包含着生命的基本元素，因此，人们很重视头颅，并将死者的头颅单独埋葬。卡沃凯伊与头颅和头的联系象征着灵魂的住所，与根及蘑菇的联系，及其腺状和胚胎状的外形等使人们毫不怀疑这些地下精灵的本质意义。卡沃克斯是即将出生却又没出生的一种生命形态，处于生与死的交界。这个交界时段正是大地孕育生命的神圣时刻，充满了神秘的力量，这种力量升上地表，化身为卡沃凯伊，带给人们永不停息的物产增长。卡沃凯伊和他们的守护神蒲思凯特司一起揭示了大地周而复始的力量，如同森林具有吐故纳新的力量一样。

结论

很显然,波罗的海诸神几乎完全保留着古欧洲神族的特点。无论是印欧人的入侵,还是异教和基督教之间五个多世纪的激烈争斗都没能消灭波罗的海人最古老的信仰。保留最完好的是对众位女神的信仰,她们是生命的赐予者、医治者、家庭和社区的守护者、大地富饶的带来者、死亡的使者以及生命的再造者。直到现在,人们亲吻大地之母,就好像在白天和晚上基督徒祷告之前要亲吻自己的母亲一样。你可以亲吻大地之母——莱尔玛,或者她的动物化身,你也可以触摸女神化身的石头,也可以听见女神化身的杜鹃歌唱;你能感觉到死亡女神吉尔提尼像蛇一样滑到你的身边,或者看见她的人形站在病人头边。就在近期,还有人认为这位女神确实存在。直到 20 世纪中叶,随着科技渗透和政治巨变,对她的信仰才慢慢消失。令人惋惜的是,许多过去岁月遗留下来的东西顷刻间荡然无存。圣母玛利亚部分地取代了莱尔玛和扎米娜,并被视为堕落后的人类的拯救者,一直受到持久的和热烈的崇拜。5 月里,人们用花沐浴她;8 月里,人们祈求她保佑丰收。拉佳娜仍然以巫婆形象存在,她的名字就是一个咒语,其主化身蟾蜍也是如此。千百年以来一直被看作生命力象征的蛇也从人们的家中和房基那里消失了。立陶宛的悲伤之神——那位古老的植物神——依然手托着腮帮静静地坐在农场边、森林里、道路旁或小礼拜堂内,苦苦地思考着再生到底还有多大可能性。

编　者　跋

　　马丽加·金芭塔丝以波罗的海的女神、男神和精灵结束了她的这部最后的著作。这也许恰好适合于她用很长一段立陶宛民间神话的内容来给本书做结局的做法。特别是那些拉脱维亚的和立陶宛的语言和民俗，那是她从童年时代起就感到亲近的。在她的一生中，她的祖国，故乡的民间故事、语言、习俗等，始终在她的心目中占据着首要的位置。

　　当她还是一个孩子时，她就知道了在 20 世纪初期依然受到崇奉的立陶宛女神、男神和精灵。这些神灵占据了她的精神世界，丰富着她对那片土地、水流和花草树木的热爱。早在"生态主义"这个词流行之前几十年，马丽加·金芭塔丝就已经是一位生态主义者了。她在加利福尼亚州托潘嘎山中的家，就体现了她对自然的热爱。这种爱成为她自己人生哲学和个人精神追求的基础。

　　在她生命的最后十年，马丽加·金芭塔丝在美国及世界所发生的精神运动与生态运动之中，为自己的精神追求和生态信念找到了共鸣。她的著作，以及她本人的出现，都成为生态运动中一个强烈的关注焦点，以至于许许多多的人也许原来不曾料到自己也会多少学一些考古学知识。马丽加·金芭塔丝的哲学——描绘一个男女彼此和谐相处、人与环境也和谐相处的世界——现在已经在千百万人的心中普及，有助于促成新一代的生态主义理念。马丽加·金芭塔丝的著作，足以给身处生态科学、人类学、民俗学、神话学和考古学等广大领域中的女人们和男人们带来触动和改变。

参 考 书 目[*]

Alexandrescu, P. 1983. "Le Groupe des trésors thraces de nord des Balkans, I." *Dacia* 27.
——. 1984. "Le Groupe des trésors thraces de nord des Balkans, II." *Dacia* 28.
Alexious, S. 1969. *Minoan Civilization*. Heraklion: Spyros Alexiou.
Ammerman, A. J., and L. L. Cavalli-Sforza. 1984. *The Neolithic Transition and the Genetics of Population in Europe*. Princeton: Princeton University Press.
Andersen, Nicls H. 1988. "The Neolithic Causewayed Enclosures at Sarup, on Soth Wets Funen, Denmark." In *Enclosures and Defences in the Neolithic of Western Europe*, edited by Colin Burgess, Peter Topping, Claude Mordant, and Margaret Maddison. International Series 403. Oxford: British Archaeological Reports.
Anthony, David W. 1986. "The 'Kurgan Culture,' Indo-European Origins, and the Domestication of the Horse: A Reconsideration with CA Comment." *Current Anthropology* 27 (4): 291–313.
——. 1991. "The Archacology of Indo-Euripean Origins." *Journal of Indo-European Studies* 19 (3–4): 193–223.
Arnal, Jean. 1976. *Les Statues-menhirs, hommes et dieux*. Paris: Éditions des Hesperides.
Atkinson, R. J. C. 1965. "Wayland's Smithy." *Antiquity* 9: 126–233.
Atzeni, Enrico. 1981. "Aspetti e sviluppi culturali del neolitico e delle prima eta dei metali in Sardegna." Vols. 27–41 of *Ichnussa: La Sardegna dalle origini allela classica*. Milan: Libri Scheiwiller.
Banner, Janos. 1959. "Anthropomorphe Gefässe der Theisskultur von der Siedlung Kökénydomb bei Hódmezövásárehely (Ungarn)." *Germania* 37: 14–35.
Banti, Luisa. 1973. *Etruscan Cities and Their Culture*. Translated by Erika Bizzarri. Los Angeles: University of California Press.
Barandiarán, Jose Miguel de. 1960. *Mitologia Vasca I*. Madrid: Editiones Minotauro.
Barber, E. J. W. 1989. "Archaeolinguistics and the Borrowing of Old European Technology."

---

[*] 包括主要著作、文章、目录、专论和考古发掘报告。编者注：这里汇总编辑了马丽加·金芭塔丝和我自己的参考书目。所有从参考书中的引用均已在文中标注。

Journal of Indo-European Studies 27（3－4）：239－51.

——. 1991. *Prehistoric Textiles*. Princeton：Princeton University Press.

——. 1994. *Women's Work：The First 20,000 Years；Women, Cloth, and Society in Early Times*. New York：Norton.

——. 1997. "On the Origins of the vily/rusalki." In *Varia on the Indo-European Past：Papers in Memory of Marija Gimbutas*, edited by Miriam Robbins Dexter and Edgar C. Polomé, 6 – 47. Washington, D. C.：Institute for the Study of Man.

Baring, Anne, and Jules Cashford. 1991. *The Myth of the Goddess：Evolution of an Image*. London：Viking Arkana.

Barker, Graeme. 1985. *Prehistoric Farming in Europe*. Cambridge：Cambridge University Press.

Baroja, Julio Caro. 1975. *The World of the Witches*. Translated from the Spanish by O. N. V. Glendinning. Chicago：University of Chicago Press.

Bar-Yosef, Ofer. 1986. "The Walls of Jericho：An Alternative Interpretation." *Current Anthropology* 27（2）：157－62.

Batović, Šime. 1966. *Stariji Neolit u Dalmaciji*. Societa Archaeologia Iugoslaviae. Zader：Museum Archaeologicum.

Battaglia, Frank. 1993. "A Common Background to *Lai de Graelent* and *Noínden Ulad?*" *Emania* 11：41－48.

Becker, H. 1989. "Die Kreisgabenanlage auf dem Aschelbachäckern bei Meinertal —ein Kalenderbau aus der mittleren Jungsteinzeit?" *Das archäologische Jahr in Bayern* 1989：27－32.

Behrends, Rolf-Heiner. 1991. "Erdwerke der Jungsteinzeit in Bruchsal." *Neue Forschungen 1983－1991*. Stuttgart：Baden-Württemberg.

Behrens, H. 1973. *Die Jungsteinzeit im Mittelelbe-Saale Gebiet*. Landesmuseum für Vorgeschichte in Halle. Neuöffentlichungen. Berlin：Deutscher Verlag der Wissenschaften.

——. 1981. "The First 'Woodhenge' in Middle Europe." *Antiquity* 55：172－78.

Beier, H. J. 1988. *Die Kugelamphorenkultur im Mittelelbe-Saale Gebiet und in der Altmark*. Berlin：Deutscher Verlag der Wissenschaften.

——. 1991. *Die megalithischen, submegalithischen und pseudomegalithischen Bauten sowie die Menhire zwishen Ostee und Thüringer Wald*. Beiträge zur Urund Frühgeschichte Mitteleuropas. Wilkau-Hasslau：Verlag Beier and Beran.

Beltran, Antonio. 1979. *Da caciatori ad allevatori. L'arte rupestre del Levante Spagnolo*. Milan：Jaca Book.

Benac, Alojz. 1973a. "Obre I. Neolitsko naselje Starčevacko-Impresso i Kakanjski kulture na Raskršcu." （Obre I. A Neolithic Settlements of the Starčevo-Impresso and Kakanj Cultures at

Raskršce.) *Glasnik Zemaljshog Muzeja* 5 (27/28): 5 – 171.

——. 1973b. "A Neolithic Settlement of the Butmir Group at Grnje Polje." *Wissenshaftliche Mitteilungen der Bosnisch-Herzegowinischen Landesmuseums* (Sarajevo). Vol. 3A. (Archacology Scries): 1 – 327

Benac, Alojz, et al., eds. 1979. *Praistorija jugoslavenshin zemalja*. Vols. 1 – 4. Sarajevo: Academy of Sciences of Bosnia and Herzegovina.

Berciu, Dumitru. 1966. *Cultura Hamangia: noi contributii*. Bucharest: Editura Academiei Republicii Socialiste Romania.

Berger, Pamela. 1985. *The Goddess Obscured: Transformation of the Grain Protectress from Goddess to Saint*. Boston: Beacon Press.

Bergquist, Anders, and Timothy Taylor. 1987. "The Origin of the Gundestrup Cauldron." *Antiquity* 61 (231): 10 – 24.

Bernabó Brea, Luigi. 1957. *Sicily Before the Greeks*. London: Thames and Hudson.

Best, R. I., and Osborn Bergin, eds. 1954. *The Book of Leinster (LL)* I - II - III. Dublin: Thom and Co.

Bevan, Elinor. 1986. *Representations of Animals in Sanctuaries of Artemis and Other Olympian Deities*. International Series 315. Oxford: British Archaeological Reports.

Biaggi, Cristina. 1994. *Habitations of the Great Goddess*. Vanchester, Conn.: Knowledge, Ideas and Trends.

Biaggi, Cristina, Norman Simms, Guy Ventouillac, Robert Liris, and Joseph Grivel. 1994. *Glozel: Les Graveurs du Silence*. Villars, France: Editions BGC Toscane.

Bibikov, S. N. 1953. "Poselenie Luka-Vrublevetskaya." *Materialy: Issledovaniya po Arkheologii SSSR* 38: 1 – 408.

Biezais, Haralds. 1955. *Die Hauptgöttinnen der Alten Letten*. Uppsala: Almquist and Wiksells.

——. 1987. "Baltic Mythology." *The Encyclopedia of Religion*, edited by Mircea Eliade. New York: Macmillan.

Bintliff, John, ed. 1984. *European Social Evolution: Archaeological Perspectives*. Bradford, West Yorkshire, England: University of Bradford.

Blegen, Carl W. 1928. "The Coming of the Greeks II: The Geographical Distribution of Prehistoric Remains in Greece." *Amertcan Journal of Archaeology* 32: 146 – 54.

Bloch, Maurice. 1981. "Tombs and States." In *Mortality and Immortality: The Anthropology and Archaeology of Death*, edited by S. C. Humphreys and H. King. London: Academic Press.

——. 1991. *Prey into Hunter: The Politics of Religious Experience*. Cambridge: Cambridge University Press.

Bober, Phyllis Fary. 1951. "Cernunnos: Origin and Transformation of a Celtic Divinity." *American Journal of Archaeology* 55: 13–51.

Bogucki, P. 1982. *Early Neolithic Subsistence Production in the Polish Lowlands*. International Series 150. Oxford: British Archaeological Reports.

Bökönyi, Sándor. 1970. "Animal Remains from Lepenski Vir." *Science* 167 (3926): 1702–4.

——. 1974. *History of Domestic Mammals in Central and Eastern Europe*. Budapest: Akadémiai Kiadó.

——. 1976. "The Vertebrate Fauna of Anza." In *Neolithic Macedonia, as Reflected by Excavation at Anza, Southeast Yugoslavia*, edited by Marija Gimbutas, 313–63. Monumenta Archaeologica 1. Los Angeles: University of California, Institute of Archaeology.

——. 1986. "The Faunal Remains of Sitagroi." In *Excavations at Sitagroi: A Prehistoric Village in Northeast Greece*, edited by Colin Renfrew, Marija Gimbutas, and Ernestine S. Elster, 63–133. Monumenta Archaeologica 13, vol. 1. Los Angeles: University of California, Institute of Archaeology.

——. 1987. "Horses and Sheep in East Europe in the Copper and Bronze Ages." In *Proto-Indo-Europena: The Archaeology of a Linguistic Problem*, edited by S. N. Skomal and E. C. Polomé, 137–44. Studies in Honor of Marija Gimbutas. Washington, D. C.: Institute for the Study of Man.

——. 1989. "Animal Remains." In *Achilleion: A Neolithic Settlement in Thessaly, Greece, 6400–5600 B. C.*, edited by Marija Gimbutas, Shan Winn, and Daniel Shimabuku, 315–32. Monumenta Archaeologica 14. Los Angeles: University of California, Institute of Archaeology.

Bonfante, Giuliano, and Larissa Bonfante. 1985. *Lingua e cultura degli Etruschi*. Rome: Riuniti.

Bonfante [Warren], Larissa. 1973. "The Women of Etruria." *Arethusa* 6 (1): 91–101.

——. 1990. *Etruscan: Reading the Past*. Berkeley and Los Angeles: University of California Press.

Borgeaud, Phillippe. 1988. *The Cult of Pan in Ancient Greece*. Chicago: University of Chicago Press.

Boulotis, Ch. 1981. "Nochmals zum Prozessionsfresko von Knossos." In *Sanctuaries and Cults in the Aegean Bronze Age*, edited by Robin Hägg and Nanno Marinatos. Proceedings of the First International Symposium at the Swedish Institute in Athens, 12–13 May 1980. Stockholm: Svenska Institutet, Athens.

Branigan, K. 1984. "Early Minoan Society: The Evidence of the Mesara Tholoi Reviewed." In *Aux Origines de l' hellenisme: La Crete et la Grece: Hommage Henri van Effenterre*, edited by C. Nicolet, 29–37. Paris: Publications de la Sorbonne.

Branson, Brian. 1964. *Gods of the North*. London: Thames and Hudson.

Bremmer, Jan. 1983. *The Early Greek Concept of the Soul*. Princeton: Princeton University Press.

Brennan, Martin. 1983. *The Stars and the Stones: Ancient Art and Astronomy in Ireland*. London: Thames and Hudson.

Brenneman, Walter L., and Mary G. Brenneman. 1995. *Crossing the Circle at the Holy Wells of Ireland*. Charlottesville: University Press of Virginia.

Brenner, Larsen. 1985. "The Gundestrup Cauldron, Identification of Tool Traces." *Iskos* 5. *Proceedings of the Third Nordic Conference on the Applications of Scienlific Methods in Archaeology*. Helsinki.

Brøndsted, Johannes. 1960. *Danmarks oldtid: III, jernalderen*. Copenhagen: Gyldendal.

Brumfield, Allaire Chandor. 1981. *The Attic Festivals of Demeter and Their Relation to the Agricultural Year*. Monographs in Classical Studies. Salem, N. H.: Ayer Co.

Bujna, Josef, and Peter Romsauer. 1986. "Siedlung und Kreisanlage der Leagyel-Kurtur in Bučany." *Internationales Symposium über die Lengyel-Kultur*, 1984, Nitra-Wien: 27–35.

Burgess, Colin, Peter Topping, Claude Mordant, and Margaret Maddison, eds. 1988. *Enclosures and Defences in the Neolithic of Western Europe*. International Series 403. Oxford: British Archaeological Reports.

Burkert, Walter. 1985. *Greek Religion: Archaic and Classical*. Translated by John Raffan. Oxford: Basil Blackwell.

Burl, Aubrey. 1979. *Prehistioric Avebury*. New Haven: Yale University Press.

Cameron, Dorothy O. 1981. *Symbols of Birth and Death in the Neolithic Era*. London: Kenyon Deane.

Cann, J. R., and Colin Renfrew. 1964. "The Characterization of Obsidian and Its Application to the Mediterranean Region." *Proceedings of the Prehistoric Society* 30: 111–25.

Cary, M., et al., with the assistance of H. J. Rose, H. P. Harvey, and A. Souter. 1949. *The Oxford Classical Dictionary*. Oxford: Clarendon Press.

Castleden, Rodney. 1990. *The Knossos Labyrinth: A New View of the "Palace of Minos" at Knossos*. London: Routledge.

Chadwick, John. 1976. *The Mycenaean World*. Cambridge: Cambridge University Press.

Chantraine, Pierre. 1966–70. *Dictionnaire étymologique de la langue grecque*. Paris: Klincksieck.

Chappman, John. 1981. *The Vinça Culture of Southeast Europe*. International Series 117. Oxford: British Archaeological Reports.

———. 1987. "The Early Balkan Village." In *Neolithic of Southeastern Europe and Its Eastern Connections*, 33–53. International Conference 1987 Szolnok-Szeged, Varia Archaeologica Hungarica II, Budapest.

Chernykh, E. N. 1980. "Metallurgical Provinces of the 5th – 2nd Millennia in Eastern Europe in Relation to the Process of Indo-Europeanization." *Journal of Indo-European Studies* 8 (3 – 4): 317 – 36.

Chinppindale, Christopher. 1983. *Stonehenge Complete*. Ithaca, N. Y.: Cornell University Press.

Christ, Carol P. 1995. *Odyssey with the Goddess: A Spiritual Quest in Crete*. New York: Continuum.

——. 1997. *Rebirth of the Goddess: Finding Meaning in Feminist Spirituality*. New York: Addison-Wesley.

Cipollini Sampo, Mirella. 1982. *Scavi nel villaggio neolitico di Rendina, 1970 – 1976. First published in Origini* XI (Rome, 1977 – 1982), 183 – 354.

Clarke, D. V. 1976. *The Neolithic Village at Skara Brae, Orkney: 1972 – 73 Excavations*. London: HMSO.

Cowan, Wesley, and Patty Jo Watson, eds. 1992. *The Origins of Agriculture: An International Perspective*. Smithsonian Series in Archaeologival Inquity. Washington, D. C.: Smithsonian Institution Press.

Csálog, József. 1959. "Die anthropomorphen Gefässe und Idolplastiken von Szegvár-Tüzköves." *Acta Archaeologica* (Budapest) 2: 7 – 38.

——. 1972. "Thronende Frauen-Idol von Szegvár-Tüzköves." *Idole. Prahistorische Keramiken aus Ungarn*, 20 – 24. Vienna: Naturhistorisches Museum.

Cucoş, St. 1973. "Un complex ritual cucutenian descoperit la Ghelaeşti (Jud. Neamt)." *Studi şi Cercetari de Istorie Veche* 24 (2): 207.

Cunliffe, Barry. 1974. *Iron Age Communities in Britain*. London: Routledge and Kegan Paul.

——. 1986. *The Celtic World*. New York: Crown Publishers.

Dames, Michael. 1976. *The Silbury Treasure: The Great Goddess Rediscovered*. London: Thames and Hudson.

——. 1977. *The Avebury Cycle*. London: Thames and Hudson.

——. 1992. *Mythic Ireland*. London: Thames and Hudson.

Danforth, Loring M. 1982. *The Death Rituals of Rural Greece*. Photography by Alexander Tsiaras. Princeton: Princeton University Press.

Daniel, Glyn, and Poul Kjaerum, eds. 1973. *Megalithic Graves and Ritual: Papers Presented at the 3rd Atlantic Colloquium, Moesgard, 1969*. Jutland Archaeological Society Publications, 11. Copenhagen: Gyldendal.

D'Anna, A. 1977. *Les Statues-menhirs et stèles anthropomorphes du midi méditerranéen*. Paris: Editions du Centre National de la Recherche Scientifique.

Dannheimer, H. 1985. *Idole, frühe Götterbilder und Opfergaben*. Ausstellungskataloge der prähistorischen Staatssammlung, Band 12. Mainz am Rhein.

Davidson, Donald. 1979. "The Orcadian Environment and Cairn Location." In *Investigations in Orkney*, edited by Colin Renfrew, 7 – 20. Society of Antiquaries of London, no. 38. London: Thames and Hudson.

Davidson, Hilda Ellis. 1969. *Scandinavian Mythology*. NewYork: Hamlyn.

——. 1988. *Myths and Symbols in Pagan Europe: Early Scandinavian and Celtic Religions*. New York: Syracuse University Press.

Davis, E. 1981. "The Knosson Miniature Frescoes." In *Sanctuaries and Cults in the Aegean Bronze Age*, edited by Robin Hägg and Nannon Marinatos. Proceedings of the First International Symposium at the Swedish Institute in Athens, 12 – 13 May 1980. Stockholm: Svenska Institutet, Athens.

De Grummond, Nancy Thomson. 1982. *A Guide to Etruscan Mirrors*. Tallahassee, Fla.: Archaeological News.

Della Volpe, Angela. 1997. "The Great Goddess, the Sirens, and Parthenope." In *Varia on the Indo-European Past: Papers in Memory of Marija Gimbutas*, edited by Miriam Robbins Dexter and Edgar C. Polomé, 103 – 23. Washington, D. C.: Institute for the Study of Man.

Demoule, Jean-Paul, and Jean Guilaine. 1986. *Le Néolithique de la France: Hommage à Gerard Bailloud*. Paris: Picard.

Dennell, Robin. 1983. *European Economic Prehistory*. London: Academic Press.

Dergachev, Valentin A. 1986. *Moldaviya i Sosednie teritorii v ëpokhu eneolita*. Kishenev: Shtiintsa.

De Valera R., and Sean O Nualláin. 1961 – 82. *Survey of the Megalithic Tombs of Ireland*. Vols. 1 – 4. Dublin: Stationcry Office.

Dexter, Miriam Robbins. 1980. "The Assimilation of Pre-Indo-European Goddesses into Indo-European Society." *Journal of Indo-European Studies* 8 (1 – 2): 19 – 29.

——. 1990. *Whence the Goddesses: A Source Book*. New York: Teachers College.

——. 1990a. "Reflections on the Goddess *Donu." *Mankind Quarterly* 31 (1 – 2): 45 – 58.

——. 1997. "The Frightful Goddess: Birds, Snakes and Witches." In *Varia on the Indo-European Past: Papers in Memory of Marija Gimbutas*, edited by Miriam Robbins Dexter and Edgar C. Polomé, 124 – 54. Washington, D. C.: Institute for the Study of Man.

——. 1997a. "The Brown Bull of Cooley and Matriliny in Celtic Ireland." In *From the Realm of the Ancestors: Essays in Honor of Marija Gimbutas*, edited by Joan Marler. Manchester, Conn.: Knowledge, Ideas, and Trends.

Dexter, Miriam Robbins, and Karlene Jones-Bley, eds. 1997. *The Kurgan Culture and the Indo-Europeanization of Europe: Selected Articles from* 1952 – 1993, by Marija Gimbutas. Monograph No.

18. Washington, D. C.: Institute for the Study of Man.

Dexter, Miriam Robbins, and Edgar C. Polomé, eds. 1997. *Varia on the Indo-European Past: Papers in Memory of Marija Gimbutas*. Monograph No. 19. Washington, D. C.: Institute for the Study of Man.

Dillon, Myles. [1954] 1969. *Early Irish Society*. County Cork, Ireland: Mercier Press.

Diodorus Siculus. 1866 – 68. *Diodori Bibliotheca Historica*. Ex Recensione et cum Annotationibus Ludovici Dindorfii. Leipzig: Teubner.

Dixon, J. E. J. R. Cann, and Colin Renfrew. 1968. "Obsidian and the Origins of Trade." *Scientific American* 218 (3): 38 – 46.

Dixon, Phillip. 1988. "The Neolithic Settlements on Crickley Hill." In *Enclocures and Defences in the Neolithic of Western Europe*, edited by Colin Burgess, Peter Topping, Claude Mordant, and Margaret Maddison. International Series 403. Oxford: British Archaeological Reports.

Doan, James E. 1987. *Women and Goddesses in Early Celtic History, Myth, and Legend*. Working Papers in Irish Studies, 87 – 4/5. Boston: Northeastern University, Irish Studies Program.

Dombay J. 1960. "Die Siedlung und das Gräberfeld in Zengövárkony." *Archaeologia Hungarica* (Budapest): 37.

Dumézil, Georges. 1939. "Mythes et dieux des Germains: Essai d'interprétation comparative." In *Collection mythes et religions*, edited by P.-L. Couchoud. Vol. 1. Paris: Presses Universitaires de France.

——. 1958. *L'Ideologie tripartie des indo-européens*. Vol. 31. Brussels: Collection Latomus.

Dumitrescu, Hortensia. 1961. "The Connections Between Cucuteni-Tripolie and Near East Cultures." *Dacia* 5: 72 – 77.

——. 1968. "Un modèle de sanctuaire découvert dans la station énéolithique de Căscioarele." *Dacia* 12: 381 – 94.

Dumitrescu, Vladimir. 1954. *Hăbăşeşti*. Bucharest: Institute of Archaeology.

——. 1965. "Căscioarele: A Late Neolithic Settlement on the Lower Danube." *Archaeology* 18: 34 – 40.

——. 1968. *L'Art néolithique en Roumanie*. Bucharest: Meridiane.

——. 1970. "Édifice destiné au culte découvert dans la couche Boian-Spanţov de la station-tell de Căscioarele." *Dacia* 14: 5 – 24.

——. 1979. *Arta Culturii Cucuteni*. Bucharest: Meridiane.

——. 1980. *The Neolithic Settlement at Rast*. International Series 72. Oxford: British Archaeological Reports.

Dundulienė, Pranė. 1990. *Senoves lietuvių mitologija ir religija*. Vilnius: Mokslas.

Efstratiou, Nikos. 1985. *Agios Petros: A Neolithic Site in the Northern Sporades*. International Series 241. Oxford: British Archaeological Reports.

Eliade, Mirces. [1951] 1991. *The Myth of the Eternal Return: Or, Cosmos and History*. Translated from the French by Willard R. Trask. Bollingen Series 46. Princeton: Princeton University Press.

Ellis, Linda. 1984. *The Cucuteni-Tripolye Culture*. International Series 217. Oxford: British Archaeological Reports.

Eogan, George. 1985. *Knowth and the Passage-Tombs of Ireland*. London: Thames and Hudson.

Ernout, Alfred. 1973. *Recueil de textes latins archaiques*. Paris: Klincksieck.

Evans, Arthur. 1921–36. *The Palace of Minos at Knossos*. 4 vols. London: Macmillan.

Evans, Christopher. 1988a. "Excavations at Haddenham, Cambridgeshire: A 'Planned' Enclosure and Its Regional Affinities." In *Enclosures and Defences in the Neolithic of Western Europe*, edited by Colin Burgess, Peter Topping, Claude Mordant, and Margaret Maddison. International Series 403. Oxford: British Archaeological Report.

———. 1988b. "Monuments and Analogy: The Interpretation of Causewayed Enclosures." In *Enclosures and Defencesin the Neolithic of Western Europe*, edited by Colin Burgess, Peter Topping, Claude Mordant, and Margaret Maddison. International Series 403. Oxford: British Archaeological Reports.

Evans, Estyn. 1966. *Prehistoric and Early Christian Ireland*. New Jersey: Barnes and Noble.

Evans, John Davies. 1959. *Malta*. Ancient People and Places, vol. 11. London: Thames and Hudson.

———. 1971. *The Prehistoric Antiquities of the Maltese Islands: A Survey*. London: Athlone Press.

Everson, Michael. 1989. "Tenacity in Religion, Myth, and Folklore: The Neolithic Goddess of Old Europe Preserved in a Non-Indo-European Setting." *Journal of Indo-European Studies* 27 (3–4): 277–97.

Farnell, Lewis R. 1896–1909. *Cults of the Greek States*. Vols. 1–5. Oxford: Clarendon Press.

Ferguson, C. W., B. Huber, and H. E. Suess. 1966. "Determination of the Age of Swiss Lake Dwellinggs as an Example of Dendrochronologically Calibrated Radioncarbon Dating." *Zeitschrift für Naturforschung* 2la (7): 1173–77.

Fernandes-Miranda, M. 1983. *Neolitizacion en la peninsula Iberica*. Actes du Colloque "Premières communautés paysannes en Mèditerranéé occidentale." Montpellier.

Fiala, F., and M. Hoernes. 1898. *Die neolithische Station von Butmir*. Part Ⅱ. Vienna: Verlag von Adolf Holzhausen.

Filip, Jan. 1962. *Celtic Civilization and Its Heritage.* New Horizons. Prague: Publishing House of the Czechoslovak Academy of Science.

Finlay, Ian. 1973. *Celtic Art: An Introduction.* London: Faber.

Fischer, Ulrich. 1956. *Die Gräber der Steinzeit im Saalegebiet.* Studien über neolithische und frühbronzezeitliche Grab-und Bestattungsformen in Sachsen-Thüringen. Berlin: W. de Gruyter.

Flowers, Stephen. 1986. *Runes and Magic: Magical Formulaic Elements in the Older Runic Tradition.* New York: P. Lang.

Fol, Alexander, Ivan Venedikov, Ivan Marazov, and Dimiter Popov. 1976. *Thracian Legends.* Sofia: Sofia Press.

Foster, Mary LeCron, and Lucy Jayne Botscharow, eds. 1990. *The Life of Symbols.* Boulder, Colo.: Westview Press.

Fox, Robin Lane. 1988. *Pagans and Christians.* San Francisco: Harper and Row.

Frank, Roslyn M., and D. P. Metzger. 1989. *The Mother Goddess in Basque Oral Tradition.* University of Iowa.

Frank, Roslyn, Monique Laxalt, and Nancy Vosburg. 1977. "Inheritance, Marriage, and Dowry Rights in the Navarrese and French Basque Law Codes." *IV Proceedings of the Western Society of French Historians*: 22–42.

Fraser, David. 1983. *Land and Society in Neolithic Orkney.* British Series 356. Oxford: British Archaeological Reports.

Gallay, Alain, and Marie-Noelle Lahouze. 1976. "Pour une préhistoire de la metallurgie (Europe, Proche-Orient)." *Archives Suisses d'Anthropologie Générale* 40 (2): 137–200.

Gallis, K. J. 1985. "A Late Neolithic Foundation Offering from Thessaly." *Antiquity* 59: 20–23.

Georgiev, Georgi I., N. Y. Merpert, R. V. Katinčarov, and D. G. Dimitrov. 1979. *Ezero, rannobronzovoŵ selišče.* Sofia: Bulgarian Academy of Sciences.

Georgoulaki, Eleni. 1990. "The Minoan Sanctuary at Koumasa: The Evidence of the Material." *Aegaeum* 6: 5–23.

Giedion, Sigfried. 1962. *The Eternal Present: A Contribution on Constancy and Change.* Bollingen Series 6, vol. 1, pt. 1. New York: Bollingen Foundation.

Giglioli, G. Q. 1935. *L'Arte Etrusca.* Milan.

Gimbutas, Marija. 1963. *The Balts.* Ancient People and Places, vol. 33. London: Thames and Hudson.

———. 1974. *The Gods and Goddesses of Old Europe: 7000–3500 B. C.* London: Thames and Hudson; Berkeley: University of California Press.

——. 1974a. "An Archaeologist's View of PIE* in 1975." *Journal of Indo-European Studies* 2 (3): 289–307.

——. 1977. "The First Wave of Eurasian Steppe Pastoralists into Copper Age Europe." *Journal of Indo-European Studies* 5 (4): 277–338.

——. 1980. "The Kurgan Wave #2 (c. 3400–3200 B.C.) into Europe and the Following Transformation of Culture." *Journal of Indo-European Studies* 8 (3–4): 273–315.

——. 1985. "Primary and Secondary Homeland of the Indo-Europeans: Comments on Gamkrelidze-Ivanov Articles." *Journal of Indo-European Studies* 13 (1–2): 185–202.

——. 1988. "The Pre-Christian Religion of Lithuania." *La Cristianizzazione della Lituania*, 13–25. Vatican: Libreria Editrice Vaticana.

——. 1989. *The Language of the Goddess*. San Francisco: Harper and Row.

——. 1991. *The Civilization of the Goddess: The World of Old Europe*. San Francisco: HarperSanFrancisco.

——. 1997. *The Kurgan Culture and the Indo-Europeanization of Europe*. Edited by Miriam Robbins Dexter and Karlene Jones-Bley. Monograph No. 18. Washington, D.C.: Institute for the Study of Man.

Gimbutas Marija, ed. 1976. *Neolithic Macedonia (as Reflected by Excavations at Anza, Ovçe Polje)*. Monumenta Archaeologica 1. Los Angeles: University of California, Institute of Archaeology.

Gimbutas Marija, Daniel Shimabuku, and Shan Winn et al. 1989. *Achilleion: A Neolithic Settlement in Thesaly, Northern Greece, 6400–5600 B.C.* Monumenta Archaeologica 14. Los Angeles: University of California, Institute of Archaeology.

Ginzburg, Carlo. 1991. *Ecstasies: Deciphering the witches' Sabbath*. New York: Pantheon.

Giot, Pierre Roland. 1960. *Brittany*. Ancient People and Places, vol. 13. London: Thames and London.

——. 1981. "The Megaliths of France." In *The Megalithic Monuments of Western Europe*, edited by Colin Renfrew, 18–29. London: Thames and Hudson.

Giot, Pierre Roland, Jean L'Helgouach, and Jean-Laurent Monnier. 1979. *Préhistoire de la Bretagne*. Rennes: Ouest-France.

Gitlin-Emmer, Susan. 1993. *Lady of the Northern Light: A Feminist Guide to the Runes*. Freedom, Calif.: Crossing Press.

Gjerstad, Einar. 1973. "Veiovis—a Pre-Indo-European God in Rome?" *Opuscula Romana* 9 (4): 35–42.

Gordon, Cyrus H. 1955. *Ugaritic Manual*. Rome: Pontifical Biblical Institute.

Gorodtsov, V. A. 1907. "Dnevnik arkheol. issledovanii v Bakhmutskom uyezde, Ekaterinoslavskoi gub. 1903 goda." *Trudy XIII Arkheol*, *Syezda* 1: 286 – 378.

Göttner-Abendroth, Heide. 1983. *Die Göttin und ihr Heros*. Die Matriarchalen Religionen in Mythos, Märchen und Dichtung. 3rd ed. Munich: Fraucnoffensive.

Graham, A. J. 1982. "The Colonial Expansion of Greece." In *The Cambridge Ancient History*, 83 – 162. Vol. 3. 2nd ed. Cambridge: Cambridge University Press.

Graham, J. W. 1987. *The Palaces of Crete*. Princeton: Princeton University Press.

Graves, Robert. 1955. *The Greek Myths*. 2 vols. Baltimore: Penguin Books.

Grbić, Miodrag, et al. 1960. *Porodin. Kasnoneolitsko naselje an Tumbi kod Bitolja*. Bitola: Archaeological Museum.

Green, Miranda. 1989. *Symbol and Image in Celtic Religious Art*. London: Routledge.

Greeves, T. A. P. 1975. "The Use of Copper in the Cucuteni-Tripolye Culture of South-East Europe." *Proceedings of the Prehistoric Sociely* 41: 153 – 66.

Greimas, Algirdas Julien. 1979. *Apie dievus ir žmones: lietuvių mitoligijos studijos*: Chicago: A and M Publications. (French trans. by Edith Rechner. *Des dieux et des hommes: Études de mythologie lituanienne*. Paris: Presses Universitaires de France, 1985. English trans. by Milda Newman: *Of Gods and Men: Studies in Lithuanian Mythology*. Bloomington: Indiana University Press, 1992.)

Grygiel, R. 1986. "The Household Cluster as a Fundamental Social Unit of the Brześć Kujawski Group of the Lengyel Culture in the Polish Lowlands." *Prace i Materialy* (Muscum of Archaeology and Ethnology, Łódź) 31: 43 – 271.

Guilaine J., ed. 1976. *La Préhistoire française. 2: Civilisations néolithiques et protohistoriques*. Paris: Centre National Res. Sc.

Guyan, W. 1955a. *Das jungsteinzeitliche Moordorf von Thayngen-Weier*. Monographien zur Ur- und Frügeschichte der Schweiz. Vol. 2. Basel: Birkhäuser Verlag.

Guyan, W., ed. 1955b, *Das Pfahlbauproblem*. Basel: Birkhauscn.

Haarmann, Harald. 1990. *Universalgeschichte der Schrift*. Frankfurt-New York: Campus Verlag.

———. 1990a. *Language in Its Cultural Embedding: Explorations in the Relativity of Signs and Sign Systems*. New York: Mouton de Gruyter.

———. 1996. *Early Civilization and Literacy in Europe: An Inquiry into Cultural Continuity in the Mediterranean World*. Berlin: Mouton de Gruyter.

Hägg, Robin and Nanno Marinatos, eds. 1981. *Sanctuaries and Cults in the Aegean Bronze Age: Proeedings of the First International Sympostum at the Swedish Institute in Athens, 12 – 13 May 1980*. Stockholm: Svensha Institutet, Athens.

———. 1987. *The Function of Minoan Palaces: Procedings of the Fourth International Symposium at the Swedish Institute in Athens, 10 – 16 June 1984*. Stockholm: Svenska Institutet, Athens.

Haley, J. B. 1928. "The Coming of the Greeks I. The Geographical Distribution of Pre-Greek Place-Names." *American Journal of Archaeology* 32: 141 – 55.

Hallam, B. R., S. E. Warren, and C. Renfrew. 1976. "Obsidian in the Western Mediterranean: Characterization by Neutron Activation Analysis and Optical Emission Spectroscopy." *Proceedings of the Prehistoric Society* 42: 85 – 110.

Hanfmann, George M. A., and Jane C. Waldbaum. 1969. "Kybele and Artemis: Two Anatolian Goddesses at Sardis." *Archaeology* 22 (4): 264 – 69.

Hansen, Leigh Jellison. 1987. *Indo-European Views of Death and the Afterlife as Determined from Archeological, Mythological, and Linguistic Sources*. Ph. D. diss., University of California, Los Angeles.

Harrison, Jane Ellen. [1912] 1963. *Themis: A Study of the Social Origins of Greek Religion*. London: Merlin Press.

——. [1922] 1980. *Prolegomena to the Study of Greek Religion*. London: Merlin Press.

Hatt, Jean-Jacques. 1970. *Celts and Gallo-Romans*. Translated by James Hogarth. Archaeologia Mundi. Geneva: Nagel.

Hawkes, Jacquetta. 1969. *Dawn of the Gods: Minoan and Mycenaean Origins of Greece*. New York: Random House.

Hedges, John W. 1983. *Isbister. A Chambered Tomb in Orkney*. British Series 115. Oxford: British Archaeological Reports.

——. 1984. *Tomb of the Eagles*. London: J. Murray.

Hegedüs, Katalin, and J. Makkay. 1987. "Vésztö-Mágor: A Settlement of the Tisza Culture." In *The Late Neolithic of the Tisza Region*, edited by P. Raczky, 82 – 103. Budapest-S. Szolnok: Kossuth Press.

Hensel W., and T. Wiślański, eds. 1979. *Prahistoria Ziem Polskich. Neolit*. Wroclaw: Ossolineum.

Hensel, Zdzisław. 1991. "Copper Alloys in the Globular Amphorae Culture Against a Comparative Background." In *New Tendencies in Studies of Globular Amphorae Culture*, 201 – 17. Warsaw University: Archacologia Interregionalis.

Henshall, A. S. 1963. *The Chambered Tombs of Scotland*. Vol. 1. Edinburgh: Edinburgh University Press.

——. 1972. *The Chambered Tombs of Scotland*. Vol. 2. Edinburgh: Edinburgh University Press.

Herberger, Charles F. 1991. "The Labyrinth as Emblem of the Womb, the Tomb, and Lunisolar Cyclical Time." *Griffith Observer* (March): 2 – 19.

Herity, Michael, and George Eogan. 1977. *Ireland in Prehistory*. London: Routledge and Kegan

Paul.

Herodotus. [1920] 1975. *The History*. Translated by A. D. Godley. London: Heinemann.

Hirvonen, Kaarle. 1968. *Matriarichal Survivals and Certain Trends in Homer's Female Characters*. Annales Academiae Scientiarum Fennicae, Series B. Helsinki: Suomalainen Tiedeakatemia.

Hoddinott, B. 1989. "Thracian Goddesses and Priestesses in the Rogozen Treasure." In *The Rogozen Treaure*. Papers of the Anglo-Bulgarian Conference, 12 March 1987. Edited by B. F. Cook. London: British Museum Publications.

Hodgson, John. 1988. "Neolithic Enclosures in the Isar Valley, Bavaria." In *Enclosure and Defences in the Neolithic of Western Europe*, edited by Colin Burgess, Peter Topping, Claude Mordant, and Margaret Maddison. International Series 403. Oxfrod: British Archaeological Reports.

Hood, M. S. F. 1968. "The Tartaria Tablets." *Scientific American* (May): 30 – 37.

Hood, Sinclair. 1971. *The Minoans: Crete in the Bronze Age*. London: Thames and Hudson.

——. 1996. "Thera." In the 1996 *Grolier Multimedia Encyclopedia*.

Horský, Zdenek. 1986. "Vorläufige Untersuchungen über vermutliche astronomische Orientierung der neolithischen Kreisgrabenanlagen." *Internationales Symposium über die Lengyel-Kultur*, 1984, *Nitra-Wien*: 83 – 87.

Horváth, Ference. 1987. "A Survey on the Eevelopment of Neolithic Settlement Pattern and House Types in the Tisza Region." *Neolithic of Southeastern Europe and Its Eatern Connections*, 85 – 101. International Conference 1987 Szolnok-Szeged, Varia Archaeologica Hungarica II, Budapest.

Huld, Martin. 1990. "The Linguistic Typology of the Old European Substate in North Central Europe." *Journal of Indo-European Studies* 18 (3 – 4): 389 – 423.

Ivanov, Ivan S. 1978. "Les Fouilles archéologiques de la nécropole chalcolithique à Varna, 1972 – 1975." *Studia Praehistorica* 1 – 2: 13 – 27.

Ivinskis, Zenonas. 1986. *Rinktiniai rašai*, II. Rome.

Jacobsen, T. W., ed. 1988 – 91. *Excavations at Franchthi Cave, Greece*. Fascicles 1 – 7. Bloomington: Indiana Univeretiy Press.

Jażdżewski, Konrad. 1981. *Pradzigje Europy środkowej*. Warsaw: Zaklad Ossolińskich.

Jones, G. D. B. 1987. *Neolithic Settlement in the Tavoliere*. Vol. 1, *Apulia*. Society of Antiquaries Research Report 44. London: Thame and Hudson.

Jones-Bley, Karlene. 1989. *The Earliest Indo-European Burial Tradition in Neolithic Ireland*. Ph. D. diss., University of Michigan Microfilms Int., Ann Arbor.

——. 1990. "So That Fame Might Live Forever—the Indo-European Burial Tradition." *Journal of Indo-European Studies* 18 (1 – 2): 215 – 24.

——. 1997. "Defining Indo-European Burial." In *Varia on the Indo-European Past. Papers in*

Memory of Marija Gimbutas, edited by Miriam Robbins Dexter and Edgar C. Polomé, 194 – 221. Washington, D. C.: Institute for the Study of Man.

Jonval, Michel. 1929. *Latviešu Mītologiskās Daiņas*. Paris: Picart.

Jouet, Philippe. 1989. *Religion et mythologie des Baltes: Une tradition indo-européenne*. Paris: Archè.

Joussaume, Roger. 1988. "Analyes Structure de la Triple Enceinte de Fossés Interrompus à Champ-durand, Nieul-Sur-L'Autize, Vendée." In *Enclosures and Defences in the Neolithic of Western Europe*, edited by Colin Burgess, Peter Topping, Claude Mordant, and Margaret Maddison. International Series 403. Oxford: British Archaeological Reports.

Jovanović, Borislav. 1969. "Chronological Frames of the Iron Gate Group of the Early Neolithic Period." *Archaeologia Iugoslavica* 10: 23 – 38.

——. 1971. "Elements of the Early Neolithic Architecture in the Iron Gate Gorge and Their Functions." [Journal unknown.]

——. 1975a. "Les tumuli be la culture de steppes et fosses funéraires dans le bassin danubien." *Starinar* 26.

——. 1975b. "The Scordisci and Their Art." *The Celts in Central Europe*, *Alba Regia XIV*. Székesfehérvár.

——. 1978. "Early Gold and Eneolithic Copper Mining and Metallurgy of the Balkans and Danube Basin." *Studia Praehistorica* (Sofia) 1 – 2: 192 – 97.

——. 1980. "The Origins of Copper Mining in Europe." *Scientific American* 242 (5): 152 – 68.

——. 1982. *Rudna Glava: Najstaršije rudarstvo kadra na centralnom Balkanu*. Summary in German: Rudna Glava: Did älteste Kupferbau im Zentralbalkan. Belgrade-Bor: Institute of Archaeology Publications 17.

——. 1990. "Archaeometallurgy and Chronology of the Eneolithic Cultures of Central and South Balkans." *Macedoniae Acta Archaeologica* 10 (1985 – 86): 447 – 54.

Kaelas. Lili. 1981. "Megaliths of the Funnel Beaker Culture in Germany and Scandinavia." In *The Megalithic Monuments of Western Europe*, 77 – 91. Edited by Colin Renfrew. 2nd ed. London: Thames and Hudson.

Kahil, L. 1979. "La Déesse Artémis: Mythologie et iconographie." In *Greece and Italy in the Classical World: Acta of the XI International Congress of Classical Archaeology, on Behalf of the International Association for Classical Archaeology, London, 3 – 9 September 1978, under the Sponsorship of the British Academy*, edited by J. N. Coldstream and M. A. R. Colledge, 73 – 87. London: National Organizing Committee, XI International Congress of Classical Archaeology.

Kalicz, Nándor. 1970. *Dieux d'argile*. Budapest: Corvina.

———. 1985. *Kökorifalu Aszódon*. Summary in German: Neolithisches Dorf in Aszód. Aszód: Petöfi Museum.

Kalicz, Nándor, and János Makkay. 1972. "Gefässe mit Gesichtsdarstellungen der Linienbandkeramik in Ungarn." *Idole*, *Prähistorische Keramiken aus Ungarn*. (Natuhistorisches Museum, Vienna) 7: 9–15.

———. 1977. *Die Linienbandkeramik in der grossen Ungarischen Tiefebene*. Budapest: Akadémiai Kiadó.

Kandyba, O. 1937. *Schipenitz. Kunst und Geräte eines neolitischen Dorfes*. Bücher zur Ur-und Frühgeschichte, 5. Vienna and Leipzig: A. Schroll and Co.

Karmanski, Sergej. 1978. *Katalog antropomorfne idoloplastike i nalazi sa lokaliteta Mostonga I, II*. Odžaci: National University.

Kaul, Flemming, Ivan Marazov, Jan Best, and Nanny de Vries. 1991. *Thracian Tales on the Gundestrup Cauldron*. Publications of the Holland Travelling University, vol. 1. Amsterdam: Najade Press.

Keller, Werner. 1974. *The Etruscans*. Translated by Alexander Henderson and Elizabeth Henderson. New York: Alfred A. Knopf.

Kerényi, Carl. 1951. *The Gods of the Greeks*. Translated by Norman Cameron. New York: Thames and Hudson.

———. 1967. *Eleusis: Archetypal Image of Mother and Daughter*. Bollingen Series 65: 4. New York: Pantheon Books.

———. 1976. *Dionysos: Archetypal Image of the Indestructible Life*. Translated by Ralph Mannheim. Bollingen Series 65: 2. Princeton: Princeton University Press.

Kern, Otto. 1922. *Oprhicorum Fragmenta*. Berlin: Weidmann.

Keuls, Eva C. 1985. *The Reign of the Phallus: Sexual Politics in Ancient Athens*. New York: Harper and Row.

Kośko, Aleksander. 1991. "Globular Amphorae Culture Versus Funnel Beaker Culture." In *New Tendencies in Studies of Globular Amphorae Culture*, 87–113. Warsaw University: Archaeologia Interregionalis.

Kruts, V. A., and S. N. Ryzhov. 1983. "Raboty Talvanskogo otryada." *Arkheologichskie Otkrytiia 1981 goda*.

Krzyszkowska, O., and L. Nixon, eds. 1983. *Minoan Society: Proceedings of the Cambridge Colloquium, 1981*. Bristol: Bristol Classical Press.

Kutzián, Ida Bognár. 1944. *The Körös Culture*. Vol. 1. Budapest: Dissertationes Pannonicae 2.

——. 1947. *The Körös Culture*. Vol. 2. Budapest; Dissertationes Pannonicae 23.

——. 1968. *The Early Copper Age in Hungary*. Budapest: Akadémiai Kiádo.

Lagodovska O. F., O. G. Shaposhnikova, and M. L. Makarevich. 1962. *Mikhailivsk'e poseleniya*. Kiev: Akadema Nauk Ukrajins'kij SSR.

Larsson, Mats. 1985. *The Early Neolithic Funnel-Beaker Culture in Southwest Scania, Sweden: Social and Economic Change, 3000 – 2500 B. C.* International Series 264. Oxford: British Archaeological Reports.

Lasicius, Jan. [16th century] 1969. *De diis Samagitarum caeterumque Sarmatarum et falsorum christianorum* (About Samogitian, other Sarmation and false Christian gods). Vilnius.

Lazarovici, Gheorghe. 1979. *Neoliticul Banatului*. Muzeul de Istorie al Transilvaniei. Bibliotheca Musei Napcensis IV. Cluj: Napoca.

——. 1989. "Das neolithische Heiligtum von Parţa." In *Neolithic of Southeastern Europe and Its Eastern Connections*, 149 – 74. International Conference 1987 Szolnok-Szeged, Varia Archaeologica Hungarica II, Budapest.

——. 1991. "Venus de zăuan. Despre credinţele şi practicile magico-religioase." *Acta Musei Porolissensis* 14 – 15: 11 – 36.

Le Bonnicc, Henri. 1958. *Le culte de Cerèsà Rome, des origines à lafin de la République*. Paris: Klincksieck.

Leick, Gwendolyn. 1994. *Sex and Eroticism in Mesopotamian Literature*. London and New York: Routledge.

Leisner, Georg, and Vera Leisner. 1943. *Die Megalithgräber der Iberischen Halbinsel*. Vol. 1, *Der Süden*. Berlin: Walter de Gruyter.

——. [1956] 1959. *Die Megalithgräber der Iberischen Halbinsel*. Vol. 2, *Der Westen*. Berlin: Walter de Gruyter.

Lerner, Gerda. 1986. *The Creation of Patriarchy*. New York and Oxford: Oxford University Press.

Leroi-Gourhan, André. 1967. *Treasures of Prehistoric Art*. New York: H. N. Abrams.

Le Roux, Charles-Tanguy. 1985. *Gavrinis et les îles du Morbihan: Les mégalithes du golfe*. Guides Archéologiques de la France. Paris: Impr. National.

L'Helgouach J. 1965. *Les Sépultures mégalithiques en Armorique, dolmens à couloir et allées couvertes*. Rennes: Travaux du Laboratoire d'Anthropologie Préhistorique de la Faculté des Sciences.

Lichardus. Ján, M. Lichardus-Itten, G. Bailloud, and J. Cauvin. 1985. *La Protohistiore de l' Europe: Le Néolithique et le Chalcolithique entre la Méditerranée et la mer Baltique*. Paris: Nouvelle Clio.

Lincoln, Bruce. 1991. *Death, War, and Sacrifice: Studies in Ideology and Practice*. Chicago: University of Chicago Press.

Lottner, C. 1870–72. "The Ancient Irish Goddess of War." *Revue Celtique* 1: 32–55.

Lubell, Winifred Milius. 1994. *The Metamorphosis of Baubo*. Nashville: Vanderbilt.

Luca, S. A. 1990. "Festlegungen zur chronologischen und kulturgeschichtlichen Eingliederung der Statuete von Liubcova (Bezirk Caras-Severin)." In *Le Paléolithique et le Néolithique de la Roumanie en contexte européen*, edited by Vasile Chirica and Dan Monah. Iaşi: Institut d'Archéologie.

Lüning, J. 1967. "Die Michelsberger Kultur. Ihre Funde in zeitlicher und räumlicher Gliederung." *Berichte der Römisch-Germanischen Kommission* 48: 3ff, 297ff.

——. 1982. "Research into the Bandkeramik Settlement of the Aldenhovener Platte in the Rhineland." *Analecta Praehistorica Leidensia* 15: 1–29.

MacCana, Proinsias. 1970. *Celtic Mythology*. London: Hamlyn.

MacNamara, Ellen. 1991. *The Etruscans*. Cambridge: Harvard University Press.

MacNeill, M. 1962. *The Festival of Lughnasa*. Oxford: Oxford University Press.

Madsen, Torsten. 1979. "Earthen Long Barrows and Timber Structures: Aspects of the Early Neolithic Mortuary Practice in Denmark." *Proceedings of the Prehistoric Society* 45: 301–20.

——. 1988. "Causewayed Enclosures in South Scandinavia." In *Enclosures and Defences in the Neolithic of Western Europe*, edited by Colin Burgess, Peter Topping, Claude Mordant, and Margaret Maddison. International Series 403. Oxford: British Archaeological Reports.

Makkay, J. 1969. "The Late Neolithic Tordos Group Signs." *Alba Regia* (Annales Musei Stephani Regis) 10: 9–49.

——. 1976. "Problems Concerning Copper Age Chronology in the Carpathian Basin." *Acta Archaeologica Academiae Scientiarum Hungaricae* 28: 251–300.

Malalas, John. 1691. *Joannis Antiocheni, cognomento Malalae, Historia chronica. Bibliothecae Bodleianae nunc primum edita cum interpretand notis*. Oxford: E Theatro Sheldoniano.

Mallory, J. P. 1989. *In Search of the Indo-Europeans. Language, Archaeology, and Myth*. London: Thames and Hudson.

Malone, Caroline, Anthony Bonanno, Tancred Gouder, Simon Stoddart, and David Trump. 1993. "The Death Cults of Prehistoric Malta." *Scientific American* (December): 76–83.

Mannhardt, Wilhelm. 1936. *Letto-Preussische Götterlehre*. Magazin der Lettisch-Literärischen Gesellschaft 21. Riga: Lettisch-Literärischer Gesellschaft.

Manning, Stuart. 1989. "A New Age for Minoan Crete." *New Scientist* (Corpus Christi College, Cambridge) 11 February.

Marazov, I. 1979. *The Treasure from Yakimovo*. Sofia: Sofia Press.

——. 1988. "Neue Deutungen thrakischer Denkmäler." In *Der thrakische Silberschatz aus Rogosen*, *Bulgarien*. Sofia: Sofia Press.

——. 1989. "The Procession of Fantastic Animals." In *The Rogozen Treasure*, *Papers of the Anglo-Bulgarian Conference*, *12 March 1987*, edited by B. F. Cook. London: British Museum Publications.

——. 1989a. *The Rogozen Treasure*. Sofia: Sofia Press.

Marinatos, Manno. 1984. *Art and Religion in Thera: Reconstructing a Bronze Age Society*. Athens: Mathioulakis.

——. 1987. "Role and Sex Division in Ritual Scenes of Aegean Art." *Journal of Prehistoric Religion* 1: 23–34.

——. 1993. *Minoan Religion: Ritual, Image, and Symbol*. Columbia: University of South Carolina Press.

Marinatos, Spiridon. 1972. *Treasures of Thera*. Athens: Commercial Bank of Greece.

Marincecu-Bîlcu, Silvia. 1974. *Cultura Precucuteni pe Teritoriul României*. Bucharest: Institutul de Arheologie.

Marinescu-Bîlcu, Silvia, and Barbu Ioncscu. 1968. *Catalogue sculpturilor eneolitice din Muzeul raional Oltenița*. Oltenița.

Markale, Jean. 1979. *La Femme celte. Mythe et sociologie*. Paris: Payot.

Markevich, V. I. 1981. *Pozdne-Tripol'skie plemena Severnoi Moldavii*. Kishinev.

Marler, Joan, ed. 1997. *From the Realm of the Ancestors: Essays in Honor of Marija Gimbutas*. Manchester, Conn.: Knowledge, Ideas, and Trends.

Marshack, Alexander. 1972. *The Roots of Civilization: The Cognitive Beginnings of Man's First Art, Symbol, and Notation*. New York: McGraw-Hill.

——. 1976. "Some Implications of the Paleolithic Symbolic Evidence for the Origin of Language." *Current Anthropology* 17: 274–82.

——. 1992. "The Origin of Language: An Anthropological Approach." In *Language Origin: A Multidisciplingary Approach*, edited by J. Wind et al., 421–48. The Netherlands: Kluwer Academic Publishers.

Mataša, C. 1946. *Frumușica. Village préistorique à céramique peinte dans la Moldavia du Nord*. Bucharest.

——. 1964. "Asezarea eneolitica Cucuteni B de La Tîrgu Ocna-Podei (raionul Tîrgu Ocna, reg. Bacau)." *Arheologia Moldavei* (Bucharest) 2–3: 11–66.

Matyushin, G. N. 1982. *Éneolit yuzhnogo Urala*. Moskva: Nauka.

Matz, Friedrich. 1962. *La Crète et la Grèce primitive: Prolégomènes à l'histoire de l'art grec*.

Paris: Éditions Albin Michel.

McCone, Kim. 1986. "Werewolves, Cyclopes, Díberga and Fíanna: Juvenile Delinquency in Early Ireland." *Cambridge Medieval Celtic Studies* 12: 1–22.

McPherron, Allan, and D. Srejovic. 1988. *Divostin and the Neolithic of Central Serbia*. Pittsburgh: Dept. of Anthropology, University of Pittsburgh.

Meaden, George Terence. 1991. *The Goddess of the Stones: The Language of the Megaliths*. Foreword by Marija Gimbutas. London: Souvenir Press.

Megaw, R., and V. Megaw. 1989. *Celtic Art*. London: Thames and Hudson.

Meisenheimer, Marita. 1989. *Das Totenritual, geprägt durch Jenseitsvorstellungen und Gesellschaftsrealität. Theorie des Totenrituals eines kupferzeitlichen Friedhofs zu Tiszapolgár- Basatanya (Ungarn)*. British Archaeological Reports International Series, no. 475. Oxford: British Archaeological Reports.

Mellaart, James. 1967. *Çatal Hüyük: A Neolithic Town in Anatolia*. New York: McGraw-Hill.

Mellaart, James, Udo Hirsch, and Belkis Balpinar. 1989. *The Goddess from Anatolia*. Vols. 1–4. Milan: Eskenazi.

Menozzi, P., A. Piazza, and Luigi Luca Cavalli-Sforza. 1978. "Synthetic Maps of Human Gene Frequencies in Europeans." *Science* 201: 786–92.

Mercer, R. J. 1988. "Hambledon Hill, Dorset, England." In *Enclosures and Defences in the Neolithic of Western Europe*, edited by Colin Burgess, Peter Topping, Claude Mordant, and Margaret Maddison. International Series 403. Oxford: British Archaeological Report.

Merpert. N. 1991. "Die neolithisch-äneolithischen Denkmäler der pontischkaspischen Steppen und der Fromierungsprozess der frühen Crubengrabkultur." In *Die Kupferzeit als historische Epoche*, edited by Jan Lichardus, 35–47. Bonn: R. Habelt.

———. 1992. "The Problem of the Transition between the North Balkan Eneolithic to the Early Bronze Age in the Light of New Exploration of the Upper Thracian Valley." Lecture. Europa Indo-Europea: The VI Conference of Thracology, Palma, Mallorca.

Midgley, M. S. 1985. *The Origin and Function of the Earthen Long Barrows of Northern Europe*. International Series 259. Oxford: British Archaeological Reports.

Milisauskas, Sarunas. 1978. *European Prehistory*. New York: Academic Press.

Milisauskas, Sarunas, and Janusz Kruk. 1991. "Utilization of Cattle of Traction During the Later Neolithic in Southeastern Poland." *Antiquity* 65: 562–66.

Modderman, P. J. G. 1970. *Linearbankderamik aus Elsloo und Stein*. The Hague: Staatsuitgeverij.

Monaghan, Patricia. 1994. *O Mother Sun: A New View of the Cosmic Feminine*. Freedom, Calif.: Crossing Press.

Monah, Dan. 1990. "L'Exploitaion du sel dans les Carpates Orientales et ses rapports avec la culture Cucuteni-Tripolye." In *Le Paléolithique et le Néolithique de la Roumanie en contexte européen*, edited by Vasile Chirica and Dan Monah. Laşi: Institut d'Archéologie.

Moretti, Mario. 1970. *New Monuments of Etruscan Tomb Painting*. University Park: Pennsylvania State University Press.

Morgunova, N. L. 1986. "Khozyaistvo naseleniya volgo-uralskoi i samarskoi kultur." In *Problemy epokhi neolita stepnoi i lesostepnoi zony Vostochnoi Evropy*, 12 – 14. Orenburg.

Morris, Sarah P. 1989. "A Tale of Two Cities: The Miniature Frescoes from Thera and the Origins of Greek Poetry." *American Journal of Archaeology* 93 (4): 511 – 35.

Motz, Lotte. 1984. "The Winter Goddess: Percht, Holda, and Related Figures." *Folklore* 95 (2): 151 – 56

Movsha, T. G. 1971. "Sviatilishcha tripol'skoi kul'tury." *Sovetskaya arkheologiia* (1): 201 – 5.

Movsha, T. G., and G. F. Chebotarenko. 1969. "Eneoliticheskoe kurgannoe pogrebenie u st. Kainary v Moldavii." *Kratkie Soobshcheniya Instituta Arkheologii* 115: 45 – 49.

Müller-Beck, Hansjürgen. 1961. "Prehistoric Swiss Lake Dwellers." *Scientific American* 205 (6): 138 – 47.

——. 1965. *Seeberg, Burgäschisee-Süd*. Vol. 5, *Holzgeräte und Holzbearbeitung*. Acta Bernensia II. Bern.

Müller-Karpe, Hermann. 1968. "Jungsteinzeit." *Handbuch der Vorgeschichte*. Vol. 2. Munich: C. H. Beck.

——. 1984. "Kupferzeit." In *Handbuch der Vorgeschichte*. Vol. 3. Munich: C. H. Beck.

Murray, Jacqueline. 1970. *The First European Agriculture*. Edinburgh: Edinburgh University Press.

Nauck, Augustus. 1886. *Porphyrii Philosophi Platonici*. Leipzig: Teubner.

——. 1889. *Tragicorum Graecorum Fragmenta*. Leipzig: Teubner.

Necrasov, Olga. 1981. "Les Populations de la period de transition du Néo-Enéolithique à l'Âge du Bronze romaine et leurs particularités anthropologiques." In *Anthropologie et archéologie: Les cas de premiers âges de Metaux*, edited by Roland Menk and Alain Gallay. *Actes du Symposium de Sils-Maria 25 – 30 Septembre 1979*. Geneva.

Němejcová-Pavúková, V. 1986. "Siedlung und Kreisgrabenanlagen der Lengyel Kultur in Svodin (Südslowakei)." *Internationales Symposium über die Lengyel-Kultur*, 1984. Nitra-Wien: 177 – 83.

——. 1986a. "Vorbericht über die Ergebnisse der systematischen Grabung in Svodin in den Jahren 1971 – 83." *Slovenska Archeologia* 34: 133 – 73.

Nemeskéri, János. 1978. "Demographic Structure of the Vlasac Epipaleolithic Population." In

Vlasac, *Mezolitsko naselje i Džerdapu*, edited by M. Garašanin, 97 – 133. Belgrade: Srpska Akademija Nauka i Umetnosti.

Neugebauer, J. W. 1983 – 84. "Befestigungen und Kultanlagen des Mittelneolithikums in Niederösterreich am Beispiel von Falkenstein-Schanzboden und Friebritz." *Mitteilung der österreichischen Arbeitsgemeinschaft für Ur-un Frühgeschichte* 33 – 34: 175 – 88.

——. 1986. "Erdgrossbauten der älteren Stufe der Lengyel-Kultur." *Internationales Symposium über die Lengyel-Kultur*, 1984, *Nitra-Wien*: 185 – 94.

Nielsen, Paul Otton. 1985. "The First Farmers from the Early TRB Culture at Sigerstad." *Tilegnet Carl Johan Becher. Aarbøger for nordisk Oldkyndighed og Historie 1984*. Danish with English summary. Copenhagen.

Niemeier, W. -D. 1986. "Zur Deutung des Thronraumes im Palast von Knossos." *Mitteilungen der deutschen archäologischen Instituts*, *Athenische Abteilung* 101: 63 – 95.

Nikolov, Bogdan. 1974. *Gradechnitza*. Sofia: Nauka i Iskustvo.

——. 1976. "Mogilni pogrebeniya ot rannobronzovata epokha pri Tarnava i Knezha, Vrachanski okrag." *Arkheologija* (Sofia) 3: 38 – 51.

Nikolov, V. 1987. "Das Flusstal der Struma als Teil der Strasse von Anatolien nach Mitteleuropa." In *Neolithic of Southeastern Europe and Its Eastern Connections*: 191 – 99. International Conference 1987 Szolnok-Szeged, Varia Archaeologica Hungarica II, Budapest.

——. 1990. "Die neolithische Siedlung Slatian in Sofia (Ausgrabungen im Jahre 1985)." *Studia Praehistorica* 10: 77 – 85.

Nilsson, M. P. [1972] 1950. *The Minoan-Mycenaean Religion and Its Survival in Greek Religion*. Lund: C. W. K. Gleerup.

Nosek, Stefan. 1967. *Kultura amfor kulistych w Polsce*. Wrocław-Warsaw-Kraków: Ossolineum.

O'Kelly, Michael J. 1982. *Neugrange: Archaeology, Art, and Legend*. London: Thames and Hudson.

Olària, Carme. 1988. *Cova Fosca. Un asentamiento meso-neolítico de cazadores y pastores en la serrania del Alto Maestrazgo, Castellon*. Monografies de Prehistoria i Arquelogia Castellonenques 3.

O'Sullivan, Muiris. 1986. "Approaches to Passage Tomb Art." *Journal of the Royal Society of Antiquuries of Ireland* 116: 68 – 83.

Özdoğan, Mehmet. 1987. "Neolithic Cultures of Northwestern Turkey: A General Appraisal of the Evidence and Some Considerations." In *Neolithic of Southeastern Europe and Its Eastern Connections*, 201 – 16. International Conference 1987 Szolnok-Szeged, Varia Archaeologica Hungarica II, Budapest.

Özdoğan, Mehmet, and Nilgün Özbaşaran Dede. 1989. "1989 Yili Toptepe Kurtarma Kazisi."

(Excavation at Toptepe in Eastern Thrace, 1989.) *Arkeoloji ve sanat* 13 (46 – 49): 2 – 24.

Özdoğan, Mehmet, Yutaka Miyake, and Nilgün Özbaşaran Dede. 1991. "An Interim Report on Excavations at Yarimburgas and Toptepe in Eastern Thrace." *Anatolica* 17.

Packard, David W. 1974. *Minoan Linear A*. Berkeley and Los Angeles: University of California Press.

Pallottino, Massimo. [1954] 1968. *Testimonia Linguae Etruscae*. Florence "La Nuova Italia" Editrice.

——. [1955] 1975. *The Etruscans*. Translated by J. Cremona. Bloomington: Indiana University Press.

Panajotov, Ivan. 1989. *Yamnata kultura v bulgarskite zemi*. Razkopki i Prouchivaniya. Sofia: Bulgarian Academy of Sciences.

Panajotov, I., and V. A. Dergačev. 1984. "Die Ockergrabkultur in Bulgarien." *Studia Praehistorica* 7: 99 – 116.

Passek, T. S. 1949. "Periodizatiia tripol'skikh poselenii." *Materialy i issledovaniya po arkheologii SSSR* (Moscow) 10: 194 – 275.

Pavúk, Juraj. 1990. "Siedlung der Lengyel-Kultur mit Palisadenanlagen in Žlkovce, Westslowakei." *Jahreschrift für Mitteldeutschen Vorgeschichte* 73: 137 – 42.

——. 1991. "Lengyel-Culture Fortified Settlements in Slovakia." *Antiquity* 65: 348 – 57.

Peltenburg, E. J. 1988. "A Cypriot Model for Prehistoric Ritual." *Antiquity*.

Peltenburg, Edgar, and Elizabeth Coring. 1991. "Terracotta Figurines and Ritual at Kissonerga-Mosphilia." *Terracottas*: 17 – 26.

Pestrikova, V. I. 1987. *Khvalynshi ėneoliticheski mogil'nik kak istorichesky i istochnik*. Aftoreferat Diss. Moscow.

Petrenko, A. G. 1984. *Drevnee in srednevekovoe zhivotnovodstvo srednego Povolzh'ya i Predural'ya*. Moscow: Nauka.

Petrescu-Dîmboviţa, Mircea. 1963. "Die wichtigsten Ergebnisse der archäologischen Ausgrabungen in der neolithischen Siedlung von Truşeşti (Moldau)." *Prähistorische Zeitschrift* (Berlin) 41: 172 – 86.

——. 1966. *Cucuteni. Monumentele Patriei Nostre*. Bucharest: Editúra Republicii Populare Romîne.

Phillips, Patricia. 1975. *Early Farmers of West Mediterranean Europe*. London: Hutchinson.

——. 1982. *The Middle Neolithic in Southern France: Chasseen Farming and Culture Process*. International Series 142. Oxford: British Archaeological Reports.

Piazza, A., S. Rendine, P. Menozzi, J. Mountain, and Luigi Luca Cavalli-Sforza. 1992. *Genetics and the Origin of Indo-European Languages*. Stanford: Stanford University Press.

Piggott, Stuart. 1962. *The West Kennet Long Barrow*. London: HMSO.

———. 1965. *Ancient Europe, from the Beginnings of Agriculture to Classical Antiquity: A Survey*. Chicago: Aldine.

———. 1992. *Wagon, Chariot, and Carriage*. London: Thames and Hudson.

Platon, N. 1968. *Crete*. Paris: Nagel.

———. 1971. *Zakros: The Discovery of a Lost Palace of Ancient Crete*. New York: Scribners.

———. 1983. "The Minoan Palaces: Centres of Organization of a Theocratic Social and Political System." In *Minoan Society: Proceedings of the Cambridge Colloquium, 1981*, edited by O. Krzyszkowska and L. Nixon, 273 – 76. Bristol: Bristol Classical Press.

Pleslová-Štiková, Emilie. 1980. "Square Enclosures of Old Europe, 5th and 4th Millenia B. C." *Journal of Indo-European Studies* 8 (1 – 2): 61 – 74.

Pleslová-Štiková, Emilie. František Marek, and Zdenek Horský. 1980. "A Square Enclosure of Funnel Beaker Culture (3500 B. C.) at Makotřasy (Central Bohemia): A Palaeoastronomic Structure." *Archaeologické rozhledy* 32.

Podborský, Vladimir. 1985. *Těšetice-Kyjovice*. Vol. 2. Brno: Masaryk University.

———. 1988. *Těšetice-Kyjovice*. Vol. 4. Brno: Masaryk University.

———. 1989. "Neolithische Kultsitten der Bevölkerung im mährischen Gebiet." In *Religion und Kult*, 175 – 191. Berlin.

Poetscher, W. 1990. *Aspekte und Probleme der minoischen Religion*. Religionswissenschaftliche Texte und Studien, Band 4. Hildesheim: Georg Olms Verlag.

Pokorny, Julius. 1959. *Indogermanisches Etymologisches Wörterbuch*. Vol. 1. Bern: Francke.

Polomé, Edgar C. 1987. "Freyja." In *The Encyclopedia of Religion*, edited by Mircea Eliade. Vol. 5. New York: Macmillan. "Njørɔr" in Vol. 10.

———, 1989, "Divine Names in Indo-European." In *Essays on Germanic Religion*, 55 – 67. Journal of Indo-European Studies Monograph, no. 6. Washington, D. C.: Institute for the Study of Man.

———. 1989a. "Germanic Religion: An Overview." In *Essays on Germanic Religion*, 68 – 137. Journal of Indo-European Studies Monograph, no. 6. Washington, D. C.: Institute for the Study of Man.

———. 1990. "The Indo-Europeanization of Northern Europe: The Linguistic Evidence." *Journal of Indo-European Studies* 18 (3 – 4): 331 – 38.

———. 1996. "Beer, Runes, and Magic." *Journal of Indo-European Studies* 24 (1 – 2): 99 – 105.

Popov, D. 1980. "Artemis Brauro (déese thraco-pélasgique)." In *Interaction and Accultura-*

tion in the Mediterranean, edited by Jan G. P. Best and Nanny M. W. de Vries. Proceedings of the Second International Congress of Mediterranean Pre-and Proto-History, Amsterdam, 19 – 23 Nov. 1980. Amsterdam: B. R. Grüner.

Popov, R. 1916 – 1918. "Kodža-Dermenskata mogila pri gr. Šumen." *Izvestije na Bulgarskoto Arkheologičesko Družestvo* 6: 71 – 155.

Powell, T. G. E. 1958. *The Celts*. New York: Praeger.

Preuss, Joachim, ed. 1992. *Das Neolithikum in Mitteleuropa*. Berlin: Deutscher Verlag der Wissenschaften.

Puhvel, Jaan. 1970. "Aspects of Equine Functionality." In *Myth and Law among the Indo-Europeans*, edited by Jaan Puhvel, 159 – 72. Berkeley and Los Angeles: University of California Press.

——. 1984. "Etruscan Inscriptions at the J. Paul Getty Museum." *The J. Paul Getty Museum Journal* 12: 163 – 66.

Quitta, Hans. 1958. "Die Ausgrabungen in der bandkeramischen Siedlung Zwenkau-Harth, Kr. Leipzig." *Neue Ausgrabungen in Deutschland*. Mann and Berlin: Verlag Gebr.

Raczky, Pal, ed. 1987. *The Late Neolithic of the Tisza Region*. Budapest: Kossuth Press.

Radimsky, W., and M. Hoernes. 1895. *Die neolithische Station von Butmir*, Vol. 1. Vienna: Verlag von Adolf Holzhausen.

Ray, B. C. 1987. "Stonehenge: A New Theory." *History of Religions*: 226 – 78.

Renfrew, Colin. 1972. "The Autonomy of the Southeast European Copper Age." *Proceedings of the Prehistoric Society* 35: 12 – 47.

——. 1972a. *The Emergence of Civilisation: The Cyclades and the Aegean in the Third Millennium B. C.* London: Methuen and Company.

——. 1984. *Approaches to Social Archaeology*. Cambridge: Harvard University Press.

Renfrew, Colin, ed. 1974. *British Prehistory, a New Outline*. London: Duckworth.

——. 1979. *Investigations in Orkney*. Socicty of Antiquaries of London, no. 38. London: Thames and Hudson.

——. 1983. *The Megalithic Monuments of Western Europe*. London: Thame and Hudson.

Renfrew, Colin, Marija Gimbutas, and Ernestine S. Elster, eds. 1986. *Excavations at Sitagroi: A Prehistoric Village in Northeast Greece*. Vol. 1. Monumenta Archaeologica 13. Los Angeles: University of California, Institute of Archaeology.

Renfrew, Jane M. 1973. *Palaeoethnobotany: The Prehistoric Foodplant of the Near East and Europe*. London: Methuen and Company.

Reusch, Helga. 1961. "Zum Problem des Thronraumes in Knossos." In *Minoica und Homer*, 39ff. Berlin.

Rezepkin, A. D. 1992. "Paintings from a Tomb of the Majkop Culture." *Journal of Indo-European Studies* 20 (1-2): 59-71.

Rice, Patricia C. 1981. "Prehistoric Venuses: Symbols of Motherhood or Womanhood." *Journal of Anthropological Research* 37 (4): 402-14.

Richardson, Emeline. 1964. *The Etruscans: Their Art and Civilization*. Chicago: University of Chicago Press.

Rimantienė, Rimutė. 1984. *Akmens amžius Lietuvoje*. Vilnius: Mokslas.

Rodden, R. J. 1965. "An Early Neolithic Village in Greece." *Scientific American* 212: 82-92.

Roska, Márton. 1941. *Die Sammlung Zsófia von Torma in der numismatisch-archaeologischen Abteilung der Siebenbürgischen National Museum*. Koloszvàr-Cluj.

Ross, Anne. 1967. *Pagan Celtic Britain: Studies in Iconography and Tradition*. London: Routledge and Kegan Paul.

——. 1970. *The Everyday Life of the Pagan Celts*. New York: Putnam.

——. 1986. *The Pagan Celts*. New Jersey: Barnes and Noble.

Ruggles, C. L. N. 1984. *Megalithic Astronomy: A New Archaeological and Statistical Study of 300 Western Scottish Sites*. International Series 123. Oxford: British Archaeological Reports.

Rutkowski, B. 1986. *The Cult Places of the Aegean*. New Haven: Yale University Press.

Säflund, Gösta. 1981. "Cretan and Theran Questions." In *Sanctuaries and Cults in the Aegean Bronze Age*, edited by Robin Hägg and Nanno Marinatos, 189-212. Proceedings of the First International Symposium at the Swedish Institute in Athens, 12-13 May 1980. Stockholm: Svenska Institute, Athens.

Sakellarakis, Y., and E. Sakellarakis. 1981. "Drama of Death in Minoan Temple." *National Geographic* 159: 205-22.

Scarre, Christopher, ed. 1984. *The Neolithic of France*. Edinburgh: Edinburgh University Press.

Schmandt-Besserat, D. 1979. "An Archaic Recording System in the Uruk-Jemdet Nasr Period." *American Journal of Archaeology* 83: 19-48, 375.

Schmidt, H. 1903. "Tordos." *Zeitschrift für Ethnologie* 35: 438-69.

——. 1932. *Cucuteni in der oberen Moldau, Rumänien. Die befestigte Siedlung mit bemalter Keramik von der Stein-Kupferzeit bis in die vollentwickelte Bronzezeit*. Berlin: Walter de Gruyter.

Schmidt, R. R. 1945. *Die Burg Vučedol*. Zagreb: Ausgabe des Kroatischen Archäologischen Staatsmuseums.

Shackleton, N., and Colin Renfrew. 1970. "Neolithic Trade Routes Re-aligned by Oxygen Isotope Analysis." *Nature* 228: 1062.

——. 1970a. "Neolithic Trade Routes." *Nature* 228: 1062 – 65.

Shapiro, M. 1983. "Baba Jaga: A Search for Mythopoeic Origins and Affinities." *International Journal of Slavic Linguistics and Poetics* 27: 109 – 35.

Shilov, V. P. 1975. "Modeli skotovodcheskikh khozyaystv stepnikh oblastei Evrazii vėpochu ėneolita i rannego bronzovogo veka." *Sovetskaya Archeologiya* 1: 5 – 16.

Shishkin, K. V. 1973. "Z praktyky Deshyvruvannya aerofotoznimkiv u arkheologichnykh tsilyakh." *Arkheolohiya* (Kiev) 10: 32 – 41.

Shmaghi, Nikolai M. 1986. "O sotsial'no-demograficheskoi rekonstruktsii krupnykh tripol'skikh poselenii." *Internationales Symposium über die Lengyel-Kultur*, 1984, *Nitra-Wien*: 257 ff.

Shnirelman, Victor A. 1992. "The Emergence of a Food-Producing Economy in the Steppe and Forest-Steppe Zones of Eastern Europe." *Journal of Indo-European Studies* 20 (1 – 2): 123 – 45.

Shtiglits, M. S. 1971. "Razvedki tripol'skikh pamyatnikov v rayone Umani." *Arkheologicheskie Otkrytiia*.

Simon, Erika. 1969. *Die Götter der Griecher*. Munich: Hirmer.

Simon, Erika, ed. 1989. *Minoische und griechische Antiken*. Die Sammlung Kiseleff im Martin-von-Wagner-Museum der Universität Würzburg 2. Mainz: Philipp von Zabern.

Simoska, Dragica, and Vojislav Sanev. 1976. *Praistorija vo centralna Pelagonija*. Bitola: Naroden Muzej.

Smith, Isobel F., ed. 1965. *Windmill Hill and Avebury: Excavations by Alexander Keiller*, 1925 – 1939. Oxford: Oxford University Press.

Sokal, Robert R., Neal Oden, and Barbara Thompson. 1992. "Origins of the Indo-Europeans: Genetic Evidence." *Proc. National Acad. Science* [*Population Biology*]: 7669 – 73.

Srejović, Dragoslav. 1969. "The Roots of the Lepenski Vir Culture." *Archaeologia Iugoslavica* 10: 13 – 21.

——. 1972. *Europe's First Monumental Sculpture: New Discoveries at Lepenshi Vir*. London: Thames and Hudson.

Srejović, Dragoslav, and L. Babović. 1983. *Umetnost Lepenskog Vira*. Belgrade: Narodni Muzej.

Srejović, Dragoslav, and Zagorka Letica. 1978. *Vlasac: A Mesolithic Settlement in the Iron Gates*. Vlasac: Mezolitsko Neselje u Derdapu, Belgrade: Serbian Academy of Sciences and Arts.

Stanković, Svetozar. 1986. *Žrtvenici i prosotomorfni poklopci iz Vinče*. Archeological Research. Vol. 7. Belgrade: University of Belgrade.

Strabo. 1866 – 77. *Strabonis Geographica*, edited by Augustus Meineke. Leipsig: Teubner.

Sturluson, Snorri. 1929. *The Prose Edda*. Translated by Arthur Brondeur. New York: American Scandinavian Foundation.

Tanda, Giuseppa. 1984. *Arte e religione della Sardegna preistorica nella necropoli di Sos Furrighesos-Anela (SS)*. Vol. 1 – 2. Sassari: Chiarella.

Tasić, N. 1957. "Praistorisko naselje kod Valača." (Prehistoric settlement at Valać.) In *Glasnik Muzeja Kosova i Metohije*, 4 – 5. Vol. 1. Priština: Muzej.

——. 1973. *Neolitska plastika*. Belgrade: Gradskij Muzej.

Telegin, Dmitriy Yakolerich. 1973. *Seredn'o-Stogivs'ka kul'tura ëpokhi midi*. Kiev.

——. 1986. *Dereivka: A Settlement and Cemetery of Copper Age Horse Keepers on the Middle Dnieper*. International Series 287. Oxford: British Archaeological Reports.

Telegin, D. Yakolerich, and I. D. Potekhina. 1987. *Neolithic Cemeteries and Populations in the Dnieper Basin*, edited by J. P. Mallory. Translated from the Russian by V. A. Tikhomirov. Internationals Series 383. Oxford: British Archaeological Reports.

Tessier, Albert. 1917. *De la condition de la femme au pays basque dans l' ancien droit*. La Chapelle-Montligeon (Orne): Montligeon.

Theocharis, D. R. 1973. "The Neolithic Civilization: A Brief Survey." In *Neolihic Greece*, edited by S. Papadopoulos. Athens: National Bank of Athens.

Thimme, Jürgen, ed. 1980. *Kunst und Kultur Sardiniens von Neolithikum bis zum Ende der Nuraghenzeit*. Catalog of the exhibit.

Thom, A., and A. S. Thom. 1978. *Megalithic Remains in Britain and Brittany*. Oxford: Clarendon Press.

Thom, A., A. S. Thom, and A. Burl. 1980. *Megalithic Rings*. International Series 80. Oxford: British Archaeological Reports.

Thomeas, C. G. 1973. "Matriarchy in Early Greece: The Bronze and Dark Ages." *Arethusa* 6 (2): 173 – 95.

Thomes, Julian. 1991. *Rethinking the Neolithic*. Cambridge: Gambridge University Pess.

Thorsson, Eldred. 1987. *Runelore*. York Beach: Samuel Wieser.

Tiné, Santo. 1983. *Passo di Corvo e la civiltà neolitica del Tavoliere*. Genoa: Sagep Editrice.

Titov, V. S. 1969. *Neolit Grestsii. Periodizatsiya i khronologiya*. Moscow: Nauka.

Todorova, Henrieta. 1974. "Kultszene und Hausmodell aus Ovčarovo, Bez. Targovište." *Thracia* (Sofia) 3: 39 – 46.

——. 1976. *Ovčarovo. Praistoričeska selištcna mogila*. Sofia: Bulgarian Academy of Sciences.

——. 1978a. "Die Nekropole bei Varna und die sozialäkonomischen Probleme am Ende des Äncolithinkums Bulgariens." *Zeitschrift für Archäologie* 12: 87 – 97.

——. 1978b. *The Eneolithic Period in Bulgaria in the Fifth Millennium B. C.* Translated by Vessela Zhelyaskova. International Series (Supplementary) 49. Oxford: British Archaeological Reports.

——. 1989a. "Ein Korrelationsversuch Zwischen Klimaänderungen und prähistorischen Angaben." *Praehistorica* (Praha) 15: 25 – 28.

——. 1989b. *Tell Karanovo und das Balkan-Neolithikum*. Institut für Kalsische Archäolgie, Universtät.

Todorova, Henrieta, S. Ivanov, V. Vasilev, H. Hopf, H. Quitta, and G. Kohl. 1975. *Seliščnata Mogila pri Goljamo Delčevo*. Sofia: Bulgarian Academy of Sciences.

Todorovič, Jovan. 1971. "Written Signs in the Neolithic Culture of Southeastern Europe." *Archaeologia lugoslavica* 10 (1969): 74 – 84, tables 1 – 11.

Todorovič, Jovan, and Aleksandrina Cermanovič. 1961. *Banjica, naselje vinčanske kulture*. (Banjica, Siedlung der Vinča-Gruppe). Belgrade: City Museum.

Tormà, Zsófia. 1894. *Ethnographische Analogieen: Ein Beitrag zur Gestaltungs-und Entwicklungsgechiete der Reigionen*. Jena: H. Costenoble.

Tringham, Ruth, and Dušan Krstić. 1990. *Selevac: A Neolithic Village in Yugoslavia*. Monumenta Archaeologica 15. Los Angeles: University of California, Institute of Archaeology.

Trump, David H. 1972. *Malta: An Archaeological Guide*. London: Faber and Faber.

——. 1983. *La Grotta di Filiestru a Bonu Ighinu, Mara (SS)*. Quaderni della Soprentendenze ai Beni Archeologici per le provincie di Sassari e Nuoro, 13: Dessi, Sassari.

Tsountas, Christos. 1908. *Proistorikae Akropolis Diminiou kai Sesklou*. (The prehistoric Acropolis of Dimini and Sesklo.) Athens: D. A. Sakellariou.

Turville-Petre, E. O. G. 1964. *Myth and Religion of the North*. New York: Holt Rinehart, Winston.

Twohig, Elizabeth Shee. 1981. *The Megalithic Art of Western Europe*. Oxford: Clarendon Press.

Udolph, Jürgen. 1994. *Namenkundliche Studien zum Germanenproblem*. Berlin and New York: Walter de Gruyter.

Ursachi, V. 1990. "Le Dépot d'objects de parure énéolithique de Brad, com. Negri, dép. de Bacău." In *Le Paléolithique et le Néolithique de la Roumanie en contexte européen*, edited by Vasile Chirica and Dan Monah. Iași: Institut d'Archéologie.

Usačiovaite, Elvyra. 1996. "Customs of the Old Prussians." In *The Indo-Europeanization of Northern Europe*, edited by Karlene Jones-Bley and Martin E. Huld, 204 – 17. Washington, D. C.: Institute for the Study of Man.

Van Berg, P. L. 1990. "Aspects de la recherche sur le Néolithique de la Roumanie en contexte européen." In *Le Paléolithique et le Néolithique de la Roumanie en contexte européen*, edited by Vasile Chirica and Dan Monah. Iași: Institut d'Archéologie.

Van de Velde, Pieter. 1979. *On Bandkeramik Social Structure: Analysis of Pot Decoration and*

Hut Distributions from the Central European Neolithic Communities of Elsloo and Hienheim. Analecta Praehistorica Leidensia, 12. Leiden: Leiden University Press.

Vankina, L. V. 1970. *Torfyanikovaya stoyanka Sarnate*. Riga: Zinatne.

Vasić, Miloje M. 1932 – 36. *Preistoriska Vinča*. 4 vols. Belgrade: Izdanje Drzavne Stamparije.

Vasil'ev, I. B. 1981. *Eneolit Povolzh'ya: step'i lesotep'*. Kuibyshev: Kuibyshevskii Gosudarstvennyi Pedagogic'eskij Institut.

Vasil'ev, I. B., and A. A. Bybornov. 1986. "Nizhnee Povolzh'e v epokhu kammya i bronzy." *Drevnyaya i Srednevekovaya Istoriya Nizhnego Povolzh'ya* (Saratov University): 3 – 20.

Vasil'ev, I. B., and G. Mat'veeva. 1976. "Poselenie i mogil'nik u sela S'ezzhee." In *Ocherki istorii i kul'tury Povolzh'ya*. Kuibyshev: Kuibyshevskii Gosudarstvennyi Pedagogic'eskij Institut.

Vėlius, Norbertus. 1983. *Senovės baltų pasaulėžiūra*. (The world outlook of the ancient Balts.) Vilnius: Mintis.

Vogt, E. 1951. "Das steinzeitliche Uferdorf Egolzwill 3 (Kt. Luzern)." *Der Zeitschrift für schweizerische Archäologie und Kunstgeschichte* 12 (4): 193 – 215.

———. 1954. "Pfahlbaustudien." In *Das Pfahlbauproblem*, edited by W. V. Guyan, 199 – 212. Basel: Birkhausen.

Vosniak, Z. 1975. "Die Kelten und die Latènekultur auf den Thrakischen Gebieten." In *The Celts in Central Europe*, Alba Regia XIV. Székesfehérvár.

Vries, Nanny M. W. de 1984. "Die Stellung der Frau in der thrakischen Gesellschaft." In *Dritter Internationaler Thrakologischer Kongress zu Ehren W. Tomascheks, 2 – 6 Juni 1980, Wien*. Vol. 2. Sofia: Swjat.

———. 1991. See Kaul, Flemming, et al.

Vulpe, R. 1957. *Izvoare: Sapaturile din 1936 – 1948*. (Summaries in Russian and French: Izvoare: Les Fouilles de 1936 – 1948.) Bucharest: Biblioteca de Arheologie.

Wace, A. J. B., and M. S. Thompson. 1912. *Prehistoric Thessaly*. London: Cambridge University Press.

Wainwright, G. J. 1968. "Durrington Walls: A Ceremonial Enclosure of the 2nd Millennium B. C." *Antiquity* 42: 20 – 26.

———. 1969. "A Review of Henge Monuments in the Light of Recent Research." *Proceedings of the Prehistoric Society* 35: 112 – 33.

———. 1970. "Woodhenge." *Scientific American* 223: 30 – 38.

———. 1971. "The Excavation of a Later Neolithic Enclosure at Marden, Wiltshire." *Antiquaries Journal* 51: 177 – 239.

———. 1979. *Mount Pleasant, Dorset: Excavations 1970 – 71*. Reports of the Research Committee of the Society of Antiquaries of London, no 37. London: Society of Antiquaries.

——. 1989. *The Henge Monuments: Ceremony and Society in Prehistoric Britain*. London: Thames and Hudson.

Wainwright, G. J., and L. H. Longworth. 1971. *Durrington Walls: Excavations 1966 – 68*. Reports of the Research Committee of the Society of Antiquaries of London, no 29. London: Society of Antiquaries.

Walberg, Gisela. 1986. *Tradition and Innovation: Essays in Minoan Art*. Mainz: Verlag Philipp von Zabern.

Warren, Peter. 1981. "Minoan Crete and Ecstatic Religion." In *Sanctuaries and Cults in the Aegean Bronze Age*, edited by Robin Hägg and Nanno Marinatos. Proceedings of the First International Symposium at the Swedish Institute in Athens, 12 – 13 May 1980. Stockholm: Svenska Institutet, Athens.

——. 1988. *Minoan Religion as Ritual Action*. Studies in Mediterranean Archaeology and Literature, pocket-book 72. Göteborg: Paul Åströms förlag.

Weinberg, Saul S. 1962. "Excavations at Prehistoric Elateia, 1959." *Hesperia* 31: 158 – 209.

Whittle, Alasdair. 1977. "Earlier Neolithic Enclosures in North-West Europe." *Proceedings of the Prehistoric Society* 43: 329 – 48.

——. 1985. *Neolithic Europe: A Survey*. Cambridge: Cambridge University Press.

——. 1988. "Contexts, Activities, Events—Aspects of Neolithic and Copper Age Enclosures in Central and Western Europe." In *Enclosures and Defences in the Neolithic of Western Europe*, edited by Colin Burgess, Peter Topping, Claude Mordant, and Margaret Maddison. International Series 403. Oxford: British Archaeological Reports.

Wijnen, Marie-Helene Josephine Marcell Nicole. 1982. *The Early Neolithic I Settlement at Sesklo: An Early Farming Community in Thessaly, Greece*. Analecta Praehistorica Leidensia, no 14. Leiden: Leiden University Press.

Willetts, R. F. 1965. *Ancient Crete: A Social History*. London: Routledge.

Willmms, C. 1983. "Obsidian im Neolithikum Europas." *Geramia* 61: 327 – 51.

——. 1985. "Neolithischer Spondylusschmuck. Hundert Jahre Forschung." *Germania* 63: 331 – 43.

Winn, Shan Milton McChesney. 1973. *The Signs of the Vinča Culture: An Internal Analysis; Their Role, Chronology, and Independence from Mesopotamia*. Ph. D. diss. University of California at Los Angeles. Ann Arbor: University Microfilms.

——. 1981. *Pre-Writing in Southeast Europe: The Sign System of the Vinča Culture, ca. 4000*

B. C. Calgary: Western Publishers.

——. 1990. "A Neolithic Sign System is Southeastern Europe." In *The Life of Symbols*, edited by Mary Le Cron Foster and L. J. Botscharow, 263 – 85. Boulder: Westview Press.

Wiślański, T., ed. 1970. *The Neolithic in Poland*. Wrocław-Warsaw-Karków: Inst. Hist. Kultury Mat. Polsk. Akad. Nauk.

Wyss, René, and Jakob Bill. 1978. "An Ancient Lakeshore Settlement at Egolzwil Helps Clarify Europe's Neolithic Past." *Archaeology* 31: 24 – 32.

Yarovoy, E. V. 1990. *Kurgany ėneolita ėpokhi bronzy nizh'nevo Podnestrov'ya*. Kishenev.

Zǎlai-Gaál, István. 1986. "Mórágy-Tüzködomb: Entwurf Sozialarchäologischer Forschungen." *Internationales Symposium über die Lengyel-Kultur*, 1984. *Nitra-Wien*: 333 – 38.

——. 1988a. *Soziarchäologische Untersuchungen des mitteleuropäischen Neolithikum aufgrund der Gräberanalyse*. Béri Balogh Ádám Múzeum Évkönyvebol XIV. Szekszárd.

——. 1988b. "Közép-europai neolitikus temetök sociál-archaeologiai elemzése." *Bi Balogh Ádam Múzeum Évkönyve* 14: 5 – 178.

Zápotocká, M. 1983. "Circular Ditches of the Stroked-Pottery Culture at the Site of Bylany, Distr. of Kutná Hora." *Archaeol. Rozsledy* 35: 475 – 85.

Zürn, Hartwig. 1965. *Das jungsteinzeitliche Dorf Ehrenstein (Kreis Ulm). Ausgrabung 1960. Die Baugeschichte*. Stuttgart: Staatliches Amt für Denkmalpflege.

术 语 简 释

卫城（acropolis）：位于高地之上的城堡或要塞。

阿司寇斯瓶（askos，复数形式 askoi）：鸟形瓶子。

牛头骨雕饰（bucranium）：公牛的头与角；泥土或其他原料制成的公牛、大公牛以及母牛头骨。

积石冢（cairn）：由石块堆积而成的坟墓，上面覆盖有大块的泥土、草皮或岩石。

压顶石（cap stone）：多尔门（石棚）顶端水平放置的石块。

庭院坟墓（court tomb）：前方设有半圆形庭院的坟墓，爱尔兰与设得兰群岛的庭墓最为典型。

环列巨石柱群（cromlech）：由扁平石块所围成的圆圈，通常将一个土堆围在中间。

关节脱落（disarticulation）：肢体从关节处断离。

石棚（dolmen）：由两块或两块以上的竖直巨石和水平放置其上的压顶石所组成的史前巨石墓碑。

围场（enclosure）：被篱笆或围墙圈起的区域，史前围场包括圈状围场、圆形围场、方形围场和堤道状围场等几种形式，这几种围场可能都是仪式举行场所。

剥肉（excarnation）：将死尸暴露于户外的平台之上任由猛禽来剥除尸体上的肌肉，随后埋葬剩下的骨骼。

还愿物（ex voto 或 votive）：祈祷或发誓时奉献给神灵的祭品。

长廊墓（gallery grave）：长方形坟墓，布列塔尼地区的长廊坟墓最为典型。

印欧语系（Indo-European）：包括古希腊语、拉丁语、印度语、伊朗语、斯拉夫语、波罗的语、凯尔特语、日耳曼语、阿尔巴尼亚语、亚美尼亚语、赫梯语以及吐火罗语在内的语言文化系统。其史前的原始母语和文化渊源被称为原始印欧语。史前印欧语系的民族的社会生活状态是半游牧、家长制、父系制的，婚后女方居住在男方家中。他们信奉的宗教以主宰上天和战争的神灵为主神，而且其宗教是男性中心的。

葬礼（interment）：埋葬仪式。

镶边石（kerbstones）：环绕在土堆外边缘而形成石边的石块。

圆盆（kernos，复数形式 kernoi）：环状陶土器皿，其边沿附有几个杯子或小瓶子，通常用来盛放祭品。

双耳喷口杯（krater）：混合碗。

库尔干（kurgan）：土堆、古墓或坟冢。马丽加·金芭塔丝用这一术语特指生活在俄罗斯南部大草原地区的父权制游牧民族所修建的圆形坟冢，她认为这个民族属于史前印欧语系。

双刃斧（labrys）：克里特文化中的一种仪式象征物，其形式是一把双刃的斧头。

马格达林时期（Magdalenian period）：旧石器时代晚期的最后时段，因位于法国西南部马格达林遗址而得名。

母系的（matrilineal）：一种以女方族谱为准来追溯家系与继承权的社会结构。

入赘制的社会（matrilocal society）：实行男子于婚后居住到女方家中的制度的社会；母系亲族的家族领地。

巨石（megalith）：建造史前石碑的大石块。

巨石石碑（megalithic monument）：巨大的石质纪念碑。

竖石纪念碑（menhir）：单独竖立的巨大石块。

中石器时代（Mesolithic）：也称 Middle Stone Age，约公元前 8300—公元前 7000/6000 年，该时期文化以狩猎与采集为标志。

新石器时代（Neolithic）：也称 New Stone Age，约公元前 7000/6000—公元前 3500/3000 年，该时期文化以种植农作物与驯化家畜为标志。当时的人类居住在固定居所并且使用石制工具。

陶酒坛（oinocoe，oenocoe）：一种古希腊酒壶或酒罐。

鸟形的（ornithomorphic）：飞鸟形状的。

竖直石块（orthostat）：常见于巨石坟墓周围的竖立的石块。

尸骨存放处（ossuary）：埋葬尸骨的场所或存放尸骨的容器。

旧石器时代（Paleolithic）：也称 Old Stone Age。旧石器时代晚期约从公元前 30000 年延续到公元前 8300 年，当时大陆冰盖从北欧消融。

木栅（palisade）：由木桩组成的篱笆，有时用于防御，但并非总是服务于该用途。当它在古代围场中出现时，木栅可能用来标志举行仪式的区域。

单性生殖（parthenogenesis）：无男性参与情况下母亲的生殖。在希腊神话中，赫拉在并无其丈夫宙斯参与的情况下生下了赫斐斯托斯。

通道墓（passage grave）：由竖立的巨大石块所构成的通道通向一个圆形或矩形墓室的坟墓形式，这些大石块的顶部还堆砌着石头。

胸饰（phalera）：在古代作为军衔标志而佩戴的金属圆牌。

大口陶坛（pithos）：陶制的大坛子。

前印欧人，前印欧语（pre-Indo-European）：作为考古学术语，该词语指的是在印欧人迁入之前生活在该地区的土著人；作为语言学术语，该词语指的则是原始阶段之前的印欧语形态。

有盖瓶（pyxis）：古希腊罗马的装饰有盖子的瓶子。

圈状围场（roundel）：古老的圆形围场，可能是举行宗教仪式的场所。

砂岩漂砾（sarsen）：砂岩大石块，奥布里·伯尔用该词语来表示"撒拉森人"的衰败，因此，砂岩漂砾是"异教徒的石头"。

印章（seal）：在古代，印章指的是刻在指环或泥制圆柱体上的符号或图形，其目的是辨识某个人或族群的身份，或者表达某个神话主题。

封印（sealing）：印章或刻有印纹的小块石材所留下的印痕。

肥臀妇女（steatopygia）：臀部堆积大量脂肪，通常被认为是古代妇女形象的一大特质。

石柱（stela，复数形式 stelae）：表面有雕塑或铭刻的直立石块或石板。

房基（stereobate）：（神庙中）装着圆形窗子的一层。

圆顶墓（tholos tomb）：墓室为圆形的坟墓。

巨石牌坊（trilithon）：一处古代纪念碑，由两块竖立的巨大石块和水平放置其上作为压顶石或过梁的第三块石头所组成。

三重殿（triple-cella）：拥有三个凹室的空间（在本书中该空间指的是一个神殿或神庙）。

动物形象的（zoomorphic）：拥有动物的外形，在象征或神话表现中运用动物形象。

专名译释表

A

Acheulian era	阿舍利文化时期（欧洲旧石器时代）
Achilleion	阿切莱恩（位于希腊北部塞斯克洛遗址）
Adam of Bremen	不来梅的亚当
Adonis	阿多尼斯（希腊神）
Adriatic region	亚得里亚海地区
Aegean region	爱琴海地区
Aegina island	埃伊纳岛
Aeschylus	埃斯库罗斯
Aesir deities	爱瑟神族（日耳曼民族的）
Aghios Petros	阿基奥斯·彼特劳斯（爱琴海地区）
Agia Triada/Hagia Trada	海吉亚特拉达（克里特）
Akkadian language	阿卡得语
Akrotiri	阿克罗蒂里（泰拉岛）
Alesia	阿莱西亚（法国）
Alghero	阿勒盖罗（撒丁岛）
Almu	阿穆（爱尔兰）
Amnissos cave	阿姆尼索斯洞穴（克里特）
Ana/Anu/Danu	阿娜/阿努/达努（女神）
Anboto	安波托
Anahita	阿娜西塔（伊朗的女神）
Anatolia	安纳托利业
Andre Mari	安德烈·马丽（巴斯克女神）
Anemospilia temple	阿内莫斯皮里亚神殿（克里特岛）
Angles-sur-l'Anglin	安格林（法国）
Anthesteria	安特斯节

anthropomorphic figures	神、人同形同性论的形象
Anza	安扎（马其顿）
Aphaia	阿菲娅（克里特女神）
Aphrodite	阿佛洛狄忒（希腊女神）
Apis	阿庇斯（希腊圣牛）
Apollo	阿波罗（希腊神）
Arcadia	阿卡狄亚（希腊）
archeomythology	神话考古
Archanes	阿尔卡纳斯（克里特）
Areatha	阿瑞塔（伊特鲁里亚的女神）
Ares	阿瑞斯（希腊神）
Argive Heraion	阿尔戈斯赫拉神庙（希腊）
Ariadne	阿里阿德涅（女神）
Aritimi	阿瑞蒂米（伊特鲁里亚的女神）
Arkalokhori cave	阿尔卡罗里山洞（克里特）
Arkoudia cave	阿尔口迪亚山洞（克里特）
Arminius（Hermann）	阿米纽斯（赫尔曼）
Artemis Eileithyia	阿尔忒弥斯·埃蕾西亚（希腊女神）
Artemis	阿尔忒弥斯（希腊女神）
Artio	阿提奥（凯尔特女神）
Artumes	阿耳图梅斯
Ashtarte（Štrt）	阿什塔特（闪族女神）
Asia Minor	小亚细亚（古安纳托利亚地区）
Asklepios	阿斯克勒皮俄斯（希腊神）
askos（bird-shaped vase）	阿司寇斯（鸟形瓶）
Aszód cemetery	奥索德公墓（匈牙利）
Athena	雅典娜（希腊女神）
Attic culture	阿提卡文化
Aubrey，John	约翰·奥布里
Austėja	奥斯特嘉（波罗的海女神）
Avebury roundel	埃夫伯里圈状围场（英国）
Avon	埃文（河名）

B

Baba Yaga	芭芭雅嘎（俄罗斯女神）
Babović	巴波维克
Babylonian language	巴比伦语言
Bacchus	巴克斯
Badb	芭德（女神）
Barber	巴伯
Baldr	巴尔德尔（神）
Baltic culture	波罗的海文化
Banat	巴纳特省
Banner, János	亚诺思·巴纳
Banshee	报丧女妖
Barandiarán, José Miguel de,	杰瑟·米格尔·德·巴兰狄亚兰
Barnenez Plouézoc'h	巴尔纳内斯·普鲁艾兹（布列塔尼）
barstukai	巴尔斯涂凯，参见卡沃凯伊（波罗的海侏儒）
Bar-Yosef	巴尔-约瑟夫
Basque culture	巴斯克文化
Bau/Baba	鲍/芭芭（苏美尔女神）
Baubo	鲍珀（希腊女神）
Behrends	拜仁茨
Bennett, Emmett L.	埃米特·L. 本涅特
Beowulf	《贝奥伍甫》（史诗）
Bergquist, Anders	安德森·贝格斯特
Best	贝斯特
bezdukai	贝孜杜凯伊，参见卡沃凯伊（波罗的海侏儒）
Biaggi, Cristina	克里斯蒂纳·比亚吉
Bibikov, S. N.	S. N. 比比科夫
bird goddess	鸟女神
Bitburg	比特堡，莱茵河西岸
Bjerggård enclosure	比耶尔加德围场（丹麦）
Blegen, Carl. W	卡尔·W. 布莱根
Boeotia	波奥提亚（希腊）

Boginki	鲍吉克（波兰的仙女）
Boian culture	宝安文化
Bonfante	彭梵得
Bonu Ighinu culture	玻努·伊格西努文化
Book of Leinster	《伦斯特之书》
Borsod	保瑟德（匈牙利）
Boudicca	波蒂卡（凯尔特女王）
Boyne River Valley	博因河谷（爱尔兰）
Branigan, Keith	凯兹·布兰尼甘
Brauronian Artemis	布劳罗尼亚的阿尔忒弥斯
Brautsteine (bride stones)	新娘石
Brenneman	布莱那曼
Brigid/Brighid/Bride	布里基/布莱德（爱尔兰/苏格兰女神）
Brimos-Dionysus (divine child)	布里莫斯-狄奥尼索斯（圣童）
Britomartis	布里托玛尔提斯（克里特女神）
Brittany	布列塔尼半岛
Brochtorff Circle	布罗克托夫圆环地区（戈佐岛）
Bronze Age	青铜时代
Bruchsal-"Aue" roundel	布鲁赫扎尔-"奥厄"圈状围场
Bučany roundel	布坎尼圈状围场（斯洛伐克）
bucranium	牛头骨雕饰
Bugibba temple	布吉巴神庙（马耳他）
Bükk culture	布克文化
Bulgaria	保加利亚
"Bull leaper"	"越牛者"（壁画）
Bullfinch	布尔芬赤
Burgundy	勃艮第
Burl, Aubrey	奥布里·伯尔
Butmir culture	布特米尔文化

C

Caesar, Julius	尤利乌斯·恺撒
Caillech Bherri	凯雷·贝瑞（爱尔兰女神）

cairns	积石冢（苏格兰）
Calomfireşti	卡罗姆菲莱斯第（罗马尼亚）
Cameron, Dorothy	多罗西·卡梅隆
Canathus	卡那萨斯河
Cantabrians	坎塔布连人
Canute the Dane	丹麦王克努特
Capitoline temple	卡匹托尔林尼神庙（罗马）
Caras-Severin	卡拉什-塞维林（罗马尼亚）
Caria	卡里亚（土耳其）
Casainbos	卡撒波斯（葡萄牙）
Căscioarele	卡西奥莱雷（罗马尼亚）
Caskey, M. E.	M. E. 卡斯克
Castleden, Rodney	罗德尼·卡斯特勒登
Çatal Hüyük	卡托·胡玉克（土耳其）
Catha	凯西亚（太阳神）
"causewayed camps"	"堤道营"
Caucasus	高加索
"Cave of the She Bear"	"母熊洞穴"（克里特）
Cel	刻尔（母神）
Celsclan	刻尔斯克兰（刻尔的儿子）
Celtic culture	凯尔特文化
Cernavoda	切尔纳沃达坟墓（罗马尼亚）
Černovicy	塞纳维斯
Cernunnos	塞尔农诺斯（牡鹿神，凯尔特）
Chadwick, John	约翰·查德威克
Champ-Durand enclosure	查普-杜兰德围场
Champollion, Jean-François	让·弗朗索瓦·商博良
Charlemagne	查理曼大帝（法兰克王）
Charon	刻戎（为死者摆渡的船夫）
Charun	卡隆（伊特鲁里亚的恶魔）
Chiusi	丘西
Christ, Carol P.	卡罗尔·P. 克里斯特

Cimbri tribe	辛布里部族
Civilization of the Goddess	《女神文明》（金芭塔丝）
Corded Ware culture	绳纹陶器文化
court tombs	庭院坟墓
Cow Laima	母牛莱尔玛（女神）
Crannon	科莱嫩
Crete	克里特
Crocus Gatherers	藏红花采集者（壁画）
Cromlechs	环列巨石柱群
Csálog, józsef	乔塞夫·萨洛哥
Cuccuru S'Arriu	库库鲁萨瑞（撒丁岛）
Cu Chulainn	库楚蓝
Cucuteni（Tripolye）culture	库库泰尼（特里波利耶）文化
Cumae	库马（意大利南部）
Cunnington, Maud	莫德·坎宁顿
Cycladic culture	基克拉迪群岛文化
Cypriote Chalcoltithic	塞浦路斯岛青铜器
Cypriot syllabic script	塞浦路斯音节书写
Cypro-Minoan language	塞浦路斯-米诺斯语言

D

Dalmatia	达尔马提亚
Danilo culture	达尼罗文化
Danube River	多瑙河
Dea Sequana	塞纳河女神
Delphi	德尔斐
Demeter	得墨忒耳（克里特与希腊女神）
"Descent of Inanna"	"印南娜下冥府"（苏美尔的诗）
Despoina temple	迪斯珀尼亚神庙（希腊）
Diana	狄安娜（罗马女神）
Dievas	迪瓦斯（波罗的海神）
Dikte cave	迪克特洞穴（克里特）
Diktynna	迪克提娜（克里特女神）

Dimini culture	迪米尼文化
Dio Cassius	狄奥·卡西乌斯
Diodorus	狄奥多卢斯
Diodorus Siculus	狄奥多卢斯·斯库罗斯
Dionysian festivals	狄奥尼索斯节
Dionysus	狄奥尼索斯（希腊神）
Dnieper culture	第聂伯河文化
Dniester	德涅斯特河
Dölauer Heide enclosure	多劳尔·海德围场
dolmens	多尔门石碑（石棚）
Donja Branjevina	旦亚·布兰叶维那（前南斯拉夫）
Dorset	多塞特郡，英格兰
Dorian tribes	多利安部落
Dumézil, Georges	乔治·杜梅齐尔（法国比较神话学家）
Dumitrescu, Vladimir	乌莱迪米尔·杜米特莱祖
Dumuzi	杜姆兹（美索不达米亚神）
Dupljaja	杜普加加（前南斯拉夫）
Durrington Walls	杜灵顿垣墙（英国）

E

earth fertility goddess	大地丰产女神
Edda	《埃达》（诗与散文集）
Eileithyia cave	埃蕾西亚洞穴（克里特）
Elbe River	易北河
Elder Futhark	老福沙克文字（如尼文字）
Eleusis	艾琉西斯
Eliade, Mircea	米恰尔·伊利亚德
Elster	艾尔斯特
enclosures	围场
Endröd-Szujóskereszt	恩德罗-祖约克孜（匈牙利）
Enodia	伊诺迪亚（塞萨利女神）
Ensisheim	恩塞斯海姆（莱茵河上游）
Ephesus	以弗所（希腊爱奥尼亚古城）

Epona	艾波娜（高卢-凯尔特女神）
Epstein, Angelique Gulermovich	安格丽克·古勒姆维其·爱泼斯坦
Ereshkigal	艾列什吉伽尔（苏美尔女神）
Esus	艾苏斯（神）
Eteocypriot language	艾特塞浦路斯语言
Ethelred	埃塞雷德
Etruscan culture	伊特鲁里亚文化
Evans, Arthur	阿瑟·埃文斯
Evans, J.	J. 埃文斯
excarnation	剥肉仪式
Excavations at Sitagroi I	《西塔格奥一期》（伦弗鲁，金芭塔丝和艾尔斯特）

F

Fafos	发福斯
Falerii	费勒瑞
Farnell, Lewis R.	李维斯·R. 法奈尔
"fat ladies"	"胖妇人"（小雕像/雕塑）
Fat'yanovo culture	范特亚诺夫文化
fish/fish goddess	鱼/鱼女神
Flaith	福莱斯（凯尔特女神）
flax gods	亚麻神
Foggia	福贾省（意大利东南部）
Forst Wötz	福斯特沃兹（德国）
Freyja	弗雷娅（日耳曼女神）
Freyr	弗雷（日耳曼神）
Friebritz	弗里埃布里茨（奥地利）
Frigg	弗丽格（瑞典女神）
frogs/frog goddess	蛙/蛙女神
Fufluns	法夫伦斯（伊特鲁里亚神）
Fulla	福拉（弗丽格的女仆）
Funnel-necked Beaker culture	漏斗颈陶器文化，同 TBK culture（Trichterbecherkultur）

G

Gabija	格比嘉（波罗的海女神）
Gaia-Demeter	该亚-得墨忒耳（希腊女神）
Galatians	加拉太人
gallery graves	长廊墓
Gallis	贾里斯
Gaul	高卢
Gavrinis passage grave	嘎福林通道墓（布列塔尼）
Gefion	吉菲昂（丹麦女神）
Gepidae	捷庇德（部落）
Gerveteri	盖沃特里
Ggantija temples	吉干提亚神庙（马耳他）
Ghajn Abul cave	格哈阿布洞穴（戈佐岛）
Ghar Dalam cave	阿勒达拉姆洞穴（马耳他）
Ghelaești-Nedeia	盖雷斯地-内迪亚（摩尔达维亚）
Giedion, Sigfried	齐格弗里德·捷狄昂
Giedraitis, Bishop Merkelis	麦柯里斯·吉德莱提斯主教
Giltinė	吉尔提尼（波罗的海女神）
Gitlin-Emmer	苏珊·吉特林-艾末
Gladnice	格兰德尼斯（科索沃-麦托黑杰）
Globular Amphora culture	球状双耳陶瓶文化
Glozel	格罗泽（法国）
Goddard, Irene Luksis	艾莲娜·卢克西斯·戈达德
Gods and Goddesses of Old Europe	《古欧洲的男神和女神》（金芭塔丝）
Coljamata Mogila	高嘉玛塔-莫吉拉（保加利亚）
Gönnersdorf	岗那思多夫（德国南部）
Gorgon	戈尔工（死亡女神，参见 Medusa）
Gortyna	戈提那
Goths	哥特人（部落）
Gozo Island	戈佐岛
Gradac	格莱达克（塞尔维亚中部）
Gradošnica	格拉德斯尼卡（保加利亚）

专名译释表 | 261

Graham	格雷厄姆
Grammaticus, Saxc	萨克索·格兰马提克斯
Grbić, Miodrag	麦德莱哥·格毕克
great-goddess	大女神（古欧洲）
Greimas, Algirdas Julien	阿尔吉达斯·尤里安·格雷马斯
Griffins	格里芬
Grigorius (translator)	格里格瑞斯
Grotta de Sa Ucca de Su Tintirriòlu di Maria	三角形女神（撒丁岛，见图说35）
Grummond	古鲁芒德
Gullveig	贾尔维革（瓦尼尔女巫）
Gumelniţa culture	古迈尼塔文化
"Gumelniţa Lovers"	"古迈尼塔恋人"
Gundestrup cauldron	贡德斯特拉普大锅（凯尔特）
gynaecocracy	女人当政
gynocentric	女性中心
Gypsades	吉普萨德斯（克里特）

H

Haarmann, Harold	哈洛德·哈阿曼
Hades	哈得斯（希腊神）
Hadrian	哈德良（长城）
Haġar Qim temple	哈扎伊姆神庙（马耳他）
Haley	哈利
Hallstatt culture	豪斯塔特文化
Hal Saflieni Hypogeum	哈尔·萨夫列尼地宫
Hamangia culture	哈曼吉亚文化
Harpies	哈耳皮埃（希腊神话中的女妖）
haruspicy (or hepatoscopy)	动物肠卜（或者祭牲剖肝占卜术）
Hathor	哈索尔
hedgehogs/hedgehog goddess	刺猬/豪猪女神
Hegedüs	赫格都斯
Hekate	赫卡特（希腊女神）

Heket	赫克特（埃及女神）
Hel	海尔（日耳曼女神，参见 Holla）
Hera	赫拉（希腊女神）
Herakles	赫拉克勒斯（希腊英雄）
Hercle	赫拉克勒（伊特鲁里亚神）
Herculaneum	赫库兰尼姆
Hercules	赫耳枯勒斯（罗马英雄，相当于希腊的赫拉克勒斯）
Hermes	赫尔墨斯（希腊神）
Hermigisil	赫米吉西尔（撒克逊瓦里尼之王）
Herodotus	希罗多德
Herpály	赫帕里（匈牙利）
Hesiod	赫西俄德
hieros gamos	圣婚
Hill of Allen	艾伦山（爱尔兰）
History of the Bishops of Hamburg	《汉堡主教的历史》（不来梅的亚当）
Hódmezövásárhely	侯德迈兹瓦萨来里
Holla	霍拉（日耳曼女神）
Homer	荷马
Hood	胡德
houselike temples	住宅式神庙（欧洲东南部）
Huld, Martin	马丁·胡尔德
Hungary	匈牙利（参见 Kökénydomb）
Hyakinthos	许阿金索斯（前希腊神）
Hypatius	《海帕提乌斯》（俄罗斯编年史）
Hypogeum tomb	地下墓室（马耳他）

I

Iambe	伊安珀（希腊女神）
Iasion	伊阿西翁（神）
Iberian culture	伊比利亚文化
Iceland	冰岛
Idean cave	爱达山洞穴（克里特）
Ile Longu (Brittany)	伊勒·隆古（布列塔尼）

Ilgės	伊勒格斯（节日）
Imbolc	印宝克（布里基的盛宴）
Inanna-Ishtar	印南娜-伊士塔（苏美尔-阿卡得女神）
Indo-European culture	印欧文化
Indo-European languages	印欧语言
initiation rites	入会仪式（古典的）
Irminsul	艾明苏（圣树）
Iron Age	铁器时代
Iron Gates region	铁门地区
Isbister	伊斯比斯特（奥克尼群岛）
Isis	伊希斯（埃及神）

J

Jadwiga	佳德维格（匈牙利公主）
Jaksopart, Szentes	森特斯·雅克索帕特（匈牙利）
Jogaillo	约盖洛（立陶宛大公爵）
Jones-Bley, Karlene	凯莲娜·琼斯-布雷
Jovanović	乔瓦诺维克
Juktas peak sanctuary	尤卡塔斯山顶神殿（克里特）
Juno Curitis	朱诺·刻瑞提斯（伊特鲁里亚的费勒瑞的女神）
Juno Regina	朱诺王后（伊特鲁里亚的维伊的大女神）
Juno	朱诺（罗马女神，参见 Hera）
Jupiter	朱庇特（罗马神）

K

Kallisto	卡利索托
Karlsruhe	卡尔斯鲁厄
Kamares cave	卡马瑞斯洞穴（克里特）
Kamilari	卡米拉利
Karanovo culture	卡拉诺沃文化
Kaukai	卡沃凯伊（波罗的海侏儒）
Keller, Werner	沃纳·凯勒
Keos island	科奥斯岛

kerbstones	镶边石
Kerényi, Carl	卡尔·克莱尼
Kern, Otto	奥托·科恩
Khania	干尼亚
Khvalynsk	科瓦林斯克
Kildare	克尔达尔
Kissonerga-Mosphilia	基斯那加-莫斯费列（塞浦路斯）
Knossos	克诺索斯（克里特）
Knowth	诺斯（爱尔兰）
Kodžadermen	科扎德曼（保加利亚）
Kökénydomb	科克尼多姆遗址（匈牙利）
Korbovo cemetery	考波夫墓地
Kore	科尔
Koshchei Bessmertnyi	考斯科·贝斯莫尼（芭芭雅嘎的对应者）
Kosovo-Metohijie	科索沃-麦托黑杰
Krakatoa Island volcano	喀拉喀托岛火山
Kronia	克洛尼亚
Kronos	克罗诺斯（希腊神）
Krusza Zamkowa	科卢萨赞科瓦（波兰）
Kurgan culture	库尔干文化
Kybele	库柏勒（弗里吉亚女神）
Kydonia	基多尼亚
Kylver	凯尔维尔（瑞典）

L

Lagash	拉格什（苏美尔）
Lake Constance	康士坦茨湖
Lalinde	拉林德（法国南部）
Langer Berg	朗杰·伯格（德国中部）
La Roche	拉劳克（法国南部）
Laima-Dalia	莱尔玛-达利娅（女神）
Laima	莱尔玛（女神）
Lamiae	拉米亚斯（希腊仙女）

Lamiñak	拉米那克（巴斯克仙女）
Language of the Goddess	《女神的语言》（金芭塔丝）
Larisa	拉里萨（周边遗址，希腊）
Larmor-Baden	拉莫尔-巴登（布列塔尼）
Lascaux	拉斯科洞穴（法国）
Lasicius, Jan	詹·拉丝舍斯
La Tene	拉·特尼
Latin culture	拉丁文化
Latvia	拉脱维亚（参见波罗的海文化）
Lauma(s)	劳玛（波罗的海仙女）
Law Code of Gortyna	戈提那法典
Lazarovici, Gheorghe	乔治·拉兹罗维西
LBK (Linearbandkeramik) culture	LBK 线纹陶器文化
Lenaia	勒纳节
Leetze	利茨
Leinster	伦斯特省
Lengyel, Imre	埃米·朗耶尔
Lengyel culture	朗耶尔文化
Lepenski Vir	雷贫斯基·维尔（塞尔维亚）
Leroi-Gourhan, André	安德烈·勒鲁瓦-古昂
Letica, Zagorka	萨高里卡·勒提卡
Leucothea	琉科忒亚（希腊女神，也受到伊特鲁里亚人崇拜）
Le Planas	勒帕拉纳斯（法国南部）
Lil-Lilith	莉莉特（苏美尔-阿卡得女神）
Linear Pottery culture	直线性陶文化
lingam	林伽（男性生殖器，石制）
Linos	利诺斯（希腊神）
Lipkan	里珀肯（乌克兰）
Lithuania	立陶宛
Liubcova	琉布克瓦
Livy	李维

Longworth	朗沃兹
Louvre	卢浮宫
Lovets	拉维特（保加利亚）
Lower Paleolithic	旧石器时代下层
Lubell, Winifred Milius	维尼佛雷德·米琉斯·卢贝尔
Lucretius	卢克莱修
Luka-Vrublevetskaya	卢卡-鲁伯维茨卡亚
Lydia	吕底亚

M

Mabinogi	《马比诺吉》（威尔士）
Macedonia	马其顿
Macha	玛查（爱尔兰女神）
Madsen, Torsten	托斯坦·麦德森
Magdalenian period	马格达林时期
Magh Tuiredh (Ireland)	马格图热（爱尔兰）
Maide	迈德（建造环列巨石柱群）
Maikop	迈科文化（库尔干三期）
Maindi	迈因迪（祖先之灵）
Mairi	迈瑞（建造多尔门石碑）
Makotřasy enclosure	马科特拉西围场（波希米亚）
Malalas, John	约翰·马拉拉斯
Mallia	马里亚（克里特）
Malone, Caroline	卡罗琳·马龙
Malta	马耳他
Mane-er-H'Roeck	马尼厄-洛克（巨石冢遗址）
Manfredonia	曼弗雷多尼亚（意大利）
Mannhardt	曼哈特
Māra, Māršaor Māršaviņa	玛拉，玛尔萨或玛萨维拉（波罗的海女神）
Marden monument	马登遗址（英格兰）
Mari	马丽（巴斯克女神）
Marinatos, Nanno	南诺·马瑞纳托斯
Marinatos, Spiridon	斯比利登·马瑞纳托斯

专名译释表 | 267

Marlborough	马尔伯勒
Marler, Joan	琼·马勒
Marne	马恩河
Maros/Mures	穆列什河
Mars	玛尔斯（战神）
Mary Magdalene	玛丽·马德勒尼
Mas Capelier	马斯卡珀莱尔（法国南部）
Master's Impression	主人之印（泥制封印）
matrilineal social structure	母系的社会结构
matri-patrilineal succession	母系-父系的演化
Matrona	马陀娜（凯尔特大女神）
Mat'Syra Zemlya	玛特-西拉·扎木利亚（斯拉夫女神）
McCone, Kim	金·麦考恩
medallions	圆形勋章
Meath	米斯
Medb	梅德（女王，凯尔特女神）
Medeina	迈狄娜（波罗的海女神）
Mediterranean region	地中海地区
Medusa	美杜莎
megalithic temples	巨石神庙
megalithic tombs	巨石坟墓
megarons	中央大厅
Meldorf brooch	麦尔道夫胸针
Menerva	摩奈娃（伊特鲁里亚女神）
Menhirs	门希尔（竖石纪念碑）
Mercury	墨丘利（神）
Mesolithic	中石器时代
Mesopotamia	美索不达米亚
Mezin	迈辛（乌克兰）
Michelsberg culture	米科尔斯堡文化
Mindaugas	明达格斯（立陶宛国王）
Minerva	密涅瓦（罗马女神）

Minoan culture	米诺斯文化
Minoan hieroglyphic language	米诺斯的象形文字语言
Minoan Linear A language	米诺斯线形文字 A
Minos	米诺斯（克诺索斯国王）
Mixta cave	米克斯塔洞穴（戈佐岛）
Mnajdra temples	姆那德拉神庙（马耳他）
Mogostokos	莫格斯托克斯
Moirai	莫伊莱（希腊命运女神）
Moldavia	摩尔达维亚
Moldavia/Moldova	摩尔达维亚/摩尔多瓦
Monaghan, Patricia	帕提西亚·摩那甘
Monte d'Accoddi	蒙特·达考迪（撒丁岛）
Montessu Necropolis	蒙特苏大坟场（撒丁岛）
Móra	莫拉
Moravia	摩拉维亚
Morrígan	莫利根（女神）
Morris, Sarah P.	撒拉·P. 莫里斯
Mother Earth	地母
Mount Olympus	奥林匹斯山
Mount Pleasant Wall	欢乐山（英国）
Mousterian era	莫斯特文化时期
Muri	木里（瑞士）
Murray, Margaret	玛格丽特·穆瑞
Museo Gregoriano-Etrusco	伊突利亚美术馆（梵蒂冈）
Mycenaean culture	迈锡尼文化
Mycenaean Linear B language	迈锡尼线形文字 B 语言
Mysteries of Eleusis	艾琉西斯的神秘仪式（希腊）

N

Nahal Hemar cave	纳赫黑玛岩洞（以色列）
Narva culture	纳瓦文化
Natufian	纳图费安遗址（近东）
Naxos	纳克索斯岛（爱琴海南部）

Naxus	纳克索斯（西西里）
Nea Nikomedeia	新尼克美迪亚（马其顿）
Near East	近东
Neman	尼曼（爱尔兰女神）
Neolithic	新石器时代
Neuebgauer	诺格鲍尔
Neolithic Macedonia	《新石器时代的马其顿》（金芭塔丝）
Nephthys	奈菲斯（埃及女神）
Nerthus（earth-mother）	内尔特斯（地母）
New Elamite language	新埃兰语
Newgrange	纽格兰奇（爱尔兰）
Niemeier	聂米艾尔
Nin-Hursag	尼-胡尔萨迦（苏美尔女神）
Njǫrð	内乔斯尔（日耳曼神）
Nordic culture	斯堪的纳维亚文化
Norns（Triple Fates）	诺恩斯（命运三女神）

O

Obre	奥布勒（波斯尼亚）
Oôin-Wotan	奥丁-沃坦（日耳曼神）
Old European culture	古欧洲文化
Old Persian language	古波斯语
Oltenia	奥托尼亚省
Olteniţa	奥泰尼塔
Olympia	奥林匹亚
Omphalos	半圆形祭坛/脐
Ops Consiva（Roman goddess）	奥皮思-亢西瓦（罗马女神）
oral literature	口头文学
Orcus	奥尔刻斯墓
Orkney Islands	奥克尼群岛
Orpheus	俄耳甫斯（色雷斯歌手）
Orphic religion	奥菲斯教
Orthia sanctuary	奥瑟亚圣所（希腊）

Orvieto	奥尔维耶托
Osiris	奥西里斯（埃及神）
Ostrogoths	东哥特族（部落）
Ostjek	奥西叶科（塞尔维亚）
"Our Lady of Tarxien"	"我们的塔尔欣女人"（雕塑）
Ovčarovo	奥乌卡罗沃遗址（保加利亚）
Ovid	奥维德
Owain	奥万
Özdoğan, Mehmet	迈麦特·奥兹道甘
Ozieri culture	奥泽瑞文化

P

Padina	帕蒂纳（塞尔维亚）
Palaikastro	帕莱斯考斯特罗
Pallottino, Massimo	马斯莫·帕罗提诺
Panagia Arkoudiotissa	"我们的夫人，（甜蜜）的熊"（处女，克里特）
Pandora	潘多拉（希腊女神）
Pan	潘（希腊神）
Paps of Ana	阿娜的乳头（爱尔兰）
Parcae	帕西（罗马命运女神）
Parţa	帕塔
Parthenon	帕特农神庙
parthenogenetic goddess-creatress	单性繁殖的女神创造者
passage graves	通道墓
paternity	父权
patriarchy	父权制
Patrick, Jon	乔恩·帕特里克
Pausanias	帕萨尼阿斯
Pavùk	帕乌克
Pech de L'Azé	派科·拉扎（法国）
Pelagos	彼拉格斯
Peltenburg	佩尔顿伯格
Penates	潘纳茨（罗马神）

Penus	潘努斯（罗马神）
Perkunas	珀库纳斯（色雷斯神）
Persephone	珀耳塞福涅（希腊女神）
Perseus	珀修斯（英雄）
Petreşti culture	派特莱斯第文化
Petsofas peak sanctuary	派特索法斯山顶圣殿（克里特）
Pfyn culture	普芬文化
Phaistos	斐斯托斯（克里特）
phalera	胸饰（金属圆牌）
phallagogia	法拉高吉亚（仪式）
phallus-herm	菲勒斯－赫尔墨（祭仪纪念碑）
Pherse	富尔斯（伊特鲁里亚神）
Phoenician language	腓尼基语言
Phrygia	佛里吉亚
Phytia	皮提亚（克里特女神）
Pictish cuture	皮克特文化
Plato	柏拉图
Plutarch	普鲁塔克
Poljanica	波尔贾尼卡（保加利亚）
Polomé, Edgar C.	埃德加·C.普洛迈
Pompeii	庞培
Pomponius Mela	庞篷尼·麦拉
Popudnya	波普德亚（乌克兰）
Porodin	波罗丁（马其顿）
Portonaccio	波多那西欧神庙
Porphyry	波斐利
Porto Ferro tomb	波托·费洛墓（撒丁岛）
Poseidon	波塞冬（希腊神）
Potnia Theron	泡特纳·忒任（野兽女神）
Powell	鲍威尔
Praetorius	普拉托乌斯
pregnant grain goddess	丰产谷物女神

pregnant vegetation goddess	怀孕的植物女神
pre-Indo-European languages	前印欧语言
pre-Indo-European peoples	前印欧民族
priest-kings	祭司-国王
Priština	普里斯第纳
Procopius	普罗科庇乌斯
Prodromos	普罗多默（希腊）
Proto-Baltic culture	原初波罗的海文化
Proto-Germanic culture	原初日耳曼文化
Prussian culture	普鲁士文化
Puhvel	普维尔
Puškaitis	蒲思凯特司（波罗的海神）
Pylos	皮洛斯
Pyrgi	皮尔戈（伊特鲁里亚）

Q

Quenstedt	昆斯泰德（德国中部）

R

Radigis	拉迪吉斯（撒克逊瓦里尼国王的儿子）
Ragana	拉佳娜（波罗的海女神）
Rambynas	拉姆比那斯（立陶宛的圣山）
Rast	拉斯特（罗马尼亚）
Razgrad	拉茨格兰德（保加利亚）
regenerative god	再生神
regenerative goddess	再生女神
Regolini-Galassi tomb	瑞格里尼-噶拉希墓（伊特鲁里亚）
Rehtia	瑞蒂娅（温奈提女神）
Reims	兰斯（法国）
Rethymnon	雷西姆农（克里特）
Reusch, Helga	海勒格·瑞斯科
Rhea-Bendis	瑞亚-本狄丝（色雷斯女神）
Rhegium	利吉姆（意大利）

Rhiannon	瑞安农（威尔士女神）
Rhodes	罗得岛
rhytons	角状杯
Rice, Patricia C.	帕特里夏·C. 赖斯
Rigantona	瑞甘陀娜（女神）
Rinyo-Clacton	林约-克拉克顿文化
Rogozen treasure	罗格贞宝藏（保加利亚）
Roman culture	罗马文化
Romans	罗马书
Rosetta stone	罗塞塔石碑
roundels	圈状围场
Rozsokhuvatka	罗所科胡瓦卡（乌克兰）
Rugii	如吉人（部落）
runes	卢恩字母/古代北欧诗歌
Rupūžė	立陶宛语中的蟾蜍
Rusalki	路萨基（俄罗斯仙女）
S	
Sabatinivka	萨巴提尼乌卡
Sabinilla, Licinia	利西尼亚·萨比尼拉
Säflund, Gösta	高斯塔·萨弗郎德
St. Bridget's Day	圣·布里基日（爱尔兰）
Saint-Germain-la Rivière	圣哲门河（法国）
Saklellarakis, Efi	埃菲·萨克拉拉其斯
Saklellarakis, Yannis	亚尼斯·萨克拉拉其斯
Salisbury Plain	索尔兹伯里平原（英格兰）
Salzwedel	塞兹威德
Samos	萨摩斯岛（希腊）
San Benedetto	圣本笃（撒丁岛）
Sanskrit language	梵语
Sarcophagi	石棺
Sardinia	撒丁岛
Sarup enclosure	萨卢普围场（丹麦）

Sassari	萨瑟里，撒丁岛北部
Saxon culture	撒克逊文化
Scaloria cave	斯卡罗瑞亚洞穴（意大利）
Schalkenburg	沙尔肯堡（德国）
Schliemann, Heinrich	海因里希·谢里曼（德国考古学家）
Scordisci tribe (Scordistae)	斯考迪西部落（斯考迪斯塔）
Scyld	希尔德（丹麦祖先）
Seine River	塞纳河
Selvan/Silvanus	塞尔万/西尔瓦努斯（神）
Sementiva (Greco-Roman festival)	希-罗节（希腊-罗马节日）
Semla/Semele	塞姆拉/塞墨勒（伊特鲁里亚女神）
Serapeum temple	塞拉彭神庙
Serbia	塞尔维亚
Servius Tulius	塞尔维乌斯·图利乌斯
Sesklo culture	塞斯克洛文化
shamanism	萨满教
Sheela na gig	希拉那吉
Shetland Islands	设得兰群岛
Shimabuku, Daniel	丹尼尔·施马布库
Ship Fresco (Thera)	船上的壁画（泰拉岛）
Siamese twins	连体双胞胎
Sicily	西西里
Sime (satyr)	西摩（森林之神）
Siplintsi	斯宾西（普鲁特河上游）
Sirens	塞壬
Sitagroi	西塔格奥（希腊）
Skaði	丝嘎迪（日耳曼女神）
Skoteinó cave	斯考特伊诺山洞（克里特）
Skuld	斯库蒂（日耳曼女神）
Slatino	斯拉提诺（保加利亚）
Slavic culture	斯拉夫文化

"Sleeping Lady"	"睡妇人"（马耳他地穴墓雕像）
Slovakia	斯洛伐克
Smilčić	斯米尔西（克罗地亚）
snakes/snake goddess	蛇/蛇女神
Sophocles	索福克勒斯
Sparta	斯巴达
Sphinxes	斯芬克斯
Srednij Stog	斯来尼·斯道各
Srejović, Dragoslav	德拉高斯累·斯瑞约维克
Śri Lakshmi	拉克什米（印度女神）
stag god	牡鹿神（凯尔特）
Stara Zagora (Bulgaria)	斯塔拉扎勾拉（保加利亚）
Starčevo culture	斯达塞沃文化
steatopygia	肥臀妇女
stelae	石柱
stiff white goddesses	呆板型白色女神
Stonehenge	巨石阵（英格兰）
Strabo	斯特拉波
Strettweg cemetery	斯垂特卫格墓地（奥地利）
Sturluson, Snorri	斯诺里·斯特卢森
Sultana	苏塔纳（罗马尼亚）
Sumer	苏美尔
Šumeń	苏门
Sumerian language	苏美尔语言
Supelegor cave	苏坡勒高尔洞穴（巴斯克）
swastikas	万字饰
Syracuse	叙拉古（意大利的一个港口）
Szegvár-Tüzköves	塞格瓦-突兹科乌斯
Szentes	赞特斯

T

Tacitus	塔西陀
Tammuz	塔木兹（美索不达米亚神）

Tanaquil	塔娜奎尔（伊特鲁里亚女性）
Taranis	塔拉尼斯（凯尔特神）
Tarquinia	塔尔奎尼亚（伊特鲁里亚）
Tarquinius Priscus	塔昆尼乌斯·普利克斯（罗马国王）
Tartaria	塔塔亚，克鲁日附近
Tarxien Cemetery culture	塔尔欣墓葬文化
Tarxien temples	塔尔欣神庙（马耳他）
Taylor，Timothy	提摩西·泰勒
TBK culture	漏斗颈陶器文化
Tecić	泰西科（前南斯拉夫）
La Tène culture	拉·特尼文化
Těšetice-Kyjovice	特塞蒂斯-基约维奇（摩拉维亚）
Teutonic culture	条顿文化
Themis	忒弥斯（希腊女神）
Theopompus	提奥庞培斯
Thera	泰拉岛
Theseus	忒修斯（希腊神）
Thesmophoria	地母节
Thessaly	塞萨利
tholoi	特劳依（圆顶墓）
Thor	托尔（日耳曼神）
Thrace	色雷斯
Thuringian culture	图林根文化
Tin/Tinia	丁/丁尼亚（伊特鲁里亚女神）
Tîrgu Ocna-Podei	特古·欧克纳-波德（摩尔达维亚）
Tiryns	忒恩斯遗址，迈锡尼
Tisza culture	提萨文化
Tivr	提乌尔（伊特鲁里亚月亮名）
Todorović, Jovan	乔文·托多罗威克
Tomb of the Double Axe	双刃斧坟墓（克里特）
"Tomb of the Eagles"	"鹰之墓"
Tomb of the Lionesses	母狮之墓（伊特鲁里亚）

Toptepe	陶珀泰培（色雷斯）
Torma, Zsófia	佐费亚·陶马
Traian-Dealul Viei	特莱安-第鲁·威（罗马尼亚）
Transylvania	特兰西瓦尼亚
Traostalos peak sanctuary	特劳斯塔罗斯山顶神殿（克里特）
triangular shrines	三角形神殿
Triballoi tribe	垂巴罗部落
Trnava	特拉纳瓦
Les Trois Frères cave	三兄弟洞穴（法国）
Troy	特洛伊
Truşeşti	特鲁塞司提（摩尔多瓦，蛙女神所在）
Túatha Dé Danann tribe	图阿哈达南部落（凯尔特）
Tuchulcha	图库勒卡（伊特鲁里亚妖魔）
Turan	杜兰（伊特鲁里亚女神）
Turdaş	特达斯（特兰西瓦尼亚，罗马尼亚西北部）
Turkey	土耳其
Turms	图耳姆斯（伊特鲁里亚神）
Tyr	泰尔（日耳曼神）

U

Udolph, Jürgen	尤尔根·乌多夫
Ugaritic culture	乌加里特文化
Ukraine	乌克兰
Ullrich	乌尔里奇
Ulsters	奥尔斯特人
Umbrian culture	翁布里亚文化
Uni	乌尼（伊特鲁里亚女神）
Upper Paleolithic	旧石器时代晚期
Uppsala	阿婆萨拉（瑞典）
Urð	兀尔德（日耳曼女神）
Ursa Major	大熊星座
Usil	乌希尔（伊特鲁里亚太阳）

V

Vaižgantas	维兹甘塔斯（波罗的海神）
Val Camonica	卡摩尼卡（意大利）
Valea Lupului	瓦里阿-鲁普鲁伊（罗马尼亚）
Valkyrie	沃尔克利娅（日耳曼女神/英雄）
Vanaheim	瓦纳海姆
Vandals	汪达尔（部落）
Van Effenterre, Henri	亨利·艾芬特热
Vanir deities	瓦尼尔神族（日耳曼）
Vanths	万兹（长翅膀的女人）
Varna cemetery	瓦那墓地（保加利亚）
Varus, Publius Quinctilius	帕伯琉斯·昆斯提琉斯·瓦若斯
Vasić, Miloje	米勒耶·瓦西科
vegetation goddesses/gods	植物女神/男神
vegetation year god	植物年神
Veii	维伊
Velchanos	韦尔切诺斯（神）
Velinas/Vels	维利纳斯/维尔斯（波罗的海神）
Veneti	温奈提人（民族）
Ventris, Michael	迈克尔·文特里斯
Venus	维纳斯（罗马女神），见阿佛洛狄忒（希腊女神）
"Venus" figures	"维纳斯"小雕像
Verðandi	蓓尔丹娣（日耳曼女神）
Vészlö-Mágor	维斯都-马格（匈牙利）
Viking Age	北欧海盗时期
Vilas	维拉丝（斯拉夫仙女）
Villanovan culture	新村文化
Vinča culture	温查文化
Virgin Mary	圣母玛利亚
Vladimirivka	符拉迪密里卡（乌克兰）
Vlasac	乌拉萨（塞尔维亚）
Vlassa, Nicolae	尼考里·乌拉撒

Vøluspá	《乌拉斯波》（诗体埃达）
Vølva	沃尔沃（魔法女祭司）
Vraca	乌拉卡
Vries, Nanny de	纳尼·德·福瑞斯
"Vulture Shrine"	秃鹫圣殿
vulvas	阴户
Vykhvatintsi cemetery	维克瓦廷斯墓地（摩尔多瓦）

W

Wainwright, Geoffrey	杰弗里·温赖特
warrior class	武士阶层
warrior deities	战神
wave theory	迁徙三大波理论（金芭塔丝）
Wessex	韦塞克斯（英格兰）
West Kennet	西肯尼特（英格兰）
Wilbur	特伦斯·威尔伯
Wiltshire	威尔特郡
Windmill Hill enclosure	风车山围场（英格兰）
Winn, Shan M. M.	山·M. M. 文（考古学家）
Woodhenge	巨木阵（英格兰）

X

Xaghra	科萨格拉
Xeste 3 temple	泽尔士三世神庙（泰拉岛）

Y

Yggdrasil	伊格德拉修（神话的世界树）

Z

Zakros	扎克罗斯（克里特）
Zakynthos (zante) island	扎金索斯岛（赞特岛）
Zălai-Gaál, István	伊斯特万·扎莱-盖尔
Zarkou	扎尔科（塞萨利）
Zemes Māte	扎米娜·马特（拉脱维亚女神）
Žemininkas	祖米宁卡斯（立陶宛神）

Žemyna	扎米娜（立陶宛女神）
Zeus Ktesios	宙斯·特索俄斯（希腊神）
Zeus Velchanos	宙斯·韦尔切诺斯（神）
Žlkovce	祖科武斯遗址
Žverūna	佐乌鲁纳（波罗的海女神）

译 后 记

《活着的女神》的中译本第一次出版是 2008 年。当年的译后记简略说明了翻译此书的前因后果。如今可摘录并补充如下：

1999 年，我在美国耶鲁大学期间读到马丽加·金芭塔丝的系列著作，意识到她是 20 世纪女神复兴运动在学术理论方面的重要代表。她一生出版了近 20 部著作、发表了 300 篇论文，在学界反响巨大，被引用率相当可观。她的一些激进观点也引发了学术上的热烈争论。国外一般的学术书店里都在显赫的位置陈列她的系列著作。而国内对她却非常陌生，不论专业考古工作者，还是一般的文史哲学者，很少有人提到这位杰出学人的名字。我 2001 年去英国访学，碰巧在剑桥大学的一个书店里买到她的代表作《女神的语言》，在爱丁堡大学部分复印了她的这本《活着的女神》。回国后，便在一系列的相关著述中学习、借鉴和介绍这些著作的观点。

本书译者以中国社会科学院文学研究所比较文学研究室的学人为主，共有 9 人参加翻译工作。初译稿由我审校，程玉梅统稿，在 2004 年至 2005 年基本完成。各章的初稿译者分工情况是：

编者序、编者导言、第一章、编者跋：叶舒宪，中国社会科学院文学研究所研究员；现为上海交通大学资深教授。

第二章、第四章、译名对照表：程玉梅，博士，中国社会科学院文学研究所副研究员。

第三章：孙伊，中国社会科学院研究生院博士生；现为《文艺研究》杂志社副研究员。

第五章：王蓓，中国社会科学院研究生院博士生；现为副研究员。

第七章、第九章、第十章：尹虎彬，博士，中国社会科学院民族文学研究所研究员；2020 年 3 月 13 日不幸逝世。

第八章、索引[①]：黄悦，中国社会科学院研究生院博士生；现为北京邮电大

---

① 经整理并入专名译释表。

学教授。

第六章：刘宗迪，博士，中国社会科学院民族文学研究所副研究员；现为北京语言大学教授。

第十一章：青乔，中国社会科学院文学研究所助理研究员。

第十二章、第十三章：李瑞林，西安外国语大学教授；现为广东外语外贸大学教授。

这样一本以欧洲石器时代以来的女神信仰为大背景的专著，涉猎的专业知识面极为宽广，跨越了多种学科。许多考古学方面的术语、人名、地名、地方民俗和宗教观念等，对于中文译者来说是十分陌生的，翻译的困难也就可想而知。误译和不当之处，敬请学界同人和读者不吝赐正，我们先在这里致谢。

由于这部书中译本早已脱销，而后续组织翻译的金芭塔丝著作《女神的语言》在社会科学文献出版社的"文明起源的神话学研究"丛书中推出后，同样受到学界热烈回应，目前也处于脱销状态。金芭塔丝所言的"活着的"，恰好对应着文学人类学研究的新方法论体系中的第三重证据，即来自民间并世代传承不息的民俗文化和神话信仰，较新潮的官方命名则称为"非遗"。如今，文学人类学倡导的四重证据法体系已经较为系统地翻译成英文和俄文在国外出版，开启其走向国际学术传播的旅程。这是我们20年前筹划翻译金芭塔丝大著时未曾想到的。中国56个民族的活态文化遗产何其丰富，第三重证据还能够为传统的文史哲研究格局打开哪些"芝麻之门"，是寄希望学界同人读此书时可以留心的问题。

叶舒宪
2007年6月19日于北京太阳宫
2024年10月29日补记于上海北桥